本书是广西壮族自治区八桂青年学者岗位阶段性成果。

马来西亚
经济研究报告
（2020）

Annual Report on Malaysia's Economic (2020)

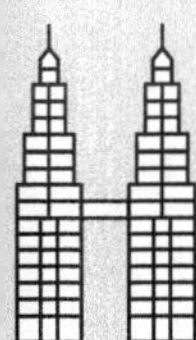

广西民族大学相思湖学院
广西社会科学院东南亚研究所
主编 / 农克忠　雷小华

Xiangsihu College of Guangxi University for Nationalities
Institute of Southeast Asian Studies of Guangxi Academy of Social Sciences
Editor–in–Chief: Nong Kezhong, Lei Xiaohua

图书在版编目（CIP）数据

马来西亚经济研究报告. 2020 / 农克忠，雷小华主编. —北京：中国商务出版社，2020.12

ISBN 978-7-5103-3608-9

Ⅰ. ①马… Ⅱ. ①农… ②雷… Ⅲ. ①经济—研究报告—马来西亚— 2020 Ⅳ. ① F133.8

中国版本图书馆 CIP 数据核字（2020）第 216846 号

马来西亚经济研究报告（2020）

MALAIXIYA JINGJI YANJIU BAOGAO（2020）

主编　农克忠　雷小华

出　　版： 中国商务出版社

地　　址： 北京市东城区安定门外大街东后巷 28 号　**邮编：** 100710

责任部门： 国际经济与贸易事业部（010-64269744　bjys@cctpress.com）

责任编辑： 张永生

总 发 行： 中国商务出版社发行部（010-64266119　64515150）

网购零售： 010-64269744

网　　址： http://www.cctpress.com

邮　　箱： cctp@cctpress.com

印　　刷： 北京建宏印刷有限公司

开　　本： 787 毫米 × 1092 毫米　1/16

印　　张： 21.5　　**字　　数：** 347 千字

版　　次： 2020 年 12 月第 1 版　　**印　　次：** 2020 年 12 月第 1 次印刷

书　　号： ISBN 978-7-5103-3608-9

定　　价： 88.00 元

凡所购本版图书有印装质量问题，请与本社总编室联系。（电话：010-64212247）

编委会

前　言

2020年，在新冠肺炎疫情全球蔓延、国际市场需求大幅下降、贸易下行压力加大的背景下，中央提出要加快形成以国内大循环为主体、国内国际双循环相互促进的新发展格局。马来西亚是“一带一路”沿线重要国家，中马两国是重要经贸合作伙伴，中国已成为马来西亚第一大出口目的地和第一大进口来源地。中马合作是全面推进“一带一路”高质量发展的重要一环，有助于实现“双循环”相互促进的新发展格局。2020年还是马来西亚“后马哈蒂尔”时代开启年，是中国—东盟数字经济合作年、中马旅游合作年。无论国际局势及马来西亚国内政局如何变化，中马务实合作都在高速推进和发展。结合发展新形势，为了加强对马来西亚经济发展的基础性研究，为教学科研人员、实际工作者及对马来西亚经济感兴趣的各界人士提供准确、翔实的系统性研究报告和最新资讯，广西民族大学相思湖学院、广西社会科学院东南亚研究所联合编撰《马来西亚经济研究报告（2020）》，并拟连续出版。

《马来西亚经济研究报告（2020）》聚焦马来西亚经济，为国内第一本专题研究和反映马来西亚经济发展的报告。本书内容共分为四个部分：第一部分为中国—马来西亚经贸合作报告，比较全面、详细地反映了中马经贸合作的基本情况。第二部分为马来西亚国内经济情况，本部分一方面全面介绍了马来西亚农业、汽车产业、交通基础设施、旅游业、数字经济、五大经济区等发展现状与展望，另一方面结合当前发展新形势，分析了马来西亚政局变动、新冠肺炎疫情对马来西亚经济发展的影响；第三部分为中马合作，也是本书的特色所在，本部分全面梳理、总结研究了中马关系及两国合作的重要平台——中马钦州—关丹“两国双园”的联动发展；第四部分为附录，设有2019年马来西亚大事记、经济社会统计数据。

本书可以提供马来西亚及其经济发展，尤其是相关特色产业发展的最新资讯和资料，具有较强的实用性；本书还对马来西亚经济发展情况进行了深入系统的研究分析，具有较强的学术性。作者为中马两国的知名专家、学者，搭建了马来西亚经济领域研究的重要平台。

广西民族大学相思湖学院、广西社会科学院东南亚研究所、中马两国研究专家和中国商务出版社对本项目的重视和支持，使本书得以顺利出版发行，在此表示衷心感谢。

由于水平有限，本书难免存在部分缺点和不足，敬请广大读者批评指正，并赐予宝贵意见，以便我们努力将下一本《马来西亚经济研究报告》编写得更好。

编者

2020 年 12 月

Introduction

Confronted by the global spread of COVID–19 Pandemic, the drop in international market demand and the increasing downward pressure on trade in 2020, China's Central Committee proposed to speed up the formation of a new development pattern with domestic circulation as the main body and both domestic and international circulation reinforcing each other. Malaysia, an important country along the Belt and Road, is China's important economic and trade partner because China has become Malaysia's largest export destination and the largest source of imports. Therefore, China–Malaysia cooperation is an important part of the high–quality development of the Belt and Road Initiative, helping to achieve the new development pattern of "dual circulation" strategy. Moreover, 2020 is the first year of Malaysia's Post–Mahathir Era, the Year of Digital Economy Cooperation between China and ASEAN and the Year of Tourism Cooperation between China and Malaysia. No matter how international situation and Malaysia's domestic political situation change, China–Malaysia cooperation is advancing and developing at a high speed. Under the new situation, in order to strengthen the basic research on Malaysia's economic development and to provide accurate and systematic research reports and latest information for teachers, researchers, practitioners and people from all walks of life interested in the Malaysian economy, Xiangsihu College of Guangxi University for Nationalities and the Institute of Southeast Asian Studies of Guangxi Academy of Social Sciences have jointly compiled the Malaysia Economic Research Report (2020) and planed to publish it in series.

Focusing on Malaysian economy, Malaysia Economic Research Report (2020) is the first report with the monographic study of Malaysia's economic development in China. The book is divided into four parts: the first part is a general introduction of China–Malaysia economic and trade cooperation research, which helps readers quickly and comprehensively understand the cooperation; the second part focuses on Malaysia's domestic economy, on one hand introducing the status and prospects in agriculture, automotive industry, transportation infrastructure, tourism, digital economy and the five major economic zones, and on the other hand analyzing the impact of domestic political changes and COVID–19 on Malaysia's economic development; the third part is China–Malaysia cooperation, which is the feature of this book, studying the joint development of Malaysia–China Kuantan Industrial Park, an important platform of bilateral cooperation; the fourth part is an appendix, covering Malaysia's Chronicle of Events and the economic and social statistics in 2019.

This book is a practical one, providing the latest information on Malaysia and its economic development, especially the characteristic industries. It is also an academic one, providing an in–depth and systematic study and analysis on Malaysia's economic development. The authors of this book are well–known experts and scholars from China and Malaysia, establishing an important platform for Malaysian economic research.

The book has been published under the support of Xiangsihu College of Guangxi University for Nationalities, Institute of Southeast Asian Studies of Guangxi Academy of Social Sciences, experts from China and Malaysia and the press. The joint efforts are highly appreciated. Due to some limitations, there are certainly some shortcomings in this book and valuable advices from experts and readers are sincerely welcomed. We will strive to improve the next Malaysian Economic Development Report.

Editors

December, 2020

目　录

Ⅰ　总报告

Ⅱ　专题研究

Ⅲ　中马合作

Ⅳ 附录

CONTENTS

I General Report

Ⅱ Special Studies

Ⅲ China-Malaysia Cooperation

Ⅳ Appendix

I 总报告

第一章 中国—马来西亚经贸合作报告

叶得利[*]

摘要：本章重点探析了中马两国在各领域的经贸合作现状与未来发展新机遇。本章第一部分阐述了中马两国经贸合作的历史背景；第二部分讨论了中马两国在共建“一带一路”的共识与合作基础；第三部分集中分析了中马两国商品和服务贸易的合作现状与发展前景；第四部分集中分析了中马两国各类产业的合作现状与发展前景；第五部分是总结与建议。

一、中马经贸合作的历史背景

马来西亚地处于两大洋和四大洲的中心点。它北向亚洲大陆，东至印度尼西亚、菲律宾和南太平洋群岛，南抵澳大利亚和新西兰等国，西达印度、西亚、中东、非洲和西欧等国家和地区。同时，马来西亚半岛西边的马六甲海峡，联系着太平洋和印度洋，是连接印度洋和太平洋的必经之地，也是欧、亚、澳、非四大洲最繁忙的海上物流通道之一。由于国家地理位置和民族文化使然，作为伊斯兰国家的马来西亚，对中东和北非的伊斯兰市场有着很强的辐射作用，也是海外企业开拓和发展中东和北非经贸市场的一个重要“桥头堡”。此外，马来西亚与其周边亚洲国家的悠久良好外交与经贸关系，也使得马来西亚长期

[*]叶得利，男，马来西亚人，博士，厦门大学马来西亚分校高级讲师，RMIT 皇家墨尔本理工大学越南分校讲师。研究方向为国际金融与财务管理、中国与世界经济、数字经济。

成为世界各国在亚洲的重要投资枢纽。

中国与马来西亚有着悠久的经贸往来历史。据《汉书》记载，早在公元1—2世纪，中国人将瓷器带到马来西亚半岛的南部，并首次用瓷器与当地居民交换了商品。在10—14世纪的中国宋元时期，大批中国商船前往南洋与马来西亚半岛及其他国家进行贸易。在15世纪初，马六甲王国在马来半岛南部建立。中国明朝的著名航海家郑和在1405年至1433年之间七次下西洋，其中五次在马六甲驻节，并促进了两国之间的经贸往来。当时，中国商人主要以绸缎、布匹、陶瓷等换取马来西亚半岛的犀角、象牙、燕窝和香料。此后，从19世纪初到1957年马来亚独立，英国殖民者从中国广东和福建等地带走了大约900万中国工人到马来西亚开垦，种植橡胶，开采锡矿，修建港口、道路和铁路，居住在当地的华人逐渐形成了一定规模的华侨社会与经济活动。最初由于政策和资金限制，华侨经济仅限于生产行业和中小型零售行业。随着海外华人社会经济的发展，对金融的高需求促使华侨开始涉足金融业，打破了西方资本对银行业的垄断。这为中国与马来西亚经贸关系的发展奠定了坚实的基础。

1949年中华人民共和国成立以后，马来西亚与中国开始了民间贸易往来。1974年中马两国建交后，两国贸易关系开始稳步发展。1985年，中马两国签订了双方政府间的第一个协定《避免双重征税协定》，并陆续签署了多项经贸协定。同时，中马两国商品贸易协定涉及经济、科技、教育等领域，为中马两国的经贸与外交发展奠定了稳定基础。自1987年中马经贸正常化以来，商品贸易总额的年均增长率都呈现迅速上升趋势。例如，1994年两国商品贸易总额为27.4亿美元，是1987年贸易总额的5倍，也是中马建交初期的17倍。[①]1984年，中马两国外交部部长互访，双方开始了合作项目的考察与洽谈。到1985年，时任马来西亚总理马哈蒂尔访问中国，并签订了多项协议，为中马两国的经贸关系发展奠定了稳固的基础。

马来西亚对中国的投资始于1984年，当年梦多控股有限公司（1991年改名为钢山有限公司）在天津设立“梦乡软体家具有限公司”，成为第一家在中国的中马合资公司。同年，郭氏兄弟公司通过中国香港嘉里集团与中国有关机构合作，先后经营杭州饭店、北京香格里拉酒店，以及具备多功能用途的中国

① 袁慧芳．20世纪90年代中马经济关系的发展与华人资本地位的改变[J]. 广州广播电视大学学报，2001（1）．

国际贸易中心。因此，这两家华人控股公司是马来西亚在中国投资的开拓先锋。

自 1974 年中国与马来西亚建交以来，两国在经贸合作、外交和文化交流方面都取得了显著的成效。根据中马两国贸易统计数据显示，中国已经连续 10 年成为马来西亚的第一大贸易伙伴国，这显示中马两国互惠共赢的经贸合作关系已经发展到成熟阶段。从 2002 年中国与东盟 10 国领导人签署《中国与东盟全面经济合作框架协议》和 2010 年中国—东盟自由贸易区的全面建成，到 2019 年 10 月 22 日中国—东盟自由贸易区升级《议定书》的全面生效，中国与东盟 10 国持续多年派发该自由贸易区的贸易合作红利、实行共赢优惠政策。马来西亚与中国 46 年的合作伙伴关系，真正地体现了中国—东盟国家同步迈向实现《中国—东盟战略伙伴关系 2030 年愿景》的精神。

20 世纪 90 年代初期，随着中国改革开放政策的实施和马来西亚政府全面取消华侨到中国的各种限制，马来西亚华侨掀起了前往中国投资的热潮，各种关于中国投资的研讨会相继举行。此后，马来西亚对中国的投资总额成倍增长，投资领域扩展至能源、交通、金融、保险、商业零售等，投资地域也渐渐从中国沿海地区延伸至其他省区市。

由于 1997 年亚洲金融危机的冲击，马来西亚对中国的投资开始呈现下降趋势。甚至在 1999 年经济复苏以后，马来西亚对中国的投资仍处低位，原因包括：第一，当时马来西亚政府采取了“外汇管制措施”，限制国内资金外流。第二，许多马来西亚企业也受到亚洲金融危机的冲击导致资金短缺，因此无法延续对中国的投资。在危难时刻，时任马来西亚总理马哈蒂尔倡议开展的“东盟 + 中日韩（10 + 3）”东亚区域合作，得到了中国政府的大力支持。同时，中国坚持人民币不贬值，也获得了马来西亚和其他东盟国家的称赞。自此，中国和东盟的关系日益密切，中马合作关系也迅速发展。

1999 年 5 月 31 日，在中马两国建交 25 周年之际，两国签署了《中华人民共和国政府和马来西亚政府关于未来双边合作框架的联合声明》，决定在政治、经济、文化、教育、军事及其他领域深化合作，建立两国面向 21 世纪的全方位睦邻友好合作关系。2002 年 4 月，中马双边商业理事会成立。2010 年 1 月 1 日，中国—东盟自由贸易区全面建成，推动了中马双边贸易的迅速发展。2013 年，中马全面战略伙伴关系确立，为两国双边贸易发展带来“新活力”。中马两国在 1985—2016 年所签署的贸易合作协定如表 1-1 所示。

表 1-1　中马两国在 1985—2016 年所签署的贸易合作协定

协定	签署日期
《避免双重征税协定》	1985 年 11 月 23 日
《海运协定》	1987 年 9 月 9 日
《贸易协定》	1988 年 4 月 1 日
《投资保护协定》	1988 年 11 月 21 日
《成立经济贸易联合委员会协定》	1988 年 11 月 22 日
《民用航空运输协定》	1989 年 3 月 31 日
《资讯谅解备忘录》	1992 年 3 月
《科技合作协定》	1992 年 7 月
《促进中马体育交流、提高体育水平的谅解备忘录》	1993 年 9 月
《教育交流谅解备忘录》	1997 年 6 月
《关于未来双边合作框架的联合声明》	1999 年 5 月 31 日
《就中国加入 WTO 的双边协议》	2000 年 4 月 13 日
《旅游合作谅解备忘录》	2003 年 9 月 15 日
《关于在 WTO 技术性贸易壁垒协定领域合作谅解备忘录》	2004 年 5 月 28 日
《关于扩大和深化经济贸易合作的协定》	2011 年 4 月 28 日
《〈中华人民共和国政府和马来西亚政府关于对所得避免双重征税和防止偷漏税的协定〉的换函》	2016 年 11 月 1 日

资料来源：中国驻马来西亚大使馆经济商务网站。

二、中马两国共建“一带一路”的共识与合作动态

（一）“一带一路”倡议的提出

中国国家主席习近平于 2013 年在共同建设的基础上，相继提出了丝绸之路经济带和 21 世纪海上丝绸之路，其共享原则着重于五个环节，即政策沟通、设施联通、贸易畅通、资金融通以及民心相通。2013 年 10 月，习近平提议建立丝绸之路基金和亚洲基础设施投资银行（简称“亚投行”），以促进区域互联互通和经济一体化，主要是向外出的中国商人提供基础设施资金，并加强信贷管理部门、征信机构和评级机构跨界交流合作，借此引导商业股权投资基金和社会基金共同参与“一带一路”重点项目建设。如表 1-2 所示，截至 2019 年 6 月，全球“一带一路”的行业总投资已达到了 6898.8 亿美元。从行业分布角度来看，能源行业投资达 2668.6 亿美元，占比达 38%；交通运输行业投资达 1799.4 亿美元，占比为 26%；房地产行业投资达 648.5 亿美元，占比为 9%；金属行业投资 512.8 亿美元，占比为 7%。

表 1-2 全球“一带一路”行业投资总额分布（截至 2019 年 6 月；单位：百万美元）

行业	中东与北非	东亚	欧洲	北美	南美洲	撒哈拉以南非洲	西亚	总额
农业	900	2940	3810	—	830	3270	2990	14740
化工	1930	1710	—	—	280	2770	6710	13400
能源	46880	62690	16970	760	15070	45720	78770	266860
娱乐	440	2280	6290	—	—	1010	—	10020
金融	—	3900	8340	—	—	—	450	12690
保健	530	110	1520	160	200	290	—	2810
物流	120	10960	470		230	1480	490	13750
金属	560	10220	1950	300	19310	10200	8740	51280
其他	3500	8170	1560	280		3990	2320	19820
房地产	17900	20150	950	330	1180	17130	7210	64850
科技	100	6130	2830	—	300	1450	1480	12290
旅游	1530	5740	—	1310	—	550	540	9670
交通运输	16780	39680	22090	3350	4070	57370	36600	179940
设备	5430	3480	780	230	240	4570	3030	17760
总额	96600	178160	67560	6720	41710	149800	149330	689880

资料来源：American Enterprise Institute(2019).

（二）马来西亚对“一带一路”倡议的反馈与支持

尽管“一带一路”倡议的参与范围在不断扩大，与倡议相关的贸易和投资仍然集中在亚洲地区，尤其集中于东南亚国家联盟（ASEAN）。其中，中国“一带一路”在马来西亚获得了迅速发展的契机。作为 21 世纪海上丝绸之路的沿线国之一，马来西亚是最早响应“一带一路”倡议的国家之一。根据马来西亚《星洲日报》在 2015—2017 年受访信息调研的综合分析，81% 的马来西亚各界人士对于中国提出的“一带一路”倡议表示认可，因此绝大多数的马来西亚各界人士特别是华社，对于中国“一带一路”倡议的反应是持拥护态度的。① 此外，

① 骆立. 马来西亚华社对“一带一路”的回应——从星洲日报考察 [J]. 文化软实力，2017（4）.

马来西亚著名的民调商业机构默迪卡中心进行的一项《马来西亚对华民意》调研结果显示，大部分马来西亚马来人和华人社群普遍认同“一带一路”对马来西亚的重要性。[①] 与此同时，马来西亚媒体与学术界也对“一带一路”倡议表示赞同与认可。[②③] 而在马来西亚前总理纳吉布执政期间，马来西亚自 2015 年以来与中国共签署了多项政府间和商业间合作备忘录，这也彰显了马来西亚企业对中国的信心。截至 2019 年 4 月，中马两国已经顺利启动和开展多项合作，包括中马关丹产业园区、东海岸铁路、宝腾汽车和阿里巴巴数字自贸区等。

但是，马哈蒂尔在马来西亚 2018 年 “509 大选” 胜出，再次担任马来西亚总理和成立新政府之时，就开始对“一带一路”倡议提出质疑。马来西亚官方对中国倡议“一带一路”的态度体现在以下方面：对中国在马来西亚的巨额基建项目表达不满，政治化渲染中资企业在马投资，提出产业园围墙事件有损中资企业在马形象等。此后，马哈蒂尔访问中国并参与了“一带一路”国际合作高峰论坛，事情才开始有了转折。马哈蒂尔一改此前对“一带一路”的各种批评和质疑，开始对外界发出完全支持中国“一带一路”倡议的积极信号，并宣称坚信马来西亚可以从中国“一带一路”倡议中受惠。经过前一段时间的风风雨雨，中马两国关系又开始朝着积极的方向发展。在由马来西亚—中国商务理事会主办的 2019 年中马“一带一路”经济合作论坛，马来西亚财政部部长林冠英表示，马来西亚将继续加强与中国在“一带一路”建设方面的相关合作，马来西亚作为“一带一路”倡议的受益者，期待“一带一路”建设促进包括中马两国在内的亚洲各国经济可持续发展，实现互惠共赢的发展局面。[④]

---

① 饶兆斌 . 经济高于地缘政治：马来西亚对 21 世纪海上丝绸之路的观点 [J]. 南洋问题研究，2016（4）.

② Mengaktifkan Laluan Sutera Abad ke-21： China Mengambil Inisiatif Wujudkan Laluan Dagang Global[R].Utusan Malaysia, 2015.

③ Shahriman Lockman.The 21st Century Maritime Silk Road and China-Malaysia Relations[J].ISIS Focus, 2015（5）.

④ 新华网 . 马来西亚官员表示将加强“一带一路”相关合作 [EB/OL]（2019-08-08）. http://www.xinhuanet.com/world/2019-08/08/c_1124853645.htm.

（三）马来西亚在“一带一路”倡议中的各种发展指数与风险指标

如表 1-3 所示，在“一带一路”发展热度指数方面，2019 年马来西亚排在第 6 名，在东南亚国家中排名第二，仅在印度尼西亚之后，这显示出马来西亚在“一带一路”框架下的投资热点位置，仍然在东南亚地区中具备竞争力。此外，在 2017—2018 年“一带一路”的综合投资吸引力的排名方面，马来西亚排在第 15 名，处于中等位置（见图 1-1）。在投资风险最低的排名方面，马来西亚也排在第 15 名，其中马来西亚的汇率出现较大浮动，为外商投资的重要风险点。这显示出马来西亚的投资潜力有待进一步发挥，其投资环境也有待进一步加强。同时，近几年来，马来西亚政权更迭也导致马来西亚的政治风险上升。

表 1-3 “一带一路”发展热度指数排名

国家	2019 年指数得分	2019 排名	2018 年指数得分	2018 排名
印度尼西亚	136	1	152	2
阿拉伯联合酋长国	132	2	116	11
孟加拉国	131	3	134	3
巴基斯坦	131	4	133	4
埃及	130	5	100	24
马来西亚	130	6	159	1
越南	129	7	127	8
沙特阿拉伯	128	8	104	19
伊朗	127	9	128	7
土耳其	118	10	102	21

资料来源：德勤《2019“一带一路”投资指数报告》。[①]

① 德勤．2019“一带一路”投资指数报告 [R].http://www..deloitte.com/content/dam/Deloitte/cn/Documents/ser-soe-br/deloitte-bri-2018-belt-and-road-countries-investment-index-report-zh-190805.pdf .

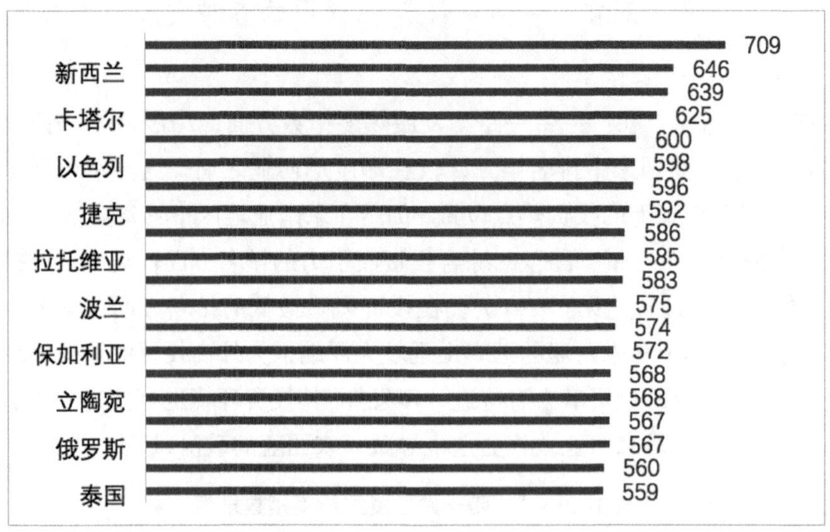

图 1-1　综合投资吸引力最高的前 20 名国家排名（2018）

资料来源：德勤《2019“一带一路”投资指数报告》。

图 1-2　投资风险最低的前 20 国家排名（2018）

资料来源：德勤《2019“一带一路”投资指数报告》。

除此之外，在2018年的主权信用风险评级方面，马来西亚处于A级的安全投资级别，在东南亚地区排在印度尼西亚之后（见表1-4）。这说明：从长期而言，马来西亚作为国际投资东道国，在总体投资安全的评级方面是受到肯定的。如今全球政治和经济环境越发复杂，由于"一带一路"投资东道国都为新兴市场经济体，这些国家相比成熟经济体而言，普遍面临着更高的投资环境风险。综合而言，马来西亚的经济相对稳定，也没受到显著的国际地缘政治影响，因此，马来西亚是最佳的投资目的地之一。

表1-4　2018年主权信用风险评级

评级	国家名称
AAA	捷克
AA	波兰、斯洛伐克、新加坡、以色列
A	阿拉伯联合酋长国、爱沙尼亚、卡塔尔、立陶宛、马来西亚、葡萄牙、沙特阿拉伯、斯洛文尼亚、匈牙利
BBB	巴西、俄罗斯、菲律宾、哈萨克斯坦、科威特、克罗地亚、拉脱维亚、罗马尼亚、塞浦路斯、泰国、土库曼斯坦、文莱、印度、印度尼西亚
BB	阿曼、阿塞拜疆、巴林、白俄罗斯、保加利亚、黎巴嫩、北马其顿共和国、孟加拉国、土耳其、希腊、伊拉克、伊朗、约旦、越南
B	阿尔巴尼亚、安哥拉、巴基斯坦、格鲁吉亚、黑山、柬埔寨、缅甸、摩尔多瓦、塞尔维亚、乌兹别克斯坦
CCC	埃及、波斯尼亚和黑塞哥维那、不丹、几内亚比绍、老挝、尼泊尔、斯里兰卡、塔吉克斯坦、乌克兰、亚美尼亚

资料来源：德勤《2019"一带一路"投资指数报告》。

三、中马经贸合作的现状与前景

（一）马来西亚国内外经济发展现状

2019年马来西亚全年国内生产总值（GDP）增长率降至4.3%，是自2009年全球金融危机以来的最低经济增长率。这相比2018年GDP增长率4.8%，下降了0.5个百分点。此外，该国2019年第四季度的GDP增速也放缓至3.6%，为2009年第三季度以来的季度最低增长率。[①] 马来西亚全年GDP总值为1.51万亿马币。马来西亚服务业和制造业仍然是2019年马来西亚经济发展的主要驱动力，占该国GDP总量的79.9%。同时，该国国内消费者需求支出和私营企业

① Central Bank of Malaysia. 2019 Economic and Monetary Review[R]（2020-05-03）. http://www.bnm.gov.my/ar2019/files/emr2019_en_full.pdf.

的支出，仍然成为该国经济的重要推动力量。

虽然马来西亚经济在 2019 年呈现下滑态势，但是在长期而言，国际市场对于电子、电气和石油产品的稳定需求，将继续支撑马来西亚经济的出口增长。尽管中美贸易关系呈现日益紧张的态势，马来西亚拥有的多元化国际贸易网络，也将可以持续支撑马来西亚经济的稳步发展。因此，在当前充满挑战的全球经济复苏时期，马来西亚经济在 2020 年如何加快国内经济的改革速度，让新政府建立与伙伴国之间的经贸关系是首要任务。

另外，马来西亚 2019 年的通货膨胀率为 0.7%，相比 2018 年的 1.0%而言降低了 0.3 个百分点。在货币政策反面，马来西亚货币政策委员会（MPC）在 2019 年 5 月将隔夜政策利率（OPR）从 3.25%降低至 3.00%，在保持马来西亚货币市场宽松程度的同时，确保国内物价稳定的情况下，持续创造有利马来西亚经济持续增长的条件。

（二）中马商品贸易的发展现状

马来西亚于 1957 年加入《关税和贸易总协定》，不仅是世界贸易组织（WTO）的创始成员，也是东南亚国家联盟（简称“东盟”，1967 年 8 月 8 日成立）的创始成员。2002 年起，东盟国家开始启动自由贸易区建设，在区域内部实现贸易零关税。自 2004 年中国—东盟自由贸易区协议签署以来，中马双方早就互相为双方来往贸易免去多种关税。中国根据其关税细目，一共免去 94.6% 的马来西亚产品的进口关税；马来西亚也相应根据本国关税细目，免除了中国 93.7% 的产品进口关税；到 2018 年 1 月，其他未免税的产品也减税 0%~5%。

如表 1–5 所示，2019 年马来西亚对外贸易总额为 4432 亿美元，同比下降了 4.71%，而其在 2017 年和 2018 年的贸易增长率分别为 15.2% 和 12.5%。其中，2019 年马来西亚与中国贸易总额为 760.9 亿美元，同比下降了 2.16%，而马来西亚与中国在 2017 年和 2018 年的贸易总额分别增长了 16.5% 和 14.8%，中马两国贸易发展在这两年呈现了较高的增长态势。同时，在 2018—2019 年，马来西亚对除美国之外的其余四国的贸易发展均出现了不同程度的下降态势；2019 年，马来西亚对中国、新加坡、日本和泰国四国的贸易总额均有所下降，唯独马来西亚对美国的贸易总额呈现增长，这说明了 2018—2019 年中美贸易摩擦殃及了马来西亚与中国以及其他国家的对外贸易发展。

表 1-5 2016—2019 年马来西亚对五大贸易伙伴贸易总额（单位：亿美元）

2016 年				2017 年				2018 年				2019 年			
国家	贸易总额	同比（%）	占比（%）	国家	贸易总额	同比（%）	占比（%）	国家	贸易总额	同比（%）	占比（%）	国家	贸易总额	同比（%）	占比（%）
总值	3584	–4.66	100	总值	4131	15.28	100	总值	4651	12.57	100	总值	4432	–4.71	100
中国	581.1	–1.74	16.2	中国	677.4	16.59	16.4	中国	777.7	14.80	16.7	中国	760.9	–2.16	17.2
新加坡	451.2	–7.64	12.6	新加坡	532.1	17.92	12.9	新加坡	599.6	12.68	12.9	新加坡	546.6	–8.83	12.3
美国	328.4	–0.62	9.2	美国	367.6	11.94	8.9	美国	385.9	4.98	8.3	美国	397.0	2.87	9.0
日本	290.2	–11.45	8.1	日本	322.4	11.06	7.8	日本	328.9	2.03	7.1	日本	311.1	–5.41	7.0
泰国	208.6	–5.55	5.8	泰国	229.8	10.14	5.6	泰国	261.3	13.71	5.6	泰国	241.6	–7.52	5.5

资料来源：2016—2019 年中国商务部《马来西亚货物贸易及中马双边贸易概况》。

此外，在 2016—2019 年，马来西亚五大贸易伙伴国依次为中国、新加坡、美国、日本和泰国，而中国在这期间一直是马来西亚最大的贸易伙伴。马来西亚与中国的进出口贸易总额占比，从 2016 年的 16.2% 逐年上升到 2019 年的 17.2%。相比之下，马来西亚对新加坡、美国、日本和泰国的贸易占比都呈现下降趋势，其各自贸易占比从 2016 年的 12.6%、9.2%、9.1% 和 5.8%，分别下降到 2019 年的 12.3%、9.0%、7.0% 和 5.5%。2019 年马来西亚五大贸易伙伴国的贸易占比数据显示，中马贸易总额占比与马新和马美贸易总额占比分别高出 4.9% 和 8.2%，是马日和马泰贸易总额占比的两倍多和三倍多。

表 1-6　2016—2019 年马来西亚对五大贸易伙伴出口额（单位：亿美元）

2016 年				2017 年				2018 年				2019 年			
国家和地区	出口额	同比（%）	占比（%）	国家和地区	出口额	同比（%）	占比（%）	国家和地区	出口额	同比（%）	占比（%）	国家和地区	出口额	同比（%）	占比（%）
总值	1897	–4.8	100	总值	2179	14.7	100	总值	2475	13.6	100	总值	2381	–4.3	100
新加坡	276.3	–0.5	14.6	新加坡	315.8	14.3	14.5	新加坡	344.6	9.1	13.9	中国	337.0	–2.2	14.2
中国	237.6	–8.6	12.5	中国	294.1	23.8	13.5	中国	344.1	17.2	13.9	新加坡	330.4	–4.9	13.9
美国	193.9	2.8	10.2	美国	206.5	6.5	9.5	美国	224.9	8.9	9.1	美国	231.2	2.7	9.7
日本	152.5	–18.4	8.0	日本	174.2	13.4	8.0	中国香港	184.9	65.7	7.5	中国香港	160.7	–13.4	6.8
泰国	106.4	–6.6	5.6	泰国	117.6	10.6	5.4	日本	171.3	–3.0	7.0	日本	157.6	–9.8	6.6

资料来源：2016—2019 年中国商务部《马来西亚货物贸易及中马双边贸易概况》。

如表 1–6 所示，在 2016—2019 年，中国与新加坡、美国、中国香港和日本并列为马来西亚五大出口市场。其中，2019 年中国超越新加坡成为马来西亚第一大出口市场，但中国和新加坡在马来西亚出口市场的占比差异微小。同年，除了美国，马来西亚对其余四大贸易伙伴的出口贸易额均呈现下降态势，但是马来西亚对中国出口贸易的下降幅度最小。如表 1–7 所示，在 2016—2019 年，中国与新加坡、美国、日本和中国台湾并列为马来西亚五大进口来源地，期间中国已经连续四年成为马来西亚最大进口来源地。2019 年马来西亚从中国的进口总额为新加坡的将近两倍。同年，除了美国，马来西亚从其余四大贸易伙伴的进口贸易总额均呈现下降态势，但马来西亚从中国的进口额的下降幅度最小。

表 1-7 2016—2019 年马来西亚对五大贸易伙伴进口额（单位：亿美元）

2016 年				2017 年				2018 年				2019 年			
国家和地区	进口额	同比（%）	占比（%）	国家和地区	进口额	同比（%）	占比（%）	国家和地区	进口额	同比（%）	占比（%）	国家和地区	进口额	同比（%）	占比（%）
总值	1686	-4.2	100	总值	1952	15.7	100	总值	2176	11.7	100	总值	2050	-6.0	100
中国	343.5	3.7	20.4	中国	383.3	11.6	19.6	中国	433.7	13.2	19.9	中国	423.9	-2.5	20.7
新加坡	174.9	-17.0	10.4	新加坡	216.3	23.7	11.1	新加坡	255.0	17.9	11.7	新加坡	216.1	-15.4	10.5
日本	137.7	-0.1	8.2	美国	161.0	19.8	8.3	美国	160.9	6.0	7.4	美国	165.7	3.0	8.1
美国	134.4	-5.3	8.0	日本	148.1	7.6	7.6	日本	157.6	6.3	7.2	日本	153.5	-3.1	7.5
泰国	102.2	-4.1	6.1	中国台湾	127.6	26.3	6.5	中国台湾	157.4	23.3	7.2	中国台湾	137.7	-12.5	6.7

资料来源：2016—2019 年中国商务部《马来西亚货物贸易及中马双边贸易概况》。

如表 1-8 所示，2016—2019 年，机电产品、矿产品、塑料及橡胶、贱金属及制品，以及化工产品，为马来西亚对中国出口的五大主要产品类别，在 2019 年出口额的占比分别为 40.1%、17.5%、12.1%、7.4% 和 7.2%。其中，机电产品和矿产品在 2019 年出口额的下降幅度达 9.7% 和 5.0%。与此同时，如表 1-9 所示，2016—2019 年，机电产品、贱金属及制品、矿产品、化工产品，以及塑料及橡胶，为马来西亚从中国进口的五大主要产品类别，在 2019 年进口额中的占比分别为 48.7%、9.4%、7.4%、7.0% 和 4.9%。其中，机电产品和贱金属及制品在 2019 年进口额的下降幅度达 4.6% 和 18.0%。纵观而言，由于马来西亚对中国的众多出口商品，主要是中国出口到美国的最终产品当中的零部件和半成品，因此中美贸易摩擦导致了中国对马来西亚产品需求的减少，直接导致了 2019 年中马对外贸易总额的下降。

表 1-8　2016—2019 马来西亚对中国出口主要商品构成（类）（单位：亿美元）

海关分类	HS编码	商品类别	2016年	同比（%）	占比（%）	2017年	同比（%）	占比（%）	2018年	同比（%）	占比（%）	2019年	同比（%）	占比（%）
类	章	总值	237.6	-8.6	100	294.1	23.8	100	344.1	17.2	100	337.0	-2.2	100
第 16 类	84–85	机电产品	110.7	-6.0	46.6	130.1	17.5	44.2	149.1	14.6	43.4	135.1	-9.7	40.1
第 5 类	25–27	矿产品	38.3	-24.1	16.1	58.9	53.8	20.1	62.3	6.4	18.1	59.1	-5.0	17.5
第 7 类	39–40	塑料橡胶	22.8	-11.3	9.6	32.3	41.7	11.0	39.4	22.0	11.5	40.7	3.2	12.1
第 15 类	72–83	贱金属及制品	9.8	-18.8	4.2	11.4	15.8	3.9	19.1	67.5	5.6	24.7	27.1	7.4
第 6 类	28–38	化工产品	18.6	14.5	7.9	21.3	15.3	7.3	27.3	28.0	7.9	24.1	-11.4	7.2
第 3 类	15	动植物油脂	14.6	-9.5	6.2	14.0	-3.7	4.8	12.3	-11.8	3.6	14.4	16.5	4.3
第 18 类	90–92	光学、钟表、医疗设备	7.4	16.2	3.1	9.0	21.5	3.1	12.2	34.9	3.6	13.5	11.0	4.0
第 4 类	16–24	食品、饮料、烟草	4.7	4.1	2.0	4.3	-8.4	1.5	5.0	17.0	1.5	5.2	3.1	1.6
第 17 类	86–89	运输设备	2.5	3.6	1.1	2.8	9.9	1.0	4.0	44.1	1.2	3.7	-9.1	1.1
第 1 类	01–05	活动物、动物产品	0.8	29.2	0.3	0.9	16.2	0.3	1.8	102.0	0.5	3.3	78.9	1.0
第 11 类	50–63	纺织品及原料	1.6	-9.9	0.7	2.1	27.4	0.7	3.0	45.1	0.9	2.6	-13.8	0.8
第 13 类	68–70	陶瓷；玻璃	1.0	-3.4	0.4	1.1	12.5	0.4	1.3	17.2	0.4	2.0	48.3	0.6
第 9 类	44–46	木及制品	1.7	-9.8	0.7	2.1	21.9	0.7	2.1	-1.3	0.6	1.8	-14.4	0.5
第 2 类	06–14	植物产品	0.8	-8.8	0.4	0.8	0.8	0.3	1.1	29.5	0.3	1.2	9.6	0.4
		其他	1.6	-98.8	0.7	2.3	44.8	0.8	3.3	40.6	1.0	5.1	53.9	1.5

资料来源：2016—2019 年中国商务部《马来西亚货物贸易及中马双边贸易概况》。

表 1-9 2016—2019 马来西亚自中国进口主要商品构成（类）（单位：亿美元）

海关分类	HS编码	商品类别	2016年	同比（%）	占比（%）	2017年	同比（%）	占比（%）	2018年	同比（%）	占比（%）	2019年	同比（%）	占比（%）
类	章	总值	343.5	3.7	100	383.3	11.6	00	433.6	13.2	100	423.9	-2.5	100
第16类	84-85	机电产品	61.5	-0.2	47.0	89.2	17.2	49.4	15.2	13.7	49.6	206.4	-4.6	48.7
第15类	72-83	贱金属及制品	42.7	-4.2	12.4	40.8	-4.4	10.7	48.5	18.9	11.2	39.8	-18.0	9.4
第5类	25-27	矿产品	14.0	83.3	4.1	22.5	59.1	5.9	24.0	7.4	5.6	31.1	29.4	7.4
第6类	28-38	化工产品	26.7	6.1	7.8	26.3	14.9	6.9	32.9	24.9	7.6	29.6	-10.3	7.0
第7类	39-40	塑料、橡胶	14.5	13.7	4.2	17.9	23.0	4.7	19.0	6.4	4.4	20.8	9.2	4.9
第17类	86-89	运输设备	9.7	-11.9	2.8	8.9	-8.4	2.3	12.0	35.1	2.8	14.8	23.4	3.5
第11类	50-63	纺织品及原料	19.1	7.8	5.6	16.9	-11.4	4.4	17.2	1.6	4.0	14.4	-16.2	3.4
第20类	94-96	家具、玩具、杂项制品	9.6	17.5	2.8	10.7	10.9	2.8	11.1	4.1	2.6	12.0	7.3	2.8
第18类	90-92	光学、钟表、医疗设备	9.4	-11.6	2.8	11.1	17.8	2.9	10.5	-5.5	2.4	10.0	-5.4	2.4
第2类	06-14	植物产品	9.0	14.2	2.6	8.7	-3.1	2.3	8.7	-0.2	2.0	9.5	9.3	2.3
第13类	68-70	陶瓷、玻璃	7.3	21.4	2.1	6.5	-10.0	1.7	7.7	17.9	1.8	7.2	-6.9	1.7
第10类	47-49	纤维素浆；纸张	4.9	32.6	1.4	5.2	5.4	1.4	5.5	6.5	1.3	5.9	6.5	1.4
第4类	16-24	食品、饮料、烟草	5.0	-2.2	1.5	4.9	-3.3	1.3	5.2	7.2	1.2	5.0	-4.8	1.2
第12类	64-67	鞋靴、伞等轻工产品	3.7	17.6	1.1	3.5	-5.1	0.9	3.7	6	0.9	2.9	-22.5	0.7
		其他	5.7	-98.9	1.7	9.5	66.5	2.5	11.6	22.4	2.7	14.0	20.6	3.3

资料来源：2016—2019 年中国商务部《马来西亚货物贸易及中马双边贸易概况》。

除此之外，如表 1-10 所示，马来西亚对中国出口显示性比较优势系数显示，机电类、塑料或橡胶类、燃料类、蔬菜类以及食物产品这五种商品，是马来西亚对中国出口的众多商品当中，具有比较高的显示性比较优势系数的商品。其中，2016—2018 年，塑料或橡胶类和燃料类这两种商品的显示性比较优势，都呈现显著的逐步上升趋势。相对的是，机电类、蔬菜类和食物产品这三种商品的显示性比较优势，都呈现显著的逐步下降趋势。其他商品的显示性比较优势，在过去的六年间没有太大的变化。

表 1-10　2013—2018 年马来西亚对中国出口商品种类细分的显示性比较优势系数（RCA）

商品细分	2013 年	2014 年	2015 年	2016 年	2017 年	2018 年
动物	0.0	0.1	0.1	0.1	0.1	0.2
化学制品	0.5	0.5	0.4	0.5	0.5	0.5
食物产品	1.0	1.0	0.8	0.8	0.7	0.7
鞋类	0.0	0.0	0.0	0.0	0.0	0.0
燃料类	0.6	0.7	0.9	0.7	1.1	1.2
兽皮	0.0	0.1	0.0	0.0	0.1	0.1
机电	2.1	2.1	2.0	2.0	1.9	1.8
金属制品	0.7	0.5	0.4	0.4	0.3	0.4
矿物质	0.2	0.3	0.4	0.2	0.2	0.1
杂项	0.2	0.2	0.3	0.4	0.4	0.4
塑料或橡胶	1.5	1.4	1.1	1.0	1.2	1.3
石材和玻璃	0.2	0.1	0.0	0.1	0.1	0.1
纺织服装	0.2	0.2	0.2	0.2	0.2	0.2
运输	0.0	0.1	0.1	0.1	0.1	0.1
蔬菜	1.7	1.5	1.0	1.0	1.1	0.9
木材	0.3	0.3	0.2	0.2	0.2	0.2
所有产品	1.0	1.0	1.0	1.0	1.0	1.0

资料来源：World Bank-World Integrated Trade Solution Database.

同时，如表 1-11 所示，在马来西亚对中国各商品出口与世界同样商品出口增长率比较方面，马来西亚对中国出口的消费品增长率经过 2014—2016 年的下降后，在 2017 年和 2018 年分别增长了 14.5% 和 24.3%，显著地超过了世界同样商品的出口增长率。在商品种类细分方面，马来西亚对中国的机电类商品出口在2018年的增长率为4.9%，相比该产品的世界出口增长率7.1%低了2.2%。另外，马来西亚对中国的燃料类商品在2017年和2018年的出口增长率分别为42.7%和22.7%，相比该商品的世界出口增长率，分别高出了23.8%和4.7%。与此同时，马来西亚对中国的塑料或橡胶类商品，在2017年和2018年的出口增长率分别为16.7%和5.8%，相比该商品的世界出口增长率，分别高出了8.4%和3.5%。

表1-11　2013—2018年马对中出口各商品种类细分与世界同样商品出口的增长率之比（单位：%）

	2013年		2014年		2015年		2016年		2017年		2018年	
商品种类	世界	中马	世界	中马	世界	中马	世界	中马	世界	中马	世界	中马
资本货物	4.0	1.4	0.1	−3.6	−2.1	−0.5	−2.2	−1.2	5.3	−1.1	6.9	4.9
消费品	2.1	5.7	4.4	−8.6	−6.5	−16.9	−0.9	−7.7	8.9	14.5	8.4	24.3
中间商品	2.0	−5.1	3.2	8.4	2.1	3.8	−4.9	−12.5	5.2	16.3	4.6	2.0
原料	1.8	6.3	−1.2	−15.2	−16.7	−5.0	−3.6	−6.7	14.4	32.8	9.7	18.6
动物	14.6	−17.3	5.7	32.3	−7.1	31.2	11.3	10.8	2.5	−6.5	11.2	48.9
化学制品	3.2	4.3	0.2	−9.9	−5.3	−7.3	−1.5	6.6	9.9	9.4	8.4	11.1
食物产品	5.3	16.4	3.8	−1.3	8.8	−0.1	−1.6	−0.4	8.6	0.1	9.1	10.4
鞋类	4.5	0.8	6.0	24.8	8.0	−20.9	4.3	−4.3	8.7	−26.9	12.6	34.7
燃料类	0.4	4.3	0.3	3.8	−20.8	−0.7	−5.7	−17.0	18.9	42.7	18.0	22.7
兽皮	5.9	−14.3	2.0	121.6	−2.1	−23.7	−9.1	−15.1	1.8	25.3	−2.1	18.1
机电	4.1	1.7	−0.7	−4.1	−1.5	−0.1	−2.3	−1.4	6.0	−0.5	7.1	4.9
金属制品	−3.5	18.9	−1.0	−16.2	−7.4	−9.9	−4.8	−8.7	10.0	−2.1	5.7	9.4
矿物质	5.1	14.5	−4.6	−7.4	−16.1	14.5	0.0	−34.4	15.8	8.7	4.1	−11.8
杂项	9.6	−6.7	−4.8	13.1	−22.5	−5.9	−0.2	14.4	2.5	−4.9	9.7	10.9
塑料或橡胶	1.2	−3.9	0.2	−7.3	−7.2	−13.1	−3.1	−8.1	8.3	16.7	2.3	5.8
石材和玻璃	11.5	1.6	36.0	5.6	42.8	−6.9	−8.4	0.5	−7.8	3.5	−1.6	0.3

续表

商品种类	2013年		2014年		2015年		2016年		2017年		2018年	
	世界	中马	世界	中马	世界	中马	世界	中马	世界	中马	世界	中马
纺织服装	−0.6	12.2	−5.6	−9.6	−5.2	−0.8	−6.4	−4.9	4.7	11.8	4.8	8.2
运输	4.9	2.7	9.8	29.6	−10.0	6.5	−0.3	−10.6	5.0	−15.6	3.6	21.2
蔬菜	2.1	−8.0	3.1	−6.7	−2.5	−15.5	−4.9	−6.9	6.8	6.5	0.9	−5.4
木材	5.3	4.2	4.9	8.1	−3.7	−13.9	0.0	−7.0	9.8	0.6	5.3	−0.2
所有产品	3.6	1.6	0.2	−3.8	−7.4	−2.2	−2.8	−3.8	7.8	5.1	7.6	7.9

资料来源：World Bank-World Integrated Trade Solution Database.

如表1–12所示，在马来西亚对中国外贸依存度方面，2013—2018年马来西亚对中国的外贸依存度一直介于18.8%和21.7%之间，这显示出马来西亚经济对中国的外贸依存度目前处于适中水平。与此同时，马来西亚对中国的贸易逆差长期呈现上升态势，中马两国净出口从2014年的–71亿美元，增长到2019年的–86.9亿美元。期间，马来西亚对中国的贸易逆差在2016年曾达到105亿美元。对此，马来西亚已长期持续对中国呈现贸易逆差态势，马来西亚对中国出口的商品结构竞争力也有待提升。此外，林吉特兑人民币汇率在2017—2019年间逐步升值（见图1–3），对马来西亚出口成本优势也存在一定影响。相对的是，马来西亚对中国的长期贸易逆差也说明了在经济发展过程中，马来西亚对中国进口商品需求的显著上升，凸显了中国进口商品对马来西亚经济发展的重要性，以及中马两国在经济贸易发展上的长期紧密关系。

表1–12　2016—2019年马来西亚国内生产总值及对外贸易相关指标

指标	2016年	2017年	2018年	2019年
马来西亚GDP年度总额（亿美元）	3012.5	3189.5	3585.8	3740.0
马来西亚GDP年增长率（%）	4.4	5.7	4.7	4.3
马来西亚与中国外贸总额（亿美元）	581.1	677.4	777.7	760.9
马来西亚与中国外贸总额年增长率（%）	3.5	16.6	14.8	−2.2
马来西亚对中国外贸依存度（%）	19.3	21.2	21.7	20.3
马来西亚对中国贸易净出口（亿美元）	−67.1	−67.5	−89.0	−86.8

资料来源：2016—2019年中国商务部《马来西亚货物贸易及中马双边贸易概况》；Department of Statistics Malaysia。

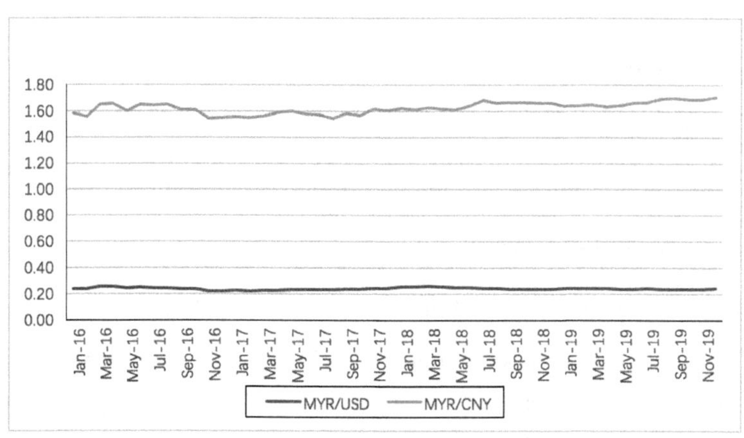

图 1-3　林吉特兑人民币（MYR/CNY）及林吉特兑美元（MYR/USD）的月度汇率（2010 年 1 月—2019 年 12 月）

资料来源：Central Bank of Malaysia。

（三）中马服务贸易发展现状

如表 1-13 所示，马来西亚对中国的服务出口主要集中在商业服务出口，其中旅游占了最大比重。中国对马来西亚的服务出口同样主要集中在商业服务，其中旅游和运输占了最大比重。数据显示，中马两国的旅游业是中马服务贸易发展的重要支柱。同时，中国对马来西亚明显较大的运输服务出口说明中国对马来西亚运输服务随着中国对马来西亚商品出口的增加而显著增长。此外，中国建筑行业对马来西亚的服务出口明显较大也说明中国建筑行业对马来西亚基础建设的服务贡献较多。

表 1-13　马来西亚对中国的服务出口与进口总额（单位：百万美元）

服务类别	出口		进口	
	2016 年	2017 年	2016 年	2017 年
商业服务	2371	2963	4808	5191
第三方实物投入制造服务	3	32	2	6
运输	437	722	1597	1839
旅游	1673	1928	1901	1969
其他商业服务	259	281	1308	1378
建筑	41	22	288	776
电信、计算机和信息服务	66	62	64	48

续表

其他商务服务	出口		进口	
	118	155	552	302
个人，文化和娱乐服务	8	13	10	12
服务贸易总额	2605	3215	5722	6330
增长率（%）		23.4%		10.6%

资料来源：World Trade Organization.

纵观而言，虽然马来西亚服务业占GDP的比重非常大，但是其服务业发展主要集中在传统的服务业领域，如商贸、餐饮、金融、交通运输、工程承包与劳务合作和旅游服务等。相比之下，马来西亚服务业在现代物流、电信网络、软件开发、文化传媒等高附加值的新兴服务业上，仍然有非常大的发展空间有待提升。马来西亚企业可以充分利用中国作为全球服务贸易大国和高科技研发中心的有利条件，发展马来西亚高附加值的新兴服务产业。中国企业可以对马来西亚的高附加值的新兴服务产业进行投资与合作，借此可以通过马来西亚的地理位置和人力资源优势，进入东盟经济巨大的服务业市场，掌握和积累对东盟多元化种族的市场经验与了解。因此，马来西亚与中国在服务产业的投资合作商机是无限的。

（四）中马贸易发展的前景分析

1. 中马贸易潜力有必要上升到新产业梯度

纵观而言，中马双方投资关系前景可期。马来西亚经济已经成功从早前的农业与原产品出口转向以制造业为主导。中国与马来西亚的经济结构比较相似，产业的同构性导致不可避免的市场竞争。但是，中马双方的经济互补性大于竞争性，长远而言不会影响今后双方的经贸合作关系，也是双方经贸合作高速增长的一种动力。此外，马来西亚工业仍然需要发展创新科技以提高产能效率，拓展海外市场。中国目前是马来西亚最大的制造业投资国，最显著的投资包括钢铁业、非金属矿业及太阳能行业，此类高价值的投资项目是马来西亚政府所乐见的。若中国企业可以把创新转移至马来西亚，这将有助于马来西亚推动本地金属、化工与石油化工、电气和电子等关键行业的需求。因为马来西亚经济规模较小，但有丰富的原产品，马来西亚企业可以与中国展开更密切的合作。对此，虽然马来西亚与中国的贸易在过去的六年里显示出平稳的发展态势，但是马来西亚有必要让本国经济各产业结构更上一个台阶。因此，马来西亚能够与中国再次携手，共创一个富有创新性质的中马经贸发展新历程。

2. 马来西亚参与区域性贸易协定的机遇和挑战

马来西亚政府曾于2016年与多国签署《跨太平洋伙伴关系协定（TPP）》，该协议的落实将取消马来西亚和其他参与国之间的贸易关税和非关税壁垒。但是，随着2017年美国总统特朗普签署一纸行政命令退出该协议，TPP至今无法落实。但是在日本政府的极力倡导之下，2018年3月8日，《全面与进步跨太平洋伙伴关系协定（CPTPP）》在智利首都圣地亚哥签署并在2018年12月30日生效，作为TPP的衍生版，包含了马来西亚在内的11个TPP成员国。马来西亚如今正式参与了这个被誉为全球首个超大型区域贸易协定，该协定与北美自贸协定以及欧盟一起构成了当今世界三大区域贸易协定。

此外，马来西亚政府此时也在继续洽谈由中国政府主导的《区域全面经济伙伴关系协定（RCEP）》，借此发展更深层次的区域贸易关系。中国总理李克强于2019年年末出席在新加坡举行的第二次RCEP领导人会议时也大力推动RCEP的谈判进程。对此，马来西亚国际贸易与工业部曾表示，目前在RCEP的谈判中有超过一半的章节已经定稿，并宣称RCEP参与国也正在积极开展合作。虽然各方就一些关键条款仍无法达成共识，但各方拟定目标将于2020年内完成所有谈判。目前马来西亚政府与一些RCEP参与国，仍然对RCEP保持谨慎态度。例如，马来西亚前总理马哈蒂尔曾在一次东盟商业和投资峰会上公开表示，马来西亚签署RCEP的重要前提条件是该协定必须能确保马来西亚和其他参与国都是获得公平竞争的机会。对此，作为在东盟拥有主导话语权的国家，马来西亚对RCEP的态度和支持力度也可以被视为东盟成员国签署RCEP意愿的风向标。如果美国在未来重新投入CPTPP的怀抱，马来西亚又会再次周旋在美国与中国之间。因此，如何在RCEP和CPTPP之间平衡自身与美国和中国的利益关系，将是马来西亚政府今后在亚太区域经贸合作和外交发展上的一个考验。

四、中马产业投资发展的现状与前景

（一）在中资、马资企业的总体行业投资分布

随着中国经济的高速发展，中国企业纷纷“走出去”在海外投资以便开辟新的发展途径。由于马来西亚位于东南亚的核心地带，临近马六甲海峡，并辐射东盟、印度和中东市场，因此马来西亚是中国企业进入更大的国际市场的桥梁。随着“一带一路”建设及中马各领域合作的全面铺开，中国国有企业和私

营企业将延续对马来西亚的多维度投资项目。如表1–14所示，2018年中国成为马来西亚最大的直接投资来源国，被批准的直接投资项目金额达47.52亿美元，马来西亚的第二大和第三大直接投资来源国为日本和美国。此外，在2019年1—9月，中国直接投资金额排在第二位，这显示出中国对马来西亚的直接投资热度依然持续不减。此外，如表1–15所示，中资企业在马来西亚的投资金额达188.4亿美元，占中资企业在东盟投资总额的16%。同期，马来西亚、印度尼西亚和新加坡一起成为中资企业最大投资东道国。其中，房地产业和能源行业是目前中资企业在马来西亚投资的两大主要产业（如表1–16所示）。由此可见，马来西亚在“一带一路”枢纽上处在非常重要的位置，马来西亚政府必须高度重视中资企业投资。

表1–14　马来西亚2018年及2019年1—9月的前七大外来直接投资来源地与金额

国家 / 地区	2019年1-9月		2018年	
	被批准项目数量(个)	外商直接投资（百万美元）	被批准项目数量(个)	外商直接投资（百万美元）
美国	30	2919.6	18	762.1
中国	49	1628.9	40	4752.0
中国台湾地区	17	1213.3	18	163.9
新加坡	78	1085.6	82	443.0
日本	28	832.0	63	998.4
欧洲	5	369.0	10	105.0
英属维尔京群岛	4	331.3	5	668.7

资料来源：Department of Statistics Malaysia.

表1–15　2010—2019年6月中资企业在马来西亚的主要行业投资列表　（单位：亿美元）

年份	中方投资企业	金额	产业	子产业
2010	中国铝业集团	3.5	矿产	铝业
2011	中国铝业集团	8.0	矿产	铝业
2011	卓达集团	7.9	房地产	房地产
2011	首钢集团	2.4	矿产	钢铁
2012	中国南车集团公司	1.3	运输	机车
2012	碧桂园集团	3.3	房地产	房地产
2013	厦门大学	1.9	其他	教育

续表

年份	中方投资企业	金额	产业	子产业
2013	广西北部湾投资集团	6.5	运输	物流
2013	广西北部湾投资集团	4.8	运输	物流
2013	卡姆丹克太阳能集团	3.8	能源	太阳能
2013	中国中车	1.3	运输	铁路
2013	广州富力集团	13.7	房地产	房地产
2014	山东岱银集团	2.0	其他	纺织
2014	信义玻璃控股有限公司	2.0	其他	玻璃
2015	上海绿地集团	5.3	房地产	房地产
2015	晶科能源控股有限公司	1.0	能源	太阳能
2015	上汽集团	2.8	运输	汽车
2015	南通富士通微电子股份有限公司	3.7	科技	微电子
2015	中国广核集团	59.6	能源	发电
2016	株洲旗滨集团	2.1	其他	玻璃
2016	中国广核集团	1.0	能源	发电
2016	广西投资集团有限公司	1.4	矿产	铝业
2016	西安隆基绿能科技股份有限公司	2.4	能源	光伏
2016	中国交通建设集团	16.8	房地产	建筑工程
2017	青岛鲁海丰集团有限公司	2.8	农业	
2017	中国银河证券股份有限公司	1.2	金融	投资
2017	浙江吉利控股集团有限公司	1.1	运输	汽车
2017	碧桂园集团	2.8	房地产	房地产
2017	山东恒源石油化工集团有限公司	1.4	能源	石油化工
2018	雅居乐集团	8.4	房地产	房地产
2018	天水华天科技股份有限公司	4.4	科技	半导体
2019	浙江景兴纸业股份有限公司	3.0	其他	林业
2019	西安隆基绿能科技股份有限公司	1.4	能源	光伏
2019	中国中铁股份有限公司	3.4	运输	铁路
合计		188.4		

资料来源：American Enterprise Institute (2019).

表 1–16　2010—2019 年 6 月中资企业在马来西亚的行业投资总额分布

行业	金额（亿美元）	占中资企业在马投资比例（%）	占中资企业在东盟投资比例（%）
农业	2.8	1.5	0.2
能源业	70.6	37.5	6.0
金融业	1.2	0.6	0.1
矿产业	21.8	11.6	1.9
房地产业	65.7	34.9	5.6
科技业	8.1	4.3	0.7
运输业	11.3	6.0	1.0
其他	6.90	3.7	0.6
总额	188.4	100	16.1

资料来源：American Enterprise Institute (2019).

（二）马来西亚对中国直接投资发展现状

如表 1–17 所示，马来西亚对中国的直接投资金额是逐年增长的，其实际使用外资金额从 2012 年的 63.27 亿美元增长到 2018 年的 77.9 亿美元，年均增长率为 23%，但马来西亚 2019 年占中国外商总投资比重仅占 0.40%。同期，马来西亚在中国投资的企业数也逐年增多，从 2012 年的 5253 家增加到 2018 年的 6916 家，年均增长率达 31.6%。除此之外，如表 1–18 所示，截至 2018 年，在亚洲主要国家或地区对中国直接投资的排名当中，马来西亚对中国的直接投资金额排名第七位；在东盟国家中，仅排在新加坡之后位居第二位。因此，这些数据显示出虽然中国为马来西亚的第一大贸易伙伴，但马来西亚对中国直接投资发展空间却有待提升，在马来西亚对中国投资的潜力挖掘方面仍有待进一步探讨和加强。

表 1-17 2012—2018 年马来西亚对中国直接投资金额与比重

年份	企业数（个）	比重（%）	实际使用外资金额（亿美元）	占中国外商总投资比重（%）
2012	5253	0.69	63.27	0.47
2013	5401	0.69	66.08	0.45
2014	5567	0.69	67.65	0.42
2015	5791	0.69	72.46	0.42
2016	6033	0.70	74.67	0.40
2017	6362	0.70	75.8	0.40
2018	6816	0.70	77.9	0.40

资料来源：2013—2019 年中国商务部《中国外资统计公报》。

表 1-18 亚洲主要国家 / 地区对中国直接投资金额与比重

国家 / 地区	截至 2016 年		截至 2017 年		截至 2018 年	
	实际使用外资金额（亿美元）	占中国外商总投资比重（%）	实际使用外资金额（亿美元）	占中国外商总投资比重（%）	实际使用外资金额（亿美元）	占中国外商总投资比重（%）
中国香港	9147.9	48.8	10093.0	50.2	10992.2	53.9
日本	1049.2	5.6	1081.8	5.4	1119.8	5.5
新加坡	852.7	4.6	900.3	4.5	952.4	4.7
韩国	687.0	3.7	723.7	3.6	770.4	3.8
中国台湾	646.5	3.5	664.3	3.3	678.2	3.3
中国澳门	136.0	0.7	142.4	0.7	155.2	0.8
马来西亚	74.7	0.4	75.8	0.4	77.9	0.4
泰国	41.1	0.2	42.2	0.2	42.7	0.2
菲律宾	33.1	0.2	33.1	0.2	33.6	0.2
印度尼西亚	25.4	0.1	25.8	0.1	26.2	0.1
合计	12693.6	67.7	13782.4	68.6	14848.6	72.9

资料来源：2017—2019 年中国商务部《中国外资统计公报》。

（三）中马金融产业合作与发展

中马两国的金融合作长期以来取得了显著进展。如今在中国—东盟区域贸易和投资增长的推动下，中国与东盟各国的金融合作不断加深，特别是在资本货币市场、金融监管等领域的合作不断延伸。其中，马来西亚与中国在中国—

东盟金融合作框架下，也持续展开探索新的金融合作模式。追溯中马两国的金融发展历史，早在2000年，中国银行和马来亚银行分别在吉隆坡市和上海市互设分行，中国银行已在马来西亚蕉坡、槟城、巴生、柔佛巴鲁、蒲种五州开设五家分行。2009年2月，中国人民银行与马来西亚中央银行签署了800亿元人民币兑400亿林吉特的双边货币互换协议。该协议是中国与东盟国家的第一个本币互换协议，林吉特也成为第一种在中国银行间外汇市场挂牌交易的新兴市场国家货币。

2010年4月，中国工商银行马来西亚分行在吉隆坡开业。同年6月，中国银监会与马来西亚证监会签署了合格境内机构投资者（QDII）监管合作换文协议。同年8月，中马两国批准在各自银行间外汇市场开办人民币兑林吉特的即期交易业务。2012年2月，中国人民银行与马来西亚中央银行续签双边货币互换协议。同年4月，中国人民银行与马来西亚中央银行签署了关于马来西亚中央银行在中国设立代表处的协议。此后，在2013年11月，马来西亚中央银行在北京市成立办事处，这项重要举措为中马两国银行监管机构建立了重要基础。同时，马来西亚中央银行又公布了三项措施：①推动人民币资金池建设，加强人民币在马来西亚货币市场的流动性；②马来西亚符合监管条件的外资银行，可授权与马来西亚各银行合作，提供林吉特贸易融资，以促进马来西亚居民的国际商品和服务贸易需求；③马来西亚中央银行已通过与中国人民银行签署关于建立跨境抵押品安排的谅解备忘录，允许企业以本国货币计价的证券或现金作抵押，获取另一国融资。[①] 因此，这些措施为进一步推动中马两国的金融合作发展奠定了牢固的基础。另外，马来西亚也成为亚投行（AIIB）的57个创始成员之一，积极参与了“一带一路”建设。

如今马来西亚的金融产业发展与其国债结构息息相关。纵观如今马来西亚政府财政政策困境，主要聚焦在如何解决巨额的国债问题。马来西亚中央银行公布的2018年第四季度的数据显示，截至2018年12月底，马来西亚国债为9249亿林吉特，占马来西亚国内生产总值（GDP）的64.7%。其中，接近31%的外债主要由非居民持有的国内债券和林吉特存款组成，这些负债不受林吉特汇率波动的估值变化的影响。同时，占外债总额68.9%、总值约637.4亿林吉特

① 李志龙．中国与马来西亚经济合作的发展特点与前景分析[J]. 对外经贸事物，2015（8）．

的外债是以外币计价，主要是离岸借款，占马来西亚 GDP 的 39.7%。[①] 此外，马来西亚离岸发行的长期债券和票据总额为 152.7 亿林吉特，主要来自非金融公司，主要用于为海外资产收购提供融资。

目前，马来西亚政府正探讨进入国际市场，进行多元化的投资与融资，激励金融市场的交易活动。此举的目的是在不影响经济增长的情况下，逐步削减债务水平，并在塑造财政政策灵活性的同时，与债务管理保持平衡，以达到经济增长的目标。由于目前马来西亚国内金融市场的融资机制充裕，债券市场的机制健全，预计马来西亚政府将发行更多债券，增加林吉特贷款，削减外币贷款和利率波动风险。因此，在这些方面，中国金融企业可以参与马来西亚的债券发行与销售工作，特别是在伊斯兰金融债券方面，借此扩大马来西亚中金融合作的版图。

（四）中马两国重大合资项目

第二届“一带一路”国际合作高峰论坛于 2019 年 4 月 25 日在北京举行，恰逢 2019 年为中马建交 45 周年，时任马来西亚总理马哈蒂尔也出席了本次论坛圆桌峰会，这也是马哈蒂尔以总理身份第 9 次到访中国。2017 年，中马两国政府签署了“一带一路”合作谅解备忘录。早前，时任马来西亚总理马哈蒂尔在接受新华社采访时表示，“一带一路”倡议将推动东南亚与中国之间的贸易往来，马来西亚期待在“一带一路”中扮演枢纽角色。同时，马哈蒂尔也表示，马六甲海峡是东西方之间的重要航运通道，马来西亚的地理位置位于东西方之间，历史上长期扮演着货物流通中转的角色，因此马来西亚可作为中国与东盟国家贸易的枢纽。目前，中马两国在“一带一路”框架下有以下三个国家级的重大合作项目。

1. 马来西亚东海岸铁路项目

东海岸铁路（ECRL，简称东铁）是一条计划连接位于马六甲海峡的巴生港口和东海岸经济特区的双线铁路，全长 460 千米。2016 年 3 月 15 日，马来西亚陆路公共交通委员会开始提出此项计划，这项计划将是中国在马来西亚的第一个铁路项目。

2018 年大选后，马来西亚实现了政党轮替，政府因为财库压力和成本高昂等问题，决定暂时搁置东海岸铁路计划项目。但是，经过马来西亚衔接铁道公

① 马来西亚中央银行金融数据库 [EB/OL][2020-10-28]. http://www.bnm.gov.my/index.php?ch=statistic_nsdp.

司（MRL）与中国交通建设股份有限公司（CCCC）协商后，2019 年 4 月初，双方签订了补充协议，决定复工兴建东铁，将建筑成本从原先的 655 亿林吉特减至 440 亿林吉特，并修改了南部铁道路线，减少了 4 个车站。根据马来西亚铁路私人有限公司（MRLSB）的信息，自从 2019 年 4 月 12 日签署了东海岸铁路计划的附加协议后，该公司目前已展开复工准备工作。之后，马来西亚新政府在 2018 年 7 月 3 日通过 MRLSB 指示中国交通建设股份有限公司暂停东铁计划的所有工作。因此，原定于 2024 年 6 月完工的东铁计划也因重新谈判而造成工程拖延，完工日期延后至 2026 年 12 月 31 日。MRLSB 将与 CCCC 组建一家合资公司，双方各占 50% 股权，该合资公司将负责管理、运营和维修东铁铁路网络。若有亏损，将由 MRLSB 与 CCCC 各自承担一半。在项目利益规划方面，在东铁建设期间，马来西亚政府以 100% 向中国贷款方式（贷款年利率为 3.25%）来进行东铁工程建设，但在竣工后将持有一半的管理权，即与 CCCC 共同负担一半的建设费。而 MRLSB 将占有 80% 的盈利分红。虽然造价昂贵，但马来西亚政府预料东铁计划将为马来西亚各州属的经济发展提供便利，为各州人民贡献许多就业机会和投资商机。

2. 马来西亚城项目

马来西亚城项目（Bandar Malaysia）为吉隆坡的一个交通导向型综合功能开发项目。该项目位于一条新建高速铁路线的终点。铁路建成后，从吉隆坡到新加坡只需 90 分钟，马来西亚城将成为国际首都的门户，并将为马来西亚和东南亚未来的转型城市设计设定标准。马来西亚城将可以容纳 22 万位居民。作为发展中城市的交通运输综合开发项目和马来西亚通往扩建中的铁路网的大门，该项目将成为连接日益全球化且富有活力的经济体的纽带。马哈蒂尔在 2019 年 4 月 19 日宣布，马来西亚政府将重启在 2017 年 5 月突然遭暂停的马来西亚城计划，但是重启后的马来西亚城发展蓝图将会有重大调整以便该计划得以利惠人民。马来西亚政府让马来西亚城项目复工，将会吸引主要的国际金融机构、跨国公司、福布斯 500 强公司以及科技创业公司，到马来西亚城设立他们的区域总部，这对于马来西亚经济是一个利好的经济刺激因素。马来西亚总理办公室的文告指出，这项计划预计将为马来西亚带来约 1400 亿林吉特（折合 338.7 亿美元）的发展价值，并对马来西亚吉隆坡市有着正面影响，也能吸引更多的外国直接投资。

整个项目将由依海控股（IWH）和中国铁路工程集团（CREC）联营合资的依海中铁财团（IWH-CREC）承建。其中，马来西亚政府拥有这家合资公司的

40% 股权。马方投资者和中方投资者在合资公司中各占 60% 和 40% 股份，而马来西亚政府拥有马方投资者股权中的 37%。此外，马来西亚政府对于马来西亚城的复工条件，包括兴建 1 万间可负担房屋和人民公园，不再只是豪华的公寓，并将使用马来西亚本地建材来兴建马来西亚城，让马来西亚企业参与整个计划。

3. 中马关丹产业园区

中马关丹产业园区是中国与马来西亚两国领导人，直接倡议并亲自推进的政府之间的重大合作项目。2012 年 6 月，中马双方共同签署了《关于中马关丹产业园区合作的协定》。2013 年 2 月，中马关丹产业园区正式开园，并与中马钦州产业园区一起，成为中马两国首个互相在对方国家建设产业园区的姊妹区，开创了“两国双园”国际合作新模式。2014 年 11 月，习近平曾经提出“将钦州、关丹产业园区打造成为中马旗舰项目和中国—东盟合作示范区”[①]。中马关丹产业园区位于马来西亚东海岸经济走廊特区的彭亨州首府关丹市，规划面积 14.2 平方千米，分三期建设，产业领域包括钢铁及有色金属、机械装备制造、清洁能源及可再生能源、石油化工工业、电气电子信息工业和以科学技术研发为主的现代服务业。为支撑关丹产业园区的建设与发展，中国广西北部湾国际港务集团收购了马来西亚关丹港 40% 的股权，并获得 60 年特许经营权。通过入园企业带动港口吞吐量，同时利用港口便利的交通优势、物流优势吸引投资入园，基本形成以港口为龙头、以临港产业园区为核心和主体载体的发展模式，系统解决了制约产能合作的软硬环境短板。

中马关丹产业园区有限公司是园区的开发主体，主要负责产业园基础设施和公共设施的投资、建设和开发，由中马双方共同出资组建。其中，马方持股比例为 51%，由马来西亚 IJM 集团、森纳美（Sime Darby）集团和彭亨州发展机构（Pahang Development Corporation）共同参股；中方持股比例为 49%，由中国广西北部湾国际港务集团下属子公司北部湾东盟投资有限公司出资参股。此外。为推动“两国双园”这一创新性项目发挥作用，由中马两国经贸主管部门及相关国家部委、地方政府组成了中马“两国双园”联合合作理事会。对此，马来西亚政府给予关丹产业园区一系列优惠政策，包括长达 15 年（从公司取得法定收入时间起）的 100% 企业所得税减免，以及从 2014 年 1 月 1 日至 2020 年 12

① 林德顺，廖博闻 .“一带一路”背景下中马“两国双园”模式：现状、机遇与挑战 [J]. 亚非研究，2018（1）.

月31日之间符合资格的高级技术员工可享有15%的特别所得税率的豁免。另外，投资商可享有印花税豁免，以及原料、部件及零件、厂房、机械及设备的进口税及销售税豁免，高达约3.2亿元基础设施扶助基金，公私合营单位提供项目总成本的10%或约3.2亿元的基础设施建设补助等财务奖励。除了财务奖励，投资商可享受优惠土地价格、利用具有完善配备基础设施的产业园区、灵活雇用外籍员工以及协助开展人力资源培训等支持性政策。

（五）马来西亚招商引资的综合比较优势

1. 马来西亚经济发展与国家五年计划挂钩

马来西亚政府正在实施第十一个五年计划（11MP），其核心发展方向包括增加人民富裕、促进人力资本发展、通过绿色增长实现可持续性发展、加强基础设施的建设以支持经济增长，以及促进经济繁荣的可持续经济发展。此外，马来西亚政府曾提出2050年国家转型计划（TN50），延续和扩大马来西亚2020宏愿的范畴。如今马来西亚政府的财政预算依然专注发展大型基础设施项目和民生工程，持续提升和改善投资环境，缩小地区差距，借此全面提升国家经济发展水平。与此同时，中国政府正通过“一带一路”倡议的对外投资，扩大对外投资规模和经济影响力。因此，中国企业可以基于“一带一路”倡议的大舞台，以马来西亚国家的长远发展目标为契机，与马来西亚企业展开更积极和多元化的商贸合作与投资业务，加大对马来西亚各产业的投资力度。

2. 马来西亚自然资源丰富且产业多元化

马来西亚盛产棕榈油、橡胶、可可、木材和胡椒等农林产品，是世界第二大棕榈油及相关制品的生产国和第一大的出口国、世界第三大天然橡胶生产国和出口国。此外，马来西亚的主要矿产资源有石油和天然气，是世界第三大液化天然气出口国。另外，马来西亚服务业占GDP的比重平均达55%，服务业吸纳了超过60%的就业，是马来西亚最重要的支柱产业，服务业当中比重较高的是旅游业。在马来西亚制造业当中，比重较高的产业部门主要有电子、石油、机械、钢铁、化工和汽车工业。鉴于中国在绝大多数工业制成品方面的竞争优势强于马来西亚，马来西亚是东南亚地区工业体系中特别是重化工业体系较为完善的国家，因此，中马两国产业合作应以中国向马来西亚转移轻工产业以及在能源、资源领域进行合作开发利用为主[①]。

3. 马来西亚经济与营商环境竞争力较高

自 1998 年亚洲金融危机和 2008 年全球金融危机以来，马来西亚政府总能通过各种宏观政策与金融风险管理，度过国家经济难关并逐步使得经济复苏，其经济增长在此期间虽有起伏波动，但大体上依然维持在一个平稳的经济增长态势。在近期发布的各种国家竞争力报告中，马来西亚的排名都有显著的上升。2019 年世界经济论坛竞争力报告显示[②]，马来西亚以 75 分在 141 个经济体中排名第 27 位，在东盟经济体中位居新加坡之后排名第 2 位，领先榜内的另外 7 个东盟国家。此外，根据瑞士洛桑国际管理学院（IMD）发布的 2019 年世界竞争力报告[③]，马来西亚在世界上排名依然维持第 22 位。同时，在世界银行 2019 年经商便利指数中，马来西亚在 190 个经济体当中的排名跃升 3 位至第 12 位[④]。马来西亚政府长期致力于改善投资营商环境，完善投资法律和投资激励政策，逐步放开某些领域对外商投资的限制。因此，这些数据足以说明马来西亚政府与企业在长期不断地提升和稳固其经济与经商环境的总体竞争力。

4. 马来西亚基础设施总体完善

马来西亚政府一向以来都非常重视对高速公路、港口、机场、通信网络和电力等基础设施的投资与建设。例如，在交通设备方面，马来西亚主要城市、港口和重要工业区均有高速公路连接，有贯穿半岛南北的铁路交通网络、8 个国际机场和巴生港、槟城港、柔佛港、丹绒伯勒巴斯港、关丹港、甘马挽港、民都鲁港等大型港口。在通信技术方面，马来西亚的网络宽带普及率平均达到 22.6%，固定电话普及率平均达 32.4%。在电力能源方面，马来西亚国家能源公

① 邓洲，李灏 . 马来西亚产业竞争力现状及中国与马来西亚产业合作展望 [J]. 东南亚纵横，2015（11）.

② World Economic Forum. The Global Competitiveness Report 2018[EB/OL][2020-10-28] http://www3.weforum.org/docs/GCR2018/05FullReport/TheGlobalCompetitivenessReport2018.pdf.

③ International Institute for Management Development. The 2018 IMD World Competitiveness Ranking[EB/OL] [2020-10-28]. http://www.imd.org/globalassets/wcc/docs/release-2018/ranking2018.pdf.

④ World Bank. Doing Business 2020[EB/OL][2020-10-28]. http://documents.worldbank.org/curated/en/688761571934946384/pdf/Doing-Business-2020-Comparing-Business-Regulation-in-190-Economies.pdf.

司提供了马来西亚 98% 的电力，全国装机的备用余量占 33.0%，电力供应尚有较大空间。因此，总体而言，马来西亚现有的基础设施能够较好地为各产业类别的投资者服务；同时，马来西亚政府未来将实施更多的基础建设计划，也可为外商投资基础建设和工程承包等项目提供商业契机。

5. 马来西亚的基建投资市场空间无限

马来西亚的基础设施的投资需求仍然无限。如表 1-19 所示，根据亚洲开发银行的数据，马来西亚仍然存在扩大公共基础建设的投资需求，马来西亚政府有必要通过财政预算和财政政策的改革，推进和提升其国家公共基础建设。因此，增加国家公共基础设施的投资，将是马来西亚未来国家财政政策的优先考虑事项，马来西亚的巨大基础设施的投资潜力有待挖掘。因此，“一带一路”框架下的中国企业可以继续成为马来西亚在基础建设的强大伙伴。对此，鉴于日益重要的全球基础建设工程，亚洲开发银行曾呼吁各合作方，需要进行工程监管和合作体制的改革，以便促使基础设施对私人投资者更具吸引力，并为公私合营伙伴关系（PPP）产生大量可融资项目。对此，马来西亚与中国在未来将可能实施更多与 PPP 相关的改革，例如，PPP 的采购和招标流程革新，引入争议解决机制以及建立独立的相关 PPP 政府部门等。

表 1-19　马来西亚与中国对基础设施的投资需求与财政现状

国家	增加基础设施支出是当务之急吗？	公共债务的可持续性值得关注吗？	潜在收入增加占 GDP 的百分比	潜在的支出重新定位，占 GDP 的百分比
中国	没有；“更多地关注医疗和社会保障”，基础设施支出已经“活跃”。	一点；官方的债务 / 赤字数字很低，但超出预算的支出却很多，扩大的债务和赤字居高不下。	将增值税扩大到服务业，最近提高了汽油税，正在进行自然资源税改革，进一步的改革包括单一的增值税税率和国家财产税。国际货币基金组织估计，财政收入对 GDP 的影响约为 4.5% ~ 6.5%。	没有削减支出。中国计划将预算外基础设施支出纳入预算，并增加医疗和教育方面的社会支出。
马来西亚	是的，“继续关注实体基础设施”。	多少有些；债务很高，但预计会下降。	税收改革（主要是消费税的实施）已经在 2015 年完成。没有确定或量化新的测量方法。	2014—2015 年度已完成支出合理化和取消能源补贴，没有确定或量化新的测量方法。

资料来源：亚洲开发银行年度报告（2017）[R]. 2018 年 4 月发布，http://www.adb.org/documents/adb-annual-report-2017.

（六）中马投资合作的产业发展新机遇

1. 马来西亚汽车产业发展模式的新机遇

马来西亚国家汽车政策（NAP）是在2006—2020年第三次工业总体规划（IMP3）之下首次提出的，该政策旨在将马来西亚汽车产业转变为国家经济的重要组成部分、概述了马来西亚汽车工业的未来关键方向和战略，以及马来西亚更具竞争力和可持续发展的汽车行业。2020年2月21日，马来西亚发布了《国家汽车政策2020》（NAP 2020）以推动马来西亚成为汽车制造业工程和技术领域的区域领导者，同时增强数字工业转型时代的马来西亚汽车工业发展[①]。该政策是NAP 2014的增强版，其中增加了三个新的汽车工业发展方向，即下一代汽车（NxGV）、移动即服务（Maas）和工业革命4.0（IR 4.0）。NAP 2020具体的5个目标是：①发展NxGV技术生态系统以促使马来西亚成为NxGV的生产区域枢纽；②扩大本土汽车工业在Maas领域的技术开发和整体交通生态系统的参与度；③确保本土汽车工业在工业革命4.0（IR4.0）方面有更好的装备；④确保整体经济生态圈的本土消费者、国内汽车工业和政府可以从NxGV的全面发展中获得最大收益；⑤根据东盟《每100千米的5.3千米/公升等效燃油的经济路线图》，在2025年之前提升马来西亚燃油经济的汽车碳排放量的减少幅度。为了实现这些目标，NAP 2020设置了7个新的路线图和蓝图作为主要实施指南，其中涵盖了工业供应链、人力资本、基础设施及工程和技术开发战略。

实际上，NAP 2020是对NAP 2014政策的一次升级。此前NAP2014致力于将马来西亚发展成为节能汽车的枢纽（Energy Efficient Vehicles，EEV），通过开发右手驾驶车辆的研发能力和相关技术如燃油效率、轻质材料、远程信息处理、工具和组件设计。在NAP 2020规划中，马来西亚政府明确要求获得EEV认证的新能源车型，必须配备L3级的自动驾驶系统，包括自动巡航、方向盘修正、车道保持、自动刹车等智能驾驶辅助系统。NAP 2020在NAP 2014的基础上设定了5个附加目标，以及3个方向、3个策略、4个路线图、3个蓝图和12个目标，这些政策旨在把马来西亚汽车工业推向新高度的工业梯度。具体而言，NAP 2020旨在促使马来西亚在2030年实现众多汽车工业目标，其中包括：①汽车行业国内生产总值达到1042亿林吉特；②汽车总产量达到147万辆；

① 马来西亚国际贸易及工业部.国家汽车工业发展政策2020[EB/OL] [2020-10-28]. http://www.miti.gov.my/miti/resources/NAP%202020/NAP2020_Booklet.pdf.

③汽车出口总额达到123亿林吉特；④新汽车零部件出口额达到283亿林吉特；⑤创造32.2万个新就业岗位；⑥创造1285个汽车供应商；⑦培养1440家公司成为IR4.0的行业领航者。

此外，NAP 2020对马来西亚汽车工业的企业和个人投资者以及利益相关者的有利因素包括以下几点：①本土汽车工业的汽车、零部件和组件的生产潜力；②本土汽车工业各种研发中心的发展潜力，例如测试中心和大数据分析中心；③在NxGV，Maas和IR 4.0的关键组件和系统的开发与合作潜力；④ NAP2020政策下用以开发NxGV、MaaS和IR 4.0所需工程技术的奖励和资金；⑤培养本土汽车和移动技术所需技术人才的发展潜力。因此，NAP 2020备受业界关注，主要是因为该政策考虑到了马来西亚汽车工业的整个生态系统，有望提升马来西亚汽车工业和相关工业的价值链的整体生产动能。

对此，中国汽车制造商、零部件制造企业以及新能源汽车制造商，可以在马来西亚汽车产业中寻找商机，助力马来西亚汽车产业的长期发展。中马汽车工业合作的典型案例包括：2017年浙江吉利控股集团购入了马来西亚汽车制造商宝腾（Proton）集团49.9%股权，并为宝腾注入了现金和新技术，冀望帮助亏损多年的宝腾转亏为盈。吉利集团和宝腾集团携手合作，是中马两国在“一带一路”倡议中在汽车产业合作共赢的典范和新机遇。目前，吉利集团协助宝腾不断深化在研发、技术、生产、服务等方面的创新合作，打造有竞争力的产品，同时将从产品研发、质量管理、生态构建等多个方面协同资源，极力打造成熟的车联网体系。

2. 马来西亚工业革命4.0与5G网络时代来临的新机遇

根据马来西亚中小型企业公会的数据，在马来西亚中小型企业当中，引进工业革命4.0技术的企业小于0.5%，制造业企业转型情况并不理想，而非常多企业依赖外来劳动力来提高生产量。当这些企业聘请的熟练外劳技工离开返国，这些企业就将难以经营下去。虽然马来西亚的经济相对平稳，但是其制造业和农业已经逐渐失去优势。因此，马来西亚政府也担忧本地企业的发展，若不引进工业技术4.0革命，加快企业转型，迈向自动化和智能化，马来西亚经济将被许多国家所超越。

马来西亚国际贸易及工业部在2018年开始推介《国家工业革命4.0政策》，并配合政策提出4个具体目标，即提高制造业的生产力水平、提高制造业对国家经济的贡献、加强马来西亚的创新力和能力，以及增加制造业雇用的高技术工人人数。[①] 一旦政策真正启动，配合全球 5G 时代的到来，马来西亚国际贸易及工业部将与所有利益相关者合作，确保马来西亚国家工业革命 4.0 战略行动计划能够成功实施。例如，2019 年 4 月，马来西亚在中国人工智能独角兽企业商汤科技（SenseTime）的帮助下，引进了人工智能中心的建设项目，总投资额约为 10 亿美元。作为马来西亚首个人工智能产业园，预计该园区将帮助当地技术领域的企业开发机器人和语音识别系统，并培养技术人才。该园区由马来西亚技术公司 G3 全球（G3 Global）和中国港湾工程有限责任公司共同建设，推动马来西亚在机器人、人工智能和大数据方面的能力发展。

因此，鉴于中国在 5G 技术和人工智能技术方面处于世界领先地位，中国企业可以在协助马来西亚推动工业革命 4.0 方面起到推波助澜的作用，并为自身带来双赢。例如，中国可以引进人工智能与机器人等技术，发展成智能工厂的产业集聚试点，让马来西亚企业成为智能工厂产业群，显现生产和运营成本降低的实证，成为驱动马来西亚工业革命 4.0 的模范实践基地。与此同时，在各种工业人工智能相关产业的聚集之下，马来西亚企业的各种创新资源和技术，可以得到更大程度上地发挥和共享。

3. 马来西亚是东盟首屈一指的企业共享中心

近年来，中国经商成本逐年大幅增加，中国国内的市场竞争激烈，商家的生存和利润空间逐年压缩。因此，许多中国企业都寻求市场突围，在海外建厂以延续低成本的生产经营模式，同时在海外市场扎根销售市场。由于海外开发市场需要考虑的因素众多，商家也难以适应海外可能不透明的法规条例，因此中国出口企业选择在海外置业和扩展生产经营业务已成为迫在眉睫的市场战略。此外，现今有许多中国企业试图退出增长缓慢的制造业，进入处于增长趋势的产业，同时中国目前有许多上市制造业集团也正在寻求产业转型以面对日益干枯的资金链。一些中国企业通常会以高昂价格进行海外并购，以求丰富企业自身并不熟悉的行业资源。

对此，马来西亚制造业的技术水平总体而言仍然发展不足，但若综合考虑劳动力的工资成本和最低基本教育水平，马来西亚的综合劳动力优势相对于其

① 马来西亚国际贸易及工业部 . 国家工业革命 4.0 政策 [EB/OL] [2020-10-28]. http://www.miti.gov.my/miti/resources/National%20Policy%20on%20Industry%204.0/Industry4WRD_Final.pdf.

他东盟国家而言，具备了一定的竞争力。有研究数据显示，马来西亚劳动力成本是东盟国家中较低的，马来西亚每个工人的平均工资成本约为1369美元，比老挝和缅甸高一些，比柬埔寨、泰国和菲律宾要低一些，仅是越南工资平均成本的一半、中国工资平均成本的三分之一。[①] 因此，马来西亚在地理、人力资源成本和外商投资的免税政策等因素的优势，是中国制造业把生产业务转移到马来西亚的优先条件，也可以作为这些中国企业在人力资源、财务和资讯科技方面的海外区域系统管理的共享中心，至今马来西亚在区域共享中心的竞争优势依然是巨大的。例如，华为集团早在20世纪90年代中期就在吉隆坡市建立了亚太地区的项目管理部门的区域共享中心，借此提升项目管理的效率和绩效。

4. 房产价格门槛降低有利于中国人来马购房

为了应对供应过剩的房地产市场状况，马来西亚政府在2020年国家财政预算案中降低了外国人在马来西亚城市地区买房的价格，其门槛从原本的100万林吉特降到60万林吉特。同时，为了解决许多马来西亚年轻消费者可能无法负担10%的首期抵押金来获得融资买房的问题，马来西亚政府宣布与金融机构合作，建立了100亿林吉特的“先租后买”（RTO）融资计划，为马来西亚房地产的购买者提供了30%或30亿林吉特的融资担保。这个先租后买计划主要是针对那些首次购房的消费者以及其房产价格在50万林吉特以下消费者。在这个计划下，申请者可租下这个单位5年，在一年后租客可选择根据出租协议签订时所定下的价格买套这所房子。同时，马来西亚政府将豁免在这项计划下所有房地产开发商、金融机构、金融机构和买家之间转移程序的印花税。

此外，2020年6月5日，马来西亚总理慕尤丁宣布，为了在新冠肺炎疫情背景下刺激马来西亚房地产市场发展，政府将重新推行新的“居者有其屋运动”（HOC）[②]。HOC活动的激励措施包括所有介于30万至250万林吉特的房产交易将免征房产转移印花税，但仅限于购买价格的前100万林吉特，贷款协议可享有全部印花税减免，此豁免适用于2020年6月1日至2021年5月31日之间

① Clarke George. Manufacturing firms in Africa: Some stylized facts about wages and productivity. H. T. Dinh & George Clarke Eds., Performance of manufacturing firms in Africa: An empirical analysis[C]. Washington DC: World Bank, 2012.

② New Straits Times. HOC an immediate catalyst to boost the housing market[EB/OL]（2020-06-09）.http://www.nst.com.my/property/2020/06/599183/hoc-immediate-catalyst-boost-housing-market.

签署的买卖协议。同时，出售房产的盈利将减免房地产所得税（RPGT），此豁免适用于从 2020 年 6 月 1 日到 2021 年 12 月 31 日的交易合同。此外，目前房产价值 60 万林吉特以上的第三间房屋贷款的 70% 融资上限，也将在 HOC 期间被取消，但此项优惠也必须视有关金融机构的内部风险管理条例决定。因此，中国人适宜在这段时间到马来西亚购买房地产作为投资或置业用途。

5. 马来西亚电力行业迈向市场化变革

长期以来，能源发电市场一直是马来西亚政府所重视的重点产业。马来西亚当前推行“绿色技术总体规划”（Green Technology Master Plan，GTMP）以及马来西亚电力供应行业计划（Malaysia Electricity Supply Industry，MESI 2.0）。GTMP 主要针对如何完善国家发电能源结构和提升能源的利用效率，该规划也提出了如何逐步提升可再生能源的发电装机量，有计划地逐步降低单位能耗。另外，MESI 2.0 的基本理念是要对马来西亚半岛的电力行业价值链，引入市场自由化的交易机制，即从燃料来源、发电到输电、配电到零售渠道都引入市场竞争机制，同时鼓励马来西亚再生能源行业参与到马来西亚电力行业的供电计划之中。MESI 2.0 对马来西亚电力行业的市场自由化改革将有助于提高整个电力行业的价值链效率，从而有望降低电力行业的整体生产成本。MESI 2.0 的关键特点主要有四个：①允许独立发电公司（IPP）自行选择其燃料以优化生产成本；②从购电协议（PPA）体制转向以能源与容量为主的体制；③允许第三方使用电力相关基础架构；④促进绿色能源生产商和消费者。目前，燃料成本占了马来西亚电费成本的 42%。对此，为了维持电力行业政策信息的高度透明度，马来西亚能源委员会每 6 个月会发布一次电源规划报告，该报告将提供现有电力市场参与者的最新信息。

在电力需求量方面，如表 1-20 所示，马来西亚能源委员会预计在 2016—2026 年，马来西亚西部地区的电力需求增加，主要体现在商业用电领域和居民用电领域。而在发电供应量方面，马来西亚能源委员会计划在 2016—2026 年增加对马来西亚西部地区的电力供应量。其中，煤炭发电和天然气发电的比例依然是主力，太阳能发电在未来马来西亚的发电贡献度比例将会不断增加。鉴于用煤炭发电的生产成本相对采用石油发电更加便宜，马来西亚能源委员会把扩大电力效率的目标寄望在采用煤炭发电的基础上。同时，马来西亚政府大力推进绿色能源的长远政策，太阳能发电将在 2026 年占马来西亚总体发电量的 2%。但是，鉴于新冠肺炎疫情对国际原油价格的需求下降有重大影响，而原油价格走势与煤炭价格走势具有显著相关性，原油价格的下跌可能会对马来西亚能源委员会的发电供应量计划产生影响。

表 1-20　2016—2026 年马来西亚西部地区的电力能源的需求和供应量预测

	年份	商业用电	工业用电	居民用电	其他用电
电力能源的需求预测	2016	34.7%	41.5%	21.9%	1.9%
	2026	36.0%	38.7%	23.1%	2.2%
	年份	**煤炭发电**	**天然气发电**	**水力发电**	**太阳能发电**
电力能源的供应预测	2016	9066 MW	11533 MW	2335 MW	0 MW
	2026	12066 MW	11706 MW	2989 MW	411 MW
发电能源组合的贡献比例	2016	50%	46%	4%	0%
	2026	59%	35%	4%	2%

资料来源：Energy Commission：*Malaysia Energy Statistics Handbook 2019*。

另外，近年来中国政府在“一带一路”合作框架上鼓励绿色低碳的对外投资项目，以配合投资东道国的环境保护条例与可持续发展目标。在马来西亚东部地区仍然有 3.8% 的人口生活在贫困线以下，这些居民大多数定居在深山农村地区，而这些偏远农村地区的电力供应严重不足。马来西亚偏远农村地区的居民发电运作模式的资本投资和维护成本较高，这些农村地区的电力覆盖率只有 79%，而马来西亚发达的西部地区为 99.62%①。对此，马来西亚政府在实施的第十一个五年计划（11th Malaysia Plan）中阐明，政府将发展沙巴州和沙捞越州的农村基础设施以改善这些农村社区的生活质量。同时，马来西亚政府也鼓励可再生能源的投资和利用以发展沙巴州和沙捞越州的经济发展，马来西亚政府在各种报告中多次强调，要加强农村地区基础设施的改善，包括加强可再生能源的研发和利用，以促进马来西亚农村地区的经济增长。

此外，2019 年马来西亚能源委员会的最新报告数据显示，2017 年马来西亚发电能源组合中 50.6% 电力是依靠煤炭发电，31.7% 使用天然气发电，水力发电占了 16.6%。以上数据显示出马来西亚的煤炭发电比例过重。因此，在绿色能源方面尤其是可再生能源发电方面还有巨大的产业发展空间，这将是马来西亚电力能源组合未来的产业结构趋势。中国发电企业可以凭借新技术研发和新

① H Borhanazad, S Mekhilef, R Saidur, G Boroumandjazi. Potential application of renewable energy for rural electrification in Malaysia Renew Energy[J]. Renewable Energy, 2013,（59）：201-219.

能源开拓的实力，助力马来西亚电力行业变革模式的完善，对马来西亚电力市场进行积极投资。同时，中国发电企业也可以利用自身经验与成本优势，建设马来西亚东部偏远农村地区的电力供应，为当地的经济发展做贡献。

6. 马来西亚伊斯兰金融的融资便利与合作契机

伊斯兰金融已经融入到“一带一路”项目上。亚投行结合“一带一路”的发展大蓝图，已开始把合作优势扩展到伊斯兰国家组织的金融领域。例如，伊斯兰开发银行（IDB）作为伊斯兰世界最大的发展组织，将加大伊斯兰地区的基础建设发展的筹资活动，将与亚投行建立合作伙伴关系，借此解决非洲区域和其他伊斯兰地区的基建发展中的资金缺口。中国金融企业借力伊斯兰金融，向“一带一路”沿线地区的基建项目放贷，不仅可以扩大中国金融企业在“一带一路”沿线国家和地区的影响，还可以融入伊斯兰地区的金融资本市场。中国金融企业拥有巨大资金池和工业技术，可以支撑该区域的基础建设，并为“一带一路”沿线国家提供更好地展开经贸合作的深一层布局。

伊斯兰金融作为一种特殊的金融体系，除了其金融产品必须遵守伊斯兰教义之外，还有不少与当前的西方金融体系不相同的地方，例如禁止利息、禁止投机行为、禁止投资酒类、博彩业，以及教义不允许经营的各种产业等。此外，伊斯兰金融也提倡和强调投资的风险共同承担、利润共享等原则。虽然不进行利息的交易，但是伊斯兰金融产品的投资人仍然可以获得盈利和报酬。例如，投资者购买伊斯兰金融债券（Sukuk）不会有利息收益，但可通过股本利得的形式获取报酬。近期，许多伊斯兰金融的债券发行所融资的大型项目都必须符合联合国可持续发展目标，融资企业也必须担当企业的社会责任，这些利好方面获得了国际债券投资者的青睐。

根据国际货币基金组织和世界银行等机构的估算，全球有约 16 亿伊斯兰教信徒，而当前伊斯兰金融业务已涵盖超过 70 个国家和地区。其实，伊斯兰金融很早就在国际资本市场扩张，欧美国家的资本市场也有积极投资相关伊斯兰金融的债券，在国际上已经有很多企业家在使用伊斯兰金融的融资产品。根据伊斯兰开发银行的数据显示，该行至今已为 250 多个项目批准了总额达 122 亿美元的项目资金，其中，土耳其、印度尼西亚、巴基斯坦、埃及和土库曼斯坦已经是该行的主要融资接受国，撒哈拉以南的非洲国家则获得了 31 亿美元的融资金额。此外，该行正在计划建立一支 5 亿美元的慈善基金，支持组织成员的科技初创企业。因此，借鉴伊斯兰开发银行的成功案例，中国企业可以结合马来西亚的伊斯兰金融地位，利用伊斯兰金融的优势，协助中国政府实现“一带一路”的基建项目的融资角色。由于马来西亚是目前全球最大的伊斯兰债券发行国，中国金融企业可以借助伊斯兰金融债券，在东南亚开展基建项目合作，扩大这些项目的区域经济合作效益。

五、总结与建议

综上所述，中马两国各种商品类别的出口竞争力和优势都有相似和差异之处，这说明两国在各自外贸出口产业的比较优势都具备一定的竞争优势和特色。对此，中马两国商品的显示性比较优势将会持续融合交错，中马两国商品贸易将会在长期保持平稳的发展态势。但是马来西亚从中国的进口量迅速增加，可能会导致马来西亚对中国长期的贸易逆差。对此，马来西亚已经与中国展开了多方面的友好合作往来。

马来西亚和中国企业家有必要积极地探索，了解彼此的商品市场空间，尽可能地利用双方现有的各种市场准入条件，展开更深层次的商品贸易合作。近年来，中国外贸规模正在迅速扩大，而马来西亚施行的是外贸导向型的经济发展模式，在某些商品贸易和产业格局上，不可避免地会存在着一定的竞争局面。在经济全球化和国际分工的趋势下，如何促使双方的商品贸易更加融入彼此之间的经济发展，是现今中马两国的商品贸易发展持续走下去的关键。因此，虽然马来西亚经济贸易在短期内与中国呈现了持续逆差，但是从长期来看，马来西亚经济的长远发展将促进中马两国的经贸合作，进而扩大马来西亚与全球经济衔接的发展利益。目前中国与马来西亚在“一带一路”框架下的多个项目合作已经逐步把马来西亚打造成为东南亚地区的贸易发展枢纽。此外，“一带一路”建设也可以通过与马来西亚的经贸合作，通过马来西亚在东盟经济体系的枢纽角色，深入到东盟各国的经济发展过程中。此外，马来西亚与中国在贸易政策上也可以通过《区域全面经济伙伴关系协定（RCEP）》协调起来，共创区域经济贸易利益最大化局面。

另外，中马两国通过中国—东盟自由贸易区框架，各自在商品进口关税减让方面做出了积极的努力和配合。中马两国在不同领域的出口产业发展也呈现着替代转换的状况。从两国贸易结构来看，双方正呈现出互补互利和相辅相成的贸易合作局面，两国商品贸易总额的不断增长也充分展现两国之间的贸易发展潜力是无限的。随着“一带一路”建设不断向东盟延伸，中马两国在进口关税减免、市场准入条件、贸易推广活动和招商引资等方面的合作机制都已经非常成熟。另外，中国贸易政策长期奉行两条基本原则，即政治与经济相辅相成原则和平等互利原则，这也与马来西亚的贸易政策基本原则是相吻合的。在这两条基本原则的基础上，中马两国政府可以继续探索彼此的发展空间，制定互惠互利的伸缩性贸易和投资政策，让双方商品和投资能够在平等互利的贸易政策下实现公平贸易、提高市场开放程度以及提高贸易效率等。

从世界各国之间的贸易发展历程可以得知，国与国之间持续地创造贸易发展潜力的最大的先决条件，是建立在悠久良好的外交和经贸合作关系的基础上，马来西亚与中国早已具备这个先决条件的现实基础。同时，以上各种分析结果也显示了，中马双方在各种商品类别的贸易发展空间是巨大的。

东盟和中国之间一直有历史上的友谊关系，现在的商贸关系原本已经十分活跃，中国推出的“一带一路”倡议不但巩固了与马来西亚的经贸关系，而且进一步巩固了东盟和中国之间的经贸合作关系。马来西亚若只依靠内需发展经济动力是不足的，马来西亚政府有必要融入不同的区域经济体系中，借此扩大马来西亚在国际市场上的发展优势和市场份额。根据中国国家发展和改革委员会的数据显示，截至 2020 年 11 月 13 日，中国已经与 138 个国家、31 个国际组织签署 201 份共建 “一带一路” 合作文件，这将继续为全球经济带来巨大推动力量①。同时，马来西亚作为东盟的成员国，将可以与中国在东盟区域的多元经贸合作上产生区域性互惠互利的经济效益。

中国与马来西亚实现基础设施的联通工程，借此促进区域经济发展合作的升级，不仅会给商家带来各种商业新机遇，还会激发和增加各国经济转型的国际发展红利。全球遭遇新冠肺炎疫情之灾，全球商贸企业被迫面临产业转型，这也促使全球市场局势的再一次洗牌，全世界人民的生活方式必将发生改变。对此，马来西亚企业家在新冠肺炎疫情面前也显露出了在企业商业模式与电子商务科技结合方面的不足。因此，马来西亚长远的市场发展需要网络科技的支撑，这对于马来西亚未来的可持续经贸发展至关重要。全球经济一体化的大融合，特别是此时 5G 网络时代超速链接来临，以及物联网带来的美好发展前景，都是马来西亚与中国可以双双携手，融入全球经济一体化当中的美好时机。

---

① 我国已与 138 个国家、31 个国际组织签署 201 份共建“一带一路”合作文件 [EB/OL](2020-11-17). http://www.xinhuanet.com/world/2020-11/17/c_1126752050.htm.

综上所述，马来西亚企业应该配合中国政府提出的“大众创业、万众创新”战略，持续与中国企业建立持久的贸易关系，共创互惠互利、相辅相成、共同协调发展的共赢贸易局面，借此建立中马两国长久稳固的贸易合作关系。为了促进中马两国经贸发展，本小节有以下几点建议供马来西亚政府和企业家作参考。

（一）降低政治风险，全力提升内需经济

马来西亚经济发展前景的预算开支，离不开其石油产业的外汇收入支撑。马来西亚经济的发展前景和国库财力，将极度依赖国际石油市场的发展态势。如果国际石油价格节节下跌，那么马来西亚生产力的成本就会不断降低，将可以增加其税收和非税收入，反之亦然。因此，马来西亚政府必须促进内需经济发展，这也将直接带动中马两国的进出口贸易的发展。

马来西亚政局也需要降低政治风险。例如，在2020年2月24日的党派之争中，马来西亚政府发生执政危机，时任总理马哈蒂尔突然辞职，然后由马来西亚最高元首委任慕尤丁成为新任总理，又组成了新的政府内阁。因此，马来西亚必须解决中资、马资企业的投融难题，稳住中资企业对马来西亚市场的投资信心。对此，新内阁政府有必要尽快发出完整和透明的对华政策主张，对涉及中马两国经济政策的大方针明确表态，借此稳住中资企业对马来西亚的投资信心，吸引更多中资企业入驻马来西亚，以避免马来西亚政府与中资企业的多年友好合作基础被动摇。

（二）减免中资企业所得说和销售税

在马来西亚2020年财政预算案中，含有2条税收优惠政策，即①适用17%优惠税率的应纳税所得额，将提高至一年60万林吉特；②总出资额不超过250万林吉特、年销售额不超过5000万林吉特的有限责任合伙企业享有17%优惠税率。但是，在新冠肺炎疫情带来经济萧条之际，估计会有许多出资额明显超过250万林吉特的在中马资企业，与许多马来西亚私营企业一样，将面临一段时间市场萧条的挑战。因此，马来西亚政府有必要重新检讨目前的税务减免政策，剔除企业总出资额的限制，让更多在中马资企业获得税收减免。此外，马来西亚政府也应该调降销售税，借此降低在马来西亚的营商成本。

（三）扩展融资渠道以吸引更多中企来马投资

中国是马来西亚最大的贸易合作伙伴，在中马资企业对于马来西亚经济发展的贡献良多。在新冠肺炎疫情蔓延之际，在中马资企业同样面临诸多挑战。为了吸引更多的大型中资企业来马投资，马来西亚政府应该协助更多在中马资企业，获得更多的本地银行贷款。对此，马来西亚政府是全球公认的伊斯兰债券发行中心，马来西亚政府可以扩展伊斯兰苏库克债券，为在马大型中资企业项目融资提供支持和便利。例如，中广核马来西亚分公司（EDRA）就利用了马来西亚的苏库克融资，成功为其在马来西亚的项目进行融资。亚洲基础设施投资银行已开始与伊斯兰国家的伊斯兰金融合作开发“一带一路”项目。马来西亚政府应该顺应这个大趋势，发展特别针对在中马资企业的伊斯兰融资服务。

（四）中马合作发展双边旅游业

旅游业是目前马来西亚产业结构中的中流砥柱，也是新冠肺炎疫情发生后，受冲击损失最惨重的产业之一。旅游业是马来西亚经济的重点产业，也是马来西亚服务经济的支柱产业。因此，配合2020年马来西亚旅游年和2020年中马文化旅游年，马来西亚旅游局应该尽快与中国旅游局或中国—动漫中心合作，联合两国各旅游企业，合力推行中马双边的旅游推广活动，拉动两国的旅游发展势头来支撑经济。例如，中马两国旅游局联合在官网发布两国目前安全和低风险的旅游景点的开放信息。另外，马来西亚政府也应该实施对中国旅客来马的免签证政策。马来西亚政府曾在2019年末发布公告，延续对中国游客实施有条件免签入境安排，有效期为2020年1月1日至2020年12月31日，具体有关要求为在马来西亚eNTRI系统注册登记，注册成功后于3个月内赴马来西亚，以及在马来西亚最长停留15日且不能延期。对此，马来西亚政府在未来新冠肺炎疫情转好之际，应当即刻实施中国旅客来马的“免签证”政策，延长中国旅客在马的逗留期至30天，借此大力推动马来西亚旅游业发展，尽快复苏马来西亚各州属的旅游经济。

（五）与中国商讨放宽进口条件以扩大对中国出口

中国政府如今正在开放本国市场，扩大进口来提振中国国内经济。对此，马来西亚政府应该顺应扩大对中国市场出口，特别是在农产品和棕油方面。其中，马来西亚政府应该协助商家，征求中国政府尽快批准和开放更多水果种类出口至中国。例如，马来西亚果农总会曾表示本地仍有许多优质水果，包括菠萝蜜和黄梨，无法出口到中国市场。与此同时，中国政府可以与马来西亚政府合作，在中国几个份里同时举办中马进口博览会，让马来西亚商家可以更快往中国市场出口商品。

（六）中马加强数字经济的合作发展

2017 年马来西亚政府与中国阿里巴巴集团合建数字自由贸易区（DFTZ），这个平台将为马来西亚和东南亚地区提供通关、仓储和一系列设施，以加快进出口清关进程，该物流枢纽已经于 2019 年开始投入使用。在新冠肺炎疫情全球性蔓延之际，海关通关和物流面临着巨大考验。此时，马来西亚政府应该激励更多商家学习和采用 DFTZ 平台，让更多本地商家打通中马两国市场，积极加入全球电商行列，让马来西亚成为中马贸易和物流枢纽。与此同时，如今网上购物和无现金的电子钱包趋势，将继续引领马来西亚商贸行业发展，特别是在如今防疫之时纸钞能成为病毒传播媒介。对此，马来西亚政府应该重点鼓励本地消费者，尽可能采用网上支付或电子钱包消费，举办各种只能用电子钱包消费的购物嘉年华活动。马来西亚政府也可以牵头，例如，通过本地知名网上购物平台，联合中国各行业商家，在网上举办两国之间的购物消费嘉年华活动，以及中马网上进出口批发贸易。2017 年马来西亚中央银行曾发行了 41 张电子货币发行机构牌照，其中 8 张由阿里巴巴和腾讯等中国企业所得。

（七）加快 RCEP 整合以携手中国应对经济危机

早前当中美贸易摩擦愈演愈烈之时，包括马来西亚在内的东盟国家领导人已经呼吁，为了促进东盟国家之间的贸易发展，以及免受中美贸易紧张局势和美国贸易保护主义的负面影响，亚洲国家必须尽快地总结和签署《区域全面经济伙伴关系协定（RCEP）》，借此快速推进整体区域的经济发展和贸易一体化。同时，在 2019 年的东盟商业与投资峰会上，马来西亚时任总理马哈蒂尔曾表示，东盟国家也应在区域贸易事态上发表自己的声音，特别是东盟国家在进行国际谈判之时，这是因为东盟是整个世界的大市场。由于，新冠肺炎疫情不断蔓延，亚太各国实行 RCEP 以重振区域经济迫在眉睫。但可惜的是，上届政府未到五年就换成了新内阁政府，无法完成 2019 年处于最后阶段的 RCEP 总结和签署，这对于马来西亚和中国而言无疑是一个缺憾。所以，为了抵抗新冠肺炎疫情导致的全球经济危机，马来西亚新政府有必要即时延续上届政府的相关政策，尽快落实 RCEP 所有未完成谈判事项，并联合包括中国在内的所有国家签署尽快签署 RCEP，让马来西亚和中国一同踏上区域间减免关税和降低市场准入门槛的商品和服务贸易大时代。

参考文献

[1] 邓洲，李灏. 马来西亚产业竞争力现状及中国与马来西亚产业合作展望[J]. 东南亚纵横，2015（11）：35–40.

[2] 德勤. 2019“一带一路”投资指数报告[R][2020-10-28]. http://www..deloitte.com/content/dam/Deloitte/cn/Documents/ser–soe–br/deloitte–bri–2018–belt–and–road–countries–investment–index–report–zh–190805.pdf.

[3] 马来西亚财政部.2019 年经济报告[R][2020-10-28]. http://www..treasury.gov.my/index.php/en/archives/2019/item/3154–economic–outlook–2019.html.

[4] 李志龙. 中国与马来西亚经济合作的发展特点与前景分析[J]. 对外经贸事物，2015（8）：21–24.

[5] 林德顺，廖博闻. “一带一路”背景下中马“两国双园”模式：现状、机遇与挑战[J]. 亚非研究，2018（1）：263–284.

[6] 骆立. 马来西亚华社对“一带一路”的回应——从星洲日报考察[J]. 文化软实力，2017（4）：91–96.

[7] 马来西亚官员表示将加强“一带一路”相关合作[EB/OL]（2019–08–08）. http://www.xinhuanet.com/world/2019–08/08/c_1124853645.htm.

[8] 马来西亚国际贸易及工业部. 国家汽车工业发展政策 2020[R][2020-10-28]. http://www.miti.gov.my/miti/resources/NAP%202020/NAP2020_Booklet.pdf.

[9] 马来西亚国际贸易及工业部. 国家工业革命 4.0 政策[EB/OL][2020-10-28] http://www.miti.gov.my/miti/resources/National%20Policy%20on%20Industry%204.0/Industry4WRD_Final.pdf.

[10] 饶兆斌. 经济高于地缘政治：马来西亚对 21 世纪海上丝绸之路的观点[J]. 南洋问题研究，2016（4）：53–66.

[11] 袁慧芳. 20 世纪 90 年代中马经济关系的发展与华人资本地位的改变[J]. 广州广播电视大学学报，2001（1）：50–54.

[12] 亚洲开发银行. 亚洲开发银行年度报告 2017[EB/OL][2020-10-28]. http://www.adb.org/documents/adb–annual–report–2017.

[13]Clarke George. Manufacturing Firms in Africa:Some Stylized Facts About Wages and Productivity[R]// H T Dinh, George Clarke Eds., Performance of manufacturing firms in Africa; An empirical analysis, Washington DC:World Bank, 2012.

[14]Energy Commission. Malaysia Energy Statistics Handbook 2019[R].Energy Commission, 2020.

[15]Energy Commission. Peninsular Malaysia Electricity Supply Outlook 2017[R]. Energy Commission, 2018.

[16]Borhanazad, MekhilefH. S., Saidur, R. Boroumandjazi.G. Potential Application of Renewable Energy for Rural Electrification in Malaysia Renew Energy[J]. Renewable Energy,. 2013(59): 201–219.

[17]International Institute for Management Development. The 2018 IMD World Competitiveness Ranking[EB/OL][2020–10–28]. http://www.imd.org/globalassets/wcc/docs/release–2018/ranking2018.pdf.

[18]Ir. Komal Deep Kaur Hardial Singh. Energy Trending in Malaysia [R]. BIXPO 研讨会演示稿，2019.

[19]New Straits Times. HOC an Immediate Catalyst to Boost the Housing Market[EB/OL] (2015–06–09).http://www.nst.com.my/property/2020/06/599183/hoc–immediate–catalyst–boost–housing–market.

[20]Utusan Malaysia. Mengaktifkan Laluan Sutera Abad ke–21: China Mengambil Inisiatif Wujudkan Laluan Dagang Global[N].Utusan Malaysia,2015–06–18.

[21]Shahriman Lockman. The 21st Century Maritime Silk Road and China–Malaysia Relations[J].ISIS Focus,2015（5）.

[22]World Economic Forum. The Global Competitiveness Report 2018[EB/OL][2020–10–28]. http://www3.weforum.org/docs/GCR2018/05FullReport/TheGlobalCompetitivenessReport2018.pdf.

[23]World Bank. Doing Business 2020[EB/OL][2020–10–28]. http://documents.worldbank.org/curated/en/688761571934946384/pdf/Doing–Business–2020–Comparing–Business–Regulation–in–190–Economies.pdf.

Ⅱ　专题研究

第二章　马来西亚政权危机及其对经济的影响

刘　勇[*]

摘要：2020 年年初的“喜来登行动”为马来西亚带来了“二月政变”，希望联盟在执政 22 个月之后，随着总理马哈蒂尔的辞职和土著团结党的退出而宣告结束执政。希望联盟自身存在的问题和马来西亚在第 14 次大选后所呈现出来的政治特点分别是造成政治危机的内因和外因。危机过后，马来西亚政治进入国民联盟时代，由土著团结党主席穆希丁领导的国民联盟为马来西亚未来的政治发展带来了新的特点。同时，由于国民联盟的不稳定性，未来的马来西亚政治发展也将充满着诸多不确定因素。在这样的背景下，马来西亚经济发展也将或多或少地受到政局变化的影响。但是无论是从领导人主观视角还是政局发展的客观视角，无论是从长期还是短期来看，马来西亚政局变化对经济的影响都将会处在一定范围之内。换句话说，马来西亚经济的发展已经习惯了政治的波动，国内政治危机对经济发展的影响也将处于有限的状态。

2020 年 2 月 24 日，马来西亚总理府突然宣布，时任总理马哈蒂尔已经向最高元首阿卜杜拉递交辞呈，随后土著团结党以及阿兹敏率领的 10 名公正党国

[*] 刘勇，信息工程大学洛阳校区讲师，博士研究生，研究方向为马来西亚族群政治。

会议员宣布退出希望联盟。[①②]当日，最高元首委任马哈蒂尔为过渡总理，直到新总理人选确定。在经过5天的各方角逐，最高元首与各个政党领导人及所有国会议员面谈之后，在马来西亚总理人选看似仍然难以产生之际，国家皇宫于2月29日宣布，决定任命前副总理穆希丁为新任总理，并定于3月1日在国家皇宫宣誓就职。之后，马哈蒂尔重新联合安瓦尔等希望联盟成员宣布自己获得国会过半数议员的支持，并在网上列出支持议员的名单，但是国家皇宫一锤定音，仍然按照原计划委任穆希丁为马来西亚第8任总理。至此，马来西亚的"二月政变"告一段落，国家开始正式步入后希望联盟时代。本文将从希望联盟的执政隐忧和危机前后马来西亚政治的发展及特点角度分析政权危机发生的内因和外因，并在此基础上分析政权危机对马来西亚经济发展的影响。

一、希望联盟政权的执政隐忧

对于马来西亚此次政权危机的分析，需要从希望联盟的成立说起，可以说从土著团结党加入希望联盟开始，这种为反对而仓促联合的方式就已经决定了它的不稳定状态。最终因为政治理念的差别和政治利益的纠葛，希望联盟仅仅执政22个月，就以这种祸起萧墙的方式结束了短暂的执政生涯，在马来西亚政治史上添上了不光彩的一笔。

（一）希望联盟发展简史

马来西亚政党联盟的历史需要追溯到1952年吉隆坡市政局议员选举，当时巫统与马华公会合作组成临时联盟共同赢得了12个席位中的9个，击败了由巫统创始人拿督翁查化退出巫统后建立的国家独立党，即使独立党受到了英国殖民者的支持。尝到甜头之后，巫统、马华公会和印度人国大党在1955年马来亚第一次大选中决定正式组建联盟党参加竞选，最终获得了52个国会席位中的

① Zanariah Abd Mutalib. BERSATU keluar PH[EB/OL](2020-02-24）. http://www.bharian.com.my/berita/nasional/2020/02/658659/bersatu-keluar-ph.

② Thasha Jayamanogaran. Azmin and Zuraida Seen Entering Dr M's Seri Kembangan House after his Resignation as PM[EB/OL]（2020-02-24）. http://www.malaymail.com/news/malaysia/2020/02/24/azmin-and-zuraida-seen-entering-dr-ms-seri-kembangan-house-after-his-resign/1840391.

51个[①]。政党联盟的方式接连取得大胜，也使得后来在马来西亚政治发展中联盟方式成为一种常态和惯例。

与执政党联盟的发展史相比，反对党联盟的历史相对较短，但是仍然在马来西亚政治发展史上有十分重要的地位，产生过十分重要的影响。从20世纪60年代开始，当时的反对党就已经组建了松散的联盟，但是一直没有取得实质性的成果。反对党联盟真正取得成绩要从1990年的大选开始说起。1987年巫统内部党争导致了巫统的分裂，巫统被吉隆坡最高法院宣布为非法组织，马哈蒂尔带领支持者成立了新巫统，东姑拉沙里及其支持者则成立了四六精神党。反对党在四六精神党的领导下效仿国民阵线，组建反对党联盟人民阵线同执政党联盟进行竞争，反对党联盟参与竞选的历史就从这里起步。反对党联盟从1990年的人民阵线到1999年的替代阵线，再到2008年的人民联盟，历经分分合合、浮浮沉沉，取得过耀眼的成绩，也经历过惨痛的失败，但是始终无法真正撼动国民阵线的强势地位。

2015年，由于民主行动党与伊斯兰教党在政治理念上的矛盾，人民联盟宣告解散。民主行动党希望建立一个公正、平等的现代化国家，而伊斯兰教党却一直想要建立一个伊斯兰教国，这是一对难以调和的矛盾，虽然两党合作在2008年和2013年连续创造了马来西亚大选史上的政治海啸，但是仍然难逃解散的命运。2015年6月16日，民主行动党秘书长林冠英宣布该党与伊斯兰教党断绝政治关系，由三党组成的人民联盟随即宣布解散。[②]随着人民联盟的解散，民主行动党于2015年7月宣布将会筹备新的反对党联盟代替人民联盟，而新的反对党联盟将不再包含伊斯兰教党。[③]9月22日，新的反对党联盟希望联盟成立，由民主行动党、人民公正党和国家诚信党组成，其中国家诚信党是刚刚从泛马伊斯兰教党当中分裂出来的一个理念较为开明的党派，希望联盟宣称在赢得下届大选之后将会推举安瓦尔为总理。

2016年9月，在一系列倒纳吉运动失败之后，马哈蒂尔带领时任副总理和

① Cheah Boon Kheng. Malaysia: The Making of A Nation[M]. ISEAS–Yusof Ishak Institute, 2002.

② Ramdzan Masiam. Pakatan Rakyat tidak wujud lagi - Guan Eng[N]. Berita Harian, 2015-06-16.

③ Pakatan pembangkang baharu tanpa PAS masih dibincang - Kit Siang[N]. Berita Harian, 2015-07-22.

巫统时任副主席穆希丁成立土著团结党，希望通过合法的途径推翻国民阵线的统治，获取国家政权。2016 年年底，马哈蒂尔领导的土著团结党决定加入希望联盟，希望联盟正式成军，包含人民公正党、民主行动党、土著团结党和国家诚信党。此后，马哈蒂尔还不断尝试劝说伊斯兰教党的加入，以期组成强大的反对党联盟，但是由于伊斯兰教党与民主行动党不可调和的政治理念差异以及与国家诚信党之间的矛盾，最终并未加入。

2018 年 5 月 9 日的马来西亚第 14 次大选见证了马来西亚历史上首次政党轮替，希望联盟在进行了内部整合和协商之后，由马哈蒂尔率领，史无前例地击败了由巫统主导的国民阵线。希望联盟胜利后随即提出了“新马来西亚”的概念，试图建立一个与国民阵线统治下完全不同的国度。然而人民对于“新马来西亚”的向往掩盖了希望联盟内部存在的问题，赋予了这一个并不成熟的联盟过多的期待。希望联盟的不成熟在随后的执政生涯中暴露了出来，最终导致了希望联盟政府的倒台，希望联盟在执政 22 个月之后重新成为反对党联盟。

（二）强势总理的弱势政权

在马来西亚的第 14 次全国大选中，马哈蒂尔作为巫统的前主席与前国家总理，带领反对党联盟打败了以巫统为首的统治集团，成功瓦解了国民阵线，创造了马来西亚政坛历史上的一大奇迹。在此次大选中，马哈蒂尔所领导的希望联盟直接获得了国会 113 个议席，国民阵线只获得了获得 79 席，伊斯兰党获得 18 席，反对党联盟如愿赢得了政权，成功实现了“变天”。[①] 随后，国民阵线内部出现了分裂，沙巴州的四个国民阵线成员在大选结果发布之后相继宣布退出国阵，与沙巴民族复兴党合作在沙巴州执政，而沙捞越州原来的四个政党也在 6 月 10 日前后相继宣布退出国民阵线 [②]，民政党在 6 月 25 日宣布退出 [③]，加上巫统内部多名议员声称厌恶了巫统内部的金钱政治、诽谤政治等政治生态而宣布退出巫统，国民阵线的力量进一步削弱。希望联盟创造了马来西亚政治发展史上的一个奇迹，而作为土著团结党主席，马哈蒂尔虽然贵为马来西亚总理，

① 范若兰，廖朝骥 . 追求公正：马来西亚华人政治走向 [J]. 世界知识，2018（12）.

② 沙团结党退出，沙巴国阵形同解体 [EB/OL]（2018-05-12）. http://www.malaysiakini.com/news/424505.

③ 马来西亚国家通讯社 . 砂四成员党宣布退出国阵 [EB/OL] (2018-06-12). http://mandarin.bernama.com/v3/index.php?sid=news&cat_news=ge&id=147377.

但是相对于土著团结党在希望联盟内部的地位，他将毫无疑问地成了马来西亚历史上最弱势的强势总理。

1. 强势总理马哈蒂尔的进阶之路

希望联盟的成功使得马来西亚政治发展进入了新的时代。虽说进入了新的时代，但是有一点十分值得注意，带领马来西亚进入新时代的人还是那个旧的总理马哈蒂尔。他从 1981 年上台到 2003 年宣布辞职，总共执政 22 年，是马来西亚历史上执政时间最长的总理。也正是在他的引领下，马来西亚的政治发展进入威权政治时期，他也成为马来西亚历史上的强势总理，并在国际上驰名。

自 20 世纪 80 年代初上台以后，马哈蒂尔在国际事务上就展现了强悍的一面、马哈蒂尔以反对美国等西方国家著称，提倡亚洲发展模式，是当之无愧的“第三世界”代言人。早在 1981 年上台之后，他就提出“最后买英国货”的政策，反对西方国家的贸易保护主义。1981、1983 年，马哈蒂尔两度抵制英联邦国家首脑会议；针对美国，马哈蒂尔坚决反对美国在中东对巴勒斯坦的打击和对以色列的袒护，反对美国将恐怖主义与伊斯兰教画上等号。马哈蒂尔批评西方国家的民主人权，他指出：“从西方的自由行动和记录来看，西方没有能力定义和宣扬人权，没有权力谈论人权，更不用说在人权问题上作裁判。”马哈蒂尔因此拒绝出席 1993 年在美国西雅图举办的亚太经合组织领导人会议，与美国关系陷入僵局。在反对西方国家的同时，他提出“向东看”政策，积极发展与东亚国家关系，倡导亚洲价值观，提出了亚洲的发展模式。①

不仅在国际上强势，在国内政治发展中，马哈蒂尔也是不遑多让，他是马来西亚历史上有名的威权领导人。他在巫统党内竞争中打败对手，树立了自己无可撼动的政治地位；在国家层面，他修改宪法，以行政权力打压司法权力，使得马来西亚徒有三权分立的外壳；此外，他还动用宪法工具限制皇权，扫清了他在君主立宪制的国家执政上的诸多障碍。1986 年，巫统内部发生了分裂，时任副主席辞职。1987 年，马哈蒂尔巫统主席的地位遭到了东姑拉沙里的挑战，巫统党内斗争也直接闹到了吉隆坡最高法院。经过数月审理之后，吉隆坡最高法院宣布巫统为非法组织。此时，马哈蒂尔展现了他的强硬手腕，他迅速成立了新巫统，并整合各方力量，随后在 1990 年的大选中打败了对手，从而获得了在党内的绝对权威地位。在巫统党争事件之后，马哈蒂尔于 1988 年组织了宪法

① 骆永坤 . 马来西亚的马哈蒂尔 [J]. 国际研究参考，2018（6）.

的修改，此次修改大幅消减了司法机关对宪法的解释权力，更使得司法屈居于国会之下。

面对马来西亚皇室的君权问题，马哈蒂尔也展示了他铁腕的一面。尽管马来西亚实行君主立宪制，但自独立建国以来，王室与民选政府之间的斗争就未曾平息。独立初期，马来西亚王室不论在社会还是在政坛、经济领域中均享有较大的特权。法律上的规定以及法律解释空间上的模糊给予马来西亚王室在政治上较大的权力，以致出现多次王室对行政和政治的干预。在马哈蒂尔上台之前，多位总理均有马来西亚王室的背景，因此对王室的一些逾矩行为采取了“睁一只眼闭一只眼”的态度，民选政府与王室之间并无太多纷争。但在马哈蒂尔上台后，王室的特权开始逐步受到削弱，“君主不立宪”的情况真正有所转变，马来西亚民选政府和王权之间斗争的序幕也被正式揭开。1993 年，借由柔佛州苏丹殴打曲棍球运动员等丑闻，在马哈蒂尔的推动下，国会上下议院分别通过修宪草案，废除王室的法律豁免权。自此，王室的特权被大大削弱，民选政府的权力完全压过王权。直到 2008 年后，由于巫统受到反对党的强力挑战，转而寻求王室支持，王室的影响力才逐渐恢复。

2. “新马来西亚”的弱势总理

相比于马哈蒂尔强势的性格，2018 年希望联盟上台后，他作为土著团结党主席在总理职位上的地位十分弱势。首先，从反对党联盟的成员来看，土著团结党发展历史最短，力量最为薄弱。在希望联盟当中，历史最为久远的政党是民主行动党，它脱胎于李光耀领导的人民行动党，在新加坡 1965 年退出马来西亚联邦之后，1966 年人民行动党在马来西亚各州的支部成立民主行动党，1967 年民主行动党加入社会党国际。1967 年 7 月，民主行动党公布其《文良港宣言》，宣称自己为社会民主党，主张通过宪制手段实现民主社会主义。民主行动党成立之后，提出了“马来西亚人的马来西亚”理念与巫统“马来人的马来西亚”理念相对抗，迅速受到了非马来族群的支持，并成为马来西亚历史上实力最为强劲的反对党。

人民公正党的成立需要追溯到 1998 年的“烈火莫熄”运动。1998 年 9 月 2 日，安瓦尔突然被解除了副总理和财政部部长的职务，次日又被革去了在巫统内的职务和成员资格。9 月 20 日，安瓦尔在吉隆坡领导了大规模的游行示威，随后他被马来西亚政府以违反《国内安全法》为由进行了逮捕，大批的安瓦尔支持者也因为同样的理由被逮捕。安瓦尔的被捕又引起了人民对《国内安全法》

的激烈的抗议示威，政府在国内强烈的政治压力下释放了安瓦尔。尽管这样，政府最后还是以不正当性行为和滥用权力罪对安瓦尔提起诉讼，并罚判处 24 年监禁。[①]“烈火莫熄”运动发生之后，在 1999 年的大选中，反对党组成“替代阵线”参与大选，但是并没有取得成功，反而使得伊斯兰教党成为最大赢家。大选后，由安瓦尔妻子领导的人民公正运动决定成立政党来为安瓦尔寻求公正，并推进马来西亚的政治改革，人民公正党应运而生，也一直秉承着“公正和改革”的口号。由于安瓦尔一直以来都受到“男男性行为”的指控，其夫人旺阿兹莎则担任了人民公正党的主席，但是实际上安瓦尔一直是该党的幕后领导人和精神领袖。

相比于民主行动党和人民公正党，国家诚信党以及土著团结党则较为稚嫩。国家诚信党是由 2015 年从伊斯兰教党分裂出来的党员成立的政党，领导人是莫哈莫·沙布。土著团结党则成立于 2016 年，从政党历史和积淀来看，土著团结党在希望联盟内部处于弱势地位，作为党主席的马哈蒂尔自然只能属于弱势总理。

其次，从希望联盟内部政党在国会的议席数来看，马哈蒂尔的弱势地位表现得更加明显。希望联盟在 2018 年 5 月 9 日举行的大选中获得了 113 个席位，其中人民公正党 47 席，民主行动党 42 席，土著团结党 13 席，国家诚信党 11 席。土著团结党获得的席位只占执政联盟的大约九分之一，马哈蒂尔即使被选为总理，他在联盟内部的行为也遭到各方掣肘。大选后，土著团结党大肆接纳了从巫统退党的国会议员，使得它的国会议席数达到了 26 席，但是其实力仍然无法与希望联盟前两大党相匹敌，并且这一做法受到了希望联盟其他成员党的诟病。也正因为这样，他在希望联盟执政的 22 个月里多次受到安瓦尔支持者的逼宫，强迫其确定交棒时间，最终导致了他的主动辞职。

再者，大选后安瓦尔受到了最高元首的特赦并通过补选当选了国会议员，然后通过无挑战的党内选举成了人民公正党的主席。马哈蒂尔名义上的接班人摩拳擦掌蓄势待发，且受到希望联盟内部大多数议员的支持，也做好了接班的所有准备，这更是悬在马哈蒂尔头上时刻迫使他遵守承诺主动退位的一把利剑。随着大选前承诺的两年时间越来越近，马哈蒂尔无论是在政党实力上还是在舆

① 威森·梅雷迪斯·利. 烈火莫熄运动将何去何从——马来西亚种族和变化中的政治规则 [J]. 南洋资料译丛，2014（1）.

论上都处于下风。从上次当了 22 年的总理最后主动退位下台，到此次只当了 22 个月的总理就被迫退位下台，强势总理的弱势政权可见一斑。

（三）联盟内部关系暗流涌动

希望联盟在第 14 次大选中团结一致获得了大选的胜利，但是联盟内部各派系之间实际上存在着诸多矛盾和分歧，只是因为各党具有共同的政治利益——反对纳吉政府，所以走到了一起。当希望联盟获得了政权之后，内部所潜藏的矛盾也就一一暴露出来，正是这些矛盾，最终导致了希望联盟政府的倒台。

1. 马哈蒂尔和安瓦尔的新仇旧怨

首先是马哈蒂尔和安瓦尔之间充斥着旧仇与新怨。20 世纪 80 年代，安瓦尔在马来西亚宗教界已经崭露头角，此时马哈蒂尔先行一步，将其招入巫统，从此安瓦尔在马来西亚政坛平步青云，逐渐坐到了副总理的位置上。1998 年亚洲金融危机爆发后，马哈蒂尔与安瓦尔之间由于应对金融危机的理念不同而产生了嫌隙，最终马哈蒂尔用“男男不正当性行为”的指控将安瓦尔革职下狱。安瓦尔的支持者随后在马来西亚掀起了“烈火莫熄”的风暴。这一系列事件让这对政治师徒彻底决裂，安瓦尔一直以来受到“男男性行为”的指控，监狱更是几进几出。以安瓦尔为精神领袖的反对党联盟即使在 2008 年和 2013 年大选中都取得了优异的成绩，但是仍然难以真正撼动纳吉领导的政府。直到 2015 年，马哈蒂尔因为一马公司事件与时任总理纳吉决裂，退出巫统组建土著团结党，并加入希望联盟与国民阵线竞争才最终获得了大选的胜利。共同的利益驱使，让当时还在狱中的安瓦尔与马哈蒂尔实现了“世纪大和解”，马哈蒂尔最终带领着希望联盟推翻了巫统的霸权。希望联盟大选胜利后，在马哈蒂尔的主导下，安瓦尔得到了国家元首的特赦，他再也不用腾出精力去应付这一持续了 20 余年的指控。两人实现了口头上的和解，但是内心的芥蒂是否消除，仍然让人充满怀疑，而这也是两人之间众所周知的旧怨。

马哈蒂尔带领的希望联盟在 2018 年的大选中实现了马来西亚历史上的首次政党轮替。在希望联盟的主要成员中，由安瓦尔领导的人民公正党拥有国会下议院席位最多，共 47 席；马哈蒂尔自己率领的土著团结党当初大选时只获得了 13 个席位，大选后通过接收巫统退党议员最终拥有 26 席；民主行动党与国家诚信党则分别拥有 42 席与 11 席。

大选前马哈蒂尔曾经向人民保证，他会在希望联盟执政两年后将政权移交给安瓦尔，但是自从当上总理之后，他对禅让总理之事一直含糊其词。安瓦尔被特赦之后，通过党内选举成功当选人民公正党主席，通过国会补选成为国会议员，做好了接替总理的所有准备。然而，作为希望联盟当中最大党的党主席，安瓦尔迟迟得不到继任总理的时间安排，也无缘在马哈蒂尔的内阁担当任何部长职务，这让人很难不怀疑马哈蒂尔与安瓦尔之间的关系问题。即使安瓦尔在各种场合多次声明支持马哈蒂尔的所有决定，也尊重他作为总理的权力，但是马哈蒂尔对于权力交接的时间表迟迟不提，难免引起了安瓦尔和马哈蒂尔之间新的芥蒂，也就是政治危机前的希望联盟最高理事会上爆发的各党主席逼迫马哈蒂尔给出交棒时间表这一事件，最终成为马哈蒂尔主动辞职、土著团结党退出希望联盟的导火索。此为马哈蒂尔与安瓦尔之间的新仇。

马哈蒂尔与安瓦尔之间确实存在着隔阂。政治危机发生之后，马哈蒂尔在接受记者采访回忆希望联盟的执政时指出，安瓦尔作为秉承自由主义的改革派，并没得到传统的保守派马来族群的支持。而马哈蒂尔作为传统保守派马来族群的领导者，他与安瓦尔之间的关系就不言自明了。

2. 阿兹敏和安瓦尔之间的隔阂

人民公正党内部阿兹敏与安瓦尔的关系问题也是希望联盟下台的导火索之一。关于阿兹敏和安瓦尔的关系，不得不提到马哈蒂尔，这还要从 1998 年说起。当时他们三个人都同属于一个政党——巫统。阿兹敏是安瓦尔的政治秘书，安瓦尔从 20 世纪 80 年代初被马哈蒂尔招纳加入巫统之后平步青云，一直被公认为马哈蒂尔的接班人。阿兹敏作为安瓦尔的政治秘书，受到了马哈蒂尔的赏识，与马哈蒂尔也拥有非比寻常的关系。但是这一切都随着安瓦尔的“男男性行为”案件和“烈火莫熄”运动而改写。受到马哈蒂尔喜爱和栽培的阿兹敏跟随安瓦尔组建了人民公正党与马哈蒂尔领导的巫统进行对抗。由于安瓦尔受到案件起伏的牵扯，安瓦尔夫人旺阿兹莎为了替丈夫主导公正被迫出征，但是囿于政治经验缺乏只能起一定的象征作用，而阿兹敏则在人民公正党的发展壮大中发挥着主要的作用。当然，随着人民公正党的发展壮大，他也羽翼渐丰。如果说安瓦尔是人民公正党的精神领袖和幕后党主席，那么阿兹敏就是人民公正党的现实领袖和实际奠基人。在 2013 年的雪兰莪州务大臣问题上，由于巫统的搅局，旺阿兹莎最终不敌阿兹敏，这也埋下了安瓦尔一家与阿兹敏之间矛盾的祸根。

2018 年希望联盟成功入主布城之后，在希望联盟的最高理事会上，各党提名内阁官员名单，阿兹敏并不在人民公正党所提名的内阁部长名单之内。但是，马哈蒂尔最终宣布的内阁部长名单却让人大跌眼镜，阿兹敏的名字赫然出现在了马哈蒂尔的内阁之中，担任了马哈蒂尔新成立的经济事务部部长，当时在马来西亚国内就传出了这是马哈蒂尔为两年后的交棒埋雷的说法。但是当时马来西亚上下都忙于憧憬“新马来西亚”的未来，这一事件最终并未引起太大的波澜。在2018年人民公正党内部署理主席选举中，阿兹敏凭借着自己在党内多年的深耕，以微弱优势战胜了党主席安瓦尔公开支持的候选人拉兹里。随后，在党内高层任命中，败选的拉兹里仍然受到了安瓦尔的重用。在人民公正党的最高理事会上，阿兹敏派系对这样的人事任命公开表示了不满，这使得安瓦尔与阿兹敏之间的矛盾逐渐公开化。

2019年上半年，又一段“男男性行为”视频引爆了马来西亚政坛。事件发生后，视频中的一位男主角迅速现身，指出另一名男主角就是阿兹敏，这在马来西亚政坛引起了轰动。案件最终由马来西亚警方指出视频内容并不清晰，不能确定视频当中的主角是谁而宣布告终。虽然事件最后不了了之，但是其中各方的态度十分令人玩味。马哈蒂尔不同于20年前对于相同事件的态度，公开对阿兹敏表示了支持，阿兹敏也表示了明确的否认，并指出这是人民公正党内有人对他进行政治攻击。安瓦尔则在事件发生后迟迟不发声，并表示自己不发声是在等待警方的最终调查结果。事后，各方都在猜测此次事件是安瓦尔授意党内人员对阿兹敏的陷害，虽然这件事最终不了了之，但是阿兹敏和安瓦尔的关系则逐渐白热化，他们的不和也逐渐公开化。

可以说上述两组希望联盟内部错综复杂的矛盾已经为此次政治危机预先埋下了伏笔，加上民主行动党的元老林吉祥父子与马哈蒂尔之间的恩恩怨怨，希望联盟实际上从成立之日起就存在着许多随时可能爆发的内部问题。各党为反对而联合，为夺权而合作，为分配而决裂，成为此次政治危机发生的主要原因。这次政变的导火线正在于距离马哈蒂尔承诺的交棒日期越来越近，执政联盟各派系的矛盾也日趋明显，最终由内部的矛盾导致了政治危机的出现与希望联盟的下台。

（四）执政成绩不尽如人意

除了内部关系的原因，在经济层面上，希望联盟在执政后无法兑现许多选前承诺，对持续低迷的经济状况、低收入与青年高失业率束手无策，导致许多人对希望联盟政府失去信心。默迪卡民调中心2020年1月5日公布的民调《大马政治发展及轨道线进展》报告显示，有将近61%的受访者认为“国家似乎没有未来”[①]，尤其希望联盟的马来族群支持率“非常低微”[②]。

在政治层面，希望联盟试图签署《消除一切形式种族歧视国际公约》及对爪夷文事件的处理不当等事件，被巫统和伊斯兰教党诠释为“无法捍卫马来族群的权益”[③]。两党在2019年9月14日举办“马来族群尊严大会”，提出马来族群的文化、宗教、教育、经济权益在2018年大选后受到挑战，这一论述得到大部分马来族群的认同[④]。“华人在人民行动党执政后越发嚣张”的言论在社交媒体屡见不鲜[⑤]。马哈蒂尔更在3月1日的记者会上声称许多马来族群因相信了“行动党控制了希望联盟政府”的论述而导致土著团结党的支持率下跌。[⑥]

2018年大选30%的马来族选民是抱着观望的态度将选票投给了希望联盟，然而希望联盟无法达成“上台后经济变好”的承诺，使得本来就脆弱、依靠希望联盟胜选而建构起来的多元主义论述在马来族群中不再受到欢迎，反而愈加巩固了族群主义政治，继而挑战希望联盟政权的合理性。民调机构Vase.ai在2020年2月25日公布的民调显示，在1000名受访者中，有约半数认为由马来

---

① Pakatan Berdepan “Cabaran Sebenar” di 122 Kerusi Melayu, kata Merdeka Centre. The Malaysia Online[EB/OL](2020–01–05）. http://www.themalaysiaonline.com.my/latest/2020/01/pakatan-berdepan-cabaran-sebenar-di-122-kerusi-melayu-kata-merdeka-centre/

② W SAIDATUL FADZILAH W NAJEMUDIN. “Malaysia kan Aman”[EB/OL](2020–01–22）. http://www.sinarharian.com.my/article/66939/SUARA-SINAR/Analisis-Sinar/Malaysia-kan-aman.

③ Suzalina Halid, Bantah ICERD: PAS, UMNO Cemburu PH Utuh[EB/OL](2018–12–07）. http://www.hmetro.com.my/node/401524/amp.

④ Naimmullah Jaya. “Kongres Maruah Melayu ini Jawapan Kepada Pencabar” [EB/OL](2019–09–30）. https://m.malaysiakini.com/news/493867.

⑤ 50 Tahun Terlalu Lama untuk Melayu Semai Ketakutan ke Atas DAP [EB/OL] Malaysiakini, (2019-07-25). https://m.malaysiakini.com/news/485417.

⑥ Suzalina Halid dan Faris Fuad, “Tak benar PH di Bawah Telunjuk DAP”[EB/OL](2020–03–01）. http://www.bharian.com.my/berita/nasional/2020/03/660840/tak-benar-ph-di-bawah-telunjuk-dap.

政党组成的新政府更为良好。[①]2019 年 4 月，土著团结党最高理事旺赛夫便警告，希望联盟领袖过于受到“孟沙泡沫”(Bangsar Bubble，“孟沙”是吉隆坡的中高级住宅区) 群体的影响，忙于体制改革，如人权问题、司法与媒体独立甚至国际法课题，却忽视底层人民的生活成本上升问题与经济问题。他认为，希望联盟领袖必须调整优先事项，从而关注民生课题，而不是致力于改善体制。[②]今天希望联盟垮台马来民众背后的逻辑，可见一斑。

马来西亚在 2018 年政治变天前的经济增长率一直保持在 5% 以上，希望联盟上台后的一系列改革，如消费税和暂停大型项目的推进等措施使得马来西亚的经济增长率一直在 4.5% 左右徘徊。虽然马哈蒂尔再次当选总理后就频繁出访日本等国并重提“向东看”政策，在各种国际场合大力推动马来西亚的棕油等农产品的出口，重拾国际政治骑墙派的作风，意图通过多边制衡来刺激马来西亚的经济发展，但是总的来说收效甚微。除此之外，希望联盟上台后在经济上的承诺也无法一一兑现，其中包括在希望联盟竞选宣言中声称要取消高速公路收费、减免助学贷款等措施都没能实现，反而得到了马哈蒂尔的“竞选宣言并不是‘圣言’，并不是必须遵守”的答复，这在马来西亚经济发展受阻的情况下影响了民众的信心。当然，希望联盟执政下马来西亚的经济发展还受到了世界经济发展不景气的影响，加上希望联盟成立后内阁成员的执政能力较弱，联盟内部相互之间的掣肘严重，政治和权力斗争更多地占领了希望联盟的关注中心，这影响了投资者和人民的信心，也导致希望联盟在上台不到两年的情况下就被迫下野，创造了马来西亚政治发展上的又一个历史。

二、危机前后马来西亚政治的发展变化和特点

在马来西亚第 14 次大选中，希望联盟战胜国民阵线创造了马来西亚政治发展的历史，在这个历史性时刻的背后，马来西亚政治也体现出了新的发展特点。然而，在希望联盟执政的 22 个月里，随着各方势力的分化组合，马来西亚政治又产生了新的变化，并呈现出了新的特点。可以认为，此次的政权危机，除了

① Tinjauan. Separuh Sesponden Percaya pada Gabungan Parti Bumiputera[EB/OL]. Vase.ai. (2020-02-26) https://vase.ai/resources/tinjauan-separuh-responden-percaya-pada-gabungan-parti-bumiputera/.

② Wan Saiful Wan Jan. Kerajaan Dipandu Kehendak “Busa Bangsar”[EB/OL] (2019-04-28). https://m.malaysiakini.com/news/474035.

希望联盟自身存在的问题之外，大选后政治发展中的一些新变化和特点也是政治危机发生的重要原因，而这些因素也将在未来影响甚至改变马来西亚的政治格局。

（一）碎片化的多党体制与马来族群的分裂

1. 政党政治的碎片化

希望联盟的执政虽然终结了巫统长期的威权政治，但是不可否认的是，马来西亚的政党政治呈现出了碎片化程度加剧的特点。根据政党体制的分类，竞争性的政党制度大体可以分为四种类型：两党体制、两个半政党体制、有支配政党的多党体制和碎片化的多党体制。①其中两党制主要是指由两个力量相当的政党支配着政局：两个半政党体制是指由两个大党和一个小得多的第三党：有支配政党的多党制是指存在着几个起作用的政党，但是其中一个处于支配地位：第四种类型是指有几个或更多的政党，彼此的力量比较平均，都能在国家政治生活中起重要作用。②

希望联盟在获得大选胜利后，随着国民阵线相关成员党相继宣布退出，马来西亚碎片化的多党体制特点愈发鲜明，其具体表现是联盟林立，政党分散。其中有希望联盟、国民阵线、和谐联盟、沙巴州政党组成的沙巴联合阵线、沙巴团结联盟、沙巴民族复兴党以及沙捞越一些独立政党等。这些联盟有的以政治目标为基础，有的依靠族群关系维系，有的基于宗教信仰，而有的以某些地区或者区域为基础。联盟成立标准的不同也导致了相关联盟的不稳定状态，这些联盟或者政党之间的相互独立状态造成了马来西亚政治发展的碎片化。马来西亚人民在政治上因为政党或者联盟的不同而被根据区域、族群、信仰等分成了不同的群体，政党的碎片化也导致了人民的分裂，这对于国家的发展和人民的团结是十分不利的。

马来西亚这一碎片化的不稳定政局是造成如今政治危机的一个重要原因。希望联盟奉行自由主义的执政理念，缺乏对传统的马来民族主义者的吸引，因此它入主布城之后并没有整合马来西亚的政治资源，从而团结各族各宗教信仰、各地区的人民，共同促进国家的稳定和发展。相反，巫统和伊斯兰教党却组成

---

① 李路曲 . 政党政治与政治发展 [M]. 北京：中央编译出版社，2016.

② Blondel J. Party Systems and Patterns of Government in Western Democracies[J]. Canadian Journal of Political Science, Vol. 1, No. 2, 1968, 1(2)：180–203.

国民协商联盟，利用族群、宗教和皇权等问题争取马来族群的支持，而这一策略也迅速奏效，处于分裂状态的马来族群迅速团结在这一口号之下，从而导致希望联盟的支持率持续走低。这种碎片化的状态导致了马来西亚的政治将会处于不稳定的状态，任何政党联盟或者独立政党都有解散或者重新联合的可能，而任何政党或者联盟组合都将可能对马来西亚的政治产生重要的影响。

2. 马来族群的分裂

除了碎片化的多党体制以外，马来族群的分裂和不稳定状态也是马来西亚政治发展的另一个重要因素，它直接或者间接地导致了此次政治危机。其中，马来族群的分裂在 2018 年大选时的马来选票分布中体现得最为明显。从马来西亚选举委员会最后发布的得票率统计来看，在 2018 年第 14 次大选中希望联盟总的得票率是 48.3%，同比上升了 12.5%，国会席位数比例是 54.9%，其主要成员党民主行动党的得票率为 17.3%，同比上升了 1.6%；人民公正党的得票率则同比下降了 3.1%，达到 16.9%；土著团结党和国家诚信党的得票率分别为 5.9% 和 5.4%。国民阵线的得票率是 33.8%，同比下降了 13.6%，国会席位数比例是 35.6%，其中主要政党巫统的得票率为 20.9%，比上次大选下降了 8.2%。马华公会的得票率为 5.4%，同比下降了 2.4%。印度人国大党的得票率则为 1.3%，下降了 1.2%。伊斯兰教党的得票率是 16.6%，国会席位数是 8.1%，得票率比上次大选上升了 1.8%。[①]

从三个联盟的得票率来看，希望联盟的得票率上升了 12.5%，和谐联盟得票率上升 1.8%，而国民阵线的得票率下降了 13.6%，基本上国民阵线所失去的票数与流向希望联盟和和谐联盟的票数持平。从两个联盟中的主要政党来看，巫统得票率下降了 8.2%，人民公正党得票率下降了 3.1%，而土著团结党得票率为 5.9%，从伊斯兰教党分裂出来的国家诚信党得票率为 5.4%，伊斯兰教党得票率提高 1.8%。从主要的马来族群政党的得票率来看，马来族群的选票主要流向了 5 个政党，而巫统和人民公正党流失的选票与流入其他三个政党的选票大体持平。

综上所述，在第 14 次大选中，希望联盟所希望的“马来族群海啸”其实并未实现，而国民阵线败选的主要原因则是伊斯兰教党退出反对党联盟成立新的

① 数据来源于马来西亚选举委员会官网，http://pru14.spr.gov.my/#!/home，访问日期：2020-05-12.

联盟，造成了联盟之间的三足鼎立之势，加上主要的马来族群政党从上次大选的三个增加为此次的五个，造成了马来族群选民的分裂，从而大大分散了马来族群的选票。马来族群的选票流向了五个主要政党，国民阵线里只有巫统一个主要的马来族群政党，而希望联盟里有三个，此消彼长在无形中增强了希望联盟的力量。因此对于国民阵线来说，这一三足鼎立的局势实际上削弱了自身的优势，以前靠着马来族群的人口优势就可以在所有政党中一家独大，但是马来族群政党的分裂造成了马来族群的分裂，从而削弱了其一直以来的优势。加上马华公会和印度人国大党虽然号称代表华人和印度人的利益，但是长久以来都不受上述两个族群的支持，在大选中还继续经历着得票率的下降。反观希望联盟内部，人民公正党、土著团结党和国家诚信党三个马来族群政党得票率加起来是 28.2%，对比巫统 20.9% 和伊斯兰教党的 16.6%，马来族群三分之势尤为明显，其中希望联盟的三个马来族群政党的得票率加起来最高，加上传统强党民主行动党 17.3% 的得祟率，希望联盟的胜利更是理所应当。

第 14 次大选中马来族群的分裂，使得其他少数族群政党成了造王者，促进了希望联盟的成功。但是大选后，马来族群的分裂状况引起了马来族群内部的关注，最终巫统和伊斯兰教党利用了这种分裂，重新将自己塑造成为马来族群的代言人，召开“马来族群尊严”大会，提出“马来族群大团结”的口号，最终吸引了不同群体马来族群的支持，不断赢得补选胜利，并最终颠覆了希望联盟的政权。在国民联盟中，族群分布的情况与希望联盟时期有了很大不同，它包含了巫统、伊斯兰教党、土著团结党以及一部分原人民公正党的支持者和议员，五个主要马来族群政党它包含了三个半，并且在这个联盟中并不包含其他族群的代表政党。这种单一性的排他性政党联盟对于保守的马来选民来说将极具吸引力。从现在的人口比例来看，纯马来族群的政府完全能够在单靠马来族群的支持下获得政权，那么这对于未来马来西亚其他族群的生存可以说是一个噩耗。随着个别马来族群政党的合作，其他族群的地位很可能会经历进一步的边缘化。

（二）巫统与伊斯兰教党的合作

大选后，巫统面临着内忧和外患，一方面是来自希望联盟的打压，另一方面是自身各种丑闻缠身，大量国会议员退党跳槽，党内高层隐退。然而，在看到了大选中马来族群选票分散的情况之后，巫统重新整合力量并引起族群话题，与伊斯兰教党联合，拉起了马来族群大团结的大旗，这大大改变了马来西亚的政治格局，并最终影响了马来西亚的政治走向。

1. 补选中的合作与探索

第 14 次大选后，同为反对党，巫统和伊斯兰教党决定展开合作，双方的合作也经历了几个阶段的磨合。第一阶段，两党主要以非正式合作的方式对抗希望联盟。2018 年 8 月 18 日，无拉港和斯里斯蒂亚两场补选同步举行提名。在这两个选区中，巫统与伊斯兰教党分别以“一对一”的形式同希望联盟展开竞选。当日，巫统高层领袖悉数出台，声援“非正式盟友”伊斯兰教党。尽管此次双补选中巫统和伊斯兰教党都未能取得胜利，但是两党的得票率有了显著提升。巫统在补选后认识到，通过与伊斯兰教党联合、争取更多马来族群选票，是一个可行的路径。

同年 9 月 15 日，伊斯兰教党举行本党第 64 届全国大会，巫统主席扎希德率党内高层出席①，这象征着两党在政坛上激烈斗争 41 年之后“再续前缘”，巫伊合作进入第二阶段，两党开始尝试正式合作竞选。2018 年下半年，巫统经历了多次元老离党和大规模党员退党潮。党内动荡、实力削弱使得巫统急需外部力量支持，这也直接推进了两党合作。当时，伊斯兰教党的合作态度尚显犹豫，党主席哈迪・阿旺还表示，“巫统如今犹如一艘沉船，若伊斯兰教党跟巫统结合，势必会跟着下沉”②。然而，当国民阵线提出要在补选中全力捍卫其传统选区金马仑高原时，伊斯兰教党同意以更加正式的方式参与进来，动用政党机器为国民阵线助选。伊斯兰教党的条件是这场补选的结果，直接决定该党日后是否继续与巫统展开合作。③选举的结果十分轰动——巫统以绝对优势赢得胜利，伊斯兰教党在此前大选中获得的选票几乎全部流向了巫统候选人。随后，两党乘胜追击，在希望联盟强势选区士毛月取得了又一场补选的胜利。希望联盟领

① Pemimpin UMNO Hadir Muktamar PAS, Ini Respons Hadi[EB/OL]. Sinar Harian. 2018-09-15. http://www.sinarharian.com.my/politik/pemimpin-umno-hadir-muktamar-pas-ini-respons-hadi-1.880066.

② Syalikha Sazili. UMNO Bahtera Bocor, Sukar Nak Gabung – PAS[EB/OL].Berita Harian, 2018-12-25. http://www.bharian.com.my/berita/politik/2018/12/512758/umno-bahtera-bocor-sukar-nak-gabung-pas.

③ Keputusan PRK Cameron Highlands tentukan bentuk kerjasama Pas dengan BN[EB/OL]. Bernama. 2019-01-26. http://www.astroawani.com/berita-politik/keputusan-prk-cameron-highlands-tentukan-bentuk-kerjasama-pas-dengan-bn-197021.

导人不得不严肃地做出回应，正视巫伊两党合作带来的冲击。

两场补选的胜利让两党看到了合作共赢的可能性，巫伊合作由此进入第三阶段。2019 年 3 月 5 日，巫统宣布将与伊斯兰教党正式展开合作。[①]4 月 13 日，国民阵线的穆罕默德·哈桑在森美兰州立法议会晏斗选区补选中再次获胜。这不仅是巫统连续第三次在补选中击败执政党希望联盟，更是巫伊正式合作后取得的首场胜利。随后，5 月 11 日，哈迪·阿旺正式宣布，伊斯兰教党和巫统商讨结盟迎战第 15 届全国大选。[②] 巫伊合作以后，在马来裔为主要人口的选区中吸引了更多的马来裔选票，除此之外还获得了不少对希望联盟政府不满的华人选票。这就不难看出巫伊合作对马来族群的吸引力，以及对倡导多元主义的希望联盟政府的冲击。2019 年 9 月 14 日，巫统和伊斯兰教党签订了《全国共识合作宪章》，正式缔结成政治联盟。[③]

2. 丹绒比艾补选的冲击

2019 年 11 月 16 日，柔佛州丹绒比艾国会议席的补选就充分反映了巫伊政治联盟带来的显著效应，不仅执政党惨败，其他政治势力也根本无力抗衡。丹绒比艾位于马来西亚半岛柔佛州的西海岸，是亚欧大陆的最南端。族群相对混合的选区有 54000 名登记选民，其中约 56.45% 为马来族群，42% 为华人，还有 1% 的印度人，其他族群为 0.55%。[④]2018 年以前，这里是国民阵线成员党马华公会的“传统据点”，2008 年前由马华公会总会长黄家定担任议员，随后由其“政治徒弟”黄日升接掌。然而，在 2018 年 5 月的全国大选中，希望联盟成员党土著团结党候选人穆罕默德·法里德·拉菲克接替以往民主行动党的候选人出战，以 524 票的微弱优势获胜，实现选区议员轮换。

43 岁的法里德于 2019 年 9 月 21 日突发心脏病离世。根据联邦宪法，议席

---

① Janatul Firdaus Yaacob, ‘UMNO-Pas dah bersanding’—Tok Mat[EB/OL].Sinar Harian. 2019-03-05. http://www.sinarharian.com.my/article/16429/BERITA/Politik/UMNO-Pas-dah-bersanding-Tok-Mat.

② Norawazni, Pas, UMNO akan bergabung PRU15[EB/OL]. Sinar Harian. 2019-05-11. http://www.sinarharian.com.my/article/27628/BERITA/Politik/Pas-UMNO-akan-bergabung.

③ #HPU914: Piagam Muafakat Nasional Diisytihar[EB/OL]. UMNO ONLINE. 2019-09-14. https://umno-online.my/2019/09/14/hpu914-piagam-muafakat-nasional-diisytihar/amp/.

④ Hairulazim Mahmud, PRK Tanjung Piai Uji Kekuatan PH Pembangkang[EB/OL].Metro. 2019-12-23. http://www.hmetro.com.my/node/499791/amp.

空缺后，选举委员会需在60天内举行补选。各大政党联盟厉兵秣马，在提名之日就形成“六角战”的激烈局面。其中，最具竞争力的包括国民阵线候选人、马华公会黄日升，希望联盟候选人卡敏，其他候选人包括民政党全国副总秘书温蒂、伊斯兰阵线主席巴鲁希山，以及两位独立候选人“笨珍商人”洪俊禄和“蓝色德士”公司代表法丽达。[①]11月16日，黄日升赢下25466票，以15086张选票的巨大优势完胜希望联盟候选人。[②]

相比此前议席补选，本次选举折射出几个不同的特点。第一，希望联盟在数据上完败国民阵线。相比2018年大选中11个投票点告捷，此次补选希望联盟在选区内27个投票点均负于国民阵线。同时，本次补选投票率下跌到74.5%，希望联盟仅得到26.74%的选票，而国民阵线囊括了65.61%的选票。第二，马来族群选民难以吸引，华人铁票大幅流失，使其希望联盟遭遇严重打击。选举数据显示，希望联盟在超过80%的马来族群选区的支持率下跌2%~12%不等，而在超过80%的华人选民投票区，则流失了高达27%~38%的选票。[③]相较过去三次补选，国民阵线的马来族群支持率显著提升，而华人选票变动不大。第三，补选结果预测失败。补选前政策研究及战略分析研究所指出黄日升将有机会赢得62.8%的选票，7181张多数票[④]，而雪兰莪政府智库达鲁益山研究所民调显示53%的选民支持希望联盟而国民阵线只有44%的选民支持[⑤]，二者的预测大相径庭。“兵败丹绒比艾”可能是历史上执政党表现最差的一次补选。从微观上看，这场补选的结果本身折射出三点原因：一是国民阵线候选人黄日升辛勤友善、服务人民的形象有口皆碑；二是“巫伊结盟”在吸引马来族群选票方面效应明显；三是在改革力度、服务效率方面，选民有了新的选择。从宏观上看，

① Mohd Sabran Md Sani, Saingan 6 Penjuru PRK Tanjung Piai[EB/OL]. Metro, (2019-11-02). http://www.hmetro.com.my/node/513178/amp.

② PRK Tanjung Piai: BN Menang dengan Majoriti 15,086 Undi[EB/OL].The Star, (2019-11-16). http://www.mstar.com.my/lokal/semasa/2019/11/16/tanjung-piai.

③ 傅聪聪．选取补选失利折射马来西亚执政联盟困境[J]. 世界知识，2019（24）.

④ Badan Pemikir MCA Ramal Parti itu Menang Besar[EB/OL].Malaysiakini, (2019-11-15). https://m.malaysiakini.com/news/500002.

⑤ PRK Tg Piai: Kaji Selidik IDE Salah Lagi, Kata Penganalisis[EB/OL].FMT Reporters, (2019-11-17). http://www.freemalaysiatoday.com/category/bahasa/2019/11/17/prk-tg-piai-kaji-selidik-ide-salah-lagi-kata-penganalisis/.

补选结果在一定程度上反映了马哈蒂尔政府的支持率下降。

丹绒比艾补选的结果，是希望联盟执政后 9 场补选中的最大一次挫折，选民指责希望联盟没有对于宣布 2018 年大选时的承诺，补选结果不啻于对希望联盟政府迎头重击，是选民用选票教训马哈蒂尔，更是选民对希望联盟政府满意度的一次测试、对希望联盟政府上台后表现的一次公投。[①] 这次补选中，巫伊合作战略继续生效，巫伊联盟在马来族群中的支持率显著提高。由于对希望联盟的不满，华人选票也流失到巫统。补选暴露出了希望联盟的执政不力以及内部的种种矛盾，这次的补选结果也再一次激化了希望联盟内部的矛盾，比如民主行动党就发出了要马哈蒂尔下台的声音。希望联盟以"反贪腐"和"保障所有人民福祉"的竞选政纲，击败了执政 61 年的国民阵线，这反映马来西亚选民对改变国家前景寄予厚望，但这种寄望经不起现实的考验。尽管希望联盟政府积极落实竞选承诺，却也忙着处理执政联盟成员党之间的分化和矛盾，内阁成员处理经济问题不力，而马哈蒂尔何时将总理之位交给何人接棒，也是个不断议论的话题。希望联盟政府的表现让马来西亚人民日益不耐烦，马华公会以五位数多数票狂胜丹绒比艾补选，大翻盘的不仅是华人选票，马来族群选民也一边倒支持马华公会候选人，显示出希望联盟大失民心，补选结果深深地动摇了希望联盟的执政基础。

丹戎比艾补选后，在 2020 年 1 月 18 日，沙巴州金马利国会议席又进行了一次补选，来自巫统的穆罕默德·阿拉敏以更大的优势战胜了希望联盟的盟友沙巴民兴党的候选人卡林布章，保住了国阵的席位。[②] 这已经是巫伊合作以后，第五次补选胜利。巫伊合作在悄然改变着马来西亚政坛的结构，给如今的马来西亚政治带来新的冲击和更多的不确定性。执政一年之计的民调显示，希望联盟政府的支持率已从 2018 年 5 月的 79% 下滑到 2019 年 5 月的 39%，而处在低谷中的巫统却开始慢慢复苏。巫统联合伊斯兰教党重塑形象，拉拢更多的中间选民，冲击希望联盟的马来族群选民基础。除此之外，巫伊合作还将种族、宗教和皇室三大敏感问题推向了舆论的风口浪尖，马来民族主义的再度兴起大大阻碍了希望联盟推出的"新马来西亚"议程建设。

---

① 社论：希望联盟补选大败料影响马国政治生态 [N]. 联合早报，2019-11-18.

② Beaufort. BN Pertahan Kerusi Parlimen Kimanis[EB/OL]. Berita Harian，(2020-01-18) http://www.bharian.com.my/node/647959/amp.

（三）民族主义的复辟与族群政治的回归

1. 马来民族主义的复辟

巫统作为马来民族主义的代言人，作为执政党时还会对其民族主义立场有所收敛，同国民阵线成员党进行协商，兼顾其他族群的利益，在成为反对党之后，对于族群话题的利用则显得更加肆无忌惮。它在各种场合大肆宣扬马来族群优先的立场，批评希望联盟领导的政府是被华人政党控制的政府，制造族群对立的氛围，从而赢得马来族群的支持。马来民族主义的态度，加上反对党的立场，使得巫统和伊斯兰教党逐渐拥有了共同的语言并再次展开了合作，这让丑闻缠身、濒临解散边缘的巫统重新焕发了青春。巫统将这次合作看作马来族群的团结，并重拾其马来民族主义的立场，不断挑起皇权、马来族群权利、土著权益等类似的话题，召开“马来族群尊严”大会，拉近与马来族群之间的距离，从而获得马来族群的选票。反观希望联盟，作为跨族群的政党联盟，希望联盟必须考虑各个族群之间的利益平衡，因此在与巫伊联盟的竞争中缺乏对马来族群的吸引力，在经济和社会事务上的表现又流失了华人等少数族群的选票，从而总是处于被动的地位。

政治危机过后，以土著团结党、巫统、伊斯兰教党和沙捞越政党联盟组成的非正式政党联盟国民联盟上台执政。说它是非正式的联盟，是因为这一政党联盟并未正式注册，并且巫统虽然表示支持国民联盟和总理穆希丁，但是并没有加入这一联盟，这就意味着穆希丁作为国民联盟推举的总理人选，实际上对巫统并没有太大的约束力。在尝到了重新唤起马来民族主义情绪甜头之后，巫统很有可能会在这一条道路上继续走下去，就像巫统主席扎希德在巫统成立 74 周年大会上发表的演说一样，在如今的国民联盟，巫统并没有像 2018 年大选前一样完全掌握权力，党员们仍然需要继续努力，继续为国家的未来奋斗。在他讲话的潜台词里包含了巫统会继续按照之前的道路走下去的意味。2018 年大选后巫统通过与伊斯兰教党合作挑起民族主义情绪扭转了政党衰退的形势，到赢得了一场又一场补选，再到合作推翻了希望联盟的政权，很明显它的目标是未来再次走上权力的巅峰。为了实现这一目标，巫统很可能会继续高举族群、宗教和皇权的大旗，继续朝着马来族群大团结的方向迈进。要想实现扎希德所说的巫统的复兴之路，马来民族主义无疑是最好的武器。

对于穆希丁政府来说，当初阿兹敏发动“二月政变”的初衷是建立一个马来族群大团结的政府，即联盟所有政党都是马来族群政党。虽然中途因为马哈蒂尔的个人原因出现了一些波折，但是穆希丁上台后，这样一种理念也算是基本实现了。穆希丁上台后于 3 月 9 日宣布了他的内阁成员，从内阁成员的组成来看，马来族群几乎占有所有重要的部长职务。穆希丁的新任内阁共设有 32 名正部长及 38 名副部长，且不设副总理，而是改由 4 名高级部长协助总理管理各部门的工作。针对这一人事任命，有学者分析指出，此次内阁或称为马来西亚史上“最单调内阁”——本次内阁是马来西亚历史上马来族群土著占比最高的一届内阁。在本次新内阁名单中，仅有 1 名华人部长和 3 名华人副部长，约占内阁人数的 5.2%；而上任马哈蒂尔内阁中共有 5 名正部长及 9 名副部长由华人担任，约占内阁人数的 25.5%。[①] 相比以往任何一届政府，此次政府的“马来主权”意味最为浓厚，这是马来族群大团结背后的马来民族主义情绪推动的结果。非马来族群在马来西亚政治中的角色与其人口总数严重不成正比，马来民族主义将进一步挤压非马来族群的生存空间，非马来族群将会面临进一步地被边缘化。

2. 族群政治的回归

大选前，反对党联盟积极进步的形象以及民众对于巫统族群话题的审美疲劳是 2018 年马来西亚变天的重要因素。大选后，人们对“新马来西亚”充满了憧憬，但是最终却被经济发展不利和族群话题所牵绊，最终走向了这场政变。回到这场扑朔迷离的政变中，土著团结党脱掉从希望联盟借来的公平正义外衣，露出马来民族主义的真面目，携手巫统与伊斯兰教党共建国民联盟新番号，实现了马来族群的历史性大团结。

土著团结党的成立带有明显的个人恩仇色彩，是马哈蒂尔和穆希丁遭到纳吉驱逐出党后自立门户的产物。土著团结党和老东家巫统的分歧不是政治理念上的不同，而是政党领袖的个人恩仇激化升级的结果。第 14 届大选中，土著团结党借希望联盟完成了对共同敌人纳吉的政治打击。纳吉下台后，合作的目的已经达到，但巫伊合作在补选中的节节胜利以及希望联盟为了追求多元主义不断侵蚀马来裔支持的基础，已经侵蚀了土著团结党的基本盘，继续留在希望联盟内部将会面临着马来族群的抛弃，也将会面临政党的边缘化发展趋势，因此土著团结党就产生了离开的念头。

希望联盟的执政基础在“族群平等”这一自由主义的核心价值上。人民公

① 邓家骏 . 马来西亚新内阁中的华人角色 [J]. 东南亚观察 , 2020（29）.

正党的成立天然具有反抗不公的历史背景，“烈火莫熄”经过数十年公民社会的涵养，也已经跳出瓦尔事件的狭隘视野，追求族群平等的政治斗争升华成为一种制度追求。但对大多数马来裔来说，这种由非马来裔中产阶级宣导的族群平等意味着剥夺马来土著与生俱来的特权。正是对于“公平正义”的不同理解，导致族群观念上不可消融的隔阂，成为构建“新马来西亚”路上难以逾越的藩篱。许多对现代民族国家建构怀有期待的人曾对2018年大选寄予厚望，视为马来西亚政治转型的起点，预示了政治权力格局由巫统独大的单极政治格局向多党制衡的多元政治格局的历史转变。但与其说这场突如其来的政变是转型的阶段性挫败，不如说是符合族群政治社会现实的理性回归。

“喜来登”政变后，朝野两派支持者的族群分布逐渐呈现出清晰的分野：穆希丁领导下的国民联盟，是一个以马来族群为主体的偏保守的民族主义政治联盟，而以人民公正党和民主行动党为主力的希望联盟则继续以非马来群体与跨族群的城市中产阶级为基础，延续打造多元社会的政治努力。本次政变再次把朝野博弈拉回到了马来民族主义与文化多元主义对立的旧路上，再次陷入族群政治斗争的困境。国民联盟胜利与希望联盟落败暗示了马来西亚今后的政治发展将仍以族群政治为主线，巩固一个多元族群的现代民主政治仍然任重而道远。

（四）“背叛者”政治的发展

在政治危机中，穆希丁在最高元首的支持下成功组建了政府，但是其国会议员的支持数刚刚过半，任何的政局变化都有可能动摇他的执政地位，因此未来的马来西亚政治发展动荡仍然会是关键词。此次二月政变，从头至尾都充斥着对“背叛者”的咒骂，而这一不良的政治惯例如果在未来没有得到有效地遏制，将会对马来西亚政治的发展带来不良的示范作用，并增加极大的不确定性。

从2020年2月23日在野政党与阿兹敏和穆希丁在喜来登酒店的会议开始，安瓦尔就在公开场合表示，我们遭到了人民公正党一部分党员和土著团结党的背叛[①]。从事后媒体有限的披露内容来看，正是在阿兹敏的穿针引线下，才将各方反对党势力召集起来，共聚喜来登酒店，商量着如何组建新的政党联盟取

① Anwar Ibrahim Says He Has Been Betrayed by Pakatan Harapan Partners Amid Talk of New Ruling Coalition[EB/OL]. Channel NewsAsia, (2020-02-23). http://www.channelnewsasia.com/news/asia/malaysia-anwar-mahathir-pakatan-harapan-umno-pas-12462606.

代希望联盟。各方也达成了一致，决定邀请马哈蒂尔出任新的总理。但是面对这一“加身的黄袍”，马哈蒂尔断然拒绝了，这是阿兹敏始料未及的。阿兹敏本以为 2 月 21 日的希望联盟最高理事会对马哈蒂尔的逼宫会让他无从选择乖乖“就范”，但是马哈蒂尔坚持认为新的联盟里有所谓的“盗贼政党”而不愿意担任其领导人。

随着马哈蒂尔的辞职，马来西亚的政治陷入了僵局。土著团结党退出希望联盟，希望联盟政府解散，但是马哈蒂尔又不愿意出任由巫统等政党组建的新联盟政府总理，总理人选悬而未决，“背叛者”阿兹敏等的处境也陷入尴尬。希望联盟在政府解散后即宣布他们支持马哈蒂尔继续出任总理，巫统和伊斯兰教党联盟以及土著团结党也声称支持马哈蒂尔出任总理。在这样的背景下，马哈蒂尔提出组建大联合政府的构想，即政府内阁成员只代表议员本身，不代表政党。马哈蒂尔这一大联合政府的美好愿望受到了各方的反对，各方也因此撤回了对马哈蒂尔的支持。希望联盟声称支持安瓦尔作为新总理人选，而巫统、伊斯兰教党和土著团结党等则稍显犹豫，但是也明确提出撤回对马哈蒂尔的支持，马哈蒂尔瞬间从左右逢源变成了孤立无援。

在这一过程中，马来西亚国家最高元首多次接见各党派的领袖，并与各国会议员面谈，共同商议未来国家的政治走向。就在总理人选悬而未决的情况下，2020 年 2 月 29 日国家皇宫突然宣布，穆希丁获得了国会过半数议员的支持，将任命穆希丁为国家新任总理，并于第二天在国家皇宫进行就职宣誓。面对这一形势，马哈蒂尔掉头与希望联盟合作，指出自己才获得了过半数议员的支持，还在网上列出了支持议员的名单并表示自己将觐见最高元首商讨总理的人选，但是为时已晚，最高元首拒绝了马哈蒂尔的觐见请求，按照原计划让穆希丁宣誓就职。当穆希丁当上总理之后，马哈蒂尔则称穆希丁背叛了自己，又将穆希丁与“背叛者”联系了起来。①

穆希丁上台之后，在穆希丁的内阁人选中，“国民联盟”中巫统主席和伊斯兰教党主席都没有担任任何部长职务，这被看作马来西亚政坛仍将产生变故的一个信号。随后，马来西亚因为新型冠状病毒肺炎疫情宣布封国，在国内也实施了严格的行动管制令，政治上的危机看似暂时停滞了。随着 2020 年 5 月份

① Dr M： Muhyuddin Pilih Najib, Tak Pilih Saya[EB/OL].Malaysiakini, (2020-03-01). http://m.malaysiakini.com/news/513680.

以来疫情逐渐得到控制，政治斗争再度拉开大幕。首先是媒体爆出，巫统拒绝加入国民联盟，只是与土著团结党等达成了一致，推翻希望联盟政府并支持穆希丁担任总理，巫统主席扎希德在巫统成立74周年的讲话中证实了这一观点。[①]从这个角度来说，国民联盟其实只是一个有名无实的“后门政府”联盟，它的存在仅仅在于政党主席的口头承诺，并没有进行注册，没有法律效力，巫统会不会在未来的某一天再“背叛”这一联盟仍然是一个未知数。其次，在新冠肺炎疫情刚刚有所缓解之际，马哈蒂尔就联合安瓦尔在5月4日当天对“背叛者”穆希丁提出了不信任提案[②]，要求在5月18日开幕的国会中进行议员投票，这无疑是对穆希丁政权的一次重大的考验，最终政府以新冠肺炎疫情为借口，国会开会时只设立了最高元首讲话这个环节，这才让穆希丁度过了这次不信任动议危机。但是马哈蒂尔也明确表示，将会不遗余力地尝试颠覆“背叛者”穆希丁政权。再次，国民联盟虽然将巫统和土著团结党团结在了一起，但是两党间的敏感关系仍然为以后的政治发展埋下了隐患。穆希丁是被巫统革职的副主席，从而退党成立了土著团结党，土著团结党的多名党员是第14次大选后从巫统跳槽过来的，这些人某种程度上也属于“背叛者”，因此在国民联盟未来的执政中，巫统与土著团结党之间以及党员之间的关系问题很有可能会影响未来的政局发展。因此，对于穆希丁政权来说，不但充斥着内忧也有外患，国民联盟的未来发展仍然前路不明。

三、政权危机对经济发展的影响

在马来西亚的议会民主体制下，经济发展水平从某种程度上来说是政权合法性的基础。经济的稳步发展为人民生活带来积极的影响，人民才会将选票投向相关政党或者联盟，反之政府就将失去人民的信任和支持。政治危机前，希望联盟领导下的马来西亚经济发展就已经深陷危机，经济上乏善可陈的表现影响了选民们对政府的支持率，也是导致希望联盟在补选中屡次败北的原因之一。

---

① Mohd Yusni Ariffin. Berada dalam PN, UMNO Tiada Kuasa Penuh–Ahmad Zahid[EB/OL]. Berita Harian, (2020–05–11). http://www.bharian.com.my/berita/politik/2020/05/687548/berada-dalam-pn-umno-tiada-kuasa-penuh-ahmad-zahid.

② Mohd Nasaruddin Parzi. Speaker Terima Usul Undi Tak Percaya Kepada PM Dibawa Dr M[EB/OL].Berita Harian, (2020–05–08). http://www.bharian.com.my/berita/politik/2020/05/66578/speaker-terima-usul-tak-percaya-kepada-pm-dibawa-dr-m.

在希望联盟的治理下，马来西亚发展经济总体呈下滑的态势。2019 年全年国内生产总值（GDP）增速为 4.3%，为 10 年来最低水平，2018 年为 4.7%。马来西亚统计局 2020 年 2 月公布的数据显示，受贸易疲软以及矿业和农业活动下滑拖累，马来西亚经济在 2019 年第四季度放缓。2019 年第四季度该国 GDP 同比增长 3.6%，第三季度和第二季度分别增长 4.4% 和 4.9%。①

因此，对马来西亚未来经济发展的研究，需要将政治危机和蔓延全球的新冠病毒疫情结合起来进行分析。本节就政治危机发生后对经济发展的影响，主要从主观和客观两个方面进行分析。其中，主观方面的分析是从政策变化的角度来看未来经济发展。众所周知，政策变化对经济发展有着举足轻重的影响，这方面的分析主要从长期和短期两个视角出发。从长期视角来分析，主要看马来西亚政府在 2019 年 10 月推出的 2030 年共同繁荣宏愿政策；短期视角则主要对比 2020 年 2 月马哈蒂尔宣布的经济刺激计划和 3 月穆希丁推出的经济刺激计划，从而分析政治危机导致的主观因素对未来经济的影响。客观方面主要从政治危机本身进行分析，从历史的视角来纵向对比马来西亚 2008 年以来的多次政治海啸后的经济发展形势，从而分析马来西亚未来经济的发展。

（一）从经济发展政策视角来分析

1.2030 年共同繁荣宏愿

2030 年共同繁荣宏愿是希望联盟政府于 2019 年 10 月提出的未来十年国家发展规划，旨在进一步促进国家经济发展，提高经济发展成果分配的公平和公正，促进政治的稳定，提高国家的繁荣程度，以便人民能够团结一致，到 2030 年达到提高生活水平的总体目标。2030 年共同繁荣宏愿是以马哈蒂尔在上次执政时候提出的 2020 宏愿为基础的。20 世纪 90 年代初期，时任总理马哈蒂尔曾经提出 2020 宏愿，目标是在 2020 年时将马来西亚建设成为高收入的发达国家。希望联盟在 2019 年总结 2020 宏愿时指出，因为种种缘故，政府并没有实现这一目标，为了确保国家持续的发展，制定了新的 2030 宏愿，以期促进国家经济的发展和人民生活水平的提高。

2030 年共同繁荣宏愿共提出了 7 个战略核心：促进贸易和产业生态体系的重塑、确定主要的经济增长活动、加强人力资源建设、发展用工市场和提高劳

① 马来西亚 2019 年经济增速创 10 年来最慢水平 [N]. 商业时报，2020-02-12.

工待遇、保障社会安宁、增强区域包容性和提高社会资本。以3个主要目标为牵引，分别是全面的发展，均衡的收入分配，以及将马来西亚建设成为团结、繁荣和有尊严的国家。以上述7个战略核心为抓手，马来西亚提出了宏观的经济发展目标，为未来十年马来西亚经济发展指出了努力的方向和奋斗的目标。

2. 马哈蒂尔和穆希丁的经济刺激计划

2020年2月27日，此时的马来西亚政治已经深陷危机，加上新冠肺炎疫情在全球的肆虐，马来西亚经济发展受到了巨大的冲击。临时总理马哈蒂尔不顾各个政党正忙于合纵连横，宣布了2020年200亿林吉特的经济刺激一揽子计划①，旨在阻止新冠肺炎疫情对马来西亚经济的不利影响，保持持续和稳定的经济发展。马哈蒂尔的经济刺激计划包括三项战略：控制新冠肺炎疫情的影响，促进以人民为中心的经济增长，以及鼓励高质量的投资。在各个经济发展领域，马哈蒂尔提出要增强受影响行业的资金流援助，加强受影响个人的资金补助等，其中主要提到了对旅游行业相关从业人员的补助，以减少经济收入骤减对相关人员生活的影响。

随着新冠肺炎疫情在全世界范围内的蔓延，马来西亚迎来了疫情的第二波浪潮。从3月18日开始，马来西亚政府宣布实施行动管制令以切断新冠病毒的传播。3月27日，马来西亚新任总理穆希丁推出了上任以来的第一份经济刺激计划——国家关怀经济刺激计划。这是在上任总理马哈蒂尔宣布经济刺激计划一个月后，新政府宣布的新计划。该计划涉及金额为2500亿林吉特，主要目的是减轻人民的生活负担，降低国家经济活动受到新冠肺炎疫情的不利影响。该经济刺激计划共提出了三个目标：保护人民、支持贸易、稳固经济。在相关经济计划的实施中，穆希丁特别提到了要在马哈蒂尔经济一揽子计划的基础上进行强化。由于新冠肺炎疫情的持续加强，以及马来西亚行动限制令的继续，越来越多的中小企业和个人受到了影响，因此政府的经济刺激计划着眼于给予相关企业以相关费用的减免，降低融资门槛，提供贷款资金额度等；针对受影响的国民，穆希丁则提出了进一步的援助金计划，以减轻国民现阶段的生活负担，保障国民的基本生活水平。

---

① Teks Ucapan Dr Mahathier Mengenai Pakej Rangsangan Ekonomi 2020[EB/OL].Berita Harian, (2020-02-27). http://www.bharian.com.my/berita/nasional/2020/02/660001/teks-ucapan-dr-mahathier-mengenai-pakej-rangsangan-ekonomi-2020.

3. 相关经济政策的分析和比较

通过对 2030 年共同繁荣宏愿政策、马哈蒂尔一揽子经济刺激计划和穆希丁国家关怀经济刺激计划的纵向对比可以得知：无论从长期还是从短期来看，马来西亚政府经济政策的核心都是促进国家经济的增长，并保证人民生活水平的提高。相对来说，2030 年宏愿政策更加着眼大局，从经济发展的方方面面规划了未来十年国家的发展，从出口型产业、旅游业、制造业、金融业、高新技术产业以及银行业等方面勾画了马来西亚未来十年的经济发展蓝图。穆希丁作为希望联盟时期的内政部长，参与商讨和制订了 2030 年宏愿规划，并且这一规划已经通过国会审议作为基本国家经济发展指南。虽说穆希丁已经退出希望联盟并联合反对党重组政府，但是如今的他更需要经济的发展作为政权合法性的基础从而稳固政权。因此，从这个角度来说，不论从主观上还是客观上，他都将会继续推进这一经济发展政策。

马哈蒂尔提出的一揽子经济刺激计划则着眼于提高 2020 年马来西亚的经济发展表现。结合当时的政府政治状况来看，马哈蒂尔刚刚宣布辞去总理职务并解散内阁，然后又被最高元首委任为临时总理。在这样的背景下，马哈蒂尔的经济刺激计划更多是在希望联盟执政时期就已经着手制定的，主要目的也是应对 2019 年马来西亚经济增速的下滑，保持希望联盟政权的合法性，促进 2020 年马来西亚经济的复苏。而穆希丁的经济刺激计划则针对性更强，主要是针对新冠病毒全球肆虐这一现实的状况，马来西亚实施了行动管制令，大部分人民失去了经济来源，因此这份经济刺激计划更多是帮助马来西亚人民度过生活难关。通过计划的内容也可以看出，这是穆希丁政府在马哈蒂尔提出的一揽子经济刺激计划的基础上提出的新计划，它继承和发展了马哈蒂尔的经济刺激计划，并根据实时状况进行了延伸和发展。可见，穆希丁是在继承 2030 年宏愿规划和马哈蒂尔的经济刺激一揽子计划之后提出的计划，他并没有否定之前的政策，而是在国家制定的长期和短期政策基础上的专项政策。穆希丁政府在经济刺激计划中也专门提出会继续东海岸铁路等大型项目，可见新政府并不会重蹈 2018 年希望联盟政府上台后，暂停了马来西亚多个大型建设项目，从而导致经济增速下滑的覆辙。

穆希丁上台后，并没有否定前任总理提出的经济刺激政策，并在此基础上进行了加码，因此从主观上来说他仍然将经济发展作为新政府执政的重要目标，也希望将马来西亚从希望联盟经济发展的泥潭中拉出来。但是，穆希丁政府有一个区别于前任政府的举动，或许会对未来马来西亚的经济发展起一定的影响，那就是在穆希丁组织的政府中，国会议员除了被任命为内阁部长和副部长外，还被委任担任政府经济部门、国有企业的负责人和特使等，区别于希望联盟政府强调专业的人干专业的事而将国有企业等领导职位委任给具有专业背景的人士，穆希丁政府的这一人事任命难免让人产生通过政治分肥而获取支持的怀疑。

马来西亚北方大学教授卡玛鲁·拉曼指出，由于国民联盟国会议席数为 113 席，仅超过半数 2 席，政治并不稳固，因此除了委任其中大约 70 人担任内阁部长或者副部长的职务之外，政府为了获得剩下 40 余人稳定的支持而给他们相关任命是符合逻辑的。① 根据当今大马报道，国民联盟内部总共有 39 人获得了类似任命，其中巫统议员占总任命人数的 28.21%，伊斯兰教党议员占 25.64%，沙捞越政党联盟占 20.51%，土著团结党则占 17.95%。② 通过这一任命后，国民联盟内部的国会议员获得职务任命的比例也非常高，前国家经济发展顾问敦达因指责这一人事任命过于随意，他认为安排过多的政治人物管理经济部门只会肥了他们自己，而且对他们能否抽出时间完成相关职位的任务也提出了怀疑。他指出这一做法可能会影响马来西亚未来经济的发展。③ 来自伊斯兰教党中央委员会的马祖奇博士则认为，这一任命将有利于国有企业的发展，作为人民选举的议员，进入国有企业后将会有效地监督国有企业的运营，有利于促进国有企业的发展。④

总的来说，未来一段时间马来西亚政府的核心是发展经济和提高人民生活水平，穆希丁作为新任总理也明白经济发展对于其政权合法性的重要性。因此，从他的主观角度来说，经济政策的实施将具有一定的持续性。从这个角度来说，

① Robin Augustin. Ahli Politik Dijangka Kembali Ketuai GLC, Kata Penganalisis[EB/OL].Free Malaysia Today, (2020-04-10). http://www.freemalaysiatoday.com/.

② Andrew Ong. Bagaimana PN Kongsi “Ghanimah” [EB/OL].Malaysiakini, (2020-05-20). http://m.malaysiakini.com/news/526532.

③ Daim. Kenapa Kekayaan, Kuasa Berada di Tangan Segelintir Orang “tak Layak”? [EB/OL]. Malaysiakini, (2020-05-22),. http://m.malaysiakini.com/news/526958.

④ Mohd Anwar Patho Rohman. Ahli Parlimen PN Ketuai GLC Berperanan untuk Memantau[EB/OL].Berita Harian, (2020-04-13). http://www.bharian.com.my/berita/nasional/2020/04/676526/ahli-parlimen-pn-ketuai-glc-berperanan-untuk-memantau.

政治危机对马来西亚经济的影响会相对较小，但是对于他区别于前任的选人用人策略，对于未来经济发展的影响还有待观察。

（二）政治危机与经济发展

除了对政治危机过后领导人主观因素对短期和长期的经济政策影响的角度分析之外，我们还需要从政治危机本身的客观因素来分析马来西亚经济未来的发展。鉴于此，我们需要从历史的角度出发，分析政治发展和经济发展的关系。历史上，从 2008 年开始，马来西亚发生过多次政治海啸，且都在国内外引起了强烈的关注。因此，我们将从 2008 年以来政治海啸后的经济发展与当今的情况进行纵向对比，从而研究未来马来西亚的经济发展。

2008 年的“308 政治海啸”是马来西亚政治进入 21 世纪以来的一次大的波动。从 2004 年的狂胜到 2008 年的重挫，国民阵线经历了从巅峰到谷地的大逆转。2008 年大选结果揭晓后，国民阵线失去了国会三分之二的多数议席，仅赢得了 140 个国会议席和 307 个州议席。除了吉兰丹州政权外，国阵还失去了槟城、雪兰莪、霹雳及吉打四州政权。① 在国家经历了政治海啸，加上全球金融危机的影响，2008 年马来西亚 GDP 增长 4.6%，增幅同比下降 1.6%。其中服务业增长 7.3%，农业增长 3.8%，制造业增长 1.3%，建筑业增长 1.2%，采掘与矿业同比下降 0.8%，居民消费和公共开支分别增长 8.4% 和 11.6%。固定资产投资增长 1.1%。对外贸易出口 1917.7 亿美元，同比增长 9.6%；贸易顺差 379 亿美元，同比增长 43.1%，连续 12 年保持贸易盈余。截至 2008 年 12 月底，马外汇储备为 913 亿美元，同比下降 9.6%。制造业总投资 182 亿美元，同比增长 4.8%；外商直接投资 149 亿美元，同比增长 16.7%。服务业、农业和消费较大幅度增长以及出口、投资平稳增长是拉动 GDP 增长的主要因素，而制造业、建筑业增幅回落及采掘与矿业负增长则对 GDP 增长形成负面影响。②

2013 年大选，马来西亚政治重现波动，国民阵线再遭重创。人民联盟在全国 222 个国会议席中获得了 89 个席位。与之相对比，国民阵线只获得了 133 个议席，比 2008 年大选还减少了 7 个席位，得票率也从 2008 年的 51.39% 下降到

① 原晶晶 . 308 政治海啸——后马华公会的党争分析 [J]. 东南亚研究 , 2012（4）.

② 刘卫国 . 2008 年马来西亚宏观经济情况 [EB/OL]（2020-5-25）. http://my.mofcom.gov.cn/article/jjdy/200903/20090306087554.shtml.

47.38%；州议席方面国民阵线只获得了 275 个席位，比上届减少了 32 席。[①]更需要注意的是，在马来西亚 2013 年大选中，反对党联盟的得票率继 1969 年之后再一次高于执政党联盟的得票率，这对马来西亚政坛来说不可谓不是一次巨震。相比于政坛的剧烈震动，2013 年，马来西亚 GDP 增长 4.7%，增幅同比下降 0.9%。其中服务业增长 5.9%，农业增长 2.1%，制造业增长 3.5%，建筑业增长 10.9%，采掘与矿业同比增长 0.7%，居民消费和公共开支分别增长 7.2% 和 6.3%。固定资产投资增长 8.5%。对外贸易出口同比增长 2.4%，贸易顺差 214.4 亿美元。其中服务业、建筑业和消费较大幅度增长以及出口、投资平稳增长是促进 GDP 增长的主要因素，而制造业、采掘与矿业等行业增速的回落则对 GDP 增长造成了负面影响。

2018 年是马来西亚政治史上具有里程碑意义的一年，反对党联盟第一次通过大选的形式击败执政党，通过制造又一次政治海啸而获得了执政权。此次大选中，希望联盟获得 113 个议席，国民阵线仅获得 79 席，另一反对党伊斯兰党则获得 18 席，沙巴民族复兴党获得 8 席，沙巴立新党 1 席，独立人士 3 席。至此，希望联盟取得了马来西亚共计 222 个议席中的过半数席位，如愿赢得选举，成功取得执政地位。[②]随后，国民阵线内部出现分裂，沙巴州的 4 个国民阵线成员宣布退出阵线，并与沙巴民族复兴党联手共同在沙巴州执政。2018 年 6 月，国民阵线中的沙捞越州的 4 个政党以及民政党也相继退出阵线。同时，巫统的多名议员因厌恶组织内部的金钱与诽谤政治而宣布退党，国民阵线力量进一步被削弱。在希望联盟战胜国民阵线之后，由于选前多方面的原因，马来西亚经济受到了政治变天的波及，中马关系也受到了一定的影响。马哈蒂尔重新上台之后使得政局变化外溢到经济领域，他暂停了中国的多个"一带一路"大型项目并重新进行谈判，其他领域的发展也都或多或少地受到了影响。

在这样的背景下，2018 年，马来西亚国内生产总值达到 12298 亿林吉特，同比增长 4.7%，增幅同比下降 1.1%。其中服务业增长 6.8%，农业增长 –0.4%，制造业增长 5.0%，建筑业增长 4.2%，采掘与矿业增长 –1.5%，居民消费和公共开支分别增长 8.4% 和 11.6%。固定资产投资增长 1.1%。2018 年全年，马来西亚进出口总额较 2017 年增长了 5.9%，达到 18757.5 亿林吉特。其中，出口总额

---

① 辉明 . 马来西亚政治海峡——第 13 届国会选举分析 [J]. 南洋问题研究，2015（3）.

② 刘勇 . 大选后马来西亚政治新变化 [J]. 国际研究参考，2019（1）.

逼近1万亿林吉特大关，达到9980.1亿林吉特；进口额也较2017年增加了4.9%，至8777.4亿林吉特，全年马来西亚的顺差再度扩大到1202.7亿林吉特。其中，服务业、制造业和建筑业较大幅度的增长以及出口、投资平稳增长是拉动GDP增长的主要因素。

通过对上述三个时期马来西亚政治海啸后经济表现的分析可以看出，马来西亚经济的发展在经历政治海啸之后都经历了国民生产总值的下降。但是这种下降都是有限的，并且在来年都迅速取得了经济增长速度的提升。可见，政局的变化对马来西亚经济发展的影响较小且马来西亚经济通常都能在受到影响后迅速恢复，换句话说，在民主的马来西亚，经济的发展已经习惯了政治上的波动。从2008年到2013年再到2018年，马来西亚已经经历了多次政治危机，但是从历次危机后经济发展来看，危机过后投资业和服务业等行业继续成为经济发展的主要推动行业，可见政治危机对投资者的信心以及对旅游业的影响都较小。从此次政治危机后的发展来看，相对于以往政治危机，它呈现出了新的特点，此次危机后政府的“马来主权”意味更加浓厚，政党的合纵连横加剧了族群之间的分裂和隔阂，这可能会对未来族群经济发展的不平衡带来一定的负面影响。相对于华人在马来西亚国家经济中占有的重要地位，族群地位的边缘化可能会导致一部分资本的外流，影响华人对于马来西亚国家经济发展的贡献。

四、结语

“二月政变”为马来西亚带来了新的政治格局，国民联盟和希望联盟的竞争将是未来马来西亚政治斗争的主题。然而，马来民族主义的复辟和族群政治的复苏又为马来西亚未来的政治发展带来了新的不确定因素。民族主义和多元主义的竞争将会成为未来马来西亚政治发展的焦点，两大联盟内部的关系也将会成为影响未来政治发展的重要因素。关于政权危机后的经济发展，无论从长期和短期经济发展政策和领导人因素来看，促进经济全方位发展的方向和举措不会发生大的变化，政权危机对经济发展的影响将会处于一定的范围之内。相对而言，新冠肺炎疫情才是影响马来西亚未来经济发展的关键词。

参考文献

[1] 本尼迪克特·安德森.想象的共同体——民族主义的起源于散布[M].吴叡人，译.上海：上海人民出版社，2016.

[2] 埃里克·霍布斯鲍姆 . 民族与民族主义 [M]. 李金梅，译 . 上海：上海人民出版社，2006.

[3] 陈衍德 . 对抗、适应与融合——东南亚的民族主义与族际关系 [M]. 长沙：岳麓书社，2004.

[4] 廖小健 . 战后马来西亚族群关系——华人与马来族群关系研究 [M]. 广州：暨南大学出版社 . 2012.

[5] 吴清德 . 马来西亚的种族政治 [M]. 吉隆坡：远东文化，1989.

[6] 王国璋 . 马来西亚的族群政党政治 [M]. 吉隆坡：东方企业有限公司，1998.

[7] William R. The Origins of Malay Nationalism[M]. New York:New Haven and London Yale University Press, 1967.

[8] Vasil. R. K. Ethnic Politics in Malaysia[M]. New Delhi:Radiant Publisher, 1980.

[9] Cheah Boon Kheng. Malaysia: The Making of a Nation[M]. ISEAS - Yusof Ishak Institute, 2002.

[10] Cheah Boon Kheng. The Japanese Occupation of Malaya, 1941–1945: Ibrahim Yaacob and the Struggle for Indonesia Raya[J]. Indonesia, 1979(28): 84–120.

[11] Abdillah Noh. Malaysia 13th General Election: A Short Note On Malaysia's Continuing Battle With Ethnic Politics[J]. Electoral Studies, 2014(34) : 266–269.

[12] Michael S. H. A Study of Nation Building in Malaysia[J]. East Asia, 2017(34): 217 - 247.

[13] Harper. T.N. The End Of Empire And The Making Of Malaya[M]. Cambridge University Press, 2001.

[14] Mohamed Mustafa Bin Ishak. From Plural Society To Bangsa Malaysia: Ethnicity and Nationalism in The Politics of Nation–Building in Malaysia[D]. Leeds: The University of Leeds, 1999.

[15] Noriyuki Segawa. Double–Layered Ethnic Politics In Malaysia: National Integration, Ethnic Unity And Social Stability[J]. Commonwealth & Comparative Politics, 2017(55): 63 - 81.

[16] Noriyuki Segawa. Affirmative Action and Nation Building in Malaysia: The Future of Malay Preferential Policies[J]. African and Asian Studies, 2013(12) : 189–214.

[17] Nor Zalina Mohamad–Yusof, Danture Wickramasinghe, Mahbub Zaman. Corporate Governance, Critical Junctures And Ethnic Politics: Ownership And Boards In Malaysia[J]. Critical Perspectives on Accounting, 2018(55) : 33 – 52.

[18] Maznah Mohamad. Malaysia–Democracy And The End Of Party Politics ? [J]. Australian Journal of International Affairs, 2008(62): 441–459.

[19] Robert Arakaki Tracking Ethnic Politics in Malaysia[J]. Asia Politics & Policy, 2011(3): 314–317.

[20] Guan, Lee Hock. Ethnic Politics, National Development And Language Policy In Malaysia[J]. Language Nation and Development in Southeast Asia, 2007: 149–181.

[21] Jason WJ, Gary JR, Santha V Subramaniam SP. The 2013 Malaysian Elections: Ethnic Politics or Urban Wave? [J]. Journal of East Asian Studies, 2015 (15): 167 – 198.

[22] Azrul Anaz Mohd Any. The Politics of Multiculturalism and Nation Building: Managing Cultural Diversity in Malaysia[D]. Lancashire: Lancaster University, 2012.

[23] Leo S. Ethnic Relations and Nation–Building in Southeast Asia[M]. ISEAS–Yusof Ishak Institute, 2004.

[24] Lemaire D. Malaysia:Vision 2020[J]. Canadian Business Review, 1996, 23(2): 44–46.

[25] Tan Chee–Beng. Ethnic Identities and National Identities: Some Examples from Malaysia[J]. Identities Global Studies in Culture and Power, 2010, 6(4): 441–480.

[26] Shamsul A B. A History of an Identity, an Identity of a History: The Idea and Practice of 'Malayness' in Malaysia Reconsidered[J]. Journal of Southeast Asian Studies, 2001, 32 (3): 355–366.

[27] Shamsul A B. Debating about Identity in Malaysia:A Discourse Analysis (〈Special Issue〉 Mediating Identities in a Changing Malaysia) [J]. Southeast Asian Studies, 1996, 34(3): 476–499.

[28] Graham K B. Legible Pluralism: The Politics of Ethnic and Religious Identification in Malaysia[J]. Ethnopolitics, 2019, 9(1): 31–52.

[29] Aman. Kesedaran Sejarah Dan Nasionalism: Pengalaman Indonesia[J]. Informasi, 2009(2): 13–24.

[30] Indhumathy A/P M. Penguasaan Bahasa Melayu dalam Kalangan Pelajar Peralihan di Tiga Buah Sekolah di Daerah Skudai[D]. Kuala Lumpur: Universiti

Teknologi Malaysia, 2013.

[31] Azman C M. Bahasa Melayu Benteng Islam dan Melayu[J]. Jurnal Pemikiran Dan Kepimpinan Melayu, 2013: 78–82.

[32] Wan L O WO. Mengurus Agenda Abad 21: Cabaran dan Persiapan Dalam Era Globalisasi[M]. Kuala Lumpur: Golden Books Centre, 2000.

第三章 马来西亚农业发展现状及展望

卢 娜*

摘要：本章在对近年来马来西亚农业发展现状、存在的问题以及面临的挑战进行全面分析的基础上，对马来西亚农业发展进行了展望探讨，提出了需要提高农业机械化程度，利用竞争优势、开拓国际市场，加强农业价值链的延伸等建议。

一、马来西亚农业发展现状

马来西亚是以经济作物出口为主的农业国家，棕榈油、橡胶和可可等是出口的主要农产品种类。马来西亚还生产高品质的水果和蔬菜供国内市场消费和出口。马来西亚政府已将农业列为国家重点经济领域之一，以加强粮食安全和减少国家粮食进口。重点细分行业包括水产养殖、海藻养殖、快速养殖、中草药制品、水果和蔬菜以及具有高增长潜力的优质加工食品。其他农业（包括水稻、水果和蔬菜）和畜牧业等部门在确保国家粮食安全和粮食自给自足方面对马来西亚也很重要，分别占 2015 年农业生产总值的 38.5% 和 28.4%。

（一）近年来农业经济增长情况

1. 农业生产总值占 GDP 的比重逐步递减

根据马来西亚统计部统计，2016 年马来西亚 GDP 为 3012.55 亿美元，农业部门对 GDP 的贡献率为 8.5%，较 2015 年下降 0.3%。

马来西亚统计局发布的农业指标显示，2017 年农业领域为 GDP 贡献了 8.2%，即 960 亿林吉特。油棕是主要贡献，占农业贡献 GDP 的 46.6%，其次是其他农业（18.6%）、禽畜（11.4%）、渔业（10.5%）、橡胶（7.3%）和林业（5.6%）。

2018 年，农业对马来西亚 GDP 的贡献率为 7.3%（995 亿林吉特）。油棕对 2018 年农业部门 GDP 的贡献为 37.9%，共 1.02 亿吨，增长了 17.9%，天然橡胶

*卢娜，广西民族大学相思湖学院管理学院副院长、副教授。

和胡椒分别增长 6.66 万吨（9.9%）和 0.12 万吨（4.1%）；红麻（干茎）、可可豆和稻米则减少了。其次是其他农业（25.1%）、畜牧业（14.9%）、渔业（12.5%）、林业和伐木（6.9%）和橡胶（2.8%）。2018 年农业部门的出口额为 1144.51 亿林吉特，与 2017 年的 1264.92 亿林吉特相比，减少了 9.5%；进口总额为 933.13 亿林吉特，与 2017 年的 952.22 亿林吉特相比，下降了 2%。该行业的贸易余额从 2017 年的 312.69 亿林吉特降至 2018 年的 211.38 亿林吉特，降幅为 32.4%。

2019 年马来西亚 GDP 为 3647.02 亿美元（约合 15536.31 亿林吉特），农业生产总值 1012.8 亿林吉特，对 GDP 的贡献率为 6.52%，增长 1.8%（2018 年增长 0.1%）。出口额为 649 亿林吉特，占马来西亚出口总值 6.6%；其中，棕油衰退 3.6%（2018 年增长 17.2%），出口额为 431 亿林吉特。橡胶增长率为 0%（2018 年衰退 20.1%），出口额为 37 亿林吉特。

表 3–1 马来西亚农业生产总值占 GDP 比重 （单位：%）

年份	2015	2016	2017	2018	2019
所占比例	8.526	8.5	8.2	7.3	6.52

资料来源：根据马来西亚统计局数据整理。

2. 马来西亚农业增加值占 GDP 的比重呈下降趋势

如图 3–1 所示，马来西亚农业增加值占 GDP 的比重基本呈现递减趋势，农业增长率表现得不太稳定，农业经济在马来西亚国民经济中仍是处于不发达水平。

3. 以“棕油、橡胶”为代表的经济作物出口呈衰退趋势

由表 3–2 所知，2001—2017 年，农产品在马来西亚外贸中的地位相对稳定，尤其在出口贸易方面显得相对突出。2001 年，马来西亚农产品出口品种共计 591 种，2017 年增至 775 种。2017 年农产品贸易额占马来西亚外贸总额的比重为 9.11%，其中，出口占比 10.09%，进口占比 8.02%。马来西亚在东盟国家农产品贸易中排名第四，仅次于印度尼西亚、泰国和越南。马来西亚农产品贸易的主要合作伙伴为东盟、欧盟、印度、美国和日本等。发展中国家在其农产品出口贸易中占比约为 80%，且呈日渐强化趋势，而发达国家市场所占份额持续走低[①]。

① 郑国富 . 马来西亚农产品贸易发展现状与前景 [J]. 农业展望，2018（9）.

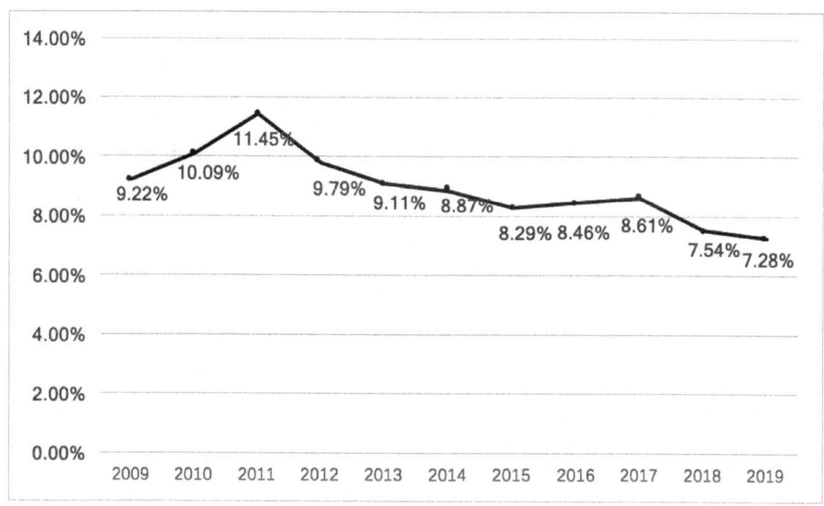

图 3–1 农业增加值占 GDP 比重

资料来源：快易理财网，http://www.kylc.com/stats/global/yearly_per_country/g_agriculture_value_added_in_gdp/mys.html.

表 3–2 2001—2017 年马来西亚农产品贸易额状况 （单位：亿美元）

年份	进口额	出口额	进出口额	贸易顺差
2009	103.76	170.11	273.87	66.35
2010	133.32	227.28	360.60	93.96
2011	174.31	306.52	480.83	132.21
2012	175.08	278.30	453.38	103.22
2013	162.65	242.65	405.30	80.00
2014	169.20	249.01	418.21	79.81
2015	158.30	208.42	366.72	50.12
2016	148.93	210.66	359.59	61.73
2017	156.58	219.90	376.48	63.32

资料来源：郑国富 . 马来西亚农产品贸易发展现状与前景 [J]. 农业展望 ,2018 (9).

2018 年马来西亚农业生产总额为 955 亿林吉特，其中，出口额约 670 亿林吉特(约 156.2136亿美元),占马来西亚出口总值6.7%,其中棕油下降17.3%(2017 年增长 11.5%），其出口额约为 447 亿林吉特。橡胶下降 20.1%（2017 年增长 30.8%），出口额为 37 亿林吉特。

马来西亚农业及农基工业部长沙拉胡丁 (Salahuddin) 认为，随着中国农业农村部副部长屈冬玉任职为联合国粮食及农业组织新任总干事，相信未来会有更多马来西亚农产品能出口到中国市场。他说，随着屈冬玉的任命，中国在向其他国家开放农业市场上将扮演更重要的角色，这点对马来西亚而言非常重要。“如今马来西亚的菠萝、猫山王榴梿和燕窝皆成功出口到中国市场，菠萝蜜未来也将紧随在后。”①

（二）主要农产品生产情况

1. 稻米

种植面积总体增长不大，但产量逐步上升。水稻是马来西亚的主要粮食作物。虽然马来西亚气候宜人，适合水稻种植，但是长期以来，粮食供应不足一直是马来西亚面临的粮食问题，水稻产量只能满足国内约 60% 的需求，差额需要从邻国泰国、越南进口。政府为了增加水稻产量，采取了多种措施鼓励农民种植水稻。马来西亚共有 8 个水稻主产区，西马来西亚约占总产量的 87%，沙巴和沙捞越分别占 5% 和 8%②。

根据马来西亚农业部数据显示，2015—2019 年马来西亚水稻种植面积如图 3–2 所示，总体涨幅不大。其中，2018 年水稻种植面积为 700306 公顷，2019 年水稻种植面积为 684416 公顷，同比减少 2.27%，总体上变动不大。2015—2019 年马来西亚水稻种植年产量如图 3–2 所示，总体逐步提升。其中，2018 年水稻产量从 257513 吨（2017 年）增加到 2639916 吨，增幅为 2.7%。2019 年产量增幅为 10.31%。

2018 年，马来西亚农业及农基工业部长沙拉胡丁曾表示，马来西亚政府虽然为本国稻米生产提供津贴，但马来西亚的稻米产量却未见增长，目前产量只够满足国家 70% 的内需，必须从国外进口 30% 才能满足本国的粮食需求。政府将计划派官员到中国的农业研究中心，学习新的农业及耕种技术，以提升本国稻米等农作产量。近年来，马来西亚重视引入学习新的农业及耕种技术，以提升本国稻米等农作产量，粮食生产取得一定成效。

① 中国驻马来西亚经济商务处，http://www.sohu.com/a/325088064_771920.

② 黄慧德 . 马来西亚农业概况 [J]. 世界热带农业信息，2017（7）.

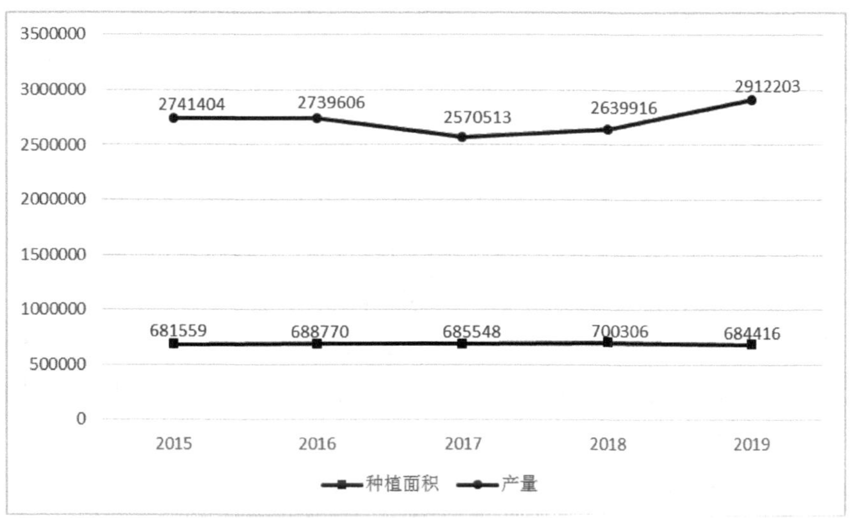

图 3–2 马来西亚 2015–1019 年水稻种植面积和产量情况 （种植面积单位：公顷 产量单位：吨）

资料来源：根据马来西亚农业部 2019 公布数据绘制而成。

2. 棕油

马来西亚是世界上第二大棕油及相关制品生产国，为全球棕油第二大出口国，仅次于印度尼西亚，出口量约占全球总量的 50%，但占比呈逐年下降趋势。棕油产业为该国经济重要支柱之一，超过 40% 油棕种植园区由小园主管理。

（1）出口情况：出口量逐步上涨，但出口额逐年下降

2018 年马来西亚棕油产品出口额为 674.9 亿林吉特，较 2017 年下降 13.26%。2018 年全球经济放缓，马来西亚棕油平均出口价格从 2017 年每吨 2783 林吉特，下降 19.8% 至每吨 2232 林吉特（约合 546.72 美元），使得棕油产品出口金额从 2017 年 778.1 亿林吉特，下降 13.26% 至 674.9 亿林吉特。

2018 年马来西亚棕油出口量达 1648.6702 万吨，较 2017 年下降 0.44%；主要出口国为印度（251.4008 万吨，占马来西亚总出口量 15.25%），其他依序为欧盟（191.1797 万吨）、中国大陆（185.9748 万吨）、巴基斯坦（116.1260 万吨）、菲律宾（68.9238 万吨）、土耳其（63.1887 万吨）及美国（54.0509 万吨）。前述 7 个市场，共占马来西亚棕油总出口量的 56.46%。

马来西亚 2018 年油脂化工产品出口量为 309.1710 万吨，较 2017 年增加

11.4%；主要出口市场为中国大陆（53 万吨，占总出口量之 17.2%）、欧盟（44 万吨）、美国（33 万吨）及日本（24 万吨）；主要出口产品为脂肪酸、脂肪醇、甲酯、甘油及香皂条。2018 年生质燃油出口量为 51.5467 万吨，较 2017 年增加 119%。

马来西亚 2019 年棕油产品出口额为 648.39 亿林吉特，较 2018 年下降 3.96%。2019 年全球经济放缓，马来西亚棕油平均出口价格从 2018 年每吨 2232 林吉特下降 6.9% 至每吨 2079 林吉特（约合 496.18 美元），使得棕油产品出口金额从 2018 年 675.16 亿林吉特下降 3.96% 至 648.39 亿林吉特。

2019 年马来西亚棕油出口量达 1847.1065 万吨，较 2018 年增加 12.03%；主要出口市场为印度（440.9511 万吨，占马来西亚总出口量 23.87%），其他依序为中国大陆（249.0503 万吨）、欧盟（209.3608 万吨）、巴基斯坦（108.5546 万吨）、土耳其（70.9262 万吨）、菲律宾（62.9088 万吨）及美国（54.2162 万吨）。前述 7 个市场，共占马来西亚棕油总出口量 64.75%。

马来西亚 2019 年油脂化工产品出口量为 328.0127 万吨，较 2018 年增加 6.09%；主要出口市场为中国大陆（58 万吨，占总出口量之 17.5%）、欧盟（48 万吨）、美国（35 万吨）及日本（23 万吨）；主要出口产品为脂肪酸、脂肪醇、甲酯、甘油及香皂条。2019 年生质燃油出口量为 60.9777 万吨，较 2018 年增加 18.3%。

马来西亚棕油局 (MPOB) 公布资料显示，2020 年 5 月份马来西亚棕油出口量为 136.8619 万吨，较本年 4 月增加 10.69%，创近一年来新高纪录；产量为 165.1328 万吨，微减 0.09%；库存量为 203.4480 万吨，下降 0.49%。

马来西亚 2020 年 5 月份棕油主要出口市场为中国大陆（22.5914 万吨）、巴基斯坦（9.7074 万吨）、孟加拉国（9.6361 万吨）、荷兰（7.0842 万吨）及印度（5.4961 万吨）。

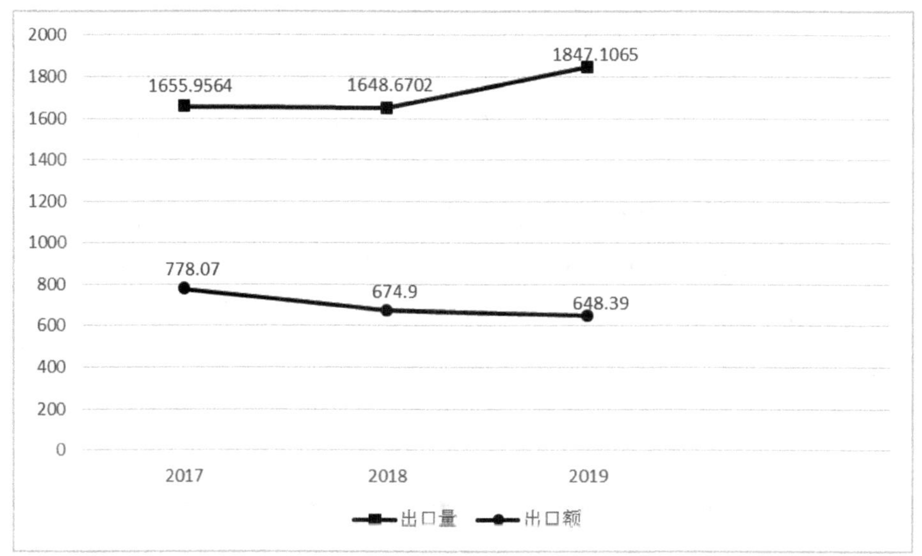

图 3–3 2017—2019 年棕油出口量与出口额情况 （出口量单位：万吨 出口额单位：亿林吉特）

资料来源：根据马来西亚棕榈局公布数据绘制而成。

（2）种植面积：2017—2019 年逐年上升，但涨幅不大

2017 年年底，马来西亚油棕种植面积为 581.1145 万公顷，成熟面积为 511.0713 万公顷，约占总种植 87.9%，未成熟面积 70.0432 万公顷，占总种植面积的 12.1%。

马来西亚 2018 年油棕总种植面积达 584.933 万公顷，较 2017 年增加 0.66%，主要是因为东马砂劳越州增加种植面积 1.07% 至 157.2477 万公顷；其中西马来西亚半岛为该国最大棕油种植地区，共计 272.7608 万公顷，占总种植面积的 46.63%。

马来西亚 2019 年油棕总种植面积达 590.0157 万公顷，较 2018 年增加 0.87%，主要是因为东马沙捞越州增加种植面积 0.9% 至 158.6673 万公顷；其中西马来西亚半岛为该国最大棕油种植地区，共 276.9003 万公顷，占总种植面积 46.93%。

（3）产量：2017—2019 年呈逐步上升趋势，但涨幅不大

2017 年，马来西亚毛棕榈油年度产量为 1952 万吨，其中马来西亚半岛产量为 1020 万吨，沙巴产量为 514 万吨，沙捞越产量为 418 万吨。受全球经济放缓致需求下滑，加之欧盟抵制棕榈油作为生物柴油的基本燃料，拟从 2021 年起，

逐步限制棕油生物柴油进口，并在 2031 年全面禁止，这将导致马来西亚棕油出口份额下降 10%。马来西亚 2018 年棕油生产总量虽较 2017 年下降 2.02% 至 1951.6141 万吨，但库存量却达 321.5052 万吨，创近 20 年来新高纪录。由于订单减少，供过于求，棕油价格走低。自 2018 年年初开始，国际原棕油价格一再走软，欲振乏力。2018 年的原棕油平均价格为每吨 2300 林吉特。

在全球经济放缓致需求下滑的持续影响下，马来西亚 2019 年棕油生产总量较 2018 年增加 1.75% 至 1985.8367 万吨，出口量较 2018 年增加 12.03%，致库存量下跌 37.49% 至 201.0527 万吨，创近 27 个月的新低水准。

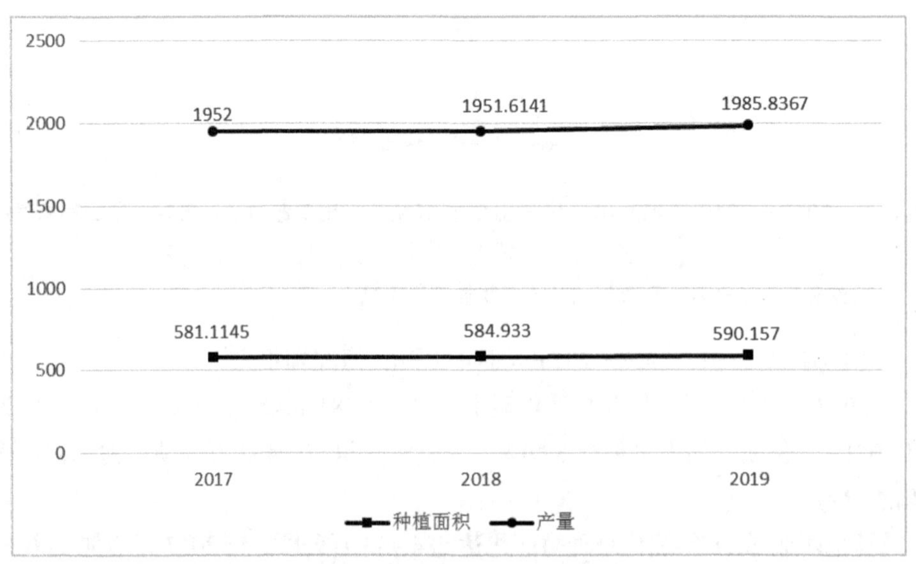

图 3-4　2017—2019 年油棕种植面积及棕油产量（种植面积单位：万公顷　产量单位：万吨）

资料来源：根据马来西亚棕榈局公布数据绘制而成。

3. 橡胶

马来西亚政府历来重视橡胶产业的可持续发展，特别是种植业，从管理、种植到生产三个方面都制定了相应的发展计划与扶持政策。然而，国际市场上天然橡胶价格的下跌，特别是 20 世纪 70 年代合成橡胶的大量生产，冲击了天然橡胶市场，马来西亚橡胶的种植面积、产量和产值均退居棕油之后，天然橡胶失去了在农作物中排列第一的位置。过去，马来西亚主要是天然橡胶生产国，完全依赖橡胶种植上游产业出口贸易，经过马来西亚政府几十年来的努力，实现了技术型的现代化种植，使橡胶种植产业也走向高品质和技术密集型道路，大力发展橡胶配套产业，逐渐淘汰了烟胶片生产，取而代之的是世界上最高标准的液态浓缩乳胶和固态马来西亚标准胶。马来西亚已经从天然橡胶生产国转变为天然橡胶消费国，橡胶制造业取代橡胶种植业成为橡胶产业链中的主导部门。① 马来西亚目前是全球第三大天然橡胶生产国和出口国，第一大橡胶手套、橡胶导管及乳胶线出口国，第五大橡胶消费国。

（1）种植面积：2010—2017 逐年递增，但涨幅不大，以“小胶园主”种植为主

结合以往数据，1990 年马来西亚橡胶种植面积为 183.7 万公顷，1995 年缩减为 168.88 万公顷，2000 年缩减为 143.07 万公顷，2005 年缩减为 125 万公顷，2010 年缩减为 102.04 万公顷。总体而言，在 1990—2010 年，马来西亚橡胶园种植面积是逐年递减的。但从表 3-3 可以看出，2010—2017 年橡胶种植面积开始逐年递增，但涨幅不大。此外，马来西亚的橡胶种植是由大胶园主与小胶园主组成的，其中小胶园主的种植面积占橡胶总面积的 90%，大胶园主的种植面积仅占总面积的 10%。2017 年，小胶园主的种植面积为 99.95 万公顷，大胶园主的种植面积仅为 7.84 万公顷。

表 3-3　2010—2017 年马来西亚橡胶种植面积　（单位：万公顷）

年份	大胶园主	小胶园主	总面积
2010	6.42	95.62	102.04
2011	6.42	96.28	102.70
2012	6.59	97.53	104.12
2013	7.74	97.99	105.73
2014	8.01	98.55	106.56
2015	7.68	99.78	107.45
2016	7.74	99.55	107.29
2017	7.84	99.95	107.79

资料来源：郑淑娟，罗金辉 . 马来西亚近 10 年橡胶产业情况 [J]. 中国热带农业，2018(4).

① 钟继军，唐元平 . 马来西亚经济社会地理 [M]. 北京：世界图书出版公司，2014：95.

（2）产量：2017—2018 年产量逐年下降，但 2019 年库存量同比增加

如表 3-4 所示，马来西亚的天然橡胶产量 2010—2017 年基本呈下降趋势。2018 年，橡胶产量从 2017 年的 74.02 万吨减少到 60.33 万吨，下降了 18.48%。马来西亚统计局发布的橡胶方面的统计数据显示，2019 年 3 月，马来西亚天然橡胶产量为 49465 吨，同比增长 6.6%，但较上个月的 59017 吨减少 16.2%。同时，天然橡胶的库存积压和出口不畅的情况有所改善。①

2019 年 8 月，马来西亚天然橡胶产量从 2019 年 7 月的 60088 吨减少至 57599 吨，下降率为 4.1%。马来西亚统计局局长拿督斯里·莫赫德·乌齐尔·马希丁（Datuk Seri Dr Mohd Uzir Mahidin）称，与 2018 年 8 月同期相比，天然橡胶产量也下降了 8.4%。② 马来西亚统计局公布数据显示，2019 年 12 月马来西亚天然橡胶库存量达到 245002 吨，较上个月增加了 13.1%，与 2018 年同期相比上升了 40.8%。

表 3-4　2010—2017 马来西亚天然橡胶产量　（单位：吨）

年份	干胶	乳胶	总产量
2010	846813	92428	939241
2011	916270	79940	996210
2012	846813	75985	922798
2013	753472	72949	826421
2014	598608	70005	668613
2015	676260	45862	722122
2016	628219	45294	673513
2017	694919	45539	740278

资料来源：郑淑娟，罗金辉 . 马来西亚近 10 年橡胶产业情况 [J]. 中国热带农业，2018(4).

（3）出口量：逐年提高，出口目的地以中国为主

马来西亚橡胶出口市场主要是中国，近年来出口中国市场量逐年提高，从 2010 年的 69.06 万吨提高到 2017 年的 87.50 万吨，占马来西亚国内橡胶出口总量的比例从 2010 年的 55% 提高到 2017 年的 73%；其次是德国、伊朗、美国、芬兰、土耳其和韩国等国家，总出口量从 2010 年的 124.30 万吨下降为 2017 年的 119.38 万吨，年均增长率为 –0.67%。马来西亚橡胶出口品种主要有标准胶、乳胶、烟片胶与其他胶类。出口中国市场量逐年提高是由于中国汽车制造业的

① 吴班 . 马来西亚橡胶价格提升 [N]. 中国化工报，2019-05-16（6）.

② 黄艳 . 2019 年 8 月马来西亚天然橡胶产量减少 [J]. 世界热带农业信息，2019（11）.

飞速发展，轮胎制造业需求量扩大造成的[①]。

数据显示，马来西亚 2019 年 3 月天然橡胶出口量为 53265 吨，较 2 月的 41102 吨上升 29.6%，主要出口目的地为中国，占当月出口总量的 43.2%；国内天然橡胶消费量为 43770 吨，较 2 月的 40121 吨增长 9.1%；橡胶手套行业为消费主力，3 月消费量为 32848 吨，占总消费量的 75%[②]。

2019 年 8 月，马来西亚天然橡胶出口量为 55879 吨，比 2019 年 7 月的 67273 吨下降了 16.9%。中国仍是马来西亚天然橡胶主要出口目的国，占总出口量的 52.6%。2019 年 8 月胶乳平均价格为 439.19 仙 / 千克，2019 年 7 月价格为 476.23 仙 / 千克。马来西亚标准胶 20（SMR20）平均价格下滑至 542.48 仙 / 千克，2019 年 7 月为 580.82 仙 / 千克。[③] 该部门称，2019 年 8 月马来西亚国内天然橡胶消费量为 41 673 吨。橡胶手套制造业是主要产业，产量为 31394 吨，约占全国消费量的 75.3%[④]。

（4）出口收入：天然橡胶出口额呈下降趋势，但“橡胶制品、橡胶木、其他橡胶”均呈上涨趋势

马来西亚橡胶出口产品主要有天然橡胶（马来西亚标准胶、乳胶、烟片胶）、橡胶制品（橡胶手套、橡胶导管、乳胶线）、橡胶木及其他橡胶（合成橡胶、回收橡胶、废弃胶、混合胶与未硫化橡胶）等。

如图 3–5、表 3–5 所示，2003—2011 年马来西亚天然橡胶出口额基本呈上升趋势，2011 年出口额为 175.1 亿林吉特，达到最高峰。但从 2011 年至 2019 年，出口额逐年下滑，至 2019 年马来西亚天然橡胶出口额下降至 60.6 亿林吉特。

马来西亚橡胶制品出口额一直呈上升趋势，从 2003 年的 63.1 亿林吉特增长至 2019 年的 233.4 亿林吉特。此外，从图 3–5、表 3–5 可以看出，马来西亚橡胶制品出口额在四类橡胶品出口额中独占鳌头，附加值较高。特别是马来西亚的手套出口量引领全球市场。马来西亚橡胶行业的目标是计划到 2020 年，手套出口量占全球同行业的 65%。

马来西亚橡胶木制品从 2003—2019 年，基本呈上升趋势，但涨幅不大，

① 郑淑娟，罗金辉 . 马来西亚近 10 年橡胶产业情况 [J]. 中国热带农业，2018（4）.

② 吴班 . 马来西亚橡胶价格提升 [N]. 中国化工报，2019–05–16（6）.

③ 仙为马来西亚货币的最小单位，1 林吉特 =100 仙。

④ 黄艳 . 2019 年 8 月马来西亚天然橡胶产量减少 [J]. 世界热带农业信息，2019（11）.

2019年出口额达到96.3亿林吉特；其他橡胶从2003—2019年也基本呈上升趋势，但涨幅不大，2019年出口额达到15.2亿林吉特。

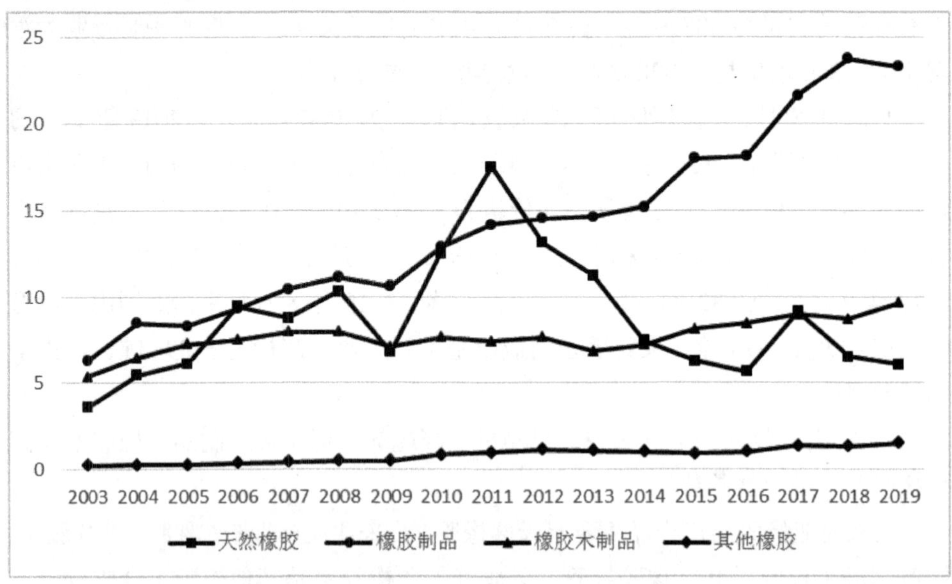

图 3-5　马来西亚天然橡胶、乳胶制品、橡胶木和其他橡胶的出口收入　（单位：十亿林吉特）

资料来源：根据马来西亚统计局（DOSM）；马来西亚木材工业委员会（MTIB）公布数据绘制而成。

表 3-5　橡胶对马来西亚出口的贡献　（出口收入单位：十亿林吉特　贡献率单位：%）

年份	天然橡胶		橡胶制品		其他橡胶 **		橡胶木制品		行业合计	
	出口收入	贡献率	出口收入	贡献率	出口收入	贡献率	出口收入	贡献率	出口收入	贡献率
2003	3.58	0.90	6.31	1.59	0.24	0.06	5.37	1.35	15.50	3.90
2004	5.45	1.13	8.47	1.76	0.27	0.06	6.47	1.34	20.66	4.29
2005	6.13	1.14	8.32	1.55	0.29	0.05	7.25	1.35	21.99	4.10
2006	9.43	1.60	9.33	1.58	0.37	0.06	7.52	1.28	26.66	4.52
2007	8.78	1.45	10.43	1.73	0.44	0.07	7.96	1.32	27.61	4.57
2008	10.30	1.55	11.11	1.68	0.49	0.07	7.97	1.20	29.87	4.51
2009	6.80	1.23	10.59	1.92	0.50	0.09	7.11	1.29	25.00	4.52
2010	12.51	1.96	12.85	2.01	0.85	0.13	7.63	1.19	33.85	5.30

续表

年份	天然橡胶		橡胶制品		其他橡胶 **		橡胶木制品		行业合计	
	出口收入	贡献率	出口收入	贡献率	出口收入	贡献率	出口收入	贡献率	出口收入	贡献率
2011	17.51	2.51	14.18	2.03	1.00	0.14	7.41	1.06	40.10	5.75
2012	13.11	1.87	14.53	2.07	1.16	0.16	7.63	1.09	36.42	5.18
2013	11.21	1.56	14.63	2.03	1.07	0.15	6.83	0.95	33.75	4.69
2014	7.45	0.97	15.20	1.99	1.01	0.13	7.21	0.94	30.87	4.03
2015	6.26	0.81	18.00	2.32	0.94	0.12	8.12	1.05	33.33	4.29
2016	5.65	0.72	18.12	2.31	1.03	0.13	8.46	1.08	33.26	4.23
2017	9.14	0.98	21.63	2.31	1.36	0.15	8.96	0.96	41.09	4.39
2018	6.52	0.65	23.80	2.37	1.33	0.13	8.70	0.87	40.35	4.02
2019	6.06	0.61	23.34	2.37	1.52	0.15	9.63	0.98	40.55	4.11
2020*	1.49	0.62	6.23	2.61	0.39	0.16	2.11	0.89	10.21	4.28

资料来源：马来西亚统计局（DOSM）；马来西亚木材工业委员会（MTIB）

注：* 为 2020 年 1 月至 3 月；** 其他橡胶：合成橡胶、再生橡胶、废橡胶、复合橡胶和未硫化橡胶（HS 代码 4002-4006）；天然橡胶数值，包括对中国的合成。

（5）出口政策：全球橡胶三大生产国决定削减橡胶出口量，继续实行需求促进计划，以保证橡胶维持在有利价格

国际橡胶联盟（International Rubber Consortium 简称 IRC）发布消息称，全球橡胶三大生产国马来西亚、泰国、印度尼西亚决定自 2019 年 4 月起削减橡胶出口量 24 万吨，为期 4 个月，以提振橡胶价格。前述三大橡胶生产国的天然胶产量占全球天然胶产量的 70%。

国际三方橡胶委员会（International Tripartite Rubber Council，简称 ITRC）于 2019 年 3 月 4 日至 5 日在泰国曼谷召开高层官员会议，敲定第 6 项出口增量计划（The Sixth Agreed Export Tonnage Scheme）的执行细节，并从 2019 年 4 月 1 日起实施前述计划。

马来西亚、泰国和印度尼西亚通过各自的国内监管机构实施上述计划，并且建立监督委员会确保该计划的执行。三国也将继续实行需求促进计划，包括通过使用橡胶铺设道路等开发项目，以提升橡胶的使用率。马来西亚、泰国和印度尼西亚深信，上述倡议可保证橡胶维持在有利价格，小园主或利害关系人将获益。

4. 木材

木制家具、胶合板和锯材，是马来西亚木材行业的三大外汇收入来源。马来西亚森林覆盖率较高，森林资源十分丰富，植物种类繁多。丰富的森林资源为马来西亚的木材加工产业提供了大量原材料，林业成了马来西亚国民经济产业的重要组成部分，也是国家出口创汇的主要来源之一。

马来西亚是世界主要的热带木材出口国，80% 以上出口来自沙捞越和沙巴。马来西亚政府控制国内的森林资源的开发，12% 的森林被选定作为自然保护区，并且设立了人工种植园，以减少对自然森林的砍伐。为了维持收入，同时减少砍伐树木的数量，政府鼓励更多的木材深加工，例如家具制作。

目前，木制家具、胶合板和锯材，是马来西亚木材行业的前三大外汇收入来源。马来西亚木材理事会（MTC）主席拿督卢成全表示，近年来，这三种产品的出口额加起来超过 150 亿林吉特，约占马来西亚年木材和木制品出口总额的 70%。2017 年，马来西亚木制家具出口额为 80.6 亿林吉特。截至 2018 年 9 月，马来西亚木制家具出口额为 56 亿元林吉特。根据拿督卢成全的数据，马来西亚家具出口到全球 160 多个国家和地区，前三大出口目的地分别是美国、日本和澳大利亚。在制造家具的马来西亚木材中，最受欢迎的是橡胶木，马来西亚 80% 的木制家具都是由橡胶木制成的。

2016 年，马来西亚全年木材产品出口额达 220 亿林吉特。2017 年，马来西亚木材出口额达 232.1 亿林吉特，其中木材家具占大部分，达 49.5 亿林吉特。不过，由于全球经济疲软，马来西亚 2018 年木材产品出口额比 2017 年的 232.1 亿林吉特略低。原产业部部长郭素沁认为，中美两国之间的贸易摩擦也影响了对原产品的需求，包括木材。此外，在 2017 年 11 月，马来西亚原种植与产品部已将该国 2020 年木材产品出口的预测值下调至 250~300 亿林吉特。2009 年时，他们曾预计 2020 年木材产品出口额将达到 530 亿林吉特。马来西亚原种植与产品部部长马袖强表示，木材产品出口预期下调是基于原材料短缺、技术工人和普通工人缺乏等现实因素[①]。

5. 清真食品

马来西亚清真产品出口的比例逐年增加，首要出口国为中国。清真产业是

① 大马经济网，http://www.malaysiaeconomy.net/my_economy/three_industries/primary_industry/woodlog/timber_news/2018-12-09/46715.html.

马来西亚大力推动的产业，政府希望到2020年能成为全球清真枢纽，清真产业对GDP的贡献度达到5.8%，目前清真产业对马来西亚GDP的贡献不到2%。

在出口方面，2013年马来西亚清真食品出口分类中，棕榈油类约占70%，加工食品类为21%，植物油和海鲜类分别占5%和3%。同时，马来西亚清真产品出口的比例在逐年增加。

据《星洲日报》报道，马来西亚统计局总监莫哈末乌兹尔表示，2015年马来西亚清真产品出口总值为394亿林吉特，其中清真食品及饮料占195亿林吉特、清真原料占110亿林吉特、油棕衍生物占50亿林吉特。2015年马来西亚清真产品首要出口国是中国，出口总值为48亿林吉特，排名第二的是新加坡为39亿林吉特，第三是美国为29亿林吉特①。

6. 水果类

马来西亚地处热带雨林地区，水果品种繁多，主要包括番木瓜、芒果、西瓜、榴梿、黄梨、菠萝蜜、杨桃、香蕉和菠萝等。目前，中国允许从马来西亚进口的水果有龙眼、山竹、荔枝、椰子、西瓜、番木瓜、红毛丹。

马来西亚水果种植分布广泛，主要产地为西海岸各州、柔佛州、霹雳州、吉兰丹州、沙巴州和沙捞越州。其中菠萝主要种植在兰脑、斗湖、库达特的部分地区和尼亚苏埃实务的北部地区、笨珍地区和马来半岛的最南部地区；香蕉主要分布在日叻务与东甲地区，同时，沙巴州的斗湖、山打根、西海岸省与根地咬、石角以及沙捞越的其他地区也种植香蕉；榴梿主要适宜在尼亚苏埃实务以及裴达马省的西北部地区种植；番木瓜主要分布在雪兰莪州、霹雳州和柔佛州②。

近几年来，番木瓜、西瓜、榴梿、杨桃、香蕉和菠萝是马来西亚主要的出口水果。番木瓜主要出口到中国香港和新加坡阿拉伯国家；西瓜分别出口到新加坡、中国香港、中国台湾和文莱；榴梿的主要出口目的地是新加坡、文莱、中国香港和泰国；杨桃的主要出口市场是荷兰、新加坡和德国；香蕉出口到新加坡、文莱、中国香港和中东国家；菠萝出口产品主要是菠萝罐头和菠萝汁，主要出口到新加坡、沙特阿拉伯和文莱③。

---

① 驻马来西亚经商参处，http://my.mofcom.gov.cn/article/sqfb/201712/201712026 88575.shtml.

② 钟继军，唐元平 . 马来西亚经济社会地理 [M]. 北京：世界图书出版公司，2014：110.

③ 黄慧德 . 马来西亚农业概况 [J]. 世界热带农业信息，2017（7）.

（1）种植总面积及总产量：2015—2019 年总体呈下滑趋势

马来西亚农业部数据显示，2015—2019 年马来西亚水果种植面积及年产量如图 3-6 所示。2015—2019 年，马来西亚水果种植面积总体基本呈下降趋势，但面积降幅不大；从 2015 年 20.3562 万公顷降至 2019 年 19.8311 万公顷，其中 2017 年为最高值共计 20.8590 万公顷。2015—2017 年马来西亚水果总体产量呈下滑趋势，2018—2019 年水果产量虽有所上升，但未能高于 2015 年、2016 年的生产水平，2015—2019 年以来水果总产量总体呈下滑趋势。

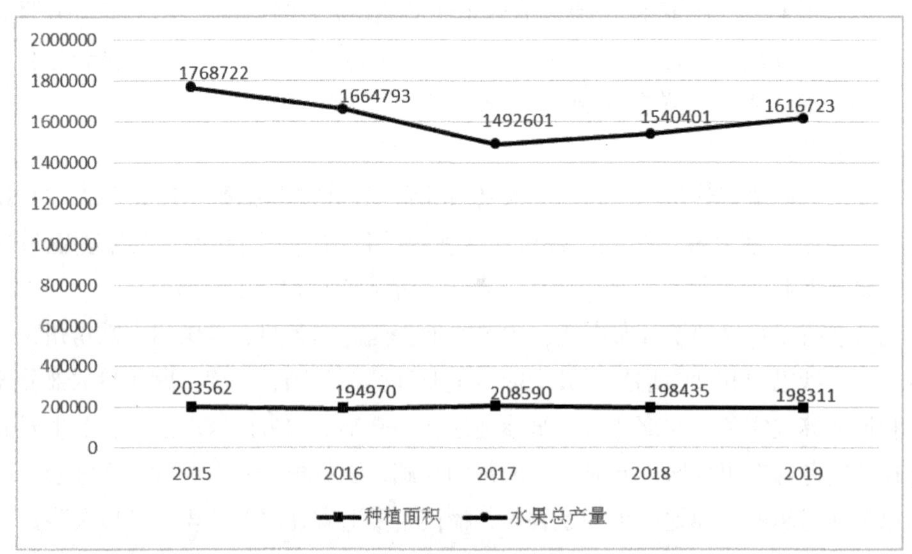

图 3-6　2015—2019 年马来西亚水果总种植面积及总产量　（种植面积单位：公顷　产量单位：吨）

资料来源：马来西亚农业部 booklet_statistik_tanaman_2019 报告。

（2）代表性水果种类种植面积及产量情况

在马来西亚种植的水果种类中，种植面积排名前六的依次为椰子、榴梿、香蕉、红毛丹、菠萝、西瓜。

椰子曾是马来西亚重要的农作物，仅次于橡胶、稻米居于第三位，后来由于种植椰子的收益比种植油棕、橡胶树的差，椰子种植业逐渐衰落。但是，对于农民来说，许多家庭仍然靠种植椰子维持生活，椰子依然在马来西亚的农村社会经济中扮演着重要角色。所以，对于椰树的栽培，政府还是制定了一定的优惠政策，不过主要是为了满足国内食用需求和作为间接作物。[①]2015—2019年椰子的种植面积涨幅变化不大，2019年马来西亚椰子种植面积为近五年来最低，为8.1589万公顷，占水果总种植面积的41.14%。2019年马来西亚椰子种植面积为近年来最低，产量却是最高的，达到522.7729万吨，占马来西亚全国水果总产量的32.64%。

榴梿原产马来西亚，是热带著名水果，深受东南亚地区消费者的喜爱，被誉为“果中之王”。2015—2019年以来，榴梿在2016年种植面积最低，为6.6037万公顷，2019年榴梿种植面积为7.2536万公顷，产量为34.8170万吨，同比增长2%。2015—2019年，榴梿在2016年种植面积最低，为6.6037万公顷，2017年产量最低，为21.0874万吨。2018年、2019年榴梿产量逐步回升，分别为34.1332万吨、34.817万吨，占马来西亚全国水果总产量的22.16%和21.53%。

2019年香蕉种植面积为3.0684万公顷，产量为34.585万吨，同比增长4.5%，占马来西亚全国水果总产量的21.39%。2015—2019年，香蕉与榴梿一样在2016年种植面积最低，为2.8036万公顷，2016年产量最低，为30.9508万吨。2017—2019年香蕉产量逐步回升。

2019年红毛丹种植面积为1.6547万公顷，产量为5.6万吨，同比增长5.84%，占马来西亚全国水果总产量的3.5%。2015—2019年，红毛丹与香蕉、榴梿一样在2016年种植面积最低，为1.5387万公顷；2017年产量最低，仅为3.7215万吨，同比下降-41.58%。2018年、2019年红毛丹产量虽逐步增长，但相对2015年、2016年而言，产量下降较多。

2019年菠萝种植面积为1.4608万公顷，产量为35.7805万吨，同比增长10.96%，占马来西亚全国水果总产量22.13%。2015—2019年，菠萝在2017年种植面积最低，为1.2898万公顷；2018年产量最低，仅为32.246万吨。近几年来，菠萝产量基本呈下滑趋势。

2019年西瓜种植面积为1.0884万公顷，产量为14.5057万吨，同比增长-3.30%，占马来西亚全国水果总产量的8.8%。2015—2019年，西瓜在2016年种植面积最高，为1.1987万公顷；2016年产量也是最高的，为19.2910万吨。

---

① 钟继军，唐元平.马来西亚经济社会地理[M].北京：世界图书出版公司，2014：103-104.

2017 年以后，西瓜产量基本呈下滑趋势。

表 3-6　2015—2019 年代表性水果种类种植面积　（单位：公顷）

年份	水果					
	椰子	榴梿	香蕉	红毛丹	菠萝	西瓜
2015	82001	70608	30711	16797	14700	10846
2016	84609	66037	28036	15387	13149	11987
2017	83250	72391	34894	15996	12898	10406
2018	84022	73740	30455	16580	14046	10431
2019	81589	72536	30684	16547	14608	10884

资料来源：马来西亚农业部 booklet_statistik_tanaman_2019 报告。

表 3-7　2015—2019 年代表性水果产量　（单位：吨）

年份	水果					
	椰子	榴梿	香蕉	红毛丹	菠萝	西瓜
2016	504773	302646	309508	63700	391714	192910
2017	517589	210874	350943	37215	340722	172275
2018	495531	341332	330957	52911	322460	150007
2019	527729	348170	345850	56000	357805	145057

资料来源：马来西亚农业部 booklet_statistik_tanaman_2019 报告。

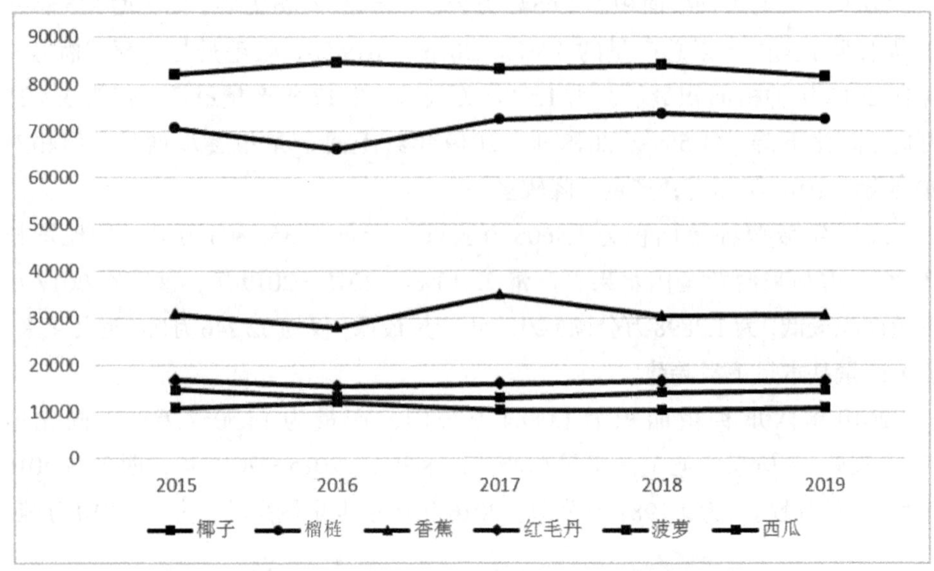

图 3-7　2015—2019 年代表性水果种类种植面积趋势图

资料来源：根据马来西亚农业部 booklet_statistik_tanaman_2019 报告数据绘制而成。

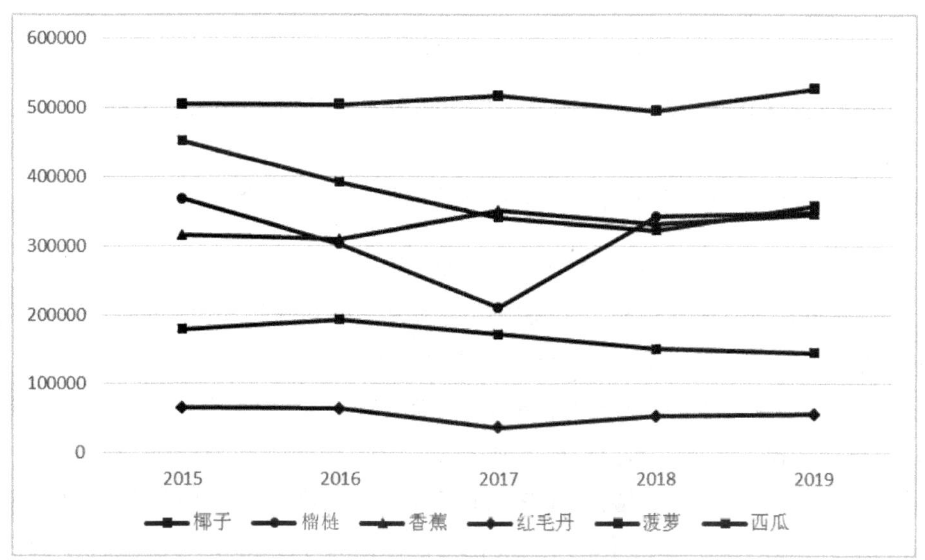

图 3–8 2015—2019 年代表性水果种类产量趋势图

资料来源：根据马来西亚农业部 booklet_statistik_tanaman_2019 报告数据绘制而成。

（3）出口情况

在政府的大力推动下，2017 年马来西亚本地农产品尤其是水果在开拓海外市场方面取得了数项突破性进展，特别是菠萝、榴梿及菠萝蜜更为中国人认识及喜爱。

马来西亚农业及农基产业部数据显示，2016 年出口到中国的农产品总值是 128.6 亿林吉特，从中国进口的农产品则是 117.7 亿林吉特。马来西亚出口到中国的山竹、木瓜、西瓜、荔枝、龙眼、冷冻榴梿、红毛丹和椰子等水果深受中国人喜爱[①]。

中国政府在 2019 年 5 月底批准让马来西亚冷冻带壳榴梿出口中国后，截至 2019 年 8 月已有 565 吨货源交易到中国市场，为马来西亚带来了 2430 多万林吉特的收益。

① 驻马来西亚经商参处，http://my.mofcom.gov.cn/article/sqfb/201805/20180502741582.shtml.

二、马来西亚农业发展面临的问题和挑战

（一）受国际大宗商品价格影响明显

马来西亚的经济作物是该国重要的出口商品，主要有橡胶、棕榈、可可、胡椒等热带农作物。近几年，由于全球经济环境恶化，加上东南亚各国相关同类产品竞争激烈，马来西亚经济作物价格受国际大宗商品价格的影响较为明显。

（二）受自然灾害和气候变化影响突出

马来西亚因位于赤道附近，属于热带雨林气候和热带季风气候，无明显的四季之分，一年之中的温差变化极小，平均温度在26℃~30℃、全年雨量充沛。马来西亚容易受洪水、森林大火、海啸、气旋风暴、山体滑坡等自然灾害的影响。以2007年为例，由于洪水泛滥等不利因素的影响，马来西亚的棕油及橡胶生产量下降，造成农业生产仅增长2.0%；2016年厄尔尼诺现象带来的炎热气候曾让马来西亚蔬果产量锐减，马来西亚菜农总会会长陈苏潮表示，天气太热已严重影响蔬菜收成及菜价。此外，持续干热天气也会导致油棕树受损，进一步导致榈油产能下降。马来西亚曾制定《马来西亚五年灾害管理计划》（2016—2020年），该计划与该国的经济发展计划相对应。它包括准备改善他们的农业和城市地位，减少灾害风险等。马来西亚农业受自然灾害和气候变化影响仍较为突出。

（三）粮食安全问题依然突出

长期以来，马来西亚国内粮食自给率一直较低，粮食生产远不能满足国人所需，需要大量进口粮食，这不仅造成大量外汇流失，加重政府负担，还会造成粮食依赖外国的局面，不利于保证国家的粮食安全。随着马来西亚越来越多的农村人口向城市迁移，城市人口密度增加，城市食品供应系统面临巨大压力。联合国粮食及农业组织2020年最新发布的《粮食展望》报告指出，受新冠肺炎疫情影响，粮食市场在接下来的多个月份中将面临不确定性。该报告显示，马来西亚2016—2018年粮食年产量平均为170万吨，2016—2018年平均进口量为100万吨、2019年仍为110万吨，2020年预测需求为120万吨，呈上涨趋势。近几年来，马来西亚粮食进口国以泰国、越南为主。该报告显示，泰国粮食出口量2016—2018年平均为1090万吨，但是2019年出口量估计值已经下降为760万吨、2020年出口量预测仅为700万吨；越南2019年和2020年的粮食出口量也仅为720万吨和710万吨。

（四）农业劳动力依然短缺

由于城市化和工业化发展迅速，工业部门对劳动力的需求一直很旺盛，工资水平上升很快，导致大批从事农业的人口迁徙进工业部门和城市。农业劳动力特别是年轻人也转移到城市，寻找更好的工作。自 20 世纪 70 年代初起，马来西亚农村就出现了劳动力缺乏现象。马来西亚不得不大量使用外国劳工。但是，外国劳工有极大的不稳定性，以它作为劳动力的来源很不可靠。根据马来西亚统计局的数据，2017 年农业部门劳动力人数为 1635 万人，占总劳动力的 11.29%，其中，男性农业劳动力人数为 1262.6 万人，占 77.22%，女性为 372,4 万人，占 22.78%。2018 年农业部门劳动力人数为 14776.0 万人，占总劳动力的 10.63%；其中，男性农业劳动力人数为 1570.3 万人，占 77.73%，女性为 349.7 万人，占 22.27%。[①] 从事农业劳动人口一直以来呈下滑趋势。因此，农业劳动力的缺乏成为制约马来西亚农业发展的一个重要因素。

（五）过度依赖出口经济作物

马来西亚自独立以来，农业发展过程中一直都在实行多样化发展战略，对推动农业结构多元化和促进农业发展都有重要的作用。以棕榈为代表的种植业发展成为马来西亚农业的重点领域，拟为工业化提供原材料和促进农业商品化。2017 年油棕占农业总产值的 46.6%；2018 年油棕占农业总产值的 37.9%。马来西亚农业过度依赖出口经济作物，高度出口导向的农业暴露在国际市场之下，受变动因素的影响较大。印度是全球最大的棕榈油进口国，为保护本国油籽种植不受进口廉价植物油的冲击，2018 年以来印度连续提高棕榈油进口关税，印度的毛棕榈油进口关税已经提高至 44%，精炼棕榈油进口关税已经提高至 54%，处于十年来的最高水平。受进口关税提高的拖累，2018 年年初以来印度从印度尼西亚、马来西亚进口的棕榈量油均较 2019 年同期有所下滑。此外，由于全球经济条件变差，加上库存高企与价格偏低的困扰，以及印度尼西亚的竞争压力，马来西亚的棕油产业也面临了不小的挑战。目前，马来西亚还存在油棕树老化的问题，树龄大于 18 年的油棕树占 38% 左右，后期这部分需要重新种植，马来西亚棕榈油增产潜力不容乐观。

① 马来西亚统计局．2019 马来西亚农业指标 [R]. 马来西亚统计局，2019.

（六）传统小农经济大量存在，农业部门内部发展不平衡

马来西亚农业的一个典型特征是传统的小农经济与现代的大农场、大种植园经济并存。在马来西亚，耕地在 400 公顷以上的为大种植园，400 公顷以下的为中、小种植园。马来西亚农业种植更多集中在大型农场，这些农场雇佣劳动力并应用现代化生产技术从事农业生产；小农经济的农场主因土地规模过小，资金缺乏，往往在农产品价格较低时就要削减生产，甚至放弃农业生产，导致土地搁置，全国产量下降。

三、马来西亚农业发展展望

（一）主要举措和政策

1. 橡胶产业方面

虽然产量逐年下降，但是马来西亚政府十分重视橡胶产业的可持续发展。政府从管理、种植到生产三个方面都制定了相应的发展计划与扶持政策。在财政上，政府每年在季风期对割胶工人与小胶园主进行补贴；在技术上，对其进行免费培训；在橡胶园上，对老种植区，政府拨款重新更新。在政府的重视和推动下，马来西亚的橡胶产业重心已经转移到高利润的加工、贸易领域。马来西亚乳胶制品特别是马来西亚的手套出口量引领全球市场。根据该国行业目标，计划到 2020 年，手套出口量占全球同行业的 65%。而乳胶手套是美国 2018 年唯一没有发动关税制裁的橡胶制品，马来西亚因此轻松豁免，产业前景一片光明。①

2. 棕油产业方面

2018 年国际原棕油平均价格为每吨 2300 林吉特，而欧盟抵制棕榈油作为生物柴油的基本燃料，将从 2021 年起，逐步限制棕油生物柴油进口，并在 2031 年全面禁止，这将导致棕油出口份额下降 10%。为应对棕榈油价格低迷，马来西亚放宽了征收棕榈油出口税的政策。此外，还扩大对中国的出口。马来西亚前总理马哈蒂尔访华期间，讨论了中马两国棕油和橡胶的出口合作，两国签署了《清华大学与马来西亚棕榈油局关于马来西亚棕榈油生物燃料技术发展及促进的谅解备忘录》《海南省农垦总局（海南省农垦投资控股集团有限公司）与马来西亚橡胶局关于橡胶沥青路面技术和割胶自动化技术及商业化合作谅解备

① 郑淑娟，罗金辉 . 马来西亚近 10 年橡胶产业情况 [J]. 中国热带农业，2018（4）.

忘录》《中华人民共和国海关总署与马来西亚农业与农基产业部关于马来西亚冷冻榴梿输华检验检疫要求的议定书》等合作文件。

《南洋商报》2020 年 5 月 18 日报道，马来西亚关税局宣布，原棕油出口税将从原本的 4.5% 下调至 0%，从 2020 年 6 月 1 日起生效。

3. 农业食品方面

近年来马来西亚积极推行都市农业。为推行都市农业，马来西亚政府颁布了多项相关政策。其中，2011 年颁布的《国家农业食品政策（2011—2020 年）》强调采用现代技术，使农业食品产业能够灵活地适用于城市和城郊环境等有限空间。马来西亚行政中心布城启动了“食用花园”和“社区花园”项目；雪兰莪州、彭亨州等地方政府近年来也积极推动“社区菜园”计划，在当地居民中获得不错的反响。同时，马来西亚政府支持垂直农业、水培等相关技术的开发，博特拉大学已经设计并开发了几种经济实惠的垂直农业，适用于有限的、不适宜耕种的城市空间。目前，马来西亚已拥有约 1.1 万个都市农业型社区。马来西亚政府正力争到 2020 年创建 2 万个都市农业型社区。

4. 清真食品方面

马来西亚掌管宗教事务的总理署副部长傅芝雅参加“2019 年马来西亚全球清真峰会”时表示，马来西亚政府计划于 2020 年制定《全国清真委员会法案》（National Halal Council Bill），阐释清真定义及标准。该法令将确保涉及清真产业的所有操作指南及相关机构的功能都详尽明确。

目前，马来西亚一切涉及清真认证的事宜，从研发到营销及技术开发，牵涉 12 个部门及 342 个政府机构。马来西亚政府需要简化本国伊斯兰发展局（JAKIM）的职能。

傅芝雅副部长表示，前述新法令非常重要，它将协助每个人专注在本身特定的角色，亦协助中小企业获得清真认证。该法令可为清真认证核发机构去除任何不确定性事项。

马来西亚国际贸易暨工业部（MITI）属下的清真产业发展机构（HDC）过去曾执行核发清真认证。类似的认证可透过网络向 JAKIM 或向州宗教局申取。截至 2019 年 2 月 13 日为止，马来西亚伊斯兰发展局（JAKIM）已收到来自 45 个国家的 78 个外国清真认证机构的申请。

5. 其他方面

据《南洋商报》2020 年 6 月 8 日报道，马来西亚总理穆希丁宣布，政府将推出总额高达350亿林吉特的重振国家计划，以应对新冠肺炎疫情对马来西亚经济的冲击。这项短期经济复苏计划将注重三项主要目标，即强化人民、促进商业活动及刺激经济。此外，政府将向该计划直接注入100亿林吉特的资金。其中，有关促进外商投资的有关政策引起了普遍关注。该政策有效期为2020年7月至2021年12月，与农业相关的内容包括在2020—2021课税年度内的制造业和特定农业活动，享受特殊再投资税收减免政策。①

（二）展望

1. 提高国内农业机械化程度

2019年9月26日至28日，第四届马来西亚国际农业工艺展在雪兰莪沙亚南实达城会展中心（SCCC）举行。该展会的主题是“培养种植新理念”，展会也把重点放在马来西亚市场对农业机械的需求上。这是因为当前马来西亚大规模种植者对农业机械的使用相对增加，以应对人力短缺以及劳动力成本的上升。同时，规模较小的种植者正在马来西亚政府提供的援助和补贴下采用新技术和新知识，以提高整体生产力和现代化水平，这在很大程度上对农业机械产生了更大的需求。目前，马来西亚农业劳动力不足的状况还会持续，政府为进一步解决农业就业和劳动力利用状况的动态变化问题，已经采取了例如调整工资、充分利用国外劳动力市场、完善教育体系等措施。此外，为了使农业机械化生产切实可行，政府已采取了一系列措施，如引进国外的农机技术，发展农机制造业；加大对农作物育种研究的投入，以培育出适应机械化操作的品种和品系；开放耕地使用年限，让农民放心投资机械化生产，以保证农民有足够长的时间收回投入成本。②而在未来，提高农业机械化生产程度，也将持续成为马来西亚政府着力重视的方面。

2. 利用竞争优势、开发优质市场

目前，马来西亚的棕油、橡胶制品、以榴梿为代表的水果等在国际市场上仍然保持着一定的竞争优势。以棕油为例，马来西亚凭借着国家工业化优势，掌握了较为先进的油棕种植技术，棕油生产、提炼等技术水平不断提高，拥有供应稳定、价格诱人、成本较低、质量较高、使用面广等优势。这些优势不仅

① 中国驻马来西亚大使馆经济商务处，http://my.mofcom.gov.cn/article/sqfb/202006/20200602972950.shtml.

② 韦红．马来西亚农业发展的困境及政府对策 [J]. 社会主义研究，2005（5）.

使马来西亚能保持现有的市场，还能抢占新的市场。

据《南洋商报》2019 年 7 月 28 日报道，马来西亚农业及农基工业部部长沙拉胡丁表示，继成功出口冷冻带壳榴梿猫山王和 MD2 菠萝到中国之后，马来西亚正与中国洽谈菠萝蜜的出口事宜。该部门正在拟定猫山王和 MD2 菠萝等的出口程序和协议。“我看到一些出口（到中国的水果）市场潜力，例如除了榴梿果肉和果泥，还可以出口冷冻带壳榴梿; MD2 菠萝也能渗入中国和中东国家。”“我们努力争取出口更多水果，如菠萝蜜和燕窝，目前还在洽谈中。”他说，彭亨兰樟永续食品生产园有大面积种植菠萝蜜，或可满足出口需求。

3. 加强区域农业价值链的延伸

农产品价值链延伸的着力点主要包括种植、加工和销售等方面。种植方面，应该号召农户或者农户合作组织合理地规划土地资源，充分利用土地，适当调整农产品的种植面积；同时，积极改善农业生产技术和推广新品种，提高农产品品质。在马来西亚的国家农业政策中，农林牧一体化发展成为实现农业可持续发展和农民增收的有效措施。为了高效利用土地，马来西亚政府鼓励农民在同一块土地上种植粮食作物和经济作物，并饲养一些畜禽。通过近年来的实施和发展，马来西亚政府制订出各种农林牧一体化方案，如在小油棕种植园中套种甘蔗、菠萝等植物，饲养菜牛等，并对其进行推广。农林牧一体化的实施不仅能够推动对土地的综合运用，节约劳动成本，增加食品安全，还能够促进农民增产增收。[①] 马来西亚农业及农基工业部部长沙拉胡丁 2019 年巡视多元生态农园（Agro Mix Farm）并主持推介仪式时强调，政府鼓励农民推行多元生态概念，例如在椰子园内种植其他经济农作物如菠萝、黄姜、香料或饲养禽畜等，以增加收入。他透露，马来西亚农民早期种植椰子后，将全部砍伐转种橡胶，再全部砍伐种植油棕。如今科技进步，经济农作物种类繁多，只要农作物带来丰富收入，农民可加强种植。他还表示，“位于昔加末武吉达纳美拉的多元生态农园，首阶段有 11 名企业家参与，占地 50 英亩，希望加快旅游配套设施建设，未来发展成生态旅游景点。”

在加工方面，要把精深加工作为指导原则，并对加工过程中形成的副产品进行加工再利用。马来西亚为了能使本国农业在国际竞争中占有一定的优势，制定了提高农业生产科技含量的措施。充满科技含量的食物加工产品和健康、安全、

① 刘颖 . 探究马来西亚农业政策及其农村经济发展措施 [J]. 世界农业，2014（8）.

环保的生物科技产品是马来西亚农业发展的未来方向。充分运用生物科技生产既环保又能够满足消费者需求的产品，大力发展工厂化无土栽培技术，以摆脱劳动力紧缺和其他资源等方面的限制。①

在销售方面，建立健全农产品销售网络和流通渠道，降低物流成本，使农产品价值链在整个农产品供应链中尽量延伸，增加农产品附加值。北京中关村与马来西亚相关高科技领域企业于2018年年末签约在双边建立协同发展中心，以加强中马企业交流，鼓励企业间的创新合作。启迪环宇有限公司首席执行官王宏皓负责两国协同发展中心运营管理，他表示，在农业领域方面，马来西亚的棕榈油、白咖啡、猫山王榴梿都很有名，马来西亚政府非常希望通过跨境电商平台将农产品供应到全球。②

参考文献

[1] 马来西亚农产品贸易发展现状与前景 [J]. 农业展望，2018(9).

[2] 黄慧德 . 马来西亚农业概况 [J]. 世界热带农业信息，2017(7).

[3] 钟继军，唐元平 . 马来西亚经济社会地理 [M]. 北京：世界图书出版公司，2014：95.

[4] 郑淑娟，罗金辉 . 马来西亚近 10 年橡胶产业情况 [J]. 中国热带农业，2018(4).

[5] 黄艳 . 2019 年 8 月马来西亚天然橡胶产量减少 [J]. 世界热带农业信息，2019 (11).

[6] 杨海娟，Francois，黄立军 . 马来西亚清真食品产业国际化发展经验与启示 [J]. 中国穆斯林，2015(3).

[7] 韦红 . 马来西亚农业发展的困境及政府对策 [J]. 社会主义研究，2005(5).

[8] 刘颖 . 探究马来西亚农业政策及其农村经济发展措施 [J]. 世界农业，2014(8).

[9] 马来西亚统计局，http://www.statistics.gov.my/.

[10] 马来西亚棕榈局，http://mpob.gov.my/.

[11] 中国驻马来西亚经济商务处，http://my.mofcom.gov.cn/.

① 刘颖 . 探究马来西亚农业政策及其农村经济发展措施 [J]. 世界农业，2014（8）.

② 南海之声音网，http://vscs.cri.cn.

[12] 联合国粮食及农业组织，http://www.fao.org/home/en/.

[13] 快易理财网，http://www.kylc.com/.

[14] 南海之声音网， http://vscs.cri.cn.

[15] 吴班 . 马来西亚橡胶价格提升 [N]. 中国化工报，2019–05–16(6).

第四章 马来西亚及东盟国家汽车产业现状及展望

陆凯 侯艺东 黎华 黄广乾 唐卉*

摘要： 汽车产业是一个国家的支柱产业之一。马来西亚政府历来重视汽车产业的发展。深入了解马来西亚及相关东盟国家的汽车产业，对致力于开拓海外市场的中国汽车企业来说具有重要意义。本章首先回顾了马来西亚汽车产业发展的四个阶段；然后介绍其发展现状，包括目前市场上的主要国内与国外汽车企业及其贸易情况，以及最新的汽车产业政策与规划；接着介绍泰国、印度尼西亚、越南等国的汽车产业情况，并将马来西亚与这三国做比较分析；最后介绍中国与马来西亚汽车产业合作的现状，分析现存问题并展望发展前景。从马来西亚汽车产业发展的历程可以看出，封闭、保护主义的产业政策只能使产业保持短暂的活力，但终将被时代淘汰，而开放、自由贸易的产业政策可以为产业注入长久的、旺盛的生命力，使其保持健康的发展。马来西亚是中国汽车企业的一个重要的海外市场，开拓马来西亚市场对于中国汽车企业的全球化发展具有重要意义。中国汽车企业必须深入了解马来西亚最新的汽车产业政策，加强与马来西亚本土汽车企业的合作与交流，并处理好跨国企业员工中不同国家文化带来的问题，才能使中国与马来西亚的汽车产业合作得到不断巩固和发展。

一、马来西亚汽车产业发展历程

经过数十年的发展，马来西亚汽车产业从无到有，目前已经成为东南亚地区汽车产业的中心之一，在东南亚汽车市场占据了重要的地位。其发展历程可分为四个阶段。

* 陆凯，广西民族大学相思湖学院外国语言文学学院副院长、副教授；侯艺东，广西民族大学相思湖学院外国语言文学学院助教；黎华，广西民族大学相思湖学院外国语言文学学院讲师；黄广乾，广西民族大学相思湖学院外国语言文学学院讲师；唐卉，广西社会科学院东南亚研究所助理研究员。

（一）汽车整车进口阶段

20 世纪 60 年代以前，马来西亚的汽车产业处于整车进口阶段。在英国殖民时期，马来西亚的经济发展主要依靠出口橡胶和锡制品，工业发展并不受重视。橡胶和锡产品出口的蓬勃发展加速了英属马来亚道路的建设，汽车保有量从 1910 年到 1925 年增长了近 10 倍。

20 世纪早期，英属马来亚的汽车市场受西方支配，其中美国企业占了市场最大的份额。当时马来亚汽车市场规模很小，主要消费者为英国移民和富裕的华人企业家。为保障英国汽车企业在马来西亚的利益，殖民政府开始对美产进口汽车征收关税，同时限制美产汽车的进口，而英产汽车则可零关税进入英属马来亚市场。福特汽车公司是当时马来西亚汽车行业的先驱，其将马来亚作为重要的出口基地。1909 年第一台福特汽车运抵马来亚，随后福特汽车销量逐年增长。1939 年，福特汽车在马来亚的市场份额高达 80%。

20 世纪中期，马来亚汽车进口规模逐渐扩大，以英国、意大利和美国进口车为主（见表 4–1）。1957 年 8 月，马来亚联邦宣布独立，马来西亚政府开始重视工业化的发展，把工业作为国民经济发展的支柱性产业。20 世纪 50—60 年代是马来西亚工业化进程的第一阶段，政府实行进口替代工业化战略，以整车（CBU）进口为主，1966 年马来西亚汽车年进口量超过 30000 辆。

表 4–1 1951—1957 年马来亚汽车进口量（按国家分类） （单位：辆）

年份	1951	1952	1953	1954	1955	1956	1957
英国	5374	12467	11261	7285	5767	9083	9086
联邦德国	—	59	14	15	75	645	1785
意大利	332	995	187	212	239	2187	1918
法国	10	51	24	3	—	176	674
澳大利亚	—	—	—	—	—	2	105
美国	45	1530	1714	189	268	678	587

资料来源：《以远东经济研究》1960 年第 6 期，第 455-457 页。

（二）汽车散件组装阶段

20 世纪 50 年代至 80 年代，马来西亚汽车产业发展进入全散件组装阶段。1963 年 9 月，马来西亚正式宣布成立，由新加坡、沙巴、沙捞越与马来亚联邦合并组成（1965 年 8 月新加坡退出）。同年，在科伦坡计划（Colombo Plan）专家的建议下，马来西亚政府计划建立以进口替代为基础的汽车产业，从汽车装配领域开始促进工业化进程。1964 年，为了限制整车进口，落实汽车本土化的生产，马来西亚政府推行促进汽车组装和零部件生产的政策，国际贸易及工业部为此成立了汽车组装委员会，负责监管汽车行业的发展。

1965 年 8 月新加坡脱离马来西亚，成为一个独立的国家。由于两国关系紧张，马来西亚政府禁止进口新加坡汽车。1967 年新加坡开始独立实行汽车产业的政策，但由于受本地市场和资源的制约以及日产车的竞争冲击，新加坡的汽车企业并未获得长足发展，其主要装配厂在 1980 年纷纷倒闭。

20 世纪 60 年代，马来西亚本地汽车产业的发展困难重重，由于经验缺乏，生产成本较高，消费者依赖进口产品，因此关税成了马来西亚保护本地汽车产业发展的有力措施。1966 年，马来西亚政府首次对整车进口征收保护性关税，针对所有汽车经销商实行进口许可证制度，进口许可证必须每半年更新一次。由于整车进口受到严格限制，且整车进口税率高达 30%~80%（取决于发动机排量），而散件组装汽车的税率仅为 20%~30%，散件组装汽车的进口量在短期内大量增长。1967 年，马来西亚政府批准成立 6 家装配厂，初期主要与欧洲、日本汽车厂商合作。自 1967 年 12 月瑞典汽车组装有限公司开始在当地组装生产沃尔沃汽车以来，先后有丰田、本田、大发、福特等多家发达国家汽车制造商在马来西亚投资设厂。为扩大国内就业，发展出口导向行业，马来西亚政府于 1968 年出台投资激励政策，使外国汽车制造商与本地企业合资建厂成为主流。

1960—1970 年，马来西亚的经济发展以自由放任主义为主。尽管这一时期市场较为活跃，但是贫困现象依然严重，失业率达到 7%，在马来族群中尤为严重。族群之间经济发展不平衡的现象在 1969 年引发了种族冲突，这标志着由市场主导的发展模式宣告失败，给马来西亚政府的政治经济决策带来了重大影响。20 世纪 70 年代，马来西亚本地装配厂生产效率和技术水平较低，国内市场有限，难以形成规模经济，限制了汽车产业的整体发展。

1971 年，马来西亚政府开始执行新经济政策（NEP），国家进入资本主义阶段。为消除贫困并重整社会经济结构，促进经济的平衡发展，马来西亚政府开始直接干预经济的发展，提高马来族群在经济活动中的参与比重。20 世纪 70 年代以来，政府实施的装配许可制度向马来族群倾斜，若新装配厂由马来族群出资创办，则可获得优先生产经营许可。在此政策的支持下，马来西亚政府机构国家经济发展公司在沙捞越州和沙巴州投资建成了两家装配企业，即沙捞越汽车产业有限公司和基纳巴卢汽车装配有限公司，它们也成为新一批装配企业的中坚力量。

除了征收关税以外，马来西亚还设置了非关税贸易壁垒来保护本土产业发展。在本地装配行业发展的起步阶段，装配厂使用的本地零部件占比不到10%，主要是轮胎、电池、车漆和滤清器。为了促进本地零部件供应商的发展，1972 年马来西亚实行本地成分政策，要求厂商达到一定本土化零部件比例才能获得销售许可，这一政策使本地零部件的使用率从 1979 年的 8% 提高到 1982 年的 18%。为了进一步提升本地汽车零部件的生产，1980 年马来西亚政府开始实施强控计划，严禁本地汽车生产商或经销商进口 30 种用于散件组装的零部件，为当地零部件生产商创造了发展条件。但由于装配厂太多，各车型零部件的要求不同，无法大量进行规模经济生产，所以本地产品并不具有价格优势。[①]

从 1970 年到 1980 年，当地组装的汽车年产量翻了三倍，从 2.8 万辆到 1980 年首次超过 10 万辆。1980 年，马来西亚已有 11 家汽车装配厂，为 25 家乘用车和商用车厂商组装 122 种型号的汽车。20 世纪 70 年代晚期，日本汽车企业成为马来西亚市场的主体。起初日产车并不受欢迎，但日本企业通过提高汽车质量和推出低油耗的高性价比汽车手段，使日产车逐渐获得马来西亚消费者的青睐，达特桑引领日产车在马来西亚的发展。80 年代初，马来西亚汽车产业和零部件制造业由以日资为主的外资汽车制造集团与马来西亚华人资本家控制。为促进本土汽车产业的发展，马来西亚考虑将组装为主的产业转型为汽车制造产业。

（三）民族汽车工业起步发展阶段

1980 年 11 月，时任马来西亚国际贸易及工业部部长马哈蒂尔提出加大政府的参与和投资力度，以加强制造业的基础发展，推动重工业发展。马哈蒂尔于 1981 年就任马来西亚总理，他主张经济民族主义，即政府干预经济的发展，实施国家重工业发展计划，以实现各族经济资源的分配，调整产业结构的目标。

1982 年，马来西亚国会通过首个国产车计划（National Car Project），希望通过发展汽车自制产业，加快技术转移，发展周边产业，提高零部件自制比例，为马来族群的企业进入汽车产业提供发展平台。国产车计划由马来西亚重工业社负责推进，将马来西亚汽车产业推向自主发展模式。

---

① Mohd Rosli. THE AUTOMOBILE INDUSTRY AND PERFORMANCE OF MALAYSIAN AUTO PRODUCTION [J]. Journal of Economic Cooperation, 2006, 27（1）：89-114.

1983 年，马来西亚首个国产汽车品牌宝腾（PROTON）在莎阿南建立，这是马来西亚民族汽车工业起步的标志。宝腾是由马来西亚、日本合资成立的跨国企业，其中马来西亚重工业社占股 70%，日本三菱集团和三菱汽车公司各占股 15%。宝腾项目被称为东南亚最具潜力的国产汽车项目，马来西亚目前仍是东南亚唯一拥有自主汽车品牌的国家。1985 年 8 月，马来西亚第一款国产车宝腾赛加（Proton Saga）上市，这款车型的本地零部件价值占比高达 47%，销量达到 7 万辆，占了马来西亚汽车销售量的 45%。80 年代中期受到经济衰退的影响，当地需求大幅下降，且由于日元升值，进口日本的零部件价格升高，宝腾汽车从 1985 年开始到 1988 年连年亏损。但宝腾承担着振兴国家工业、打造民族品牌的使命，马来西亚政府予以税收优惠和保护政策，在与税率极高的进口整车和组装车竞争时，仍具有很大的价格优势，这使得宝腾在乘用车市场占据半壁江山。1989 年宝腾开始营利，1990 年销量达到 8.2 万辆，占汽车销售总量的 70%，1992 年宝腾赛加在马来西亚市场占有率近 45%。

为进一步促进出口导向工业化的进程，1986 年，马来西亚实行首个工业大蓝图计划（1986—1995 年）。宝腾汽车在 1986 年首次出口汽车至孟加拉国，此后又开始尝试出口到其他国家和地区，如澳大利亚、新西兰、爱尔兰和中国等。其中英国是宝腾最大的进口国，宝腾汽车以低廉的价格打入英国低端车市场，1994 年出口 2.1 万辆汽车到英国，占同年销售量的 23.15%。为了加速本地零部件制造业的发展，马来西亚政府推出原产地使用比例的政策，要求所有车型的本地零部件使用率达到 45%~60%。1995 年宝腾汽车的本地零部件使用率比例达到 67%，这不但提高了生产成本，还降低了汽车质量。因此，在激烈的市场竞争中，宝腾因缺乏技术优势，导致出口发展十分缓慢。

在积极推行政府主导汽车产业发展的同时，马来西亚政府寻求新的国外贸易伙伴，实现汽车行业的多元化发展。1991 年，马来西亚时任总理马哈蒂尔宣布第二个国产车计划，旨在发展马来西亚还未成熟的小型汽车市场，拓展汽车产品门类。1992 年，第二个国产品牌北鹿大（Perodua）诞生，该车型适应了新的中低端汽车市场，避免与宝腾车型的直接竞争。北鹿大是由几家马来西亚政府控股公司与日本大发、日本三井合资成立的，其中马来西亚占股 68%，日本占股 32%。1994 年，北鹿大与大发合作生产了马来西亚第二款国产车灵鹿（Perodua Kancil），该车的发动机排量小于 1 升，生产成本比宝腾赛加更低，1994 年产量为 10184 辆。

马来西亚政府考虑到日本三菱的落后技术以及高昂的管理成本和零部件进口费用，1995 年宝腾展开了与法国雪铁龙的技术合作，1996 年开始合作生产三重冕车型。1996 年 10 月，宝腾收购英国知名汽车品牌莲花，这一事件成为国际汽车行业的焦点。在莲花汽车先进技术的指导下，宝腾在 1998 年开始自主设计研发 Waja 车型。

除了宝腾和北鹿大外，马来西亚政府在 1994 年开始实施第三个国产汽车计划并成立了国产重型车品牌 MTB，1997 年成立了轻型车品牌英诺康。1996 年，马来西亚实施第二个工业大蓝图计划（1996—2005 年），内容是让汽车产业居八大战略性产业之首，目的在于提高汽车产业的竞争力，拓宽国产车的海内外市场，加强技术研发，同时带动零部件产业的发展。[①]1997 年，随着汽车需求的不断增加，汽车产量在 1997 年创历史新高，年产超过 40 万辆，乘用车和商务车出口价值增长了 61%。1998 年，宝腾和北鹿大这两个国民汽车品牌的国内汽车市场份额达到了 76.8%，产业链囊括 350 个相关厂商，获得投资总额高达 46 亿林吉特。

（四）贸易自由化阶段

20 世纪 80 年末期，东南亚汽车行业开始了区域贸易自由化的进程。1992 年 1 月，第四届东盟首脑会议在新加坡举行，会议提出了区域经济发展一体化，包括马来西亚在内的 6 个会员国同意于 1993 年 1 月成立东盟自由贸易区（ASEAN Free Trade Area，AFTA），期望在 2013 年将东盟各国的关税降至 0%~5%，同时消除非关税壁垒。东盟各国认为贸易自由化将降低生产成本，使汽车零部件与汽车生产更具规模，形成竞争优势，有利于拓展国际市场。在世贸组织推动的全球化背景下，马来西亚在自由化上面临着越来越大的压力。1995 年，马来西亚加入世界贸易组织，这要求马来西亚逐步开放国内市场，减少对民族品牌的保护，降低关税，减少进口限制。但是，马来西亚汽车行业多年来一直受到贸易政策保护，贸易自由化使马来西亚汽车行业面临着严峻挑战。

1997 年，亚洲金融危机使马来西亚国内汽车市场萎缩，1997 年到 1998 年，汽车产能利用率从 88.2% 下降至 35%。马来西亚以汽车产业需要更多的恢复时间为由，向东盟提出“马来西亚方案”，将整车进口和散件组装列入共同有效

① 刘才涌 . 快速发展的马来西亚汽车工业 [J]. 环球机电，2003：（9）：49-51.

优惠关税的暂时排除名单，延期执行取消进出口限制的要求，因为一旦共同有效优惠关税在马来西亚实施，两大国产品牌宝腾和北鹿大将不再享有价格优势。1998 年马来西亚财政预算案进一步提高了整车和组装车进口关税，以最大限度地保护本国汽车产业，但是此举违背了东盟自由贸易区的经济合作精神。

为响应世贸组织的要求，2003 年年底，马来西亚废除本地成分政策，取消本地生产比例的限制，同时下调整车和散件组装进口关税。2004 年第十届东盟首脑会议在老挝举行，东盟国家签署了《东盟关于一体化优先领域的框架协议》，其中包括汽车产业整合路线图，指出除了共同有效优惠关税和东盟工业合作计划外，东盟汽车产业未来合作的核心是减免整车进口关税、消除非关税壁垒和放宽原产地限制。但为了减少开放对国内市场带来的冲击，2004 年马来西亚分别对东盟国家和非东盟国家实行新的进口汽车征税标准，在下调大部分车型进口税的同时，开始对整车进口征收消费税，同时提高进口组装车原有的消费税水平。在三种车型中，对小型车征收的进口税和消费税均较高，主要是因为马来西亚本国以生产中小型汽车为主。2006 年出台的产业联动项目提出了与汽车国内增加值关联的退税政策，国内汽车厂商有更多机会享受此退税政策，进一步降低国产车的售价。①

马来西亚国产汽车品牌牵涉国内政治势力和马来族群控制的周边产业供应链，在市场开放的趋势下，只有通过寻找国际战略伙伴，提高国内和国际市场的竞争压力，才是国产品牌发展的出路。2004 年 10 月，宝腾与德国大众汽车签订协议，建立战略合作伙伴关系。一方面，大众为宝腾提供技术支持，进一步提高宝腾的产量；另一方面，大众可以利用宝腾的平台，助其进入东南亚市场。2006 年 1 月，宝腾为避免大众占据公司管理的主导地位，终止了与大众的合作，随后在 2007 年宝腾与法国标致雪铁龙集团和美国通用汽车的合作也都宣告失败。

2007 年，马来西亚汽车产业额占总出口额的 0.6%。2000 年至 2007 年，马来西亚汽车产品出口额从 1.21 亿美元增长到 11.22 亿美元，进口额也呈现上涨趋势（见表 4–2），这表明马来西亚市场在开放程度加深的同时，国内市场也受到了不小的冲击。

---

① M U Mahidin, R Kanageswary. The Development of the Automobile Industry and the Road Ahead [J]. Department of Statistics Malaysia,2004:1–32.

表 4-2 1990—2007 年马来西亚汽车产业产品进出口总额 （单位：百万美元）

年份	1990	2000	2005	2006	2007
出口	121	307	725	920	1122
进口	1312	1833	3395	3221	3223

资料来源：世界贸易组织，2008。

1999 年至 2008 年，马来西亚汽车零部件的进出口额不断提高，但主要依赖进口（见表 4-3）。由于国内生产的零部件达不到质量标准，且不具备价格优势，马来西亚汽车生产商纷纷进口外国零部件，同时换取技术支持。但本国零部件生产商面临难题，即贸易逆差。这表明马来西亚急需提高其汽车零部件的国际竞争力。①

表 4-3 1999—2008 年马来西亚汽车零部件进出口总额 （单位：亿林吉特）

年份	1999	2000	2001	2002	2003	2004	2005	2006	2007	2008
出口	11.0	11.4	12.1	14.8	15.0	22.4	39.8	40.8	45.0	46.0
进口	4.4	3.2	5.3	7.3	8.6	10.7	14.0	18.5	27.0	20.0

资料来源：马来西亚工业发展局，2009。

为进一步帮助马来西亚汽车产业融入全球发展环境，从技术作为市场扩张的突破口，2006 年马来西亚时任总理阿卜杜拉·巴达维实行国家汽车产业政策（National Automotive Policy）。该政策的重点之一是促进宝腾和全球汽车制造商的战略合作，提高国产车的技术水平和生存能力，扩大出口，将马来西亚打造成为区域汽车产业的中心。2009 年，马来西亚国际贸工部调整国家汽车产业政策，计划在未来 10 年内废除整车进口许可证制度，减少国内汽车产能过剩，并促进电动和混合动力汽车的研发生产。

随着贸易自由化的推进，越来越多的国际品牌进入马来西亚市场，2016 年宝腾汽车在本国市场的占有率只有 15%，受国内政策保护的宝腾等汽车品牌遭受了严重打击。2018 年，马来西亚出台新的国家汽车产业政策，进入“工业 4.0”时代，新能源汽车以及电池成为汽车行业发展的重点。国际合作是马来西亚民族汽车企业对外开放的重要平台。2017 年中国吉利汽车（Geely Automobile）收

① Wad P , Govindaraju V G R C . Automotive industry in Malaysia: an assessment of its development[J]. International Journal of Automotive Technology and Management, 2017, 11（2）: 152-171.

购了 DRB 旗下宝腾汽车 49.9% 的股份，成为宝腾独家外资战略合作伙伴，2018 年吉利与 DRB 签署深化新能源领域战略合作框架协议，以新能源发展为契机，引入最新的电气化技术，提升本土化创新能力，并帮助宝腾打开中国和其他国际市场。

二、马来西亚汽车产业发展现状

（一）产业发展现状

1. 企业情况

马来西亚汽车工业协会（MAA）近十年的数据显示，每年大约有 45 个汽车品牌在马来西亚销售，年销量排名前五的汽车品牌主要是马来西亚本土汽车和日系汽车，即宝腾、北鹿大、本田、丰田和尼桑。这五大汽车品牌的市场份额高达 80% 左右。除此之外，欧美和韩国汽车品牌也比较受消费者青睐，如梅赛德斯–奔驰、大众、福特、马自达和起亚等。中国汽车品牌在马来西亚市场的份额较小，基本在 0.5% 以下，主要以奇瑞的乘用车和华菱星马的商用车为主。

（1）马来西亚民族汽车品牌

宝腾控股有限公司的主要业务包括汽车生产、组装和销售。1984 年，宝腾与日本三菱汽车公司成立合资企业。1996 年，宝腾收购了英国豪华跑车品牌路特斯 80% 的股份，2003 年收购了路特斯的全部股份。2005 年，三菱将其股份售出。2012 年，宝腾被马来西亚 DRB–HICOM 集团收购。2017 年 9 月，中国浙江吉利控股集团以 4.603 亿林吉特收购了宝腾 49.9% 的股份，并取得管理权。

宝腾现拥有两家生产厂，分别位于雪兰莪州和霹雳州，2018 年 10 月，宝腾投资 12 亿林吉特提高其霹雳州工厂的产能，现在两家工厂年总产能可达 39 万辆。宝腾主要生产和销售七款车型，即 Saga、Persona（普通级轿车）、Preve（中级轿车）、Iriz（普通级轿车）、Exora（中型商务车）、Perdana（中级轿车）和 X70（中型跨界越野车）。

2018 年，宝腾是马来西亚第三大汽车制造商，市场占有率被丰田汽车超过，位居第四。2012 年至 2018 年宝腾汽车的产量和销量整体呈下降趋势（见图 4–1）。但自 2018 年 9 月宝腾与吉利合作以来，宝腾的产销量开始显著提高。2019 年上半年宝腾汽车的产量同比增长 45.3%，销量同比增长 60.5%。宝腾的转变主要得益于 2018 年 12 月与吉利合作推出的 X70 系列车型。同时，宝腾在 2019

年 4 月、5 月陆续推出的 Persona、Iriz 和 Exora 系列新车型也很受市场欢迎。[①]

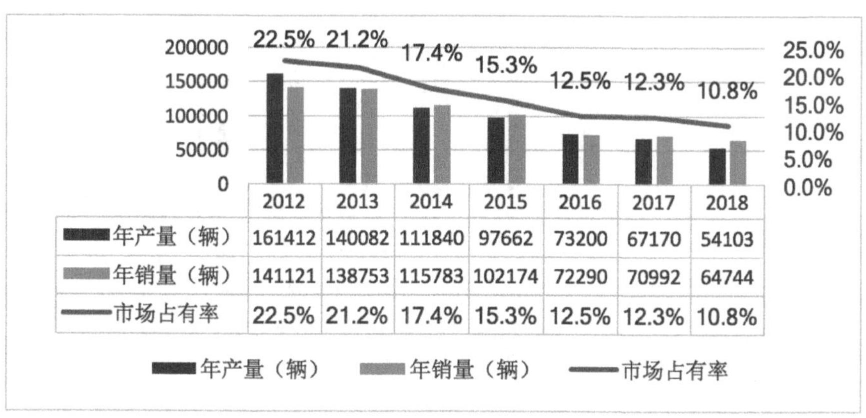

	2012	2013	2014	2015	2016	2017	2018
年产量（辆）	161412	140082	111840	97662	73200	67170	54103
年销量（辆）	141121	138753	115783	102174	72290	70992	64744
市场占有率	22.5%	21.2%	17.4%	15.3%	12.5%	12.3%	10.8%

图 4–1 2012—2018 年宝腾汽车年产量、年销量与年市场占有率变化图

资料来源：马来西亚汽车工业协会，CEIC 数据库。

北鹿大成立于 1993 年，是一家马日合资企业，总部位于雪兰莪州，建有研发测试实验室、生产厂和引擎厂，年产能可达 32 万辆。截至 2019 年 11 月，北鹿大共推出了 5 款车型，即 Bezza（四门微型车）、Axia（五门掀背微型车）、Alza（小型商务车）、Myvi（五门掀背中型车）和 Aruz（五门越野车）。

2018 年，北鹿大已经连续 13 年成为马来西亚最大的汽车制造商和销售商。2015 年，其产量和销量达历史最高点，但在 2016 年、2017 年出现明显下滑。2018 年，Myvi 车型的推出使北鹿大汽车的产量和销量有了回升，年增长率分别为 29.1% 和 10.9%（见图 4–2）。2019 年上半年，Aruz 车型上市，北鹿大汽车销量同比增长 4%。

① Tong J T, Terpstra R H, Chin L N. Proton: Its rise, Fall, and Future Prospects[J]. Asian Case Research Journal, 2012, 16（2）: 347-377.

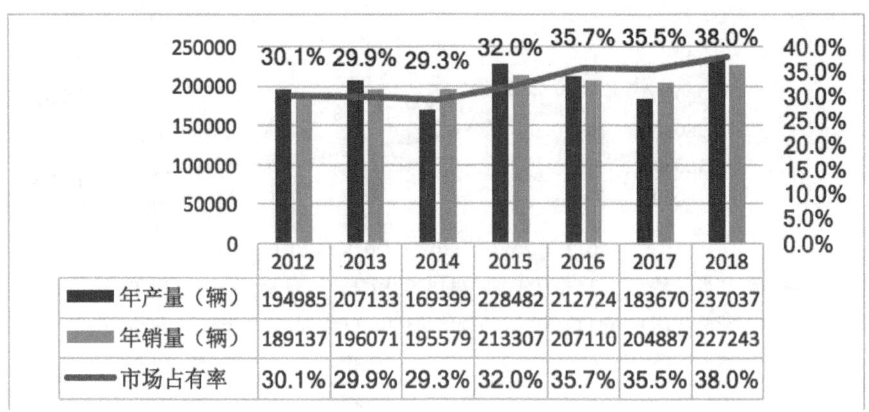

	2012	2013	2014	2015	2016	2017	2018
年产量（辆）	194985	207133	169399	228482	212724	183670	237037
年销量（辆）	189137	196071	195579	213307	207110	204887	227243
市场占有率	30.1%	29.9%	29.3%	32.0%	35.7%	35.5%	38.0%

图 4-2　2012—2018 年北鹿大汽车年产量、年销量与年市场占有率变化图

资料来源：马来西亚汽车工业协会，CEIC 数据库。

（2）日本汽车品牌

本田马来西亚有限公司（以下简称“本田”）成立于 2000 年，由日本本田汽车公司和马来西亚 DBR-Hicom、Oriental 公司合资，是本田汽车和零配件在马来西亚的独家生产商和经销商。本田在马来西亚的工厂位于马六甲州，厂区分为三大部分，主厂区是组装工厂，其他两个分别为整车厂和等速万向节工厂。其中，组装厂和整车厂年产能达 10 万辆。本田在马来西亚公设 88 个销售和售后网点。截至 2019 年 11 月，本田在马来西亚共生产 7 种车型，分别是雅阁（中级轿车）、锋范、思域（中级轿车）、爵士（普通级轿车）、CR-V、HRV（小型跨界越野车）和 BR-V（迷你型越野车）。2019 年，本田马来西亚公司投资 1.01 亿林吉特用于工厂和设备升级，并引进了新款 HRV Hybrid 油电混动车型。

2018 年本田成为马来西亚第二大汽车销售与制造商，2012—2018 年年均复合增长率高达 24.3%，2018 年汽车总产量达峰值 108531 辆，汽车销量在 2017 年达最高点 109511 辆，2018 年销量同比下降 6.6%（见图 4-3）。2019 年由于面临来自宝腾和北鹿大更强的竞争压力，本田汽车销量下滑至 85418 辆。

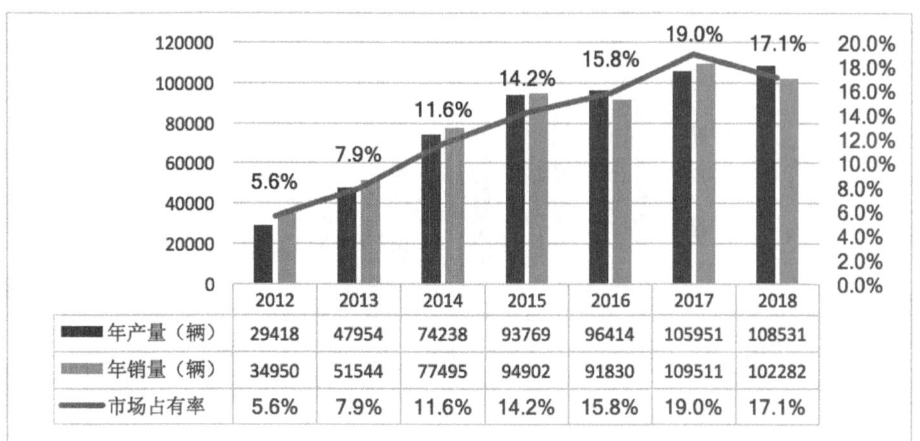

	2012	2013	2014	2015	2016	2017	2018
年产量（辆）	29418	47954	74238	93769	96414	105951	108531
年销量（辆）	34950	51544	77495	94902	91830	109511	102282
市场占有率	5.6%	7.9%	11.6%	14.2%	15.8%	19.0%	17.1%

图 4-3　2012—2018 年本田汽车年产量、年销量与年市场占有率变化图

资料来源：马来西亚汽车工业协会，CEIC 数据库。

UMW 丰田汽车有限公司（以下简称“UMW 丰田”）于 1982 年成立，由日本丰田通商公司和马来西亚 UMW 控股集团合资建成，拥有丰田汽车在马来西亚的独家装配权和经销权。2006 年，UMW 丰田成为雷克萨斯的官方经销商。UMW 丰田在雪兰莪州建有一家组装厂，年产能达 3.8 万辆汽车，组装生产 8 款车型，分别是海拉克斯（皮卡）、Fortuner（中型越野车）、Innova（中型越野车）、Hiace（中型厢式货车）、凯美瑞、凯美瑞混合动力版（中级轿车）、威驰和雅力士（普通级轿车）。2019 年 1 月，UMW 丰田在雪兰莪州建立第二家工厂，总产能达 5 万辆汽车，目前第一家工厂只生产商用车，乘用车和节能汽车的生产转移到第二家工厂。第二家工厂目前生产威驰和雅力士两种车型。

2018 年，UMW 丰田成为马来西亚第四大汽车生产商和第三大汽车销售商，2012 年至 2015 年间汽车平均产量和销量分别为 76582 辆和 98033 辆，但在 2016 年至 2018 年间平均产量和销量分别下滑至 54698 辆和 66267 辆（见图 4-4）。由于 UMW 丰田在 2018 年进行内部重组，其产销量持续下跌，但在 2019 年有小幅回升。

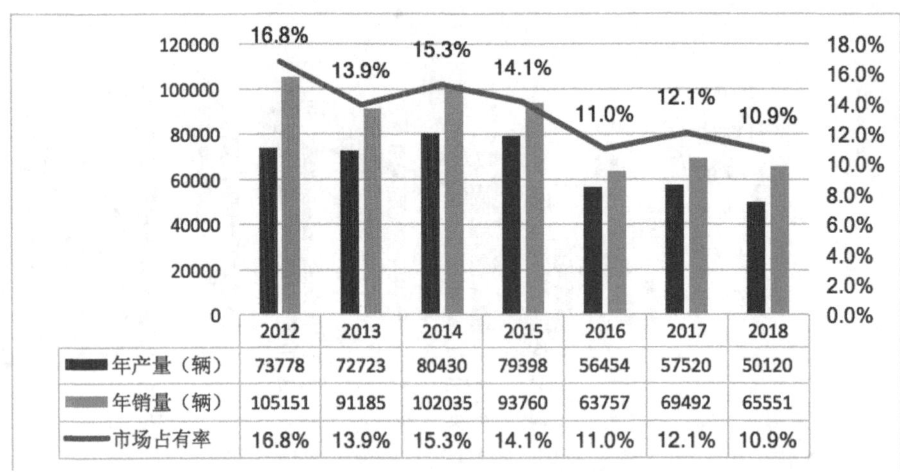

	2012	2013	2014	2015	2016	2017	2018
年产量（辆）	73778	72723	80430	79398	56454	57520	50120
年销量（辆）	105151	91185	102035	93760	63757	69492	65551
市场占有率	16.8%	13.9%	15.3%	14.1%	11.0%	12.1%	10.9%

图 4–4　2012—2018 年 UMW 丰田汽车年产量、年销量与年市场占有率变化图

资料来源：马来西亚汽车工业协会，CEIC 数据库。

陈唱父子汽车有限公司（Tan Chong Motor Holdings Bhd，以下简称“陈唱”）创建于 1957 年，拥有尼桑乘用车和商用车在马来西亚的特殊经营权和独家经销权，其中尼桑汽车有限公司占股 5.7%。陈唱在吉隆坡和雪兰莪州分设两家组装厂，年产能达 10 万辆。陈唱除了生产尼桑汽车外，还生产三菱、斯巴鲁、雷诺、欧曼汽车和 UD 卡车。陈唱生产和销售尼桑的六款车型，即 Almera（普通级轿车）、Serena–S 混动型（中型商务车）、Grand Livina(小型商务车）、X–Trail（中型跨界越野车）、Navara（皮卡）和 NV200（轻型商用车）。

2018 年、2019 年，尼桑连续两年成为马来西亚第五大汽车生产商和销售商。2013 年，尼桑在马来西亚的产量和销量均达峰值，分别为 51140 辆和 53156 辆。由于尼桑在马来西亚国内汽车市场面临严峻挑战，陈唱将发展重点转向出口市场，同时扩大其在东南亚其他地区的市场份额，尤其是越南和缅甸，于是 2013 年后产销量开始下跌，尽管在 2018 年小幅回升，2019 年销量仍呈现负增长（见图 4–5）。

尽管 2018 年北鹿大仍占据最大的市场份额，宝腾退居第三位，被日本品牌本田超越，日产车在马来西亚占有极大的市场，2018 年日产车占有率高达 38.6%。

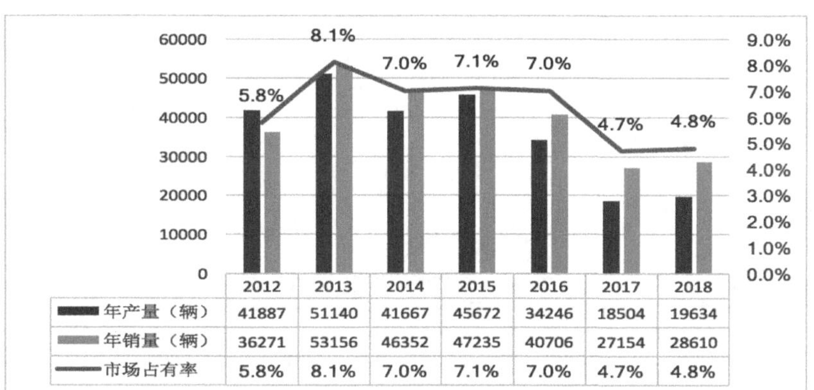

	2012	2013	2014	2015	2016	2017	2018
年产量（辆）	41887	51140	41667	45672	34246	18504	19634
年销量（辆）	36271	53156	46352	47235	40706	27154	28610
市场占有率	5.8%	8.1%	7.0%	7.1%	7.0%	4.7%	4.8%

图 4-5　2012—2018 年尼桑汽车马来西亚年产量、年销量与年市场占有率变化图

资料来源：马来西亚汽车工业协会，CEIC 数据库。

（3）其他外国汽车品牌

马来西亚汽车市场除了国产车和日产车外，主要有来自欧美和中国的汽车品牌。欧美汽车品牌以豪华车型为主，销量较大的是大众、梅赛德斯—奔驰、宝马和福特，但由于受日系品牌和贸易保护政策的影响，市场销量变化较大，因而在马来西亚市场做出战略性调整，减少或停止了在马来西亚的投入，将汽车产销中心转移至东南亚其他地区，尤其是泰国（见图 4-6）。目前中国汽车品牌在马来西亚的销售以商用车为主，但市场份额相对较小，目前销量较好的中国品牌是华菱星马，奇瑞汽车主要销售乘用车，但由于受到出口限制，在马来西亚的销量也在不断下降（见图 4-7）。

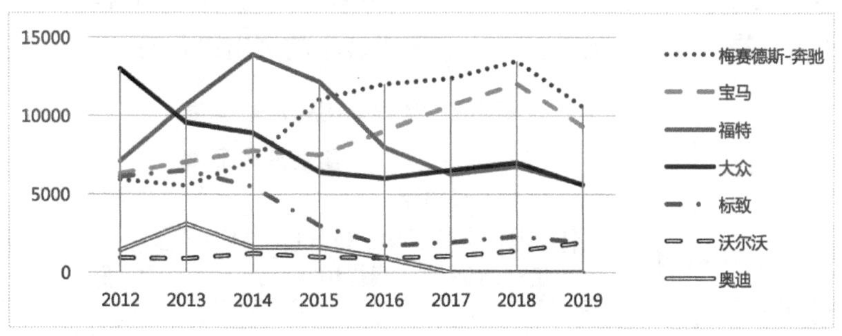

图 4-6　2012—2019 年主要欧美汽车品牌马来西亚销量变化图（单位：辆）

资料来源：马来西亚汽车工业协会。

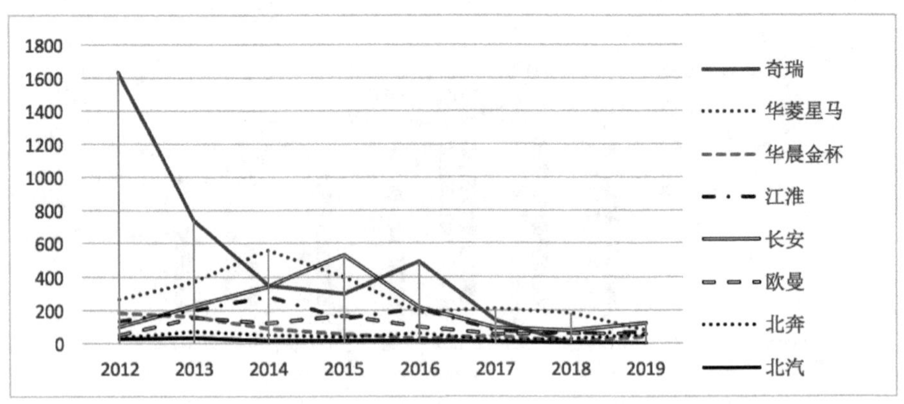

图 4-7　2012—2019 年主要中国汽车品牌马来西亚销量变化图（单位：辆）

资料来源：马来西亚汽车工业协会。

2. 马来西亚汽车产业布局

马来西亚汽车产业主要由 2 家本地企业（宝腾、北鹿大）和 6 家日本企业组成（本田、丰田、日野、大发、五十铃和铃木），其中铃木在马来西亚均具备生产能力。除此之外，2 家欧洲汽车品牌在马来西亚设厂，分别是斯堪尼亚和沃尔沃。斯堪尼亚常年与马来西亚消防和救援部门、马来西亚国家基建有限公司合作，生产消防车和救援卡车、城市公交车等商用车。沃尔沃工厂主要装配乘用车、卡车和客车，还承接其他品牌的装配，如路虎。汽车整车厂主要位于西马的沿海工业区，在靠近马来西亚政治经济中心的雪兰莪州尤为集中。马来西亚本地汽车组装厂主要有 11 家（见表 4-4），组装汽车品牌、型号多样，主要位于西马来西亚的沿海地区，有利于组装车的进出口贸易。

表 4-4　马来西亚主要汽车组装厂一览表

工厂名称	组装汽车品牌	
	乘用车	商用车
英诺康公司（INOKOM）	福特、现代 – 英诺康、马自达、宝马迷你、北汽福田	宝马、福特、现代 – 英诺康、路虎
组装服务公司（Assembly Services）	丰田	丰田
DEAUTO 工业公司	北汽	华菱星马

续表

工厂名称	组装汽车品牌	
	乘用车	商用车
HICOM 汽车公司（第一工厂）	铃木	大众
HICOM 汽车公司（第二工厂）	三菱扶桑、梅赛德斯 – 奔驰	梅赛德斯 – 奔驰
HS 组装公司		东风汽车、福迪汽车、华晨金杯、郑州日产
N.B. 重工业公司		北奔汽车、江淮汽车
NAZA 汽车公司	雪铁龙、起亚、纳莎、标致	
OASB	奇瑞	奇瑞、长安
陈唱汽车组装公司（TAN CHONG）（第一工厂）	三菱、尼桑、雷诺、斯巴鲁	尼桑、北汽福田
陈唱汽车组装公司（TAN CHONG）（第二工厂）	尼桑	尼桑

资料来源：马来西亚汽车工业协会。

3. 汽车产业国内外情况

2014 年至 2017 年马来西亚汽车产量大体呈下降趋势，2018 年受国内市场的刺激，汽车产量开始回升至约 56.5 万辆，但仍低于 2015 年的峰值 61.6 万辆（见图 4–8）。马来西亚国内汽车市场以乘用车为主，其产销量均占整个汽车市场的 80% 以上。

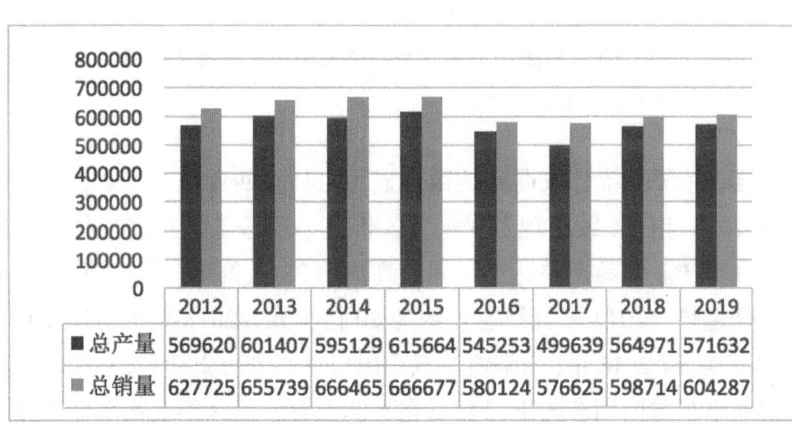

	2012	2013	2014	2015	2016	2017	2018	2019
总产量	569620	601407	595129	615664	545253	499639	564971	571632
总销量	627725	655739	666465	666677	580124	576625	598714	604287

图 4–8　2012—2018 年马来西亚汽车总产量与总销量（单位：辆）

资料来源：马来西亚汽车工业协会。

2018 年马来西亚乘用车总产量位居东盟国家第三位，占比为 19.7%，排名第一位与第二位的印度尼西亚与泰国分别占比 39.9% 和 33.1%，但是马来西亚是东盟第二大汽车市场，其中乘用车需求较大。马来西亚是东盟第四大乘用车生产国，第五大商用车市场，市场份额占比 5.3%，2018 年商用车产量在连续五年下跌后回升。2018 年，汽车销量有所回升，主要是由于 2018 年 5 月马来西亚政府计划取消商品与服务税制度（GST），并且 6 月 1 日起将消费税降至 0%。在销售与服务税（SST）实行之前，汽车制造商的现有库存可享受短暂的零消费税，汽车售价有所下滑，同时通货膨胀率较低，林吉特与美元汇率相对稳定，这些因素有利于提振消费信心，刺激汽车销量（见图 4-9）。9 月 1 日，马来西亚恢复实行销售与服务税制度（SST），预计马来西亚进口汽车的价格竞争力将受影响，但汽车被列入豁免征收销售税的商品，所以目前汽车行业的征税结构没有出现变动。

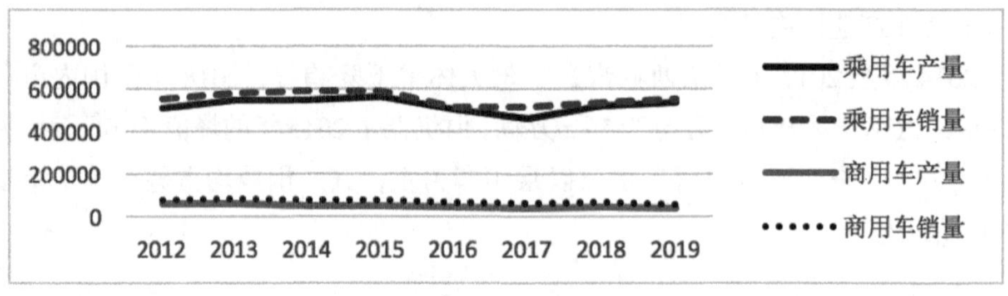

图 4-9　2012—2018 年马来西亚乘用车与商用车年产量与年销量（单位：辆）

资料来源：马来西亚汽车工业协会。

联合国商品贸易统计数据库的数据显示，马来西亚汽车产业进出口贸易在 2012 年至 2018 年间连续出现贸易逆差，但贸易逆差整体呈缩小趋势。2012 年马来西亚汽车产业贸易逆差达 7 年间最高值约 38 亿美元，但在 2012 年至 2017 年间呈下降趋势，2017 年贸易逆差约为 20 亿美元，2018 年贸易逆差再一次扩大至约 24 亿美元。2018 年，马来西亚汽车出口总额创历史新高，达 53.22 亿美元。马来西亚乘用车与商用车的出口额都在不断上升，马来西亚汽车制造商对国内市场的依赖性正在减小，但常年存在的贸易逆差表明其国际竞争力仍需进一步提高。2013 年马来西亚汽车产业进口额达峰值 39.9 亿美元，随后开始呈现下降趋势，2017 年为最低点，2018 年随着国内汽车需求的上升，进口额也随之增长。

目前，马来西亚已与东盟、伊斯兰发展中国家八国集团、中国、韩国、澳大利亚、新西兰、日本、印度、巴基斯坦、智利、土耳其等国家和地区达成双边贸易协定，这些协定使马来西亚汽车产业享受了一定的税收优惠政策，并为汽车进出口贸易的开展创造了有利条件。马来西亚将汽车出口的重点放在乘用车上，不断提高其汽车国际竞争力以扩大出口。2018 年马来西亚乘用车主要出口日本和德国，东盟国家以泰国和印度尼西亚为主，其他亚洲出口市场以中国大陆和韩国为主。商用车出口市场主要是新加坡、澳大利亚和中国香港，东盟国家中以泰国为主。因此，东盟国家成为马来西亚汽车主要出口对象，尤其是泰国、印度尼西亚、新加坡和菲律宾，这主要是因为东盟关税减免政策的影响。日本和德国成为马来西亚乘用车的进口来源，商用车主要从泰国进口。马来西亚乘用车进口主要来自泰国、印度尼西亚和菲律宾，商用车进口主要来自泰国、日本和中国大陆。

马来西亚政府通过实行一系列的国家汽车政策来引领汽车产业的发展动向。2019 年马来西亚国际贸易和工业部出台了最新的汽车政策，指出项目第一阶段（2019 年至 2024 年）国家仍以发展新能源汽车为主，东盟汽车产业的领军者泰国也在大力推进新能源汽车的发展。自 2014 年马来西亚新汽车政策实施以来，马来西亚人对新能源汽车的认识在逐渐加深，需求不断上升，新能源汽车的产量和市场渗透率连年增长，在 2019 年渗透率高达 87.6%，比 2018 年增加了 25.6%。这表明马来西亚汽车产业正朝着绿色科技方向迈进，这有利于提高马来西亚的汽车燃油经济性。①

4. 总体评价

马来西亚汽车产业体系主要包括六大部分：一是资源基础，主要是钢铁、石油化工产品、塑料制品的开发；二是第一产业，主要包括轧钢、冶炼、大型锻件和大型铸件；三是制造业，包括汽车和零部件的制造与组装；四是后备工业，包括机械制造、汽车试验数据管理系统（TDM 系统）和设计工作；五是服

① The Malaysia Automotive, Robotics and IoT Institute. Continuous Improvement of Auto Sector in 2019, Holistic Growth of the Industry Expected in 2020 [EB/OL][2020-03-09]. http://www.marii.my/post/continuous-improvement-of-auto-sector-in-2019-holistic-growth-of-the-industry-expected-in-2020.

务业，指金融和保险服务、零部件中心、维修中心和配件中心；六是售后服务业，包括测试中心、回收中心、再制造中心和授权汽车处理设备中心。[①] 汽车产业体系发展较为成熟，不仅为国家带来了更高的财政收入，还带动了周边产业的发展与就业。2019 年，马来西亚汽车产业对 GDP 的贡献率由 2016 年的 3.6% 提高至 4.9%。

由于马来西亚位于东盟的中心，政府重视汽车产业的发展，基础设施完善，吸引了大批汽车和零部件生产商来马投资，为其生产和营销提供了良好平台。汽车行业的发展带动了周边产业的发展，促进了技术升级和工程能力提升，这使马来西亚在汽车制造上更具投资吸引力。在东盟国家中，马来西亚拥有较高的汽车拥有率，基于庞大的消费需求，本田、丰田、尼桑、梅赛德斯－奔驰和宝马等国际汽车公司已在马来西亚开展运营。2017 年吉利收购了宝腾的股份，这表明了中国投资者对马来西亚市场的信心，并以此为基础开拓东盟市场，不少国外汽车零部件制造商也纷纷在马来西亚设厂，拓展东南亚的业务。

除全球经济下滑和不确定性因素增多外，马来西亚汽车产业还受国内因素的影响，如人们生活成本提高、林吉特对主要外币尤其是美元贬值、高额的增值税以及国家领导更替带来的不确定性，使商业投资信心和消费者信心减弱。尽管面临多重挑战，但马来西亚汽车产业仍保持市场活力。东盟汽车协会（AAF）的数据显示，2018 年马来西亚成为东盟地区第三大汽车市场，汽车产量占东盟区域总产量的 12.9%，仅次于印度尼西亚（49.6%）和泰国（30.8%）；汽车销量占东盟区域总销量的 16.8%，印度尼西亚和泰国分别占 32.3% 和 29.2%。根据国际汽车制造商协会（OICA）的数据，2018 年，马来西亚汽车产量世界排名 23 位，占世界总产量的 0.6%。

马来西亚政府十分重视汽车产业的发展，为吸引外资而提供大量有利条件，鼓励外商在以下领域进行投资：①重要零部件，如发动机、变速器和底盘；②电子零部件，如汽车发动机管理系统和汽车智能系统；③节能发动机和代用燃料发动机；④模块化生产；⑤提高本国技术水平和工程能力的研发。此外，马来西亚汽车产业还享有东盟区域发展的优势。在中国—东盟自由贸易区框架

① Malaysian Investment Development Authority. Business Opportunity：Malaysia's Automotive Industry [EB/OL][2019-08-22].http://www.mida.gov.my/home/administrator/system_files/modules/photo/uploads/20191024150441_Automotive%202019-08-22.pdf.

协议下，马来西亚对进口关税有所下降。东盟贸易自由化的环境为马来西亚提供了广阔的区域市场，有利于扩大汽车整车和零部件的出口。同时，马来西亚汽车制造商也可从东盟国家进口质优价廉的零部件。这些都是受益于潜在的规模经济。

数字化和新型商业模式使全球汽车产业经历重大变革，马来西亚的汽车产业也朝着技术驱动型发展，共享出行、自动驾驶、电动汽车和互联网汽车将在未来 10 年重塑马来西亚汽车产业，马来西亚国家汽车政策的阶段性重点不断调整，为汽车市场的发展创造了新的机遇。

目前，东盟经济持续增长，基础设施显著改善，原始设备制造商不断推出新型号产品，同时各国政府不断加大对基础设施建设的投入，东盟汽车产业发展趋势整体向好，在此背景之下，马来西亚汽车产业也具有巨大潜力，并有利于带动制造业和服务业的发展。

（二）马来西亚汽车产业发展规划与政策

1. 马来西亚国家汽车产业政策（NAP）历史发展

为了促进国家汽车产业的发展，马来西亚政府先后制定并出台了四次“国家汽车产业政策”（NAP）。国家汽车产业政策（NAP）于 2006 年首次出台，旨在将汽车工业转变为马来西亚经济的重要增长点之一。国家汽车产业政策 1.0 勾勒出汽车工业的主要方向和策略，使本国汽车厂商更具竞争力以及可持续发展。2009 年，该政策的 2.0 版出台，重点是提高国内汽车产业能力并创造更具有吸引力的投资环境。2014 年出台了 3.0 版，命名为 NAP 2014，强调绿色倡议、扩大市场以及通过技术、人力资本与供应链的发展来提升整个汽车生态系统。NAP 2014 的最终目标是到 2020 年，将马来西亚打造成地区节能汽车（EEV）中心。4.0 版——NAP 2020 的愿景是从 2020 年到 2030 年，在数字产业转型的时代提升马来西亚的汽车工业，从而使马来西亚实现互联移动。国家汽车产业政策的制定与出台体现了马来西亚政府大力发展汽车工业的坚定决心，也在各个阶段发挥了重要的作用，并且取得了巨大的成就。国家汽车产业政策各版本具体发布时间、主旨与成就见表 4-5。

表 4–5　马来西亚国家汽车产业政策 (NAP) 历史发展

版本	NAP 1.0	NAP 2.0	NAP 3.0	NAP 4.0
发布时间	2006 年 3 月 22 日	2009 年 10 月 28 日	2014 年 1 月 20 日	2020 年 2 月 21 日
主旨	1. 使国内汽车产业尤其是国内汽车制造商具有竞争力和可持续发展性 2. 推动马来西亚成为汽车区域中心，以利基领域为重点 3. 提升经济增加值的可持续发展水平并增强国产能力 4. 提高汽车整车及零部件出口水平，使其在全球市场上具有竞争力 5. 提高马来族群在国产汽车行业的参与度，使其具有竞争力并扩大范围 6. 维护消费者经济利益，确保汽车产品和服务的安全性和质量	1. 确保国内汽车产业在市场开放后有序发展并保持长期竞争力和产能 2. 创造有利环境，吸引新的投资，扩大现有机会 3. 通过战略伙伴关系提高国内汽车制造商的竞争力 4. 促进国内汽车工业最新、更复杂技术的发展 5. 在利基领域拓展高附加值制造活动 6. 提高马来族群在国内汽车工业中的参与度 7. 提高对于消费者的安全标准，促进环境友好的机会 8. 提升现行国家汽车产业政策指引的执行力	1. 使国内汽车产业具有竞争力和高产能 2. 使马来西亚成为节能汽车的区域中心 3. 使附加值活动保持可持续发展，同时持续提高国内产能 4. 扩大整车、汽车零部件和制造业及售后市场中相关产品的出口 5. 提高有竞争力的马来族群公司在国内汽车产业及售后市场的参与度 6. 改善国内汽车产业中制造业与后市场行业的生态系统 7. 为消费者提供更安全、更优质的产品及更优惠的价格，维护消费者利益	主要目标 1~7 与 3.0 版相同 附加目标： 1. 改善下一代技术生态系统，使马来西亚成为生产下一代汽车的区域中心 2. 提高国内汽车产业在移动即服务领域的参与度，不仅关注技术开发，还关注总体交通生态系统 3. 确保国内汽车产业更好地配备与第四次工业革命相关的汽车新范式 4. 确保包括消费者、国内产业和政府在内的整体生态系统从下一代汽车的全面推行中获利最大 5. 通过降低马来西亚油耗水平减少汽车碳排放，争取在 2025 年达到东盟油耗路线图中 5.3 Lge / 100 千米的标准。

续表

成就	2010年汽车销量由2006年的49万辆增长到605,156辆，其中乘用车为522568辆，商务车为45147辆，销售总额为57.7亿林吉特。2009年，汽车出口总额达到19.8亿林吉特，汽车进口总额达到44.2亿林吉特	2013年乘用车和商务车的销售量由2012年的627753辆增长到2013年的652120辆；汽车销售量由2009年的536905辆上升到2013年的652120辆；2013年的投资总额达到30亿林吉特，其中国内投资23亿林吉特，国外投资0.7亿林吉特；2012年，汽车出口总额达到53亿林吉特，汽车进口总额217亿林吉特，同年汽车零部件出口额为43亿林吉特，乘用车出口额为7亿林吉特	（2014—2018年）汽车产业对工业GDP的贡献达到486亿林吉特；汽车总产量598714辆；汽车总销量564971辆；汽车总投资400.5亿林吉特；汽车行业就业总数244941人；整车出口20.8亿林吉特；再制造零部件产值5231亿林吉特；2018年零部件出口121亿林吉特；建立了3个专业设计与工程中心（马来西亚技术中心、国家汽车排放检测中心和汽车设计中心）	（暂无）

资料来源：作者根据NAP政策综合整理。

2. 马来西亚汽车产业现行政策具体措施

研究海外重点国家汽车产业相关政策，对于我国企业把握目标市场发展走向至关重要，是中国企业走向海外市场之前必须认真做好的功课。随着马来西亚汽车产业政策的逐步开放，中国车企与马来西亚汽车产业的联系越来越紧密，不少中国车企试图进军马来西亚市场。马来西亚是我国车企“走出去”的重要海外市场之一。近年来，吉利汽车等中国品牌汽车加快对马来西亚市场的开拓，并取得了良好成绩。因此，深入了解马来西亚汽车产业的现行政策具有十分重要的意义，可以帮助中国车企及时调整“走出去”战略规划和产品布局，加强政策交流和风险评估，有效规避贸易和投资风险。

2020年2月21日，马来西亚政府发布最新的国家汽车产业政策（NAP 2020）[①]，主要包括三大新技术元素，即NxGV（新一代汽车）、Maas（移动即

① 马来西亚商业与工业部．国家汽车产业政策[EB/OL] [2020-07-13].http://www.miti.gov.my/index.php/pages/view/6097.

服务）和 IR 4.0（工业革命 4.0），三个推进方向（技术和工程、投资及市场扩张）和三大战略（价值链发展、人力资本发展及安全、环境、用户至上主义），计划在 2020—2030 年的数字工业转型时期，提升马来西亚汽车产业并实现互联移动，通过鼓励投资，促进汽车产业技术进步，最终实现马来西亚汽车产业的可持续发展。

（1）三大新技术元素

元素 1：新一代汽车。新一代汽车被定义为一种满足节能车辆（EEV）分类的定义及通过智能移动软件，将驾驶性能提升至自动驾驶级别 3 级以上的汽车。新一代汽车技术根据自主 / 自动与网联汽车（AACV）的标准分为 5 个级别。为确保新一代汽车到 2025 年的市场渗透率，马来西亚将在 2021 年出台相关标准。

元素 2：移动即服务。移动即服务是一种旨在将各种类型的服务和运输模式整合到一种高效和集中的机动服务的概念。汽车、交通和更广泛的移动市场正在经历一个转型阶段，从根本上改变人员和产品在 A 点和 B 点之间的运输方式。汽车和交通以外的许多行业也面临着混乱局面，要么新兴市场正在出现，要么现有市场正在趋同而其他行业可能正在衰退甚至消失。新进入者和初创企业面临挑战，他们反过来将考虑利用他们的经验和资源来建立可持续的市场地位。

元素 3：工业革命 4.0。工业革命 4.0 是指在马来西亚国家工业 4.0 政策下对数字化技术的应用。工业革命 4.0 技术的应用，尤其是人工智能、大数据分析和物联网，将使新一代汽车和移动即服务技术成为现实。关键是实现技术，如附加制造、协作机器人、生产计划工具、人工智能、虚拟现实、游戏化、过程模拟、操作智能、物联网和大数据分析需要一个操作管理信息和基础设施系统，该系统可建立一个连接的移动生态系统。

（2）三大推进方向

方向 1：技术与工程。NAP 4.0 认为将节能车辆（EEV）技术和工程扩展到 NxGV（新一代汽车）、Maas（移动即服务）和 IR 4.0（工业革命 4.0）领域十分必要，这将满足利益相关者的需求并对包括安全和环境在内的整个生态系统产生积极影响。待开发的关键部件和系统主要包括工业革命 4.0 技术、混合动力汽车、电动汽车及燃料电池汽车、自动驾驶 / 智能网联汽车（AACV）和轻量化材料技术。

方向 2：投资。NAP 4.0 旨在引进能够吸引战略性投资和高度契合 NAP 4.0 技术发展方向的举措，以保障马来西亚汽车产业竞争力的可持续发展，并与全球技术的发展保持一致。NAP 4.0 提供更多有竞争力的投资机遇，包括为制定激励措施和援助促进企业运营提供更全面的机制。

方向 3：市场扩张。NAP 4.0 引入的技术和服务元素带来新的和专业化的商机，这将建立起 Mass 和 IR 4.0 两个生态系统，为扩大国际市场提供良机。同时，还应重点关注马来西亚国内汽车市场的扩张，包括售后、服务和零部件部门的公司。

（3）三大发展战略

战略 1：价值链发展。在追求符合汽车制造商标准和满足消费者需求的高品质产品的过程中提升价值链竞争力，利用 IR 4.0 技术，特别是附加制造和人工智能技术，解决零部件生产成本过高的问题。具体方法包括对如何提升国内发展活力和降低进口开展研究；扩大和延续软贷款计划，以此来支持供应链活动；制订培训计划，引导零部件供应商走向智能制造并提升整体的竞争力；重新评估举措，提升国内公司在产业链中附加值活动中参与度；促进新系统集成公司的发展，提升现有公司水平以提供系统性解决方案。

战略 2：人力资本发展。人力资本的发展需要与当前和未来汽车技术的发展保持一致的步伐，这对于确保马来西亚国内汽车产业的劳动力继续保持竞争力非常重要。人力资本发展的主要措施如下：推进建立汽车工业 4.0 学院；继续推行汽车学徒计划，加快毕业生进入汽车产业的步伐；根据当前行业需求特别是 IR 4.0 的要求，统一、审查并促进创建新的汽车相关职业教育项目；根据当前趋势和行业需求，改进现有的汽车相关教育计划；在 2021 年 1 月前，为汽车和移动生态系统劳动力进行强制性职业认证；继续根据汽车工业发展计划调拨资金。

战略 3：安全、环境、用户至上主义。NAP 4.0 提升对新的、更环保的技术要素的采用力度，这些技术要素将解决污染问题，重点关注车辆和消费者的安全以降低道路事故率，并引入用户至上主义，保护消费者在汽车维修、汽车召回等方面的利益。

安全：提升车辆安全性能，保障道路使用者安全，降低道路事故率。

环保：根据马来西亚在《联合国气候变化框架公约》（UNFCCC）中的承诺，要促进环保型新技术要素的应用。

用户至上主义：引入用户至上主义，维护消费者在零部件、售后维修、汽车产品召回等方面的权益。

主要措施：执行 4R2S 标准；开发汽车适航系统和车辆自检系统；提升再制造活动；继续进行改装卡车向再制造转变的活动；对汽车召回机制开展研究；

执行二手零部件政策标准；研究如何提升摩托车安全的研发活动；创建平台解决消费者问题；根据联合国法规和马来西亚国家标准建立检测中心检验车辆安全性；加强汽车产业网络安全性。

3. 马来西亚汽车产业发展规划

马来西亚国家汽车产业政策 4.0 版制订了未来十年的发展规划，以 2030 年为节点，力求实现以下目标，见表 4–6。

表 4–6　马来西亚汽车产业发展规划

项目	目标（2020—2030 年）
汽车产业对工业 GDP 的贡献	达到 1042 亿林吉特（约合 1667 亿元人民币）
汽车总产量	达到 147 万辆
汽车总销量	达到 122 万辆
整车出口	达到 123 亿林吉特（约合 197 亿元人民币）
汽车零部件出口	达到 283 亿林吉特（约合 453 亿元人民币）
再制造零部件出口	实现 100 亿林吉特（约合 160 亿元人民币）
汽车行业就业总数	创造 32.3 万个岗位
汽车生产制造领域就业机会	创造 12.8 万个岗位
汽车行业后市场就业机会	创造 4.6 万个岗位
Maas 就业机会	创造 7.5 万个岗位
工业机器人使用数量	达到 3 万个
物联网（IoT）就业机会	达到 4.4 万个岗位
汽车零部件供应商	达到 1285 家供应商，其中包括一级供应商 400 个、二级及以下供应商 885 个
新系统集成商	350 个工业机器人公司；380 个物联网公司
供应商竞争力水平	5 级：360 家公司；4 级：660 家公司；3 级：880 家公司
应对马来西亚国家工业 4.0 政策	顶级供应商：280 家；有经验的供应商：500 家；较好的供应商：660 家
汽车技术发展	设立全领域车辆型式认证（VTA）测试中心；设立电动汽车交互操作中心（EVIC）；设立自主 / 自动汽车测试床；设立虚拟设计中心；设立附加制造设计中心；设立工业机器人与人工智能中心；设立大数据管理中心；设立数字孪生中心；设立汽车与移动出行技术学院

三、东盟国家汽车产业发展现状

（一）泰国汽车产业发展现状

1. 产业发展现状

（1）企业情况

①跨国公司主导泰国汽车产业。泰国汽车产业的建立由外资主导。当地有

多达16个汽车品牌设厂生产组装汽车。跨国公司在促进泰国汽车产业发展过程中发挥着重要作用。首先，跨国公司的投资促使汽车产业成为泰国制造业的支柱行业。汽车整车企业和一级供应商主要以外资为主，外资品牌中以日资为主。目前，泰国共有709家一级汽车零部件供应商，其中54%是外资拥有多数股权的厂商，泰资拥有多数股权的厂商占23%，泰国独资企业占23%；有约1700家是泰国汽车零部件二、三级供应商，大多数是本地企业。① 其次，跨国公司对汽车及其零部件的出口使泰国成为世界上最大汽车出口国之一。进入20世纪90年代，泰国以出口为导向的汽车产业政策使得外国汽车制造商（以日资为主）大量涌入。到2001年，日本汽车制造商已占泰国国内汽车销售的81%和出口的60%，至此泰国取代马来西亚成为东盟最大的汽车出口国。② 最后，跨国公司对汽车零部件的需求促使泰国融入全球汽车生产供应链。随着全球汽车产业分工的不断深化，跨国汽车制造商采取了“全球采购”零部件的策略，同时推行本土化战略。目前，许多国际著名的汽车及零部件企业都在泰国成立了合资或独资企业，泰国的一些汽车及零部件企业也逐渐增长起来，形成比较完整的汽车零部件生产产业链。

②日系车企投资带动汽车产业发展。在泰国政府的政策支持及日系车企的长期布局下，泰国汽车产业蓬勃发展，全球各大知名车企也相继到当地设厂。在泰国投资设厂的日本汽车公司共有7家，即丰田、三菱、本田、日产、五十铃、铃木、日野公司，这7家公司年产量约200万辆，占泰国汽车总产量的72%。③ 2017年泰国日系车销量占全国总销量的80%左右。早在1962年和1964年，日系车企日产和丰田就纷纷与泰国企业合资，在北榄府设立组装生产线。之后在不到两年时间里，日野和三菱也进入泰国市场。一直到2000年前后，全球各大汽车制造商都已经在泰国市场完成布局。全球百大零配件供应商中，有超过半数在泰国设立分公司或工厂，其中日系供应商就占28家。供应链的底端则是规模较小的二级和三级零配件供应商，总数超过1700家。在乘用车的销售量排名中，前五名皆为日系车，丰田市场占有率第一，接近三成；其次为本田、马自达、日产和三菱等。日系车在泰国如此盛行主要是因为日系车在泰国有生产基地，

① 王勤，林少霞．泰国汽车产业的国际竞争力[J]. 南亚东南亚研究，2019（3）.

② 王勤，林少霞．泰国汽车产业的国际竞争力[J]. 南亚东南亚研究，2019（3）.

③ 王勤，林少霞．泰国汽车产业的国际竞争力[J]. 南亚东南亚研究，2019（3）.

泰国人购买日系车免税，并且拥有众多服务网点，保养起来比较方便。泰国也是皮卡大国，以普吉岛为例，全岛 90% 的车辆为皮卡，皮卡品牌同样以日系为主。

③强化本土企业发展汽车零部件产业。近年来，泰国汽车产业蓬勃发展，衍生出的汽车零部件产业也使泰国成为重要的零部件生产国之一。全球多家著名汽车及汽配制造商都在泰国成立了合资企业，还为全球汽车零部件市场供货。2016 年泰国汽车零部件销售值 120.2 亿美元，泰国当地生产的汽车零部件多属于国内可取得原料且需求较殷切的零部件，零部件技术层次较低，且附加价值较少的产品，或较高污染的零部件。2017 年泰国经济持续稳定增长，汽车零部件销售值达 132.4 亿美元，较 2016 年增长 10.2%。[①] 泰国政府已将汽车装配与制造列为重点发展产业，希望能在东盟国家最大的汽车装配生产基地的基础上持续快速发展。泰国汽车零部件因为新车型陆续投入生产与内需市场的扩大在本地的需求变得殷切。为强化本土产业发展，达到生产的经济规模，泰国限制国内组装车款的型式，进一步提升国产化，并带动零部件部门发展，成立了“泰国汽车零部件制造商协会”作为国家统合机制。在政府停止给予生产特权、要求提升零部件本土生产比例的双重措施下，泰国本土的零部件厂商的数量逐步增长。

（2）产业分布

泰国汽车及其零部件产业集中在曼谷周边，包括春武里、罗勇、北榄、北柳、大城、巴吞他尼、巴真和呵叻等府的工业园区内。在汽车产业供应链方面，根据泰国汽车制造协会统计，泰国共有 18 家外国汽车制造公司进驻投资，设有 23 个汽车组装厂，汽车产业的供应链完整，产业链上游有 18 家汽车制造厂，相关从业人员达 10 万人。其中，罗勇府是泰国的汽车及配件中心，属于享有 BOI 最高优惠的第三区，拥有完善的基础设施，是汽车零部件行业投资建厂的最佳选择。

20 世纪 60 年代，以日本汽车制造商为主导的跨国公司开始在泰国进行汽车组装和生产的投资，主要集中在曼谷及其周边地区的工业区内，其供应商也在附近设立了工厂。至此，泰国汽车产业集群初步形成，但当时的规模还很小。随着国内需求的激增，泰国对汽车行业采取了一系列促投措施，吸引了更多国

① 萧瑞圣 . 泰国 4.0 次世代汽车产业 [EB/OL] [2018-08-14]. http://www.sohu.com/a/247067870_99905556.

际知名汽车制造商投资设厂并扩大规模。泰国政府在北部和东部建立了工业园，并实行不同的税收优惠政策，鼓励许多汽车制造商和汽车零部件制造商设厂投资。目前，泰国汽车产业主要集中在中部和东部地区，97% 以上的汽车及零部件生产厂商集中在这两个地区的曼谷、春武里府、罗勇府、北榄府、北柳府、大城府和龙仔厝府，形成了泰国的“汽车产业带”。[①] 日本汽车厂商的投资主要集中在春武里府，而欧美汽车制造商如通用和宝马以及随后跟进的欧美零部件供应商如威神、汤普森—拉莫—伍尔德里奇和德纳主要集中在罗勇府的东海岸工业区。由于毗邻中部地区（特别是曼谷和北榄府）的汽车产业集群，东部地区的汽车产业集群也开始形成并集中在春武里和罗勇府（见表 4–7）。

表 4–7 泰国汽车产业分布情况

地理分布	工业园	主要跨国公司
曼谷	莱卡邦（Lat Krabang）	斯巴鲁、五十铃（发动机）、现代
春武里府	安美德那空（Amata Nakom） 林查班（Leamchabang）	日野、丰田（发动机）、FOMM、三菱、三菱（发动机）、RMA
罗勇府	暹罗东方（Siam Eastern） 东海岸（Eastern Seaboard） 安美德城市（Amata City）	福特、马自达、通用、铃木、上海汽车（MG）、宝马、马自达（变速器 \ 发动机）、五十铃（零部件）、威神 (Viston)、汤普森—拉莫—伍尔德里奇 (TRW)、德纳 (Dana)
北榄府	挽莫县（Bangpoo）	日产、日产（电池）、沃尔沃（UD 卡车）、斯堪尼亚、日野（零部件）、丰田、五十铃、五十铃（冲压零部件）、丰田、日野（丰田零部件）、梅赛德斯（电池）
北柳府	门户（Gateway）	五十铃、丰田（电池）、东风
大城府	洛加纳（Rojana）	本田、本田（零部件）
巴真府	洛加纳（Rojana）	本田

资料来源：泰国整车厂工厂分布地图——MarkLines 全球汽车产业平台。

（3）生产规模与能力

①生产规模不断扩大。泰国已发展成为东盟汽车生产基地，其汽车产量占东南亚地区总产量的 40%。当地有多达 16 个汽车品牌设厂生产组装汽车，同时有 1000 多家汽车零配件工厂，确保了汽车生产规模的不断扩大。目前，泰国产量最大的车型分别是 1t 皮卡车和 1200~1500cc 轿车。2003 年，这两种车型的产量已占泰国汽车总产量的 57.35%，其中，1t 的皮卡车产量为 302914 辆，

① 林丽钦，王勤 . 东盟产业集群发展的现状与特点 [J]. 东南亚研究 .2015（3）.

占皮卡车产量的 61.87%；1200~1500cc 的轿车产量为 127505 辆，占轿车产量的 48.92%。[①] 相对而言，客车的生产量则很少，并呈逐年下降趋势。其内需市场在 2012 年便创下 143.6 万辆，2013 年泰国汽车产量为 245.7 万辆，创下 52 年来最高纪录，被列为全球第十大汽车生产国。2016 年，泰国生产车辆超过 194 万辆，价值约 270 亿美元。到 2018 年，泰国汽车总产量达 216.7694 万辆，其中家用车为 87.7015 万辆，占比约 40.46%；商用车为 129.0679 万辆，比重为 59.54%。2019 年正逢泰国大选年，政治不稳定导致经济持续低迷，汽车产销也受到一定程度的影响。泰国工业联合会（FTI）发布的 2019 年全年产量同比下降 7.1% 至 2013710 辆，其中 12 月产量同比下降 20.8% 至 134208 辆，销量下降 3.3%，见表 4-8。[②]

表 4-8　泰国 2015—2019 年汽车产销情况（单位：辆）

年份	2015	2016	2017	2018	2019
产量	1913002	1944417	1988823	2167694	2013710
国内销量	768788	768788	871644	1039158	1007552
出口销量	1188515	1188515	1139696	1140640	1054103

资料来源：汽车产量速报——泰国 2019 年——MarkLines 全球汽车产业平台。

②市场销量领先东盟。泰国汽车出口量名列全球前十，是东盟最大的汽车出口国，其汽车出口量大于内销量，2018 年出口量为 1140640 辆，出口比约为 52.27%，内销则占 47.73%，内销比重较前一年微幅上升。泰国汽车出口市场改变了其他东盟国家过度依赖区域市场、出口市场相对分散的局面。澳大利亚、菲律宾、沙特阿拉伯、印度尼西亚、马来西亚是泰国汽车前五大出口国。2019 年泰国汽车出口量同比下降 7.6% 至 1054103 辆，出口额下降 8.2% 至 5460 亿泰

① 中国驻泰大使馆经济商务处　张心萃．泰国汽车业市场分析 [EB/OL]（2004-5-19）. http://th.mofcom.gov.cn/aarticle/ztdy/200405/20040500222615.html.

② MarkLines 全球汽车产业平台．汽车产量速报——泰国 2019 年 [EB/OL] [2020-01-23]. http://www.marklines.com/cn/statistics/flash_prod/productionfig_thailand_2019.

铢；汽车零配件出口值 2495 亿泰铢（约 83 亿美元），比 2018 年出口的 2751 亿泰铢（约 91 亿美元）下滑 9%。主要原因是全球经济疲软影响消费者购买力、泰铢汇率波动强势、欧盟推出限制汽车废气排放标准等。不过，随着泰国多款商用货车在出口市场反应良好，对其后续出口发展仍保持着乐观态度。在国内销量方面，2019 年为 1007552 辆，相较 2018 年同比下滑 3.3%。在所有进入泰国市场的汽车品牌中，丰田 (不含雷克萨斯) 同比增长 5.5% 达 331878 辆，市场占有率为 32.9% 居首位，是市场上号召力最强的品牌。其次是五十铃，下降 5.4% 至 168215 辆，其柴油发动机和皮卡车型拥有非常高的市场认可度。本田下降 1.9% 至 125833 辆，其主销车型基本集中在入门级的低端市场。日系品牌占据了 2019 年泰国汽车品牌销量前十中的 7 个席位，并牢牢把持着前三名的位置。虽然全年汽车内外销量均有所下降，但仍领先东盟其他国家，基本维持平稳状态。

（4）总体评价

①皮卡与新能源汽车市场需求量大。首先，皮卡车在泰国的使用率非常高，是仅次于美国的世界第二大皮卡车消费大国。汽车产业的全球化分工也大大地促进了泰国汽车制造业向皮卡倾斜，皮卡销量占泰国汽车市场总销量的 65% 左右，其中最畅销的是 1t 皮卡车，2006 年销量达 44.36 万辆。到 2018 年 1t 皮卡车销量约为 51 万辆，同比上升 20.6%，市场占有率达到 49.2%。[①] 其次，受气候变化影响，新能源汽车对环境的保护越来越明显，各个国家都在瞄准新能源汽车行业。开泰研究中心预估，未来 5 年泰国国内电动汽车销售量将达到 24 万辆，占全国汽车总销售量的 25%，至 2023 年泰国电动汽车将可突破 82 万辆。初期将以油电混合动力汽车和轻度混合动力汽车为主。皮卡与新能源汽车在未来泰国汽车市场上将继续吃香。

②各国投资者看好泰国汽配产业。2019 年 1—11 月，汽车及零配件产业共 340 个项目，带来约 1.5 万个就业机会，投资额为 275.47 亿泰铢 [②]，成为泰国前五大热门投资产业之一。据世界银行发布的《2020 年营商环境报告》显示，泰

① 2020 年第 9 届泰国国际汽车零部件展览会 TAPA 2020 将于 4 月 2—5 日在曼谷举办 [EB/OL] [2020-01-21]. https://zhuanlan.zhihu.com/p/103687750.

② 中华人民共和国驻泰王国大使馆经济商务参赞处：今年前 11 个月泰国工厂投资增长 37%[EB/OL] [2019-12-02].http://th.mofcom.gov.cn/article/jmxw/201912/20191202918627.shtml.

国营商环境全球排名第 21 位，较 2018 年上升了 6 位；泰国在 190 个国家和地区中排名第 21 位，是泰国在过去 6 年中的最高排名，在东盟排名第 3 位，仅位列新加坡和马来西亚之后。[①]2014 年上海汽车大手笔投资泰国，其他中国品牌也逐渐进军泰国市场。2020 年年初，万向钱潮股份有限公司下属三公司在泰国合作设立新公司。

③汽车售后服务维修市场前景广阔。泰国使用中的汽车数量约为 1600 万辆，预计 2020 年泰国超出保修期的乘用车数量将超过 1400 万辆，其中，车龄为 3~8 年的乘用车将超过 500 万辆。预计 2015—2020 年，由于二手车价格预期下降以及富裕中产阶层人群日益增多，二手车销量的复合年均增长率将为 5.5%。曼谷仍将是推动独立汽车售后零部件市场的关键因素，泰国北部及东北地区在未来 5 年将成为带动汽车零件市场增长的主要市场，汽车售后服务维修市场前景普遍看好。

2. 泰国汽车产业发展规划

（1）泰国 4.0 战略与汽车产业发展规划的对接

泰国政府积极推动泰国 4.0 战略，其中电动汽车被列为优先推动的产业之一。电动车计划是由 BOI 于 2017 年 3 月推出，旨在鼓励汽车制造商进行投资。泰国财政部长乌达玛于 2020 年 1 月表示，该国政府正在草拟电动汽车生产路径图，并将在 3 年内执行。该路径图为在泰国从事电动汽车制造的厂商建立了信心，因为这些厂商要求制定明确的政府政策、投资标准及奖励措施，以推动泰国生产电动汽车、充电站及电动汽车充电物流等基础设施所必要的明确计划。泰国政府为吸引电动车核心技术厂商到泰国投资设厂，给出的优惠政策是除了一般投资者可享有的长达 13 年的免税优惠期，还为在泰国投资建厂的电动车厂商提供最长 2 年的整车进口免关税优惠，势将推动泰国成为电动车制造中心。

（2）EEC 计划与汽车产业发展规划的对接。泰国政府于 2015 年提出东部经济走廊（EEC）计划，旨在吸引外商对东部经济走廊地区进行投资。EEC 贯穿春武里府、罗勇府与北柳府，是东海岸工业开发区的延伸，聚焦十大目标产业。目标产业包含次世代汽车、智能电子、高端健检旅游、未来食品、自动设备与机器人、航空、生物化学及环保石化、数字产业与医疗中心等。EEC 计划拟在

① 中华人民共和国驻泰王国大使馆经济商务参赞处 . 泰国营商环境全球排名第 21 位 [EB/OL] [2019-10-30].http://th.mofcom.gov.cn/article/ddgk/zwdili/201910/20191002908641.shtml.

泰国的三个地区（北柳、春武里和罗勇）开发10个产业，包括新型汽车、高端农业和生物技术等。EEC计划在2017年至2021年投入440亿美元。据泰国政府预计，其中80%的资金将来自私营部门，其余来自政府。[①]2018年5月15日，《东部经济特区法案》经泰国十世皇御准后颁布实施，EEC的发展正式进入快车道。

3. 泰国汽车产业政策

（1）发展汽车及其零部件产业集群

泰国政府高度重视产业集群对国内经济发展的重要性，内阁及投资委员会一致认可制定发展产业集群形式的经济特区政策，简称“产业集群政策”，该政策自2015年9月16日起生效。在第一阶段，政府确定了两种类型的产业集群，即超级产业集群和其他产业集群。第一，超级产业集群，是高科技产业及未来型产业的产业集群，如汽车及其零部件产业集群、电子电气产业集群、智能电子及通信设备产业集群、环保石化产业和化工产业集群、数字产业集群、创新型食品产业集群以及医疗中心。第二，其他产业集群，如农产品加工产业集群、服装纺织品产业集群。

（2）致力于发展电动汽车行业

泰国汽车产业期许在5年内发展成为全球电动车制造大国。该国已出台各种政策和激励措施吸引外国投资及建立国内新能源汽车生产中心。例如，为了环保及减少废气排放，泰国从2016年1月开始实施新的汽车消费税，即汽车每千米二氧化碳排放量越大，面临的税率也越高，但是混合动力车的税率维持最低点不变。BOI以3种动力配置电动车享受不同的促进投资优惠政策来推动电动汽车产业发展，分别是纯电动车享受的BOI投资优惠政策是免征企业税时间长达5~8年，每增加一个关键零部件在泰国本地生产，免征企业所得税再延长1年，但合计不超过10年；复合动力车能享受的优惠政策是设备进口免税；充电式复合动力车享受的优惠政策包括设备进口免税，同时免征3年的企业所得税，每增加一个关键零部件在泰国本地生产，免征企业税所得税再延长1年，

① 中华人民共和国商务部贸易救济调查局．当“东部经济走廊”遇上“一带一路”[EB/OL] [2017-07-11].http://trb.mofcom.gov.cn/article/zuixindt/201707/20170702607432.shtml.

但合计不超过6年。①

（3）打造全球汽车零配件生产基地之一

泰国政府对汽车配件业的外来投资者提供宽松的优惠政策：对投资形式无强制性要求，无出口比例限制，在制造部门无外资比例限制和业务本地化要求，从事汽车配件行业可获免法人所得税3年，降低或免缴进口设备和原料的关税，允许雇用外国专家和技术人员，允许拥有土地及产品自由出口，并保证不强制实行国有化。②泰国传统汽车零部件奖励投资政策为汽车一般零部件：免除企业所得税（上限），Zone 1~3年（工业区内），Zone 2~3年（工业区外）/7年（工业区内），Zone 3~8年。汽车关键零部件：全区内外免除8年企业所得税，免除关键零部件生产机器进口关税（详见表4-9）。BOI借由免征企业所得税、减税方式积极扶持新能源车辆或电动车辆关键零部件产业，针对汽车关键零部件依据技术程度设定分级：A1、A2、A3、A4和B1、B2共5级，分别享受不同的投资优惠或奖励政策（见表4-10），目的是致力于打造全球重要的汽车零配件生产基地之一。

表4-9　泰国传统汽车零部件奖励投资工业区政策内容

项次	奖励政策内容
汽车零部件（一般零部件）	免除企业所得税（上限）
汽车零部件（含电动车辆关键零部件）	Zone 1~3年（工业区内）
	Zone 2~3年（工业区外）/7年（工业区内）
	Zone 3~8年

① 萧瑞圣.泰国4.0次世代汽车产业[EB/OL][2018-08-14]. http://www.sohu.com/a/247067870_99905556.

② 中国—东盟矿业信息服务平台：泰国产业结构[EB/OL][2019-01-10]. http://www.camining.org/ziliaoku/show.php?itemid=683.

续表

项次	奖励政策内容
汽车零部件 （含电动车辆关键零部件）	全区——免除8年企业所得税
	免除关键零件组件生产机器进口关税
	关键零件组项目：
	零件组
	触媒担体
	电子喷油系统
	汽车变速箱
	电动车电池
	电动车辆电动马达
	电子行车稳定系统
	刹车动能回收系统
	电动车空调系统
	汽车轮胎
	汽车电子零部件

表4–10 泰国汽车零部件产业投资奖励政策

分类	内涵	投资优惠或奖励内容	电动车辆零部件品项	
A1	强化研发，增强泰国汽车产业竞争力	免除8年企业所得税；免征出口生产用原料进口关税；免营业税		
A2	泰国少有投资且具强化基础设施，应用先进技术提升附加值		电动车辆关键零部件（电动马达、马达控制器等） 逆变器、电流转换器、车载充电器、 电动车电池、电池管理系统、电动空调系统与其零部件、电动车充电器或充电站	触媒制造、引擎喷油系统、汽车变速箱、引擎控制器、刹车防死锁、自动启闭系统、动态稳定系统、汽车轮胎
A3	泰国已具少量投资雏形，属于高科技应用，促进工业发展	免除5年企业所得税；免征出口生产用原料进口关税；免营业税		粉末冶金、汽车钣金、燃油泵、喷射泵、燃料喷嘴；传动变速机构零部件（环齿轮、变速齿轮、扭力转换器、传动轴、驱动轴、差速器等）；涡轮增压器及其零部件；模具与夹治具零部件

续表

分类	内涵	投资优惠或奖励内容	电动车辆零部件品项	
A4	技术层次低于A1~A3，强化泰国产业供应链	免除3年企业所得税；免征出口生产用原料进口关税；免营业税		非铁金属成型制造（锻造加工等）；引擎零部件（汽缸头、汽缸体、凸轮轴、活塞、进/排气阀、连杆、曲轴等）；驾控安全（安全带、安全气囊、刹车系统）及其零部件；汽车转向系统、冷却系统（水泵）与其零部件
B1	未应用高科技技术，但对汽车产业价值链有明显助益者	依提升竞争力程度给予免税额度优惠；免征机器进口关税；免征出口生产用原料进口关税；免营业税		汽车钣金（含非铁金属）成型引擎组装设备；汽车生产组装设备；汽车线束
B2	未应用高科技技术，但对汽车产业价值链有明显助益者	免征出口生产用原料进口关税；免营业税		

资料来源：搜狐网，http://www.sohu.com/a/247067870_99905556.

（二）印度尼西亚汽车产业现状

印度尼西亚的汽车工业始于1920年，当时通用汽车在雅加达外港码头丹戎普瑞克建立了雪佛兰装配厂。丰田的吉普车是第一款进入印度尼西亚的日本汽车，于1961年进入印度尼西亚市场。丰田的皮卡车Kijang于1975年在雅加达博览会的丰田馆展出，第一代丰田Kijang于1977年推出市场。印度尼西亚主要组装日本品牌的汽车，2017年，印度尼西亚是世界第17大乘用车生产国，也是亚洲第5大乘用车生产国。

1. 产业发展现状

（1）企业情况

目前，印度尼西亚汽车制造业高度依赖外国直接投资，特别是来自日本的外资来建立汽车制造设施。印度尼西亚主要发展能够支持汽车制造业的汽车零部件产业。印度尼西亚的汽车企业包括了阿斯特拉集团（Astra）、丰田、大发、本田、三菱、日野、铃木、梅赛德斯－奔驰、印多集团（Indomobil）、印度尼西亚嘎雅汽车公司（Gaya Motor）等。

出于对印度尼西亚人均汽车拥有量低、劳动力成本低和中产阶级不断增长的考虑，全球各大汽车制造商（例如丰田和日产）决定加大对印度尼西亚的投资以扩大印度尼西亚的产能。通用汽车等公司已经返回印度尼西亚（几年前通用关闭了在印度尼西亚的工厂），进入了这个利润丰厚的市场。即使如此，日本的汽车制造公司仍然是印度尼西亚汽车制造行业的主导者，尤其是丰田品牌。印度尼西亚国内销售的汽车总数中有一半以上是丰田汽车。印度尼西亚被称为日本汽车制造商的后院。而近年来，中国品牌也不断进入印度尼西亚汽车制造业，其中就包括五菱、吉利、福田和奇瑞。

阿斯特拉集团（Astra International）是印度尼西亚最大的汽车生产和经销商，成立于1957年，与日本汽车制造商如丰田、大发和五十铃汽车合作。阿斯特拉的业务不仅在汽车相关企业扩张，现在已有6项核心业务，即汽车、金融服务、重型设备、农业贸易、信息技术和基础设施，已建立起数个与不同行业中全球领先企业的战略联盟。2013年年末，阿斯特拉集团有217274人的劳动力，遍布183个子公司，生产各种各样汽车配件，用于冲压、发动机等铸造和装配厂。生产的配件包括离合器、制动器、散热器、火花塞、电池等。公司拥有独家经销权的有丰田、标致，大发、宝马、五十铃和日产柴油发动机。公司还维持一定的丰田、大发、五十铃汽车制造业务，以及全国领先品牌摩托车——本田摩托车独家制造和分销权。作为印度尼西亚最多元化的企业集团之一，阿斯特拉集团控制着印度尼西亚约50%的汽车销售市场，在整个2018年继续保持51%的市场份额。

日系整车厂占据印度尼西亚新车销售市场（含商用车）98.6%的份额（2017年）。[①]2019年印度尼西亚汽车行业的市场领导者仍是丰田汽车，从整车厂来看，丰田的市场份额为32.2%，大发汽车为17.2%，本田为13.3%、三菱汽车为11.6%、铃木为9.7%。

（2）产业分布

印度尼西亚的汽车生产基地主要的工厂分布于雅加达延伸至东部的勿加泗

① Marklines全球汽车信息平台．印度尼西亚：市场规模回升至110万辆，还在推动本土化生产[EB/OL][2017-08-31].http://www.marklines.com/cn/report_all/rep1625_201708.

以及加拉横地区的工业园区。2019 年，阿斯特拉集团产能合计达 69.1 万辆，年产能超过 10 万辆的主要工厂的年产能合计约达 114 万辆。[①]

各整车厂都预见到未来中长期印度尼西亚国内需求以及出口量将有所增长，因此纷纷扩大生产基地、推进零部件的本土化生产。丰田从 2016 年 2 月起在新发动机工厂投产。西爪哇加拉横地区（Karawang）是重要的汽车生产工业区，大型的汽车制造商中，丰田、大发、本田、五菱等国际品牌都在那里设有工厂。除此之外，阿斯特拉集团的丰田、大发也在雅加达的顺德尔（Sunter）等地区建立工厂。铃木作为在印度尼西亚设立工厂的日本汽车制造商之一，已经在芝卡朗地区建立了 4 个汽车制造厂。梅赛德斯 - 奔驰是唯一在印度尼西亚设有汽车装配厂的欧洲汽车制造商。该德国制造商已成功在茂物的瓦纳河朗（Wanaherang）地区建立了工厂。据报道，2015 年，三菱公司追加了 6 亿美元的投资，用于在勿加西的格陵兰国际工业中心（GIIC）新建工厂。2016 年 9 月，日产在现有工厂启动了生产发动机和变速器的工厂扩建工程。2017 年 2 月，本田宣布，到 2022 年为止，将扩大发动机、车身骨架、塑料注塑成型件的产能。2016 年，上汽通用五菱在西爪哇省芝卡朗工业园区新建工厂。2017 年 7 月，其印度尼西亚子公司 PT. SGMW Motor Indonesia 投产于五菱宏光的 MPV“Confero S”。

根据工业部的数据，印度尼西亚目前全国大约有 1500 家汽车零部件公司，分为 1 级、2 级和 3 级，分布在整个印度尼西亚，特别是在雅加达、万丹、西爪哇（加拉璜工业区、勿加西等）、中爪哇和东爪哇省。其中，约有 240 家公司是汽车和摩托车装备工业协会（GIAMM）的成员，而 122 家公司是汽车零部件中小型工业协会（PIKKO）的成员。[②]

为了促进汽车工业的发展，印度尼西亚在雅加达兴建了东南亚最大的汽车展销中心，每年 7 月 24 日都会在那里举行印度尼西亚国际汽车展。

（3）生产规模与能力

1999 年 6 月之前，印度尼西亚的汽车市场还没发展起来，不管是产量还是销量都很低。但是 1999 年汽车产业开放后，印度尼西亚汽车产量和销量快速增

① Marklines 全球汽车信息平台 . 印度尼西亚：市场规模回升至 110 万辆，还在推动本土化生产 [EB/OL] [2017-08-31].http://www.marklines.com/cn/report_all/rep1625_201708.

② 独立网 . 印度尼西亚在 6 个月内生产 60 万辆汽车 [EB/OL] [2019-08-13]. http://www.liputan6.com/bisnis/read/4036435/indonesia-telah-produksi-600-ribu-mobil-dalam-6-bulan.

长。2000—2014 年，印度尼西亚的汽车产量由 29 万辆增长到 130 辆，而销量由 30 万辆增长到 120 万辆。[①] 从 2014 年开始，印度尼西亚的汽车不管是产量还是销量都突破了 100 万辆。2015—2017 年，印度尼西亚的汽车产量和销量都有小幅度的下降，但仍能维持在 100 万以上辆。2018 年，印度尼西亚的汽车产量达到了 134 万辆，在东盟国家的汽车产量排行中仅次于泰国的 216 万辆，位于第二；销量达到了 115 万辆，居于东盟国家汽车销量第一。由于全球经济放缓，印度尼西亚 2019 年的汽车产量与 2018 年相比下降了 4%，达到 128 万辆，在东盟国家中仍居于第二，而销量仍在东盟地区保持第一，但与 2018 年相比下降了 11%，达到 103 万辆，具体见图 4-10。

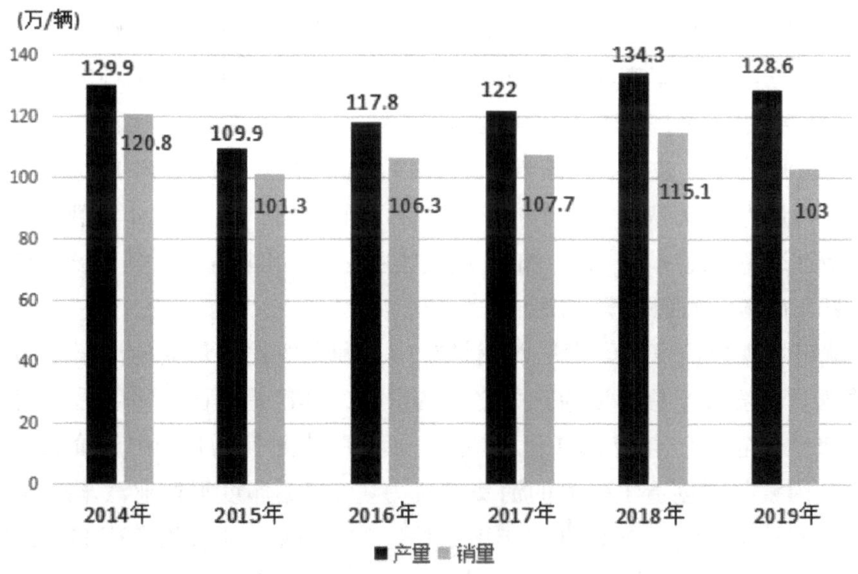

图 4-10 2014—2019 印度尼西亚汽车产销量

资料来源：印度尼西亚汽车工业协会（GAIKINDO）。

就生产规模而言，印度尼西亚的汽车生产能力不及泰国，总产量在东盟地区位居第二，但仍能保持在 100 万辆以上。虽然印度尼西亚没有自己的汽车品牌，基本是组装外国品牌汽车，但是各大品牌的变型汽车、新型汽车均有设在印度尼西亚的汽车组装工厂。丰田制造商销售的大多数变型、新型汽车基本都是

① 吴崇伯．印度尼西亚汽车工业的发展、政策及前景 [J]. 东南亚南亚研究，2011（3）.

在印度尼西亚组装的，例如，Yaris，Agya，Avanza，Fortuner 和 Innova 型号的汽车。大发与丰田共同合作制造了多款相似类型的汽车，如 Xenia 和 Avanza、Agya 和 Ayla。本田几乎所有的新品牌都是在印度尼西亚生产的，例如 Mobilio、HR–V、Brio 和 Freed，都在加拉横的工厂里组装。铃木的一些变型、新型汽车，例如，Ertiga，Karimun Wagon R 和 Carry 已在印度尼西亚组装生产。在印度尼西亚组装的梅赛德斯奔驰有几种型号，例如 C 200 Avantgarde、C 250 Exclusive 和 C 250 AMG。在所有印度尼西亚汽车制造商中，丰田汽车的产能最大。根据印度尼西亚汽车工业协会（Gaikindo）的数据，2019 年，丰田汽车产量达 51.6 万辆（占 40.1%）、三菱汽车达 19.3 万辆（占 15.1%）、大发汽车达 17.5 万辆（占 13.6%）、本田汽车达 13.3 万辆（占 10.4%）、铃木达 12.4 万辆（9.7%）、扶桑达 4.3 万辆（3.4%）、日野达 3.2 万辆（占 2.5%）、五菱达 2.4 万辆（占 1.9%）。

印度尼西亚汽车产品主要分成两类：一类为乘用车，包括小轿车、MPV 4×2（多用途车）、SUV 4×4（运动型多用途车）；另一类是商用车，包括巴士（或公交车）、皮卡、两箱卡车 。2019 年印度尼西亚乘用车的产量达到 104 万辆，销量为 78 万辆；商用车的产量为 24 万辆左右，销量为 24 万辆。乘用车的产量远远高于商用车。其中 MPV 最受印度尼西亚市场喜爱，其市场份额约占整体新车市场(含商用车)的四成。①

就市场规模而言，印度尼西亚是东南亚和东盟地区最大的汽车市场，控制着东盟年度汽车总销量约三分之一的份额，其次是泰国。印度尼西亚不仅人口众多（至 2019 年有 2.62 亿人口），而且拥有迅速增长的中产阶级群体。这两个因素共同创造了强大的消费者实力。② 根据印度尼西亚汽车工业协会（Gaikindo）的数据，2019 年，丰田销量达 33.1 万辆、大发汽车达 17.7 万辆、本田达 13.7 万辆、三菱汽车达 11.9 万辆、铃木达 10 万辆。

目前，印度尼西亚汽车的进出口贸易出现极大逆差。根据 Gaikindo 发布的数据，2019 年印度尼西亚完整或完全组装（CBU）汽车出口达到 332023 辆，比 2018 年增长了 25.5%。而 2018 年出口达 264553 辆，比 2017 年增长了 14.4%。

① Marklines 全球汽车信息平台 . 印度尼西亚：市场规模回升至 110 万辆，还在推动本土化生产 [EB/OL] [2017–08–31]. http://www.marklines.com/cn/report_all/rep1625_201708.

② 印度尼西亚投资网 . 印度尼西亚汽车制造工业 [EB/OL] [2017–07–12]. http://www.indonesia–investments.com/id/bisnis/industri–sektor/otomotif/item6047.

2019 年整台车进口为 73876 辆，2018 年为 84148 辆，而 2017 年为 87352 辆。根据印度尼西亚中央统计局（BPS）的数据，2018 年印度尼西亚出口车辆及其零件比 2017 年的 68 亿美元增长 10.4% 达 75 亿美元，而同样产品的进口则由 66 亿美元剧升 20% 达 80 亿美元。印度尼西亚机动车工业协会第一主席苏稽阿尔多（Jongkie D. Sugiarto）曾表示，机动车贸易平衡出现逆差，主要是零部件和高档汽车的逆差。目前，有些高档汽车还不能在印度尼西亚生产，是直接以整车的形式进口的，大多数是欧洲名牌汽车。① 印度尼西亚车辆工业所需机件大部分依赖进口，主要以半散装件方式输入，在本地生产的是印度尼西亚国内可取得原料且需求较高的零部件，例如轮胎以及锻造、铸造、冲压方式生产之金属零组件、蓄电池及射出、押出塑胶零配件等，其他例如车用电子化产品，底盘、引擎、传动、转向、刹车、悬吊系统配件等均需进口。②

（4）总体评价

印度尼西亚汽车产业可以总结为以下几个特点：

第一，印度尼西亚的汽车产业主要由日资背景的企业控制。虽然许多国际汽车制造商进入印度尼西亚，但是现在仍是日本品牌的汽车在印度尼西亚取得巨大成功。比较而言，欧美品牌汽车造价成本高、中国品牌进入印度尼西亚的时间较短，而日本品牌的汽车性价比较高，各项服务较完善，进入印度尼西亚市场较早，大部分零部件已经本土化，所以丰田、大发、铃木、本田等仍是印度尼西亚重要的汽车制造生产商。

第二，印度尼西亚汽车制造业基础和技术团队有一定的优势，劳工多且工资低廉，加上工厂地价的优势，都为汽车产业的发展提供了有利条件。而且印度尼西亚人口基数大，国民收入日益增加，购车需求越来越大，潜在的汽车市场较大。所以，在东盟地区，印度尼西亚汽车产业具有巨大的竞争优势。

第三，印度尼西亚没有自己的汽车品牌，缺少自主研发，主要依赖于外国技术，印度尼西亚的汽车产业可以说是汽车组装业。

第四，尽管印度尼西亚汽车的出口量比进口量大，但是由于零部件和高档

---

① 对进口零部件的依赖仍然高，去年印度尼西亚机动车贸易逆差达 5 亿美元 [EB/OL] [2019-01-24].http://www.sohu.com/a/291326440_740262.

② 搜狐外贸报告 . 印度尼西亚主要产业概况 [EB/OL] [2017-01-16]. http://www.baidu.com/link?url=gNs6dUoPX02LW5T6A19S7BKaWsn1LxbNImikWcZb9JG2v9sXoL4TMm3qht8idA1d-W8kppm9BrHwEKx4NvXIBSa&；wd=&eqid=c5e0439100023a46000000065efb1741.

汽车的进口贸易额较大，出现进出口贸易额的逆差。

第五，基于环境保护和国民消费水平，也为了应对印度尼西亚汽车工业向全球市场扩展面临的环境和能源问题，印度尼西亚政府正大力发展新能源绿色汽车，包括低成本绿色汽车（LCGC）和低碳排放汽车（LCEV）。

2. 汽车产业发展规划与政策

印度尼西亚政府决心将印度尼西亚变成全球汽车制造生产中心，并希望大型汽车制造商在印度尼西亚建立工厂，希望将印度尼西亚发展成为东南亚和东盟地区最大的汽车生产中心。从长远来看，政府希望将印度尼西亚变成一个独立的汽车制造国，该国的所有零部件都能在印度尼西亚生产制造。

从 1999 年开始，印度尼西亚政府为发展汽车产业，推出了一系列扶持政策。新政策包括发展国内零部件生产产业，拓展出口市场，特别是微型汽车工业及其零部件的出口，构建新的产业结构。对于国内市场，印度尼西亚政府重新调整了进口关税及奢侈品税，减轻市场负担，恢复国内汽车市场活力，并且吸引外资。新政策还取消了外国投资所持股份的比例要求，外商可完全独资控股[①]。

目前，印度尼西亚汽车行业仍然面临着各种各样的挑战。这些挑战可以概括为两个主要问题。首先，导致印度尼西亚国内汽车零部件制造工业不发达的原因仍是进口零部件。由于没有足够的本地组件，汽车制造商不得不依赖国外的供应，进口活动极易受到货币汇率波动的影响，从而影响进出口贸易，出现进出口贸易逆差。[②]其次，近年来印度尼西亚汽车工业向全球市场的扩展面临着环境和能源问题。全球消费者对环境和能源问题的认识日益提高，引起了人们对汽车产品燃料和废气消耗的关注。目前，许多国家和地区的汽车产品排放标准已达到欧 IV（其中一个是马来西亚）。即使是发达国家（包括邻近的东盟成员国新加坡）也已经执行了欧 VI 排放标准。[③]

为了应对环境和能源问题，从 2009 年开始，印度尼西亚政府提出发展低成

① 吴崇伯 . 印度尼西亚汽车工业的发展、政策及前景 [J]. 东南亚南亚研究，2011（3）

② 印度尼西亚汽车工业协会（Gaikindo）. 印度尼西亚汽车工业的拓展、前景与挑战 [EB/OL] [2019-05-21]. http://www.gaikindo.or.id/geliat-prospek-dan-tantangan-industri-otomotif-indonesia

③ 印度尼西亚汽车工业协会（Gaikindo）. 印度尼西亚汽车工业的拓展、前景与挑战 [EB/OL] [2019-05-21]. http://www.gaikindo.or.id/geliat-prospek-dan-tantangan-industri-otomotif-indonesia

本绿色汽车的新政策，并于 2013 年将低成本绿色汽车引入印度尼西亚市场。低成本绿色汽车也就是 Low Cost Green Car，LCGC，是一种新的小型经济且环保乘用车。发展此类乘用车是为了降低零配件成本，从而降低汽车生产成本，扩大市场需求和经济规模。此外，印度尼西亚政府还大力发展低碳排放机动车，如电动汽车 、混合动力车，这项政策在 2013 年 5 月得到总统批复。①

LCGC 轿车的售价相对较低，通常每辆在 5~6 万人民币，这使其对该国的中下阶层市场具有很大的吸引力。在 2015 年年底实施东盟经济共同体（AEC）之际，印度尼西亚政府希望使印度尼西亚成为生产 LCGC 汽车的区域中心。

为此，从 2013 年开始，印度尼西亚政府为制造 LCGC 汽车而制定了一些政策，其中包括其燃油消耗必须设置为至少 20 千米 / 升，但是汽车必须具有 85% 的本地制造组件（从而降低这种汽车价格的不稳定性）。符合使用印度尼西亚相关品牌、Logo、车型名称、燃效在 20 千米 / 升及以上、1200cc 及以下汽油车及 1500cc 及以下柴油车 (不过三厢车和旅行车除外) 等条件的 LCGC 车辆能免除奢侈税，使制造商和零售商可以设定更低的价格。

印度尼西亚汽车工业协会（Gaikindo）的数据显示，2018 年全国售出 851430 辆汽车，其中低成本绿色汽车（LCGC）占总销量的 13.52%。

2019 年，印度尼西亚政府对印度尼西亚汽车产业制定了新的规划，即到 2025 年，印度尼西亚生产的汽车中有 20% 是低碳排放汽车（LCEV）。2019 年发布了第 55 号总统令关于加速用于道路运输的电池电动汽车发展计划，计划到 2025 年电动汽车将发展到 2200~10000 辆，混合动力汽车达到 71 万辆，电动摩托车达 210 万辆。为加速电动汽车的生产，政府在 2022 年设定了一个目标，即印度尼西亚将能够自主生产电动汽车电池。现在印度尼西亚市场上的电动汽车品牌包括东风小康、日产、特斯拉、宝马等。

为了应对汽车零部件短缺的问题，零部件供应链需要发展人才资源。为此，印度尼西亚政府鼓励汽车行业参与者与供应商共同发展人才人力资源，使其能够生产符合国际标准的零部件产品，提高全球竞争力。2019 年 12 月 16 日，据商报报道，印度尼西亚总统佐科拟定 2024 年印度尼西亚汽车出口目标为 100 万辆。目前印度尼西亚汽车每年仅出口 30 万辆，出口额为 80 亿美元，希望到

---

① 林梅 . 印度尼西亚汽车产业发展及中国汽车企业投资印度尼西亚的策略 [J]. 亚太经济，2016（4）.

2024年能够出口汽车100万辆，出口额达240亿美元。佐科总统表示，未来4~5年印度尼西亚将成为世界汽车生产中心，因此年出口100万辆的目标应该是能够实现的，此举也有利于改善印度尼西亚贸易逆差和经常账户赤字。①

（三）越南汽车产业现状

1.产业发展现状

1958年12月，越南第一辆四座乘用车在北方的战胜汽车厂下线。1970年，由越南组装的法国雪铁龙La Dalat开始在越南南方上市。越南的汽车工业起步较早，但由于历史原因，在1975年后停滞不前，真正发展起来是1991年和平汽车联营企业和湄公汽车联营公司（Mekong Auto）成立之后。1995年8月，世界企业三大巨头丰田、福特和克莱斯勒先后在越南成立联营公司。至此共有16家外国车企在越南投资，其中不乏丰田、福特、本田、三菱、梅赛德斯－奔驰等世界知名车企。

2004年，越南长海汽车股份公司（Thaco）和春坚汽车股份公司（Vinaxuki）经越南政府总理批准成立。2016年长海（Thaco）已经在越南汽车市场份额中独占鳌头。

根据世界银行《越南汽车行业报告2020》，2007年至今，越南的汽车市场发展可大致分为四个阶段：①2007—2008年，越南财政部连续3次下调汽车进口关税，整车进口关税由90%下降至60%，越南汽车市场增长速度维持在2位数，分别达到了97%和37%。②2009—2012年，受全球经济衰退影响，越南汽车市场增速有所下降，2009年增长了7%，而2012年则下降了33%。③2013—2016年，继续维持在2位数的增长速度。2015年增长速度达到55%，主要原因是越南政府调整销售税计算方式，各车企为减轻销售压力而竞相降价。④2017年至今为第四阶段，越南汽车市场增速减缓。2018年，越南实施东盟国家进口汽车零关税政策，汽车进口数量增加，越南国内汽车面临进口车的巨大竞争压力。

① 中华人民共和国驻印度尼西亚共和国大使馆经济商务处．佐科拟定2024年印度尼西亚汽车出口目标100万辆[EB/OL][2019-12-18].http://id.mofcom.gov.cn/article/sbmy/201912/20191202923451.shtml.

2019 年越南汽车价格下降了 8%~15%。[①]2020 年由于汽车生产供应充足，汽车进口量持续增加，越南汽车价格有可能进一步下降。

近年来，越南汽车工业发展迅猛，部分产品已经出口至老挝、柬埔寨、缅甸等国家。2017 年越南在海防市设计生产出了越南第一辆自主研发的国产汽车 VinFast，这是越南汽车工业发展史上新的里程碑。但整体而言，越南的汽车工业发展仍落后于马来西亚、泰国等东南亚国家。除 VinFast 外，越南缺乏自主品牌，国产化程度低，合资品牌占市场主要份额。

越南整个汽车工业未能形成汽车生产企业与汽车零配件生产企业、原材料供应与大规模汽车零配件生产间的有效连接。汽车价格较东盟地区其他国家仍较高，国产化比例低。越南汽车行业只能生产车厢、车架、驾驶室、车门、轮胎、散热器、刹车片、轮毂、变速箱、座椅等一些零配件，90% 的零配件仍需要由母公司生产或外国供应商提供：2015 年进口 30 亿美元，2016 年进口 35 亿美元，2017 年进口 31.67 亿美元。载货车、10 座以上客车、生产专用车的国产化比率较高，满足基本需求（7 吨以上载货车满足约 70% 的需求，平均国产化比例为 55%；10 座以上客运车辆能满足 90% 的需求，平均国产化比例约 45%~55%）。9 座以下个人乘用车的国产化比例低，平均为 7%~10%，其中长海汽车（Thaco）达 15%~18%，丰田越南的依诺华（Innova）达 37%，低于政府提出的目标。

（1）企业情况

越南工贸部的数据显示，目前越南总共有 350 家与汽车生产相关的企业，其中 40 多家汽车生产安装企业，45 家企业专门生产车架、车身和车厢，214 家企业生产汽车零配件。另外，越南汽车制造商协会（VAMA）2018 年公布的数据显示，越南汽车生产企业中外资企业占 47%，国内企业占 53%。主要汽车生产企业有通用大宇、福特、本田、丰田、三菱、日产、铃木、梅赛德斯 – 奔驰、VinFast、长海汽车股份公司（Thaco）、越南动力机械和农业机械总公司（VEAM）、湄公汽车（Mekong Auto）、西贡交通运输设备有限公司（Samco）和越南汽车工业总公司（Vinamotor）。外资企业进入越南多采取合资联营的方式。其中，通用大宇、本田、丰田、三菱、日产、铃木、福特均为外资合资企

① 东盟证券股份公司 . 越南产业业分析报告 2020 [R]（2020–5–19）.http://static1.vietstock.vn/edocs/Files/2020/01/07/bao–cao–phan–tich–nganh–o–to–nam–2020_20200107082900.pdf.

业。外国车企中只有梅赛德斯－奔驰和日本铃木为外资独资企业。合资企业中，外资处于控股地位，多数为日韩品牌，且进入越南市场较早，经过多年深耕细作，市场份额大、品牌效应高。韩国的起亚和现代、法国的标致、日本的马自达则采用与越南企业合作，由越南企业组装生产的方式在越南生产与销售。长海汽车股份公司（Thaco）是目前越南国内最大的组装生产汽车企业，拥有自己的汽车工业园区，生产的车型涵盖小型乘用车、大型客运车、各类运输车等。公司与韩国起亚和现代、日本马自达、法国标致、德国宝马等国外知名车企建立了合作关系，为这些外国车企提供组装和销售服务。动力机械和农业机械总公司（VEAM）、西贡交通运输设备有限公司（Samco）和越南汽车工业总公司（Vinamotor）为越南国有企业，主要生产或代工组装各类客车、运输车和专业用途车辆。另外，Vingroup集团是越南最大的私人企业，旗下的VinFast汽车是越南自主品牌现代化车企，目前只推出了2种车型。

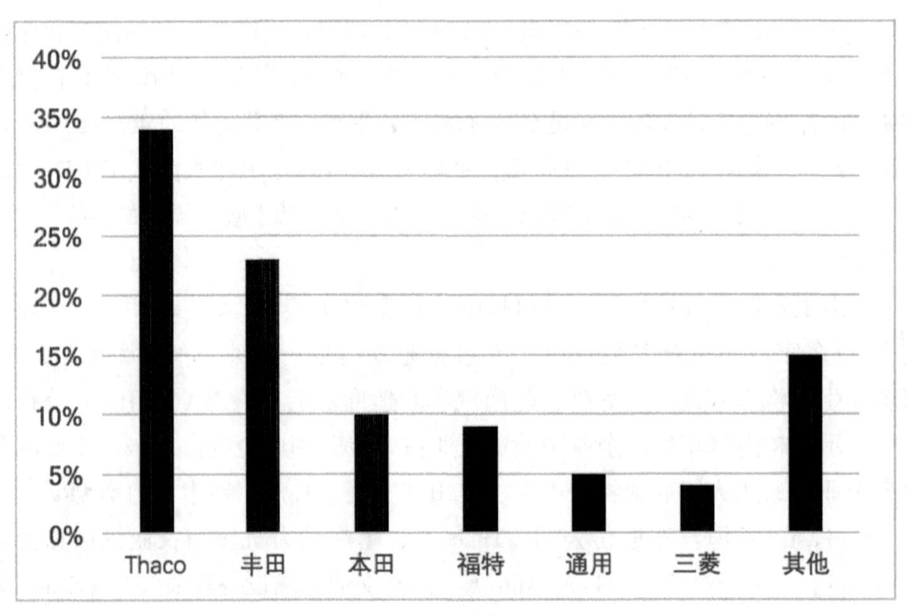

图4-11　2018年越南市场份额分布图

资料来源：ASEAN SECURITIES越南汽车行业报告2020。

（2）产业分布

越南汽车生产企业主要集中在东南部和红河平原地区。除越南本国的长海集团在越南中部拥有自己的汽车生产工业园区外，VinFast也在越南海防建设自己的工业园区，其他外国车企主要分布在越南南北两个地区的工业园区中。北部以永福省、海洋省和海防市为主，如日本的本田、丰田位于永福省；福特位于海洋省；VinFast 位于海防市。南部主要集中在胡志明市及其周边的同奈省、平阳省，如日本铃木位于同奈省、三菱位于平阳省。

越南汽车生产企业只有少部分企业达到中等以上规模，大部分生产基地规模小，分布散乱，没有形成规模效应。目前，越南的大型汽车工业园区有三家，分别是胡志明市汽车—机械工业园、珠莱—长海综合汽车工业园以及正在建设的 VinFast 汽车电动摩托车生产综合工业园。

胡志明市汽车—机械工业园由西贡交通运输设备有限公司（Samco）投资建设。园区建于 2014 年，项目面积 99.4 公顷，总投资 5061 亿越南盾（约 1.53 亿元），目前只建设开发使用了 20 公顷。园区位于胡志明市和富乡，交通便利，与西宁省、隆安省、平阳省和同奈省相连，通过 22 号国道可与木牌口岸和 1A 号国道连接。园区规划包括工厂区、技术设计区、仓储区、服务中心、公共交通客运站等。园区以汽车生产及零配件配套产业为主，截至 2018 年，园区共吸引了 12 家企业入园，企业总投资额超过 9000 亿越南盾（约 2.72 亿元）。[①]

珠莱—长海综合汽车工业园由长海汽车股份公司投资建设，是越南目前最大的工业园区。园区位于越南广南省，位于岘港市以南 80 千米，总面积为 1200 公顷，其中汽车产业园 325 公顷，园区总投资额超过 80 万亿越南盾（约 242 亿元）。Thaco 于 2003 年开始投资建设该园区，并于 2016 年转型升级为综合汽车工业园区。目前园区共有 36 家企业，其中有 7 家汽车生产厂家，分别是：Thaco 起亚、Thaco 马自达、Thaco 高级旅游车、旅游观光车、Thaco 运输车、Thaco 客车、SMRM 重型专业用途设备厂。另外，园区还有 11 家汽车零配件生产企业，主要生产挡风镜、座椅、内饰、钢板、电子元器件、汽车空调等。珠莱—长海综合汽车工业园也被认为是越南汽车生产中心和最大的汽车零配件生产基地。作为珠莱经济开发区的一部分，园区地理位置优越，配套设施完善，与榕桔经济区相距 20 千米，与珠莱—长海码头相连。珠莱—长海码头物流运输方便，南可达东盟各国，北可至中国、日本、韩国。[②]

---

① 胡志明市汽车机械工业区简介 [EB/OL] [2020-05-23]. http://viipip.com/ipvn/?ipcode=310.

② 珠莱 - 长海综合汽车工业园 [EB/OL] [2020-06-05]. http://www.chulaicomplex.vn/cong-nghiep-co-khi-oto.

VinFast 汽车电动摩托车生产综合工业园位于越南海防市吉海县，是 Vingroup 集团投资建设的 VinFast 汽车生产综合园区。园区总面积 335 公顷，总投资额超过 35 万亿越南盾（约 106 亿元），于 2017 年开始动工建设。园区规划包括汽车、摩托车、电机生产安装工厂、零配件生产厂、喷漆厂、产品分包区、仓储物流区以及试驾体验中心。VinFast 汽车电动摩托车生产综合工业园是越南在建的最大汽车生产基地，目前已经建成投入使用 VinFast 汽车生产厂。①

（3）生产规模与能力

根据 2019 年越南工贸部呈国会的工作报告，越南全国汽车生产安装企业设计产能达到了 68 万辆 / 年。另根据越南财政部税收政策司公布的数据，2015—2018 年，越南国内汽车生产安装平均增速 10%（2015 年越南国内汽车生产安装总量约为 20 万辆 / 年，较 2014 年增长了 51%；2016 年产量继续增长，达到了 28.33 万辆，较 2015 年增长了 38%；2017 年和 2018 年受政策影响，汽车产量分别下降了 9% 和 3%）。越南国内汽车生产总量可满足 70% 的市场需求。主要汽车生产厂产能情况如下：

长海集团下属的长海汽车股份公司（Thaco）是越南最大的汽车生产企业，2018 年 Thaco 生产的汽车占越南汽车市场份额的 34.7%，远高于排在第二位的丰田越南 23.8%②。Thaco 以代工组装生产为主，工厂设在长海集团投资的珠莱—长海综合汽车工业园区。

表 4–11　Thaco 下属主要汽车生产厂产能情况

名称	年产量（辆）	面积（公顷）	投资总额（亿元）
高级旅游车工厂	20000	7.5	1.36
客车生产厂	20000（大型：8000；小型：1200）	17	7.58
运输车工厂	50000	36.8	0.8
起亚	50000	20	1.36
马自达	10000	30.3	
特殊车辆工厂	5000	4	0.46

资料来源：Thaco 集团官网。

福特越南是福特在东南亚地区唯一的汽车生产基地，是越南唯一使用三维

① Vinfast 简介 [EB/OL] [2020–06–07]. https://vinfast.vn/vi/vinfast–khanh–thanh–nha–may–san–xuat–o.

② THACO 简介 [EB/OL] [2020–06–09]. http://thacogroup.vn/vi/Gioi–thieu/.

空间测量仪的汽车生产企业。汽车生产厂位于越南海阳省，距河内以东 55 千米。工厂面积为 1.74 万平方米，年产量 1.4 万辆 / 年。

丰田越南汽车生产厂于 1996 年建成并投入使用，当时设计的产能为 2 辆 / 天。根据丰田越南官网公布的数据，目前丰田越南汽车厂拥有员工 2400 人，全国共有 64 个代理商，工作人员 8200 人，年产量为 7 万辆 / 年，年销售 6.17 万辆以上。[①]

2019 年 9 月 2 日，VinFast（Vingroup 集团）汽车生产基地在越南海防市正式落成并投入使用。基地 1 期工程包括小型汽车生产厂及零配件生产厂，最大设计产能为 20.5 万辆 / 年。根据规划，2 期工程产能将达到 50 万辆 / 年，生产速度达到 38 辆 / 小时。VinFast 汽车生产基地采用工业 4.0 技术，这是越南唯一一家能自主生产汽车核心构件的企业，并且拥有加工生产车身、欧洲标准发动机的能力。[②]

本田越南进入越南的早期阶段以摩托车生产为主，汽车生产起步较晚，2005 年 3 月才获得越南计划投资部颁发的汽车生产安装许可证。本田越南汽车生产厂于 2006 年建成投入使用，位于永福省永安镇，总投资 6000 万美元，目前拥有 537 名工人。主要生产森达（大、中、小型号）、SUV、MPV 三种乘用车，产能为 1 万辆 / 年。[③]

（4）总体评价

从长远看，越南汽车工业仍具有较大潜力。越南经济持续稳定增长，人均 GDP 即将跨过 3000 美元的门槛。2020 年越南中产阶级将达到 4400 万人，2030 年将达到 9500 万人，但人均汽车拥有量较低。这表明越南汽车消费市场潜力巨大。

政府将汽车工业作为未来国家工业发展的重心，并制订了长远计划。2014 年 6 月 9 日，越南政府颁布了《2025 年至 2035 年越南汽车工业发展战略》，对越南汽车工业的整体目标和各项指数提出了明确的要求，同时决定加大对汽车工业的扶持力度，为越南汽车工业的发展提供政策保障。另外，与欧盟的自

① 福特越南简介 [EB/OL] [2020-06-09]. http://www.ford.com.vn/about/corporate-info/assembly-plant/.

② Vinfast 简介 [EB/OL] [2020-06-09].https://vinfast.vn/vi/vinfast-khanh-thanh-nha-may-san-xuat-o.

③ 本田越南简介 [EB/OL] [2020-06-09]. http://www.honda.com.vn/gioi-thieu/gioi-thieu-honda-viet-nam.

由贸易协定以及东盟自由贸易区协议等越南政府加入的自由贸易协议也将有助于越南汽车加入全球汽车供应链。

从短期来看，越南汽车关税仍处高位，虽然越南政府多次下调进口汽车关税，但固定投资成本过高，汽车价格仍高于东盟其他国家。人民平均收入水平偏低，各类汽车税费不合理，基础设施落后，影响了越南民众的购车欲望，导致了汽车销售水平偏低。2018 年 1 月 1 日，越南开始履行东盟国家间的汽车零关税协议，进口汽车总量猛增，部分合资车型被整车进口取代。2018 年越南全国汽车生产总量为 67 万辆，2019 年前 6 个月达到了 75 万辆，国内车企竞争压力加大。虽然越南政府实施了一些措施来保护本国汽车工业，但目前来看效果仍不明显。国产化比例低，零配件依赖进口，导致了汽车生产成本高，国内生产汽车竞争力不足。另外，越南汽车产能过剩也导致了各品牌汽车竞争日趋白热化。2019 年前 6 个月的汽车生产总量为 159218 辆，而 2019 年前 6 个月越南全国汽车销售总量为 91731 辆，同比下降 14%，剩余 67000 辆。①

越南汽车工业发展的优缺点明显。越南国家地理位置优越，人口众多，劳动力资源丰富且成本较低，政治稳定，宏观经济发展良好，政府发展汽车工业决心大，诸多世界知名车企在越投资建厂，这些都是越南汽车工业发展的优势。但市场规模小，汽车价格过高，固定投资成本大，国产化程度低，基础设施和配套产业发展滞后也限制了越南汽车工业的发展。

2. 汽车产业发展规划及政策

越南政府高度重视越南汽车工业的发展，把发展汽车工业作为实现国家工业化、现代化的重要措施，并于 2014 年 6 月 9 日颁布实施了《2025 年至 2035 年越南汽车工业发展战略》（以下简称《战略》）②。《战略》提出到 2035 年，越南汽车工业要确保满足国家社会经济发展的要求，发展能源节约型汽车，满足国内需求的同时积极加入世界汽车生产制造链，创造更大的出口价值。《战略》明确越南汽车工业的发展战略是加强与世界知名汽车生产企业的合作，同步发展交通基础设施，满足越南人民对各类车型的需求；提高竞争力，努力成为世

---

① 东盟证券股份公司 . 越南产业业分析报告 2020[R]. http://static1.vietstock.vn/edocs/Files/2020/01/07/bao-cao-phan-tich-nganh-o-to-nam-2020_20200107082900.pdf.

② 越南政府《关于批准〈越南汽车工业 2025—2035 年发展战略〉的决议》（1168/QĐ-TTg）[EB/OL]. https://luatvietnam.vn/cong-nghiep/quyet-dinh-319-qd-ttg-2018-phe-duyet-chien-luoc-phat-trien-nganh-co-khi-viet-nam-160830-d1.html.

界汽车生产链的零配件供应商，为国家经济结构现代化转型创造动力。为此，将优先发展运输车及10座以上客车、9座以下乘用车、特殊用途车辆；开发生产部分车型的传动系统、变速箱、发动机、车身等重要零配件；加强与世界知名汽车企业的合作，在投资先进科技的基础上，选择越南可以生产的零配件，努力成为全球生产—供应链的一环，服务国家出口。

《战略》提出的越南汽车工业发展的总体目标是将汽车工业建设成为越南工业的重要组成部分，满足国内市场对各类车型的需求，实现出口，为其他工业行业的发展创造动力，提高竞争力，成为世界汽车生产零配件供应链的供应商。具体的目标如下：

（1）国内汽车生产数量方面

到2025年，总产量达466400辆以上，其中9座以下乘用车237900辆，10座以上乘用车29100辆，运输车97960辆，特殊用途车2400辆。

到2035年，总产量达1531400辆，其中9座以下乘用车852600辆，10座以上乘用车84400辆，运输车587900辆，特殊用途车6500辆。

（2）生产总数与国内市场需求的比例

到2025年，国内生产的数量达到70%以上，其中9座以下乘用车达65%以上，10座以上乘用车达92%以上，运输车达78%以上，特殊用途车达18%以上。

到2035年，国内生产的数量达到78%以上，其中9座以下乘用车达75%以上，10座以上乘用车达94%以上，运输车达82%以上，特殊用途车达23%以上。

（3）配套产业发展方面

2021—2025年，能生产传动系统、变速箱、发动机（尤其是轻型货运车和客车）等重要零部件，逐步参与世界汽车工业全球价值链零配件供应体系。

2026—2305年，继续发展汽车生产配套产业，努力成为世界和地区汽车生产的重要零配件供应商。满足国内汽车生产对零配件需求的65%。

国产化比例：到2025年，实现9座以下乘用车达40%~45%，10座以上乘用车达50%~60%，运输车达45%~55%，专业用途车达40%~45%；

到2035年，实现9座以下乘用车达55%~60%，10座以上乘用车达75%~80%，运输车达70%~75%，专业用途车达60%~70%。

（4）出口方面

到2025年，汽车出口总量达37000辆，其中9座以下乘用车达7000辆以上，10座以上乘用车达15000辆以上，运输车达10000辆以上。零配件出口宗额达

50 亿美元以上。

到 2035 年，汽车出口总量达 90000 辆，其中 9 座以下乘用车达 50000 辆以上，10 座以上乘用车达 15000 辆以上，运输车达 25000 辆以上。零配件出口宗额达 100 亿美元以上。

为实现该战略，越南政府鼓励投资大型汽车产业项目，建立汽车零配件市场。鼓励生产符合越南政府总量批准通过的排放标准的环保型汽车，包括节能型车、混合动力车、生物能源车以及新能源车等。同时，要提升科技含量，确保产品符合国际标准。在重组产业结构的基础上，建设一批汽车工业中心或产业集群。

四、中马汽车产业合作与展望

（一）合作现状

中国与马来西亚汽车产业的合作由来已久，至今已有数个中国汽车企业进军马来西亚并在马来西亚生根发芽，占据了一定的市场地位，正在中国与马来西亚汽车产业合作中发挥着越来越重要的作用。以下按照各个中国汽车品牌逐一介绍该车企在马来西亚的发展情况。

1. 奇瑞汽车

早在 2004 年 11 月，奇瑞汽车就与马来西亚 ALADO 公司签署协议，授权 ALADO 公司制造、组装、配售和进口代理奇瑞牌轿车。ALADO 公司隶属马来西亚最大的铝合金制造商 BSA 集团。该集团于 1995 年成立，在集团创办人兼掌舵人苏锦鸿博士的卓越领导下，经过 9 年的发展，成为马来西亚最大的铝合金出口商，产品行销全球超过 70 个国家和地区。ALADO 公司在其旗下专门从事汽车贸易和销售业务。根据协议，ALADO 公司获权制造、组装、销售和进口代理六种类型的奇瑞牌汽车。按照分阶段执行的计划，2004 年 12 月初，ALADO 公司以整车进口形式进口一万辆奇瑞 QQ 轿车，然后按计划逐渐转成散件组装 (CKD) 方式，新的厂房设在南马柔佛的一个本地著名的汽车装配厂，该工厂有 30 年汽车装配经验。双方合作更深远的意义在于进军整个东盟汽车市场。随着中国—东盟自由贸易区的建立及 2005 年东盟开放整车进口市场，5.5 亿人口的东盟可为汽车产业制造提供更大的市场。作为进入东盟汽车市场的重要战略要地，马来西亚工厂可为奇瑞汽车进入东盟市场提供资源配给、服务和技术支持作用。

2008 年，奇瑞与马来西亚汽车销售商 ALADO 公司正式签约组建合资公司，共同生产奇瑞品牌汽车。但受到当时马来西亚汽车保护政策的影响，奇瑞汽车2011年在马来西亚的销售量仅为2251辆，2012年销量有所增长，达到了3000辆。但2008—2015年累计销售量不足14000辆，远低于丰田、本田汽车等竞争者的销售量。

2013年，奇瑞控股马来西亚公司宣布奇瑞计划将马来西亚打造为生产右舵车型的重要区域中心，兴建一座全散件组装CKD（Completely Knock Down）整车厂，面向东南亚多个国家市场销售。奇瑞5年内将为马来西亚整车厂项目投资3亿美元，约合9.72亿林吉特（18.4亿元人民币）。

2. 长城汽车

长城汽车自2011年第三季度开始进入马来西亚市场，当年的销量为87辆商用车，2012年进一步提升为173辆。长城汽车2011年进入马来西亚市场之后稳扎稳打，凭借过硬的产品品质，在马来西亚屡获殊荣。2011年11月25日，长城汽车哈弗SUV荣获马来西亚2011年度"SUV品类的年度车型"奖项，风骏皮卡获得皮卡品类提名奖。这是马来西亚"年度车型"评选10年历史中第一次有中国品牌获得年度车型的称号。2012年7月11日，长城汽车哈弗H5荣获马来西亚最佳SUV组装奖，这是亚洲汽车行业奖设立5年以来第一次有中国品牌获得该奖项。同年12月，长城汽车成功获得马来西亚马友乃德建筑公司20辆汽车的政府采购订单，成为第一个获得马来西亚政府采购订单的中国汽车品牌。此次采购的20辆长城汽车包括3台哈弗SUV和17台风骏皮卡，主要用于马来西亚高速公路建设等基础设施项目上。此次长城汽车斩获马来西亚政府采购订单，有利于长城汽车良好的品牌形象树立，也标志着长城汽车在开拓马来西亚市场上登上了一个新台阶。

2014年4月9日，马来西亚政府向当地汽车生产商Go Automobile公司发放了首个节能型汽车生产许可证，该公司未来四年将投资20亿林吉特(约合6.18亿美元)生产中国长城汽车公司的节能型SUV。Go Automobile首席执行官Ahmad Azam Sulaiman表示，该公司在马来西亚北部吉打州(Kedah)的工厂将生产长城汽车的两款车型——长城M4和哈弗H6运动型多功能车(SUV)，首批汽车于2017年9月走下组装线。到2018年，该厂产能达到10万辆/年，其中60%将出口到其他东南亚国家。同时，双方也会在马来西亚设立研发中心，研发更高效率、更节能、更低碳排量的右舵汽车。

3. 吉利汽车

吉利汽车也是早早进军马来西亚市场的中国汽车品牌之一。2005 年 5 月 30 日，吉利和马来西亚 IGC 集团就整车及 CKD 项目签约，计划到 2006 年向马来西亚出口 1 万辆整车、3 万辆成套散件。2017 年 6 月 23 日，吉利汽车与马来西亚 DRB-HICOM 集团签署最终协议，收购 DRB-HICOM 旗下宝腾汽车（PROTON）49.9% 的股份以及豪华跑车品牌路特斯（Lotus）51% 的股份。宝腾汽车建立于 1983 年，是 DRB-HICOM 旗下全资子公司，也是马来西亚最大的汽车公司，是目前东南亚地区唯一成熟的整车制造商，业务范围覆盖英国、中东、东南亚及澳大利亚。豪华跑车品牌路特斯和路特斯工程是汽车界当之无愧的实力派，技术底蕴深厚，品牌魅力享誉世界。收购中值得注意的是吉利收购花了 4.603 亿林吉特，其中现金 1.703 亿林吉特，吉利博越平台估值 2.9 亿林吉特，也就是说技术平台价值占了收购资金的 63%，一方面收购对吉利的现金流影响不大；另一方面让国人欣喜的是自主技术平台价值获得了肯定。①

收购宝腾汽车后，吉利全面负责宝腾汽车的管理运营。吉利坚持在输出产品、技术、人才、管理的基础上，全面提升宝腾体系能力建设，既尊重宝腾品牌的独立性、本地化生产与管理，又寻求资源协同和规模化效应，加速宝腾品牌的转型升级和国际化进程。吉利汽车与宝腾汽车合作以来，双方协同效应斐然，宝腾进入了品牌复兴的飞速发展时期。2018 年 12 月 12 日，中国吉利控股集团战略入股马来西亚宝腾汽车后推出的首款新车宝腾 X70 在吉隆坡正式上市。宝腾 X70 基于吉利汽车 3.0 精品车中的爆款博越打造，并进行了本土化改进。该车未入市即热销，预售超万台。这是市场对中国车企以知识产权、管理运营经验等作为投资成功实施海外并购的肯定。以吉利博越为原型的宝腾 X70，上市仅三个月就登上马来西亚当地最畅销 SUV 王座，并助力宝腾汽车 1 月共销售 7007 辆新车，相比 2018 年 12 月环比增长 33.6%，市场占有率超过 14.5%。截至 2019 年 5 月，宝腾销量达到 10711 辆，环比增长 51.3%，市场占有率增长至 17.2%，蝉联本地新车销量排行榜亚军，并迎来了时隔 46 个月后的首次月销破万。2019 年 1—5 月，宝腾销量达到 3.6 万辆，同比增长 70%。除了宝腾 X70 的亮眼表现外，宝腾元老车型 Saga 和 Persona 均刷新销量纪录，表现出了强劲的市

① 新浪汽车 . 吉利 7.39 亿元收购宝腾　博越平台值 4.63 亿 [EB/OL] [2020-07-03].http://auto.sina.com.cn/news/hy/2017-06-23/detail-ifyhmtek7675103.shtml.

场竞争力。

（二）存在的问题

中国汽车企业在进军马来西亚的过程中遇到过许多问题，存在众多挑战，总结来说有以下几个问题。

1. 国家政策影响

马来西亚国家汽车产业政策在早期实行对本国汽车产业的保护政策，对外国汽车企业进入马来西亚设置了重重障碍。如2004年与马来西亚ALADO公司签署合作协议的奇瑞汽车在2005年进入马来西亚市场时，需要经过马来西亚政府工业部和交通部的双重资格认证，项目只能暂时搁浅。其主要原因是当时马来西亚对于汽车产业政策的风向转移，以及“中国汽车威胁论”马来西亚前总理马哈蒂尔此前曾对外表示：“进口到马来西亚的中国汽车已威胁到本土汽车的市场份额。”为此，他提醒本国政府应限制对中国汽车的进口。

从中国到马来西亚，关税加上物流费用，使到港的成套散件成本上升了20%；在当地进行组装，车辆价格还必须算上组装工厂的设备折旧费，这样一来，在当地组装的单车成本将比出口前至少上升25%。而通过与日本三菱汽车的多年合作，当地宝腾汽车拥有较多成熟车型，在市场上具有很强的竞争力。虽然马来西亚的关税从早期的100%下降到50%，但是相对周边国家而言，仍是阻止境外汽车厂商进入本土市场的关键壁垒。不过，随着马来西亚新的汽车产业政策减少对国产汽车的保护，并放宽对进口汽车的关税限制，这方面的影响将会越来越小。

2. 跨国文化冲击

中国车企进入马来西亚不仅会面临中国企业与马来西亚企业文化的碰撞，更是两个国家之间不同文化的冲击。首先是中国与马来西亚国家文化的差异。中国文化具有显著的大陆民族文化、农业社会文化与宗法制度文化的特征，文化心理较为封闭、内向。而马来西亚是典型的海洋国家，人们居住在比较狭窄的半岛或群岛上，又享有海运之便，促使人们朝海上拓展，因而文化心理比较开放、外向。[①] 其次是中马两国企业制度文化的差异。在中国企业的制度文化中，管理人员习惯于按上级行政管理机构的指令行事，条文、指令、文件便是企业

① 邓沛然．中国企业跨国并购中的文化整合研究[D]. 保定：河北大学，2009.

成员的办事章程、决策依据。这些文件发布系统的主管人员对形势判断的改变，或者人员任命发生变化，会破坏这些指令的长期性、连贯性、确定性和可测性。而马来西亚是一个开放式的资本主义国家，企业通常是在法律制度比较完善的条件下开展跨国经营与管理的，因此国家的法律条文是企业制度文化的依据，决定哪些行为可为或不可为，倾向“硬性管理”，强调“事重于人”。[①] 最后是人力资源管理政策的差异。中国企业并购外国企业时，在人力资源政策上往往采取两种模式：一是将中方员工派到海外，将中国企业的管理模式注入海外企业；二是保留被并购企业的主要高管，在目标企业继续推行原有企业的文化和制度。例如，吉利在收购宝腾后就派遣了李春荣担任宝腾的首席执行官。当时吉利的这一举措在马来西亚业界引起了轩然大波，引发了马来西亚各方很多质疑的声音，毕竟对于宝腾这样一个马来西亚第一汽车国企，由一个外国人担任首席执行官这样的事情确实是首次出现。因此，在中国汽车企业和马来西亚汽车企业合作的过程中出现由不同文化造成的冲突是不可避免的问题，需要企业领导者发挥过人的智慧巧妙化解，才能保证合作企业的顺利运转，甚至是取得长足的发展。

（三）前景展望

总体来看，中国与马来西亚两国汽车产业的合作前景向好。这基于以下几个方面的原因。

1. 中马两国之间保持友好的国家关系

中马两国有着深厚的历史渊源，六百多年前郑和七下西洋，五次驻节马六甲，在“郑和精神”指引下中马两国关系持续健康发展。1974 年中马两国建交，在东盟各国中马来西亚是最早与中国建立外交关系的国家。建交以来，中马关系稳定发展，其中在经贸领域合作中就展现了蓬勃的活力。在中国开展的与“一带一路”沿线东盟国家的合作中，马来西亚是最先响应并积极参与的国家之一，现已成为中国共建“一带一路”的重要伙伴，也是中国同东盟十国合作最重要的切入点。

2014年5月底至6月初，中马建交40周年庆祝活动在北京举行，两国在经贸、投资、金融、基础设施建设、农业、汽车、人文等领域开展互利合作，共同开

---

① 赵云龙 . 基于冲突—适应—合作的中国企业国际化跨文化管理研究 [D]. 天津：天津大学，2012.

拓东盟国家市场。为了促进共同发展，中马双方决定在广西南宁、马来西亚槟城和哥打基纳巴卢设立总领事馆。2018 年 8 月 20 日，中国国家主席习近平会见时任马来西亚总理马哈蒂尔时指出，当前中马关系处于新的重要历史方位。中国正努力实现“两个一百年”奋斗目标，马来西亚开启了建设“新马来西亚”征程。同为亚洲崛起中坚力量，中马互为重要发展机遇和合作伙伴。双方要加强战略沟通，引领两国关系更好发展，推动亚洲振兴和世界进步繁荣。李克强在与马哈蒂尔会见时也指出，中马经济互补性强、合作潜力巨大，中方愿将“一带一路”倡议同马方发展战略更好对接，推进中马产业合作与园区建设，加强经贸投资、农渔业、交通基础设施建设等领域合作。马哈蒂尔则表示，马来西亚新政府将继续奉行对华友好政策，期待通过此访进一步巩固和深化两国关系，实现双方在经贸等各领域的互利共赢，推动马中关系提质升级。2018 年 12 月 19 日，时任马来西亚财政部部长林冠英在出席马来西亚中资企业协会年会时表示，2018 年以来，马来西亚与中国双边贸易额以及中资企业对马来西亚投资持续增长，马方对两国经贸领域合作前景感到乐观。林冠英说，马中关系基础深厚，马来西亚政府致力于继续发展与中国的关系，将继续支持并积极参与“一带一路”建设，并推动双边经贸合作。

2. 汽车产业政策不断开放

马来西亚政府认为汽车工业是最重要、最具战略意义的行业之一，一直以来都不遗余力地支持本国汽车产业的发展。20 世纪 90 年代以前，为了保护本国民族汽车产业，马来西亚实行贸易保护主义政策，对汽车进口设置非常高的关税壁垒。与此同时，马来西亚对国外投资也有着严格的限制，要求必须有足够的本地成分，而且产品主要用于出口，不能与民族汽车品牌在国内市场竞争。不过，自从马来西亚汽车产业进入贸易自由化阶段以来，马来西亚的汽车产业政策越来越开放，逐渐废除了本地成分政策，取消本地生产比例的限制，同时下调整车和散件组装进口关税。从 2006 年制定并出台第一次国家汽车产业政策开始到 2020 年出台第四次国家汽车产业政策，马来西亚致力于寻求民族汽车品牌和全球汽车制造商的战略合作，提高国产汽车企业的技术水平和生存能力，扩大汽车出口，将马来西亚打造成为区域汽车产业的中心。正是在马来西亚政府的主导和支持下，中国民营汽车企业吉利汽车成功入股马来西亚第一汽车品牌宝腾。宝腾汽车在吉利汽车的技术支持和人性化管理下，目前正逐渐实现复兴。

中国政府于 1986 年把汽车工业明确为支柱产业。1994 年首部汽车工业产业政策出台，促进了当时中国汽车产业的发展。随着中国在2001年加入世界贸易组织，汽车产业政策的开放程度也不断提高，汽车整车和零部件进口关税不断下调。中国汽车产业进入快速发展时期，在此期间，吉利、长城、奇瑞、比亚迪等自主品牌也相继释放增长。2009年中国汽车销量突破1000万辆，跃居世界第一。之后的十年内中国汽车销量不断增长，2017年汽车销量达到2887.89万辆，但销量增速不断放缓，2018年同比下滑2.76%，年增速首次出现负增长。这是由于中国整体经济增速放缓，汽车增量也随之减缓，加上一些汽车行业规范和打破垄断政策出台，汽车市场逐渐更加规范化和有了成熟期的雏形。因此，中国政府鼓励国内车企把目光转向国外，开展全球布局，尤其是利用“一带一路”倡议带来的对外政策，与国外车企开展合作或进行并购，从而开拓国外市场，提升销量规模，提升品牌力、认可度和国际竞争力。

3. 中国汽车企业国际化程度不断提升

在中国汽车产业“走出去”的大战略下，中国车企在国际化之路上取得了长足的进步。随着中国车企积累越来越丰富的跨国公司经营经验，中国车企与马来西亚企业与员工的关系必然会越来越融洽，所发挥出来的创造力和生产效率也会越来越高。

奇瑞汽车是较早走出国门的一家中国自主汽车品牌，近20年的时间里，奇瑞汽车已出口全球80多个国家，在全球建立了10个生产工厂、1300余家销售服务网络，累计出口超150万辆，连续16年位居中国乘用车出口量第一位。[①] 但其国际化道路并非一直都是一帆风顺的。例如，2009年奇瑞进入巴西之初迅速打开市场，销售量快速增长，到2011年销售量很快超过3.3万辆。此后不久，巴西出台高达30%的工业产品税，让奇瑞下决心在巴西建立生产基地。基地建成投产后，遭遇巴西经济连续负增长，整个巴西汽车市场从年产销460万辆下降到2017年的220万辆，下降幅度超过50%。加上巴西雷亚尔下跌50%和巴西强大工会等因素，奇瑞汽车在巴西遭遇了前所未有的困难。在进入巴西累积了多年经验后，奇瑞发现让巴西进行属地化管理可能是当时更合适的方式，因此在2017年，奇瑞与当地企业再度合作。奇瑞汽车凭借产品和技术优势，依靠当地企业市场和管理优势，在巴西又迎来了快速增长。奇瑞在伊朗市场的成功

---

① 新华网．奇瑞国际化之路：技术赢得市场　品牌赢得未来[EB/OL][2020-07-03]. http://www.xinhuanet.com/auto/2019-11/05/c_1125195547.htm.

则要归功于其精耕细作的策略。为深入伊朗市场，奇瑞曾针对当地消费文化、环境和生活喜好进行了深入研究，进而制定了符合伊朗市场的战略规划和产品设计方案。目前，奇瑞成为伊朗第一大外资汽车企业，市场占有率约为 6%，是表现仅次于伊朗两大国企 IKCO（霍德罗）和 SAIPA（赛帕）的第三大汽车企业。此外，奇瑞在当地拥有一个覆盖伊朗全境、销售服务网点近 300 家的销售网络，在伊朗的保有量已经超过 30 万辆。

吉利经历短短 20 年时间的发展历程，已经成为在全球汽车产业中影响力最大的中国本土企业。在中国企业联合会发布的 2017 中国百大跨国公司及跨国指数中，吉利以达 1292 亿元海外资产排名第 19 位，海外收入达 1452 亿元，海外雇员达 26546 人，跨国指数已经近 70%。吉利公司全球化程度不仅在中国最大的跨国公司中名列第一，而且与著名的全球型汽车公司相比也处于领先地位。[①] 除了国内现有的生产基地以外，吉利汽车布局了全新的、具备全球顶级制造工艺的生产基地。在海外，吉利更是积极推进制造基地的建设。未来，吉利在东欧、中美、南美、中东、北非及亚太（东盟）等区域都确定了明确的产能及投资规划，在海外投资建厂，以 KD 模式出口将成为吉利海外业务拓展的主要方式。目前，吉利汽车主要出口东欧、中东、非洲、东南亚、大洋洲、中南美洲近 60 个国家和地区，并且在海外建立了 400 多家销售和服务网点。

在全球化过程中，吉利一直致力于全球型企业文化建设。李书福认为，吉利所追求的全球型企业文化是一种跨越国界、跨越民族、跨越宗教信仰，放之四海皆受欢迎的企业文化。吉利在全球化发展中，正在建设多元文化融合的企业文化，一是全球化与本土化相结合；二是差异中寻求文化认同；三是沟通互信促进文化融合。正是在这种全球型企业文化的指引下，吉利收购宝腾后派驻马来西亚的首席执行官李春荣将中马文化、宝腾原有的 7 个核心价值观与吉利的 4 个核心价值观融合，提出了团队协作、奋斗者、尊重、诚信四大企业文化。如今，这一文化价值观正在被来自 12 个国家、超 9000 名宝腾员工共享，为达成复兴宝腾的共同目标奠定了坚实基础。

综上所述，中马两国友好的国家关系为两国汽车产业的合作提供了以国家力量铸就的坚强后盾；不断开放、自由的国家产业政策提供了稳固的政策基础；

---

① 搜狐网 . 吉利集团全球化发展的成功经验 [EB/OL] [2020-07-03].http://www.sohu.com/a/223395571822816.

而持续提升的国际化程度为跨国企业的合作提供了源源不断的动力。因此，中马两国汽车产业的合作前景广阔，有望在已有基础上进行更加深入的合作。中国汽车企业可以加大与当地企业合作的力度，充分利用当地资源并为当地居民提供就业机会。中国汽车企业可以基于马来西亚最新的国家汽车产业政策，根据其发展规划及自身优势，为马来西亚汽车产业提供急需的技术与产品，如新一代汽车、移动即服务和工业革命 4.0 等新技术，带动当地汽车产业转型升级。同时，还可以与马方合作办学，建立中马汽车技术学院，培养掌握新一代技术的汽车技术人才。

结语

汽车产业是现代工业文明的象征之一，也是推动一国或地区经济发展的重要引擎。想要了解马来西亚，汽车产业是必不可少的一个方面。本章对马来西亚汽车产业开展研究，既纵向回顾了马来西亚汽车产业的发展历程，又横向比较了马来西亚与泰国、印度尼西亚、越南的汽车市场需求与市场结构，还分析了中国与马来西亚汽车产业合作的现状并提出展望。分析马来西亚汽车产业发展的四个阶段及其对应的产业政策可发现：只有顺应全球贸易自由化的潮流才能取得长足的发展，否则就会被赶超。这一点从泰国汽车产业的快速发展并取代马来西亚成为东盟最大汽车生产国与出口国也得到验证。可喜的是，中国汽车企业很早就开始了与马来西亚汽车产业的合作并取得了骄人的成果。我们有理由相信，中马汽车产业的合作会越来越紧密，而且创造出的成就会越来越辉煌。

参考文献

[1]Mohd Rosli. THE AUTOMOBILE INDUSTRY AND PERFORMANCE OF MALAYSIAN AUTO PRODUCTION [J]. Journal of Economic Cooperation, 2006, 27(1)：89–114.

[2] 刘才涌 . 快速发展的马来西亚汽车工业 [J]. 环球机电，2003：(9)：49–51.

[3]Tong J T, Terpstra R H, Chin L N. Proton: Its rise, Fall, and Future Prospects[J]. *Asian Case Research Journal*, 2012, 16(2)：347–377.

[4]Malaysian Investment Development Authority. Business Opportunity： Malaysia's Automotive Industry [EB/OL][2019–08–22]. http://www.mida.gov.my/home/administrator/system_files/modules/photo/uploads/20191024150441_Automotive%202019–

08-22.pdf.

[5] 马来西亚商业与工业部 . 国家汽车产业政策 [EB/OL][2020-07-13]. http://www.miti.gov.my/index.php/pages/view/6097.

[6] 王勤，林少霞 . 泰国汽车产业的国际竞争力 [J]. 南亚东南亚研究，2019(3).

[7] 搜狐网：萧瑞圣 . 泰国 4.0 次世代汽车产业 [EB/OL][2018-08-14].http://www.sohu.com/a/247067870_99905556.

[8] 中华人民共和国商务部贸易救济调查局 . 当“东部经济走廊”遇上“一带一路”[EB/OL] [2017-07-11].http://trb.mofcom.gov.cn/article/zuixindt/ 201707/20170702607432.shtml.

[9]知乎网: 2020年第9届泰国国际汽车零部件展览会TAPA2020将于4月2—5 日在曼谷举办 [EB/OL][2020-01-21]. https://zhuanlan.zhihu.com/p/103687750.

[10] 中国—东盟矿业信息服务平台：泰国产业结构 [EB/OL][2019-01-10]. http://www.camining.org/ziliaoku/show.php?itemid=683.

[11]Marklines 全球汽车信息平台 . 印度尼西亚：市场规模回升至 110 万辆，还在推动本土化生产 [EB/OL][2017-08-31]. http://www.marklines.com/cn/report_all/rep1625_201708.

[12] Marklines 全球汽车信息平台 . 印度尼西亚：市场规模回升至 110 万辆，还在推动本土化生产 [EB/OL][2017-08-31]. http://www.marklines.com/cn/report_all/rep1625_201708.

[13] 吴崇伯 . 印度尼西亚汽车工业的发展、政策及前景 [J]. 东南亚南亚研究，2011(3).

[14] 印度尼西亚投资网 . 印度尼西亚汽车制造工业 [EB/OL][2017-07-12]. http://www.indonesia-investments.com/id/bisnis/industri-sektor/otomotif/item6047.

[15] 东盟证券股份公司 . 越南产业业分析报告 2020 [R](2020-5-19).http://static1.vietstock.vn/edocs/Files/2020/01/07/bao-cao-phan-tich-nganh-o-to-nam-2020_20200107082900.pdf.

[16] 珠莱 - 长海综合汽车工业园 [EB/OL][2020-06-05]. http://www.chulaicomplex.vn/cong-nghiep-co-khi-oto.

[17]Vinfast 简介 [EB/OL][2020-06-07]. https://vinfast.vn/vi/vinfast-khanh-thanh-nha-may-san-xuat-o.

[18] 新浪汽车 . 吉利 7.39 亿元收购宝腾　博越平台值 4.63 亿 [EB/OL][2020-07-03].http://auto.sina.com.cn/news/hy/2017-06-23/detail-ifyhmtek7675103.shtml.

[19] 邓沛然 . 中国企业跨国并购中的文化整合研究 [D]. 保定：河北大学，2009.

[20] 赵云龙 . 基于冲突—适应—合作的中国企业国际化跨文化管理研究 [D]. 天津：天津大学，2012.

[21] 搜狐网 . 吉利集团全球化发展的成功经验 [EB/OL][2020-07-03].http://www.sohu.com/a/223395571822816.

第五章 马来西亚交通基础设施建设及运营报告

岑雨洋*

摘要：马来西亚历来重视交通基础设施建设，在政府各类发展计划和经济政策中，始终把交通基础设施建设摆在首要位置。马来西亚交通基础设施建设水平较高，公路、铁路、港口和机场等设施的建设质量均高于世界平均水平，但存在交通基础设施之间联通性较差、交通基础设施建设项目受政治局势影响较大等问题。近年来，随着中国“一带一路”倡议的推进，两国在交通基础设施方面合作频繁、成果丰硕。在当前全球局势不稳定的局面下，中国政府应该站稳脚跟，坚定自身立场，与马来西亚政府加强沟通，以协商的方式处理共建交通基础设施过程中遇到的问题；中国企业在“走出去”过程中，应该做好全面的风险评估，认真履行工程合同，与马来西亚企业密切合作，提高对方企业及员工的专业技术水平，顺利完成海外工程建设。

自 1957 年独立以来，马来西亚的经济在 60 多年时间里得到快速发展，从一个农业导向型国家成功转变为工业导向型国家。马来西亚的经济之所以得到快速发展，其中一个很重要的因素是马来西亚政府十分重视交通基础设施的建设和发展。马来西亚在地理上拥有天然的优势，靠近马六甲海峡的重要战略地位使其在与东西方各国进行贸易往来时格外便利。

2019 年世界经济论坛发布的年度《全球竞争力报告》中显示，马来西亚在 141 个国家中排名第 27 位，在交通基础设施方面排名第 29 位，公路、铁路、机场、港口等 4 项指标得分均超过 5 分（满分为 7 分），质量水平均高于世界平均水平。

*岑雨洋，硕士，广西民族大学东南亚语言文化学院马来语教师，主要研究方向：马来西亚语言文化、马来西亚国情。

表 5–1 马来西亚交通基础设施发展水平

	满分	得分	排名
总体质量	100	66.4	29
公路	7	5.3	19
铁路	7	5.1	13
机场	7	5.5	25
港口	7	5.2	19

资料来源：2019 年世界经济论坛《全球竞争力报告》。

截至 2016 年，马来西亚的公路总里程为 238789 千米，与 1995 年的 61294 千米相比增长 290%，其中联邦公路的占比为 8.3%。铁路总里程为 2984 千米，与 1995 年的 844 千米相比增长 254%。普通铁路达 1989 千米、双轨铁路达 774 千米、城际铁路达 221 千米。港口总数为 18 个，其中 8 个联邦港口、10 个洲际港口。[①] 机场总数达 58 个，其中 8 个为国际机场。

一、马来西亚交通基础设施建设现状与成效

（一）公路

公路网四通八达。马来西亚公路系统可分为联邦公路、州级公路和高速公路。马来西亚联邦公路系统是国家的主要公路类型，大多为州际公路或通往国家边界的公路，州公路一般在州内。[②] 联邦公路由联邦政府工程部管辖，指挥工程部下设机构公共工程局负责公路的计划、建设、运营与维修等。在东马沙巴和沙捞越州，公共工程局由州级政府直接管辖。联邦公路路标通常用数字来标示，也可加上 FT 作为前缀。马来西亚州级公路系统是二级公路，由各州公共工程局管辖，负责建设和维护。州级公路的编码与联邦公路类似，但不完全相同，由各州代号加上公路编号组成。马来西亚高速公路由马来西亚政府委托马来西亚大道局负责，所有高速公路均以收费模式运营。高速公路通常以 E 字母开头，

① Buku Dasar Pengangkutan Negara [EB/OL][2020-10-28]. http://dpn.mot.gov.my/bukuDPN.html.

② 钟继军，唐元平 . 马来西亚经济社会地理 [M]. 北京：世界图书出版公司，2015：88.

后面加上一到两位数字，南北走向公路用奇数表示，东西走向公路用偶数表示。马来西亚各州都建有高速公路，西马来西亚高速公路系统较为完善，而东马高速公路发展较慢。马来西亚高速公路主要由马来西亚大道局管辖，其中著名的南北大道由南北大道公司负责运营，目前运营中的高速公路 29 条、建造中的高速公路 6 条、规划中的高速公路 5 条。

（二）铁路

铁路线密度较高、覆盖面较广。马来西亚铁路系统可追溯至 19 世纪末英属马来亚时期，1885 年通车的太平——砵威铁路是马来西亚历史上第一条建成的铁路。独立前马来西亚半岛的铁路由马来亚铁路管理局管辖。1992 年马来亚铁路公司成立，负责全面处理马来西亚尤其是马来西亚半岛的铁路工作。马来西亚半岛的铁路系统主要包括东海岸线和西海岸线两条干线。西海岸线从玻璃市州的边境城市巴东勿刹出发，沿西海岸直达新加坡，全长 950 千米；东海岸线从森美兰的金马士到吉兰丹的道北，该线设施陈旧，车速缓慢。马来西亚政府从 20 世纪 90 年代以来开始对铁路进行双轨和电气化改造，目前西海岸北马区通勤铁路的双轨和电气化改造已基本完成。①

马来西亚铁路交通系统可分为 KTM 通勤铁路、轻轨系统、捷运系统、单轨列车、机场铁路等类型，全国有 12 条主要铁路交通路线。

KTM 通勤铁路：马来西亚有五条通勤铁路，由马来西亚通勤铁路公司负责管理和运营。以吉隆坡为中心的两条线路分别为 1 号线芙蓉线（KTM Laluan Seremban）和 2 号线巴生线（KTM Laluan Pelabuhan Klang）。芙蓉线于 1995 年投入使用，途经吉隆坡、雪兰莪州、森美兰州、马六甲州，连接吉隆坡、芙蓉、加影等周边城市，最北可至雪兰莪州黑风洞、最南可至森美兰州金马士。巴生线同样于 1995 年投入使用，途经吉隆坡、雪兰莪州和霹雳州，连接吉隆坡、梳邦再也、莎阿南和巴生市等城市，最北可至霹雳州丹绒马林、最南（最西）可至巴生港口。除这两条线路外，马来亚通勤铁路公司于 2015 年开通了北马区两条通勤路线（KTM Komuter Sektor Udara），分别为大山脚站至硝山站、北海站至巴东勿刹站两条路线，其中巴东勿刹为马来西亚北部关口，可从该站进入泰国边境。此外，马来西亚通勤铁路公司还运营 10 号线天空花园线，该线路从吉

① 郭继光 . 中国企业投资马来西亚铁路的机遇与挑战 [J]. 当代世界，2017（08）.

隆坡中央车站出发驶至苏丹阿都阿兹沙机场（原梳邦国际机场）3 号航站楼（天空花园航站楼），已于 2018 年 4 月通车。

轻轨系统：马来西亚共有三条轻轨路线，1996 年马来西亚第一条轻轨列车 3 号线安邦线（LRT Laluan Ambang）从苏丹伊斯迈站至安邦站顺利通车。1998 年，安邦线进行了扩建，向北延伸至冼都东站，从陈秀莲地铁站向南延至大城堡站（LRT Laluan Sri Petaling），并在安邦线原基础上拓展出 4 号线大城堡线。2016 年，安邦线再次向南延至布特拉高原站。马来西亚的第二条轻轨线 5 号线格拉那再也线（LRT Laluan Kelana Jaya）于 1998 年通车，全线采用全自动无人驾驶技术。1999 年格拉那再也线实现鹅麦站至格拉那再也站路段的通车。2016 年，格拉那再也线从格拉那再也站向南延至布特拉高原站，与大城堡线实现了终点对接。这三条轻轨线由马来西亚快捷通轨道公司负责运营。据马来西亚国家基建公司统计，2019 年全年格拉那再也线和安邦线（含大城堡线）客流量分别达 9465.80 万人次和 6514.72 万人次，成为所有轨道交通中最繁忙的两条线路。[①]

捷运系统：由于巴生谷地区人口的日益增长，预计在 2020 年将突破 1000 万人，为落实经济转型计划，马来西亚政府于 2010 年决定兴建巴生谷捷运系统（MRT），以增加使用公共交通的人数、解决巴生谷地区市民出行需求以及缓解市区内道路阻塞现象，便利快捷的巴生谷捷运系统应运而生。巴生谷捷运系统总长预计超过 150 千米，可形成首都方圆 20 千米地区的交通网络。捷运系统计划修建三条线：第一条为 9 号线，全长 51 千米，从双溪毛糯到加影（MRT Laluan Sungai Buloh – Kajang），已于 2017 年全线通车，由快捷通轨道负责运营；第二条全长 52.5 千米，从双溪毛糯至布城，目前正在施工，预计在 2022 年左右完成施工并投入使用；第三条线为吉隆坡环状线，预计在 2027 年左右开通。据马来西亚国家基建公司统计，2019 年全年双溪毛糯至加影捷运线客流量达 6395.28 万人次，客流量仅次于轻轨安邦线（含大城堡线）和格拉那再也线。[②]

单轨火车：马来西亚目前运营的单轨列车（Laluan Monorel KL）仅有 1 条，

① Jadual 2.9 Bilangan Penumpang Bagi Perkhidmatan Pengangkutan Rel, 2019 [EB/OL] [2020-10-28]. http://www.mot.gov.my/my/Statistik%20Rel/2019%204%20-%20SUKU%20IV%20 2019/Jadual%202.9%20Q4%202019.pdf.

② Jadual 2.9 Bilangan Penumpang Bagi Perkhidmatan Pengangkutan Rel, 2019 [EB/OL] [2020-10-28]. http://www.mot.gov.my/my/Statistik%20Rel/2019%204%20-%20SUKU%20IV%20 2019/Jadual%202.9%20Q4%202019.pdf.

即8号单轨火车线，全长8.6千米，从吉隆坡中央车站到蒂蒂旺沙站，将吉隆坡中央车站和吉隆坡市中心黄金地段串联起来。单轨火车于1991年动工，2003年建成，耗资11.8亿林吉特。2007年年底，马来西亚国家基建公司收购了吉隆坡单轨列车系统。目前，快捷通轨道负责运营吉隆坡单轨火车线路。据马来西亚国家基建公司统计，2019年全年吉隆坡单轨火车客流量为1253.57万人次，客流量低于轻轨路线和捷运路线，高于机场铁路。①

机场铁路：马来西亚共两条机场铁路，由吉隆坡机场快铁私人有限公司负责运营。两条线的起始点完全一致，均为吉隆坡中央车站到吉隆坡国际机场2号航站楼的路线，唯一差别在于6号线吉隆坡国际机场快线（KLIA Ekspres）是从吉隆坡中央车站直达吉隆坡国际机场2号航站楼，全程运行时间仅为28分钟，高峰期时段每15分钟一班；而7号线吉隆坡国际机场转运线（KLIA Transit）中途会在南湖站、布城（赛城）、沙叻丁宜、吉隆坡国际机场1号航站楼等若干站停车，最终到达吉隆坡国际机场2号航站楼，全程运行时间37分钟，高峰期时段每20分钟一班。吉隆坡机场快线于2002年4月通车，由杨忠礼集团和TH科技公司合资建造并共同拥有30年的经营权，项目耗资63.2亿美元。据马来西亚吉隆坡机场快铁私人有限公司统计，2019年全年吉隆坡国际机场快线（KLIA Ekspres）客流量达215.63万人次、吉隆坡国际机场转运线（KLIA Transit）客流量达678.81万人次。②

（三）港口

马来西亚坐拥马六甲海峡，港口建造条件良好，码头作用突出。

马来西亚内河运输欠发达，主要依靠海运。③马来西亚西部和东部两块领土都是三面临海，拥有非常好的建造港口条件。马六甲海峡沿岸即西海岸地区的

---

① Jadual 2.9 Bilangan Penumpang Bagi Perkhidmatan Pengangkutan Rel, 2019 [EB/OL] [2020-10-28]. http://www.mot.gov.my/my/Statistik%20Rel/2019%204%20-%20SUKU%20IV%202019/Jadual%202.9%20Q4%202019.pdf.

② Jadual 2.9 Bilangan Penumpang Bagi Perkhidmatan Pengangkutan Rel, 2019 [EB/OL] [2020-10-28]. http://www.mot.gov.my/my/Statistik%20Rel/2019%204%20-%20SUKU%20IV%202019/Jadual%202.9%20Q4%202019.pdf.

③ 商务部国际贸易经济合作研究院、中国驻马来西亚大使馆经济商务参赞处、商务部对外投资和经济合作司．对外投资合作国别（地区）指南：马来西亚（2019）[EB/OL][2020-10-28]. http://www.mofcom.gov.cn/dl/gbdqzn/upload/malaixiya.pdf.

槟城、巴生、波德申、马六甲、新山等城市和东海岸地区的关丹市都有比较好的港口；东马来西亚沙巴、沙捞越州的美里和古晋等多个城市也有多个港口。马来西亚全境13个州都有临海港口，港口总数达到18个，其中有8个联邦港口和10个州级港口。8个联邦港口包括西马来西亚的巴生港、槟城港、丹戎帕拉帕斯港、巴西古当港、关丹港、凯马曼港和东马来西亚的民都鲁港；州级港口包括哥打基那巴鲁港、古晋港、古达港、纳闽港、拿笃港、老越港、美里港、山打根港、诗巫港和斗湖港，州级港口绝大部分都位于东马来西亚地区。

2016年，马来西亚水运达5.69亿吨。巴生港是东南亚集装箱的重要转运中心，其西港有良好的深水码头，可以停靠世界上最大吨位的货船。2016年世界经济论坛全球竞争力报告显示，马来西亚最大港口巴生港和著名港口丹戎帕拉帕斯港分别名列世界第11位和第19位。[①]2018年全球20大集装箱港口排名中，巴生港位于第12位（1203万TEU）、丹绒帕拉帕斯港位于第18位（879万TEU）。[②]

2015年11月，中马建立港口联盟关系，签署了《建立港口联盟关系的谅解备忘录》。截至2017年，港口联盟成员达21个，分别为中国的大连港、太仓港、上海港、宁波舟山港、福州港、厦门港、广州港、深圳港、北部湾港、海口港、京唐港、天津港等12个港口和马来西亚的巴生港、民都鲁港、柔佛港、关丹港、马六甲港、槟城港、甘马挽港、沙巴港、古晋港等9个港口。[③] 此举是为了加强中马港口之间的合作，共同推进海上互联互通建设，打造区域航运网络，提升中国与“一带一路”沿线国家在贸易、投资、物流运输方面的便利化水平。[④]

（四）机场

马来西亚机场基础设施建设良好，客流量大，地区航空枢纽地位显著。

---

① 商务部国际贸易经济合作研究院、中国驻马来西亚大使馆经济商务参赞处、商务部对外投资和经济合作司.对外投资合作国别(地区)指南:马来西亚(2019)[EB/OL][2020-10-28]. http://www.mofcom.gov.cn/dl/gbdqzn/upload/malaixiya.pdf.

② 徐宜美.马来西亚基础设施市场情况分析[J].国际工程与劳务，2019（12）.

③ 商务部国际贸易经济合作研究院、中国驻马来西亚大使馆经济商务参赞处、商务部对外投资和经济合作司.对外投资合作国别（地区）指南：马来西亚（2019）[EB/OL]. http://www.mofcom.gov.cn/dl/gbdqzn/upload/malaixiya.pdf.

④ 徐宜美.马来西亚基础设施市场情况分析[J].国际工程与劳务，2019（12），

马来西亚共有 58 个机场，其中 36 个机场位于东马、22 个机场位于西马。从各州现有机场数量来看，东马来西亚的沙捞越州和沙巴州拥有数量最多，分别为 28 个和 14 个。西马来西亚拥有最多机场数量的州是霹雳州和柔佛州，均为 9 个。此外，彭亨州有 8 个机场、雪兰莪州和吉打州各有 5 个机场；登嘉楼州有 3 个机场；吉隆坡、纳闽、槟城州、吉兰丹州各有 2 个机场；马六甲和森美兰州各只有 1 个机场。森美兰州是唯一一个没有机场的州属，而布城由于是马来西亚联邦政府和各级政府所在地，属于禁飞区，也未建设机场。

马来西亚拥有 8 个国际机场，分别为吉隆坡国际机场（KLIA）、梳邦机场（SZB）、亚庇国际机场（BKI）、古晋国际机场（KCH）、浮罗交怡国际机场（LGK）、槟城国际机场（PEN）、士乃国际机场（JHB）和苏丹马慕国际机场（TGG）。马来西亚机场控股集团、马来西亚民航局持有大部分民用机场的管理权，马来西亚国防部和马来西亚武装部队对军用机场持有管理权。此外，士乃机场终站服务私人有限公司、马来西亚理工大学、马来西亚云顶高原、英国皇家空军等机构以及部分私人也拥有一部分机场的管理权。

2016 年世界经济论坛全球竞争力报告显示，吉隆坡国际机场的客流量达 5260 万人次，居世界第 24 位。根据“全球最大航空枢纽链接度指数”，马来西亚吉隆坡机场位列第 12 名，这一排名主要依据各机场定期国际航班和其服务目的地的比例高低而得出。而在全球低成本枢纽连接度的子排名中，马来西亚排名第一位，这些都得益于马来西亚机场基础设施建设质量较好、航线网络不断扩张、客流量日益增加。①

二、马来西亚交通基础设施建设存在的问题

（一）公路建设

东西部地区发展不平衡；公路维护存在难度；公路建设破坏生态环境。

马来西亚东西部地区公路建设发展不平衡。作为经济较为发达的西部地区，公路系统建设较完善，联邦公路、州级公路、高速公路能够相互配合，人民在使用上能够感受到较多便利。而在经济相对落后的东部地区，公路建设较为缓慢，近几年才开始建设高速公路。此外，东部地区大部分道路比较狭窄，不能满足

① “全球最大航空枢纽连接度指数”出炉　亚太机场排名靠前 [EB/OL]．旅讯，(2018-09-19) .http://www.travelweekly-china.com/70056.

人民的出行需要。

马来西亚人私家车拥有量较多，选择使用私家车出行的人仍占多数，且公路线路较多、线路交织复杂、车流量大。马来西亚政府在维修道路上存在一定的难度。首先是由于大部分路线使用率较高，线路一旦封闭施工，就会给人民的日常生活带来极大不便。其次，维修成本大，而马来西亚政府每年投入道路维修的资金不足，所以无法全面做好维修工作。

在建设公路的过程中，生态环境容易遭到破坏。随着公路建设的日益完善以及私家车数量的暴增，汽车尾气排放量也随之增加，严重破坏生态环境。工程施工过程中，也容易产生噪声、生态破坏和资源污染等问题。

（二）铁路建设

雪隆地区铁路基础设施条件较好，远远优于其他州属；部分铁路设施陈旧、舒适度较差；各类型铁路基础设施之间的联动性较差。

马来西亚主要在吉隆坡及雪兰莪地区发展铁路基础设施，已经形成了通勤铁路、机场铁路、轻快铁、捷运、单轨火车为一体的综合铁路基础设施系统。西马来西亚其他州属仅有少量城际铁路，东马来西亚也仅有一条 134 千米的西沙巴城际铁路，是沙巴州唯一一条铁路。

马来西亚铁路基础设施中，满意度和舒适度最低的当属通勤铁路。通勤铁路就目前情况来说面临以下几个问题：①随着通勤铁路线服务时间增长，列车设备陈旧的问题愈发凸显，屏蔽门和车门在打开时偶尔不一致，乘客上车后乘坐列车的舒适度也逐渐降低；②由于系统的落后和技术上的限制，列车到站和发车时间与系统公布的不一致且相差较大，经常耽误人民的出行；③通勤铁路路线经过的站点较多、发车间隔时间长，载客量远远不能满足实际需求，尤其在客流量较大的吉隆坡中央车站这一现象十分明显。当通勤铁路从其他地方驶来的时候，高峰期时段很少有乘客能在该站上车，导致大量旅客滞留。

马来西亚各类型铁路基础设施之间的联动一直以来都是困扰马来西亚政府的一大问题。尽管马来西亚在最近 10 年修建了较多的铁路，但各类型交通基础设施之间并未形成很好的联通。有人批评这些铁路就仅仅是铁路，在串联方面作用发挥有限，车站与车站之间的换乘存在很多不便。捷运公司在捷运站附近的住宅区，有提供接驳巴士服务，而轻快铁站附近的巴士接驳服务做得就差强人意。[①]马来西亚人民在搭乘巴士、捷运铁路和轻快铁时，遇到的最大问题就是换乘问题。巴士和铁路之间需要单独付费，乘客支付完一种交通工具的车费后出站，方可进入下一趟线路继续乘车。[②]

（三）港口建设

港口分布较为分散，货运吞吐量严重不平衡；港口运力过剩，新建港口意义不大；海运政策与实际经济社会水平不相适应。

马来西亚拥有较为丰富的海洋资源，兴建了许多港口，大部分州属均有港口，港口分布较为分散，东西部地区港口数量较为均匀。尽管马来西亚建设了将近18个港口，但海运却主要集中于巴生港、槟城港和丹绒帕勒伯斯港等几个主要港口，其货运处理量占马来西亚港口货运处理量的70%[③]。为了提高马来西亚在区域和全球运输枢纽中的地位，马来西亚交通部于1993年提出要优先发展巴生港口。目前，巴生港是东盟第2大港口、世界第12大货柜港口，每年吞吐量可约达1200万箱货柜。[④]其余港口货运吞吐量明显少于这三大港口，利用率较低。

马来西亚港口运力过剩，经过这些港口附近海域的集装量运输数量的增长已趋于平稳。世界银行一份有关海港业的报告指出，马来西亚现有港口组成的网络能够满足到2040年的实际需要[⑤]，当务之急应该是整合港口资源，而想要发展和建新港口的意义不大。

马来西亚从1980年起实行的海运政策规定，“除了马来西亚船只外，其他任何船只都不能在马来西亚水域内进行本地船务运输”[⑥]，此举是为了保护本

---

① 王建民．大吉隆坡公共交通的挑战[M]// 马来西亚重新起航．吉隆坡：民主行动党出版社，2018：79.

② 王建民．大吉隆坡公共交通的挑战[M]// 马来西亚重新起航．吉隆坡：民主行动党出版社，2018：79.

③ 雄心勃勃皇京港正失去动力？[EB/OL]．联合早报，2019-10-08. https://beltandroad.zaobao.com/beltandroad/news/story20191008-995368.

④ 陈泓缣．解放沙巴海运枢纽潜力[M]// 马来西亚重新起航．吉隆坡：民主行动党出版社，2018：86.

⑤ 雄心勃勃皇京港正失去动力？[EB/OL]．联合早报，2019-10-08. https://beltandroad.zaobao.com/beltandroad/news/story20191008-995368.

⑥ 陈泓缣．解放沙巴海运枢纽潜力[M]// 马来西亚重新起航．吉隆坡：民主行动党出版社，2018：86.

地海运业，实际上也导致了国际船只不会选择在马来西亚非重要港口装卸货物。以沙巴州的实邦加港为例，为解决东西部港口贸易不平衡问题，2009 年，时任交通部部长翁诗兴决定局部开放巴生港、丹绒帕勒伯斯港、实邦加、古晋和民都鲁之间的船运，外国船只要到达以上任意一个港口，就可继续装运货物前往其他港口。然而，实邦加的海运规模经济却尚未形成，实邦加本地并没有足够多的货柜数量，实邦加每年货柜吞吐量为 35~40 万左右。尽管马来西亚政府在第 11 个五年计划中拨款 11 亿林吉特用于扩建实邦加港口，但除了港口硬件设施和面积的提升之外，更需要全面考虑如何提高这一港口在东马来西亚地区的地位。再加上东马来西亚地区物价偏高，实邦加港也面临民都鲁港的竞争，在发展上面临许多困难。①

（四）民用机场

机场可接待客流量接近峰值；机场服务系统亟待升级。

马来西亚航空业发展形势总体较好，在地区和全球范围内都有一定的影响力。当前马来西亚民用机场面临的主要问题是机场可接待客流量已接近峰值，机场的基础设施、服务质量面临较大考验。未来 20 年左右的时间，航空出行人数预计将翻一番。若航空基础设施未能及时扩建、新建或维修，今后很长一段时间内马来西亚航空基础设施将会无法承载如此庞大的客流压力。马来西亚最主要的吉隆坡国际机场在 10 年内的客流量已经上涨一倍，槟城国际机场的客流量近两年已经超过了可接纳客流量，以及东部地区的斗湖国际机场、亚庇国际机场等。因国际游客增多，其客流量也逐年增长。

马来西亚民用机场面临的另外一个主要问题是机场服务系统需要进一步升级。2019 年 8 月，吉隆坡国际机场发生系统故障，机场无线网络、航班信息显示系统、值机手续办理及行李托运系统都无法正常使用，造成几十架航班延误，大量旅客滞留机场。②此外，乘客在搭乘飞机的过程中也面临取票、值机、托运、安检等过程中排队时间较长的问题。为此，机场需引进新的服务设施、运用先进技术来解决乘客在机场中可能遇到的各类问题。

---

① 陈泓缣．解放沙巴海运枢纽潜力 [M]// 马来西亚重新起航．吉隆坡：民主行动党出版社，2018：86.

② 吉隆坡国际机场系统故障致数千旅客滞留 [EB/OL]（2019-08-23）.http://www.xinhuanet.com/world/2019-08/23/c_1124913041.htm.

三、马来西亚基础设施需求及问题分析

（一）建设的积极因素

1. 与日俱增的交通需求量

据马来西亚政府统计，马来西亚 2016 年的总人口为 3170 万人、交通流动人口为 4000 万人。预计到 2040 年，马来西亚人口预计达 4150 万人、交通流动人口达 1.31 亿。[①] 人口数量以及交通流动人口的增加，也会导致交通出行需求的增加。2016 年马来西亚航空出行人数为 3800 亿人次，到 2035 年将增加近一倍，达 7200 亿人次，每年增幅达 3.7%。此外，2014 年世界银行发布的一份国家交通运输策略研究报告中指出，马来西亚吉隆坡国际机场、槟城国际机场、哥打基那巴鲁国际机场等三大机场在 2013 年至 2033 年期间，机场年均客流量增幅将分别达 4.1%、6.1% 和 5.5%。[②]

马来西亚的交通基础设施状况不平衡。城市地区交通基础设施建设较好，而乡村地区交通基础设施建设情况不尽如人意，有很大的发展空间。随着马来西亚城镇化进程的加快，预计到 2030 年，马来西亚城市人口将达 80%。[③] 而城镇化进程的加快，则促使马来西亚政府更加重视城市交通基础设施的建设。虽然农村地区人口减少，但加快其交通基础设施建设进程也十分迫切。如何加快农村地区交通基础设施的建设步伐以及做好城乡地区联动工作，成了马来西亚政府今后很长一段时间内需要思考的问题。

2. 政府积极出台政策支持交通基础设施建设

马来西亚政府一直十分重视交通基础设施的投入，以改善公共交通系统。在 2019 年 10 月颁布的《2020 年财政预算案》中，马来西亚政府预计投资 8.3 万亿林吉特用于建设巴生港口绕道货运铁路和巴生物流走廊计划，其中巴生物流走廊计划建成后，可连接马六甲海峡的北部港口、西部港口以及其他高速公路。《2020 年财政预算案》显示，马来西亚政府还将加大交通基础设施的投入，加

① Buku Dasar Pengangkutan Negara [EB/OL][2020-10-28] .http://dpn.mot.gov.my/bukuDPN.html.

② Buku Dasar Pengangkutan Negara [EB/OL][2020-10-28]. http://dpn.mot.gov.my/bukuDPN.html.

③ Buku Dasar Pengangkutan Negara [EB/OL][2020-10-28]. http://dpn.mot.gov.my/bukuDPN.html.

强交通生态系统的建设力度，其中公共交通工具的建设是重中之重。除了多条公路获得了修建资金外，政府还将对怡宝的苏丹阿兹兰沙机场进行改造。面对新柔长提长期以来交通拥堵的窘境，马来西亚政府也计划从 2020 年开始投资 8.5 万亿林吉特进行边检系统的升级改造工程。[①]

2019 年，马来西亚政府发布了《国家交通政策》报告，报告指出马来西亚交通建设有五大核心，分别为加强治理，为交通领域创造有利的环境；优化、建立和维护交通基础设施、服务系统和交通网，最大限度地提高交通效率；提高交通基础设施的安全性、集成性、连通性和可实现性，为人民畅通出行提供便利；促进交通服务的国际化发展。[②] 在《国家交通政策》报告中，马来西亚政府提出，将优先发展铁路交通建设，尤其是提高铁路的客运和货运利用率，目前马来西亚铁路货运里程占铁路轨道总里程的 30%，铁路货运量仅占陆路货运量的 5%，铁路货运方面有较大发展空间和可能。[③] 以铁路方面为例，马来西亚政府正在不断推出铁路建设计划，加强与北部泰国和南部新加坡的联系，促进地区统一交通网络的建设。据统计，2013—2020 年，马来西亚在建和待建铁路基础设施工程总值达 1600 亿林吉特。[④]

3. 工程建设资金较为充足

当前，虽然马来西亚政府负债率较高，但是马来西亚仍然把发展基础设施尤其是交通基础设施作为经济发展的重点。交通基础设施的好坏关系到民生、经济、对外形象、国际关系等诸多方面的内容。虽然马来西亚在 2018 年大选后，诸多项目面临重新审查甚至停工的风险，但政府通过与相关国家谈判、展延项目开工日期等方式，逐步推动上一届政府时期确定的大型工程。

在 2020 年的财政预算案中，诸多重大交通基础设施项目均获得了拨款。政府拨款 5000 万林吉特维修巴生港的道路；对双文丹至巴生港铁路绕行项目、连接北港和西港的商用车专用私人公路——巴生物流走廊进行可行性研究，这两

① Belanjawan 2020 [EB/OL][2020-10-28]. http://www.kabinet.gov.my/bkpp/pdf/belanjawan/2020.pdf.

② Buku Dasar Pengangkutan Negara [EB/OL][2020-10-28]. http://dpn.mot.gov.my/bukuDPN.html.

③ Buku Dasar Pengangkutan Negara [EB/OL][2020-10-28]. http://dpn.mot.gov.my/bukuDPN.html.

④ 郭继光 . 中国企业投资马来西亚铁路的机遇与挑战 [J]. 当代世界，2017（8）.

个项目预计获得 83 亿林吉特拨款。马来西亚东部重大交通基础设施项目泛婆罗洲公路也取得了进展，政府将成本压缩了 12 亿林吉特，整个项目成本减少到 290 亿林吉特。泛婆罗洲公路包括横跨沙巴和沙捞越长达 165 千米的公路，将沙巴和沙捞越连接至加里曼丹东部。该项目包括 40 千米长的卡拉巴拉肯至昔鲁东公路，以及海关、移民、检疫与保安大楼和政府住宅区的建设，有关配套造价为 6 亿林吉特。在财政预算案中未提及政府在轻快铁 3 号、捷运 2 号线和东海岸铁路等工程上投资多少资金，只提到了在这几个项目中政府节省了超过 460 亿林吉特的成本。在公交系统方面，马来西亚政府投资 4.5 亿林吉特购买 500 辆电力巴士投放到全国各大城市，旨在改善公共交通系统，进一步推动公共交通系统的绿色发展。①

马来西亚作为东南亚地区经济较为发达的国家，在吸引外资方面一直较为成功。2019 年上半年外来资本数量与 2018 年同期的 251 亿林吉特相比，增长了 97%，达 495 亿林吉特。长期以来，中国、日本等国是马来西亚外资主要来源国，也是马来西亚的重大贸易伙伴。近年来马来西亚诸多重大交通基础设施建设项目，都不乏中国和日本等大国的参与。

（二）制约因素与存在问题

1. 马来西亚政局变动对交通基础设施工程的进度造成一定影响

马来西亚实行君主立宪制，最高元首是国家的君主，也是国家权威的象征。政府层面实行内阁制政府，内阁是马来西亚最高行政机构，总理为政府首脑。近年来，马来西亚政局不够稳定，政权更迭频发。在 2018 年第 14 届大选中，执政超过 60 年的国民阵线垮台，第六任总理纳吉布下台，马哈蒂尔（Tun Dr. Mahathir）领导的希望联盟成功上台组成新一届政府。但希望联盟执政未超过两年，2020 年 2 月马来西亚政治局势再度发生变化，土著团结党分裂，党主席穆希丁 (Tan Sri Muhyidin Yassin) 获得超过半数国会议员支持，率领土著团结党与巫统、马华公会、印度人国大党、伊斯兰党等政党结盟，并获得了东马来西亚政党的支持，成功组成内阁。自穆希丁上台以来，希望联盟不断通过各种方式希望重新夺回执政权，穆希丁也不得不通过展延国会、委任国会议员担任马来西亚官联公司高管等方式巩固自身政权。穆希丁政府是没有经过选举组成的政府，从根

① Belanjawan 2020 [EB/OL][2020-10-28]. http://www.kabinet.gov.my/bkpp/pdf/belanjawan/2020.pdf.

本来说并不稳固，马来西亚也随时有闪电大选的可能。这样一来，马来西亚政治局势的不稳定也会给实行交通基础设施建设带来一定的风险和阻碍。

马来西亚目前的几个重大交通基础设施建设项目，包括东海岸铁路、新隆高铁等项目，都是由国阵政府执政时期所主导及推动建设的。2018 年马哈蒂尔上台执政，马来西亚政府以成本过高为由搁置东海岸铁路项目，直到 2019 年东铁项目才重新启动，项目的造价、站点数、千米数等也在一定程度上削减。

马来西亚是个联邦制国家，各州在土地政策上拥有较大的自主权。各州可在联邦政府的监督下，制定本州的土地政策。根据马来西亚土地征用法令，政府部门、企业和个人不能随意征用土地，只有州政府有权征用州内土地及改变土地性质，联邦政府若要征用土地要获得州政府批准，并支付费用。[①] 在马来西亚各州当中，有部分州属是反对党执政的州属，联邦政府在征用土地的过程中，难免会遇到一定的困难和挫折。

2. 对外来资本的过度依赖，不利于本土产业发展

马来西亚几个在建基础设施项目中，外来资本占比较高。马来西亚经济实力和基础设施建设能力水平有限，高技术人员数量较少，不得不采取公开招标的方式解决问题，在建设过程中需要引入外资、引入外籍劳工尤其是外籍专业技术劳工。

马来西亚前任交通部部长陆兆福（Loke Siew Fook）2019 年 5 月在第十届国际基础设施投资与建设高峰论坛上表示，马来西亚政府正在调整东海岸铁路的本地化参与程度，希望将本地参与程度提升至 40%，这意味着仍有将近六成的国际企业和公司参与其中。陆兆福部长还在该论坛上表示，马来西亚衔接铁路公司与中国建交成立了 50 ∶ 50 股权架构的合资公司，中马两国各占一半股权。

近年来，中国对马来西亚的投资有增无减。数据显示，2018 年马来西亚批准的直接外资增加了 48%，累计 805 亿林吉特（约合人民币 1338 亿元）。其中，来自中国厂商的直接外资达 197 亿林吉特（约合人民币 328 亿元），相较于 2017 年增长 410.8%，成为最大投资国。另外，中国 2018 年在“一带一路”沿线对 56 个国家的直接投资达 156.4 亿美元，其中对马来西亚的投资近 50 亿美元，与

① 郭继光 . 中国企业投资马来西亚铁路的机遇与挑战 [J]. 当代世界，2017（8）.

2017 年相比增长 410.8%。[①]

3. 实际交通运输量和客流量不足，投资回报率不够高

马来西亚居民使用公共交通的意愿不够强烈，现实情况也同样如此。根据世界银行 2015 年的统计数据，吉隆坡只有 17% 的居民选择使用公共交通工具，而同比新加坡和中国香港却高达 62% 和 89%。[②] 马来西亚人民不愿使用公共交通的原因，可能是私家车拥有量较高。2014 年尼尔森公司的一份市场调查报告指出，马来西亚 93% 的家庭至少拥有一辆车，54% 的家庭拥有超过一辆车，私家车拥有量位列世界第三，在东南亚范围内也高居榜首。马来西亚总人口超过 3000 万，其中汽车和摩托车的注册总量达近 2200 万辆。[③] 马来西亚汽车商公会 2017 年发布的一份数据显示，马来西亚各类交通工具注册量已达 2800 多万辆，尤其在经济较为发达的吉隆坡、柔佛、雪兰莪、槟城等地，人民拥有汽车的数量更是高于其他州属。[④] 在马来西亚，国产汽车售价不高，对于一般家庭来说可以接受，因此大部分家庭都会选择购入汽车而非搭乘公共交通。

马来西亚人民认为，公共交通系统存在不守时、效率低下、线路规划不佳等问题，在非必要的情况下则不会选择搭乘公共交通。马来西亚政府也意识到铁路客流量未能达标这一现象。马来西亚捷运公司最初给捷运 1 号线（铁路 9 号线）双溪毛糯到加影线设定的日常客流量目标为 40 万人次，后来鉴于客流量较少，目标客流量便下降为 15 万人次。[⑤] 由于乘坐的人较少，而开通和运营路线又花销大，这种不对等的处境也给铁路运营公司带来了利益上的受损。这也表明马来西亚人民还需要一定的时间去适应新的交通工具、交通路线以及生活方式。

4. 交通基础建设与生态保护之间存在矛盾

2019 年在吉隆坡举行的首届绿色物流合作伙伴会议上，日本物流系统协会

---

① 马六甲皇京港有新进展！48 亿美元，另一中马项目将吸引更多中资？[EB/OL]. 看点快报，2019-06-18 .https://kuaibao.qq.com/s/20190618AZODA900?refer=spider.

② Tinjauan Ekonomi 2019 [EB/OL][2020-10-28]. http://www..treasury.gov.my/pdf/ekonomi/2019/bab1.pdf.

③ 公共交通政治经济学 [EB/OL]. 诗华日报，2017-10-14 .http://news.seehua.com/?p=312800.

④ MAA：我国交通工具注册量超过 2818 万辆，人均 0.88 辆！[EB/OL]. 汽车资讯网，(2017-10-03). https://paultan.org/cn/2017/10/03/maa-malaysian-vehicles-registration-figures/.

⑤ [马来西亚] 王建民 . 大吉隆坡公共交通的挑战 [M]// 马来西亚重新起航 . 吉隆坡：民主行动党出版社，2018：78.

环境推进中心主任北条英指出，东南亚印度尼西亚、泰国和马来西亚三国的温室气体排放量分别占东南亚国家的37%、20%和18%，总排放量达到了东南亚地区的四分之三。马来西亚人口相较印度尼西亚和泰国来说更少，但马来西亚人均碳排放量却远超其他东南亚国家。北条英还认为，普通民众使用个人汽车等交通工具的时候，也会产生气体排放。马来西亚前任交通部部长陆兆福表示，交通运输业是马来西亚第二大碳排放量来源，占总量的21%。马来西亚承诺将在2030年温室气体排放量相比2005年减少至45%。①

马来西亚在《国家交通政策》中指出，政府将控制交通业所产生的污染、噪声和废气，加快落实低碳计划，如推动电动车发展、制定燃油经济政策等。②但由于《国家交通政策》属于规划性政策，且年度跨越将近10年，具体政策能否出台并很好地落实仍然是一个未知数，交通行业的绿色变革也需要其他领域成果的支持与配合。

5. 交通基础设施建设中的科技成果转化率有待提高

随着科学技术日新月异的发展，各行各业都在享受科技带来的成果和便利，交通基础设施领域也不例外。在今后的交通基础设施建设中，若能抓住机遇，将最新的科技成果运用其中，必定会给马来西亚目前的交通运输业带来翻天覆地的变化。

在马来西亚目前的公共交通系统中，交通信息无法获得或交通信息不准确，都会给使用公共交通的出行者带来不便和不满。马来西亚公共铁路交通方面，较新启用的捷运铁路和轻快铁有较为准确的列车信息提示，但电动火车之类启用时间较久的列车在列车信息提示方面表现较差，即便有信息提示下一趟列车的到达时间，也往往不准确，人民怨声载道。公路运输方面，大型巴士车站基本匹配了巴士时间表，供乘客查询。机场方面，马来西亚各大国际机场在重要位置均设置有信息板，供游客查询航班抵离时间等。近年来，吉隆坡国际机场还实现了自助值机服务，一定程度上提高了值机效率。

交通基础设施建设中，智能化设计也是一个重要的课题。马来西亚政府有

① 马来西亚推动绿色物流发展 减少行业碳足迹 [EB/OL] (2019-07-12).http://www.ideacarbon.org/news_free/49543/?pc=pc.

② 国家交通政策 五大核心·控制污染噪音废气 [EB/OL] (2019-10-18).http://www.sinchew.com.my/content/content_2132938.html.

意在交通基础设施建设中，加大智能运输技术的使用力度。世界经济论坛预计，未来10年自动驾驶汽车技术将给人类带来极大便利，如降低交通事故发生概率、挽救生命等。自动驾驶技术若能在各大交通领域推广，驾驶员和其他工作人员将会进一步减少，取而代之的是在控制和指挥中心工作，这样有利于增加货运空间、乘客数量，实现公共交通盈利最大化。①

四、马来西亚重大基础设施建设项目规划与建设

马来西亚目前正在大力推进交通基础设施建设，涉及铁路、公路、港口、机场等，这些工程有的已经完成招标、正在进行工程建设，如东海岸铁路、泛婆罗洲公路、皇京港等；有些暂时搁置，情况尚不明朗，如新隆高铁。此外，马来西亚多条国内捷运线和轻快铁路线也已经完成项目规划、即将或正在进行施工；机场方面，吉隆坡国际机场、槟城国际机场、斗湖国际机场等客流量较大的机场也有计划进行新航站楼建设或机场扩建；对于一些老、旧路段，马来西亚政府也十分重视，在国家财政预算案中划拨专门款项修建部分道路，如通往巴生港的公路、新柔长提等。

（一）东海岸铁路

1.项目现状

作为连接马来西亚巴生港和东海岸经济特区的铁路，东海岸铁路（下称东铁）全长460千米。东铁项目是未来几年马来西亚地区或东南亚地区最受关注的重大工程之一，是中国企业在海外建设的最大工程，也是“一带一路”倡议下最大的单体项目。

2016年11月，中国交建与马来西亚铁路衔接公司在北京签署了东铁项目协议第一期合同，随后2017年5月，双方继续签署了第二期合同。2017年8月，中国时任国务委员王勇和马来西亚时任总理纳吉出席开工仪式。② 在2018年马来西亚第14届大选前，在野党希望联盟在竞选宣言中表示，将重新审查东铁等大型基建项目，希盟联盟领袖马哈蒂尔表示，东铁项目造价过于昂贵，马来西

① 国家交通政策 五大核心·控制污染噪音废气 [EB/OL] (2019-10-18). http://www.sinchew.com.my/content/content_2132938.html.

② 550亿林吉特超级工程！中国交建马来西亚东海岸铁路工程开工 [EB/OL] (2017-08-09). http://www.chinca.org/cica/info/66488.

亚政府需要向中国进行高额贷款，且东铁项目在招标过程中似乎不够透明、合法，这些都受到了马来西亚各方的质疑。希望联盟成功上台执政后，一方面表示支持中国的“一带一路”倡议，另一方面严格审查东铁项目的造价费用等数据，中马双方经历了一系列复杂而曲折的谈判过程。2019 年 4 月，马来西亚衔接铁路公司与中国交通建设股份有限公司协商，将原本 655 亿林吉特的建筑成本降至 440 亿林吉特，修改了路线并减少了线路总长，目前该项目已重新开工。[①]2019 年，东铁项目龙运至淡马鲁的 B 段线路已经开始施工，2020 年 1 月，东铁项目文德甲至巴生港的 C 段路线进入三个月公示期，加上同时在进行公示中的东铁哥打巴鲁至龙运的 A 段线路，东铁项目全线的报批工作已经完成，中国交建可按照计划正式展开施工。[②] 马来西亚前任交通部部长陆兆福表示，截至 2020 年 2 月，东铁的施工进度已完成 15%，全部项目预计将于 2026 年中期完成，并在 2027 年投入使用。[③]

在马来西亚东海岸经济区规划中，东铁是重要的交通基础设施项目。目前马来西亚东部地区交通主要依靠公路，远远不能满足经济发展的需要。东铁将东海岸的重要城镇如吉兰丹州首府哥打巴鲁、登嘉楼州首府瓜拉登嘉楼、彭亨州重要港口关丹、行政中心布城、马来西亚著名港口巴生港连接起来，将马来西亚东部和西部用铁路串联起来，有利于促进马来西亚东海岸地区的经济发展，加强区域内的互联互通，促进经贸、进出口、物流及旅游等产业的发展。此外，马来西亚还考虑将东铁纳入泛亚铁路的交通网络，与泰国的铁路相连，进一步构建中国西南地区到马来西亚的陆路运输通道。[④]

尽管东铁项目在 2019 年已实现重启开工，但工程仍然面临较多困难，项目技术难度、质量要求、环境保护要求都很高，东铁项目沿线地区征地拆迁工作

---

① 陈戎轩 . 东海岸铁路重启：“希盟”时代中马基建合作的新变化（2019）[M] // 马来西亚蓝皮书 . 马来西亚发展报告（2019）. 北京：社会科学文献出版社，2019.

② 中国交建承建的大马东铁路规划全部获批，工程施工将随后展开 [EB/OL]（2020-01-17）.http://www.seetao.com/details/13668/zh.html.

③ Transport Ministry: ECRL is 15pct complete [EB/OL]. New Straits Times, (2020-02-13). http://www.nst.com.my/news/nation/2020/02/565256/transport-ministry-ecrl-15pct-complete.

④ 550 亿林吉特超级工程！中国交建马来西亚东海岸铁路工程开工 [EB/OL] (2017-08-09). http://www.chinca.org/cica/info/66488.

较难，引进外籍专业技术人员和劳工难度较大。[①]

2. 对策分析

2018 年马来西亚大选后，东铁项目经历了搁置、重新审查、重新谈判和重新开工的曲折历程，目前东铁项目已重新启动，到 2020 年 2 月，东铁项目已完成了 15% 的工程进度。2020 年 3 月，穆希丁政府上台后，主要精力集中在稳固政权和抗击新冠肺炎疫情上，东铁项目可持续进行。对于中国来说，可从以下几方面做好自身工作，确保项目如期完成。

（1）注意通过协商谈判解决问题，以合同为标准，约束双方行为，确保工程顺利进行。在希望联盟政府上台之后，时任总理马哈蒂尔较为急促地要暂停和中国的大型基建项目，但马方也并非有意永久终止这些项目，实际上项目仍然存在谈判的可能性。经过长达一年多的谈判，双方在合同上进行了局部修改和完善，最终项目得以顺利继续。

中方在谈判过程中，在不损害自身利益的情况下，可依照马方要求在合同上进行适当的“让步”，如降低铁路建设标准，不以中国Ⅰ级铁路标准的要求建设东铁项目，降低运行时速，改为内燃机车牵引，减少站点数，从而降低造价。[②]

（2）认真履行职责，应及时公示工程相关信息。中马双方在合同上协商达成一致后，中方应明确工作职责、工作范围、工作进度等方面的要求，按质按量完成合同规定的任务。在施工的过程中，也要注意尊重沿线地区的风土人情，保护生态环境。在承接东铁项目的过程中，中国交建应向马来西亚相关部门汇报施工过程中的经费使用情况、工程进度，并在马来西亚主流媒体或网站上进行公示和传播，让马来西亚政府和人民清楚了解上述信息，打消他们对此项目的顾虑。此前在马来西亚第 14 届大选前，希望联盟便抨击国民阵线政府在招标时不够公开透明，项目使用经费过多，是在透支国家和人民。中国交建在东铁项目重新启动之后，应吸取这样的教训，主动公开，尽可能避免不必要的误会。

（二）新隆高铁

1. 项目现状

吉隆坡——新加坡高速铁路（下称“新隆高铁”）是一条连接吉隆坡和新

---

① 550 亿林吉特超级工程！中国交建马来西亚东海岸铁路工程开工 [EB/OL] (2017-08-09). http://www.chinca.org/cica/info/66488.

② 刘云 . 中、马在建项目双方博弈的应对之策 [J]. 产权导报，2018（10）.

加坡之间的高速铁路。新隆高铁的倡议自 20 世纪 90 年代起两国领导人就曾多次提及，但由于种种经济方面的原因而被搁置。新马两国领导人 2013 年同意修建这条高速铁路，2016 年双方签署了协议推动该项目，但在 2018 年第 14 届大选后，马来西亚政府同样以投入成本高、回报率低、国家无法从中获利等理由决定推迟新隆高铁。马来西亚前经济事务部部长阿兹敏（Mohamed Azmin Ali）表示，原本马来西亚向新加坡基础设施统筹部部长兼交通部部长许文远（Khaw Boon Wan）提出的期望是延期至少三四年，但新加坡政府只同意延期一年。经过双方磋商，最终达成一致延期两年，否则新隆高铁项目的原计划、预算和相关费用会发生不可预计的变化。为此，马来西亚需要向新加坡政府支付超过 5 亿美元的违约金，在展延期内，马来西亚无须再支付任何违约赔偿。[①]2020 年 5 月，马来西亚政府再次与新加坡政府谈判，要求进一步展延新隆高铁，而新加坡也同意展延至 2020 年 12 月 31 日。[②] 新加坡政府称，若年底前仍无法启动项目，新加坡政府将向马来西亚索赔。[③]

新隆高铁全长预计 350 千米，最高时速可达 300 千米 / 小时，计划在吉隆坡、布城、芙蓉、爱极乐、麻坡、峇株巴辖、伊斯干达公主城、新加坡等地设立 8 个车站，终点分别设在吉隆坡的大马城及新加坡的裕廊东，设立关税、移民局及检疫关口。[④] 根据目前的计划，新隆高铁预计 2020 年年底施工，2031 年之前建成通车。马新高铁通车后将开设三种线路：接驳吉隆坡和新加坡的快捷直达服务、马来西亚国内线和新柔接驳线。马来西亚和新加坡会联合招标选出快捷线和接驳线的运营商，而马来西亚政府也会独自招标，选出马来西亚国内线的运营商。高铁的票价水平将由运营商自行商定。[⑤]

---

① 新隆高铁项目展延两年　你不得不知的五大点 [EB/OL] (2018-09-05). http://www.redants.sg/overview/story20180905-1902.

② 新马双方同意展延新隆高铁项目最后期限 [EB/OL](2020-05-31). http://www.8world.com/news/greater-china/specialreport/covid-19-0/article/hsr-suspension-extended-1148326#cxrecs_s.

③ 新加坡：新隆高铁项目若年底前无法启动，保留向马来西亚索赔权利 [EB/OL]. 2020-06-20. https://tech.sina.com.cn/roll/2020-06-20/doc-iirczymk8016581.shtml.

④ 新隆高铁项目　那些你不得不知的事 [EB/OL](2018-05-29). http://www.8world.com/news/singapore/article/20180528-sg-hsr-all-you-need-1-247616.

⑤ 料两年后动工　新隆高铁最快 2026 年通车 [EB/OL] . 联合早报，2016-07-20. http://www.zaobao.com.sg/news/singapore/story20160720-643284.

在新隆高铁资金投入方面，新加坡财政部部长王瑞杰（Heng Swee Keat）在公布财政预算案时表示，政府已拨款30亿新元用于新柔地铁系统和新隆高铁的建设；马来西亚方面，马哈蒂尔表示，马来西亚需要为新隆高铁项目花费1100亿林吉特。①

在工程竞标方面，马来西亚高铁机构（MyHSR）和新加坡高铁公司（SG HSR）在2017年12月联合发文，宣布为新隆高铁计划的资产管理者进行招标，委任一家公司负责新隆高铁列车及铁路设备的设计、建造、融资与维修工作，而铁路设备包括轨道、电力、信号及电信系统。新加坡国立大学土木工程系教授李德纮博士表示，中国和日本是成功竞标新隆高铁的两个国家，两国政府对此都高度重视。此外，新加坡淡马锡旗下6家大型企业也宣布将会组成合作关系竞标新隆高铁项目，也有可能成为黑马。②有传闻指出，新加坡倾向于引进日本新干线技术，而中国则借助自身在马来西亚的影响力，使马来西亚选择中方承建铁路。③

2. 对策分析

新隆高铁原本是马来西亚政府十分重视的一项基础设施，但在希盟联盟政府上台后，项目展延了两年。2020年5月，马来西亚国民联盟政府再次将项目的启动时间延迟到2020年年底。原本新隆高铁的中标国家和企业将在2018年知晓，但随着该项目目前处在不断展延的状态，竞标的工作也一再拖延。中国政府非常重视新隆高铁的投标和建设工作，若新隆高铁顺利拿下，有利于中国推动西南地区与泛亚铁路的连接，打通东南亚地区交通网络。笔者认为，目前中国可从以下几个角度做好新隆高铁的竞标工作。

（1）与马来西亚和新加坡两国都要进行协商与谈判，表明中国在建设新隆高铁上的决心和能力。

新隆高铁项目的两个推动国家为马来西亚和新加坡，尽管全长350千米的新隆高铁在新加坡地区仅有15千米的路程，但新加坡也是参与新隆高铁项目的

---

① 新隆高铁项目 那些你不得不知的事 [EB/OL] (2018-05-29). http://www.8world.com/news/singapore/article/20180528-sg-hsr-all-you-need-1-247616.

② 新隆高铁系统招标 得标者明年底揭晓 [EB/OL]. 联合早报，2017-12-21. https://beltandroad.zaobao.com/beltandroad/news/story20171221-820544.

③ 马来西亚叫停新隆高铁 中国白忙了？ [EB/OL]. 在线导报，2018-05-28. http://www.dw.com/zh/马来西亚叫停新隆高铁-中国白忙了/a-43971324.

国家之一，在项目的竞标过程中有一定的话语权。过去在新隆高铁项目中，中国更多的是在和马来西亚谈判，加上新加坡方面比较倾向由日本来建设新隆高铁，中新政府之间更应及时展开谈判，以增加获胜可能。

（2）中方在竞标过程中，在不损害自身利益的情况下，可压缩和控制成本，尽可能用最小的代价提供最高的质量服务。

马来西亚近年来负债较高，无论是希望联盟政府还是国民联盟政府执政，在经济政策上都采取了较为保守的经济政策。2020 年受新冠肺炎疫情影响，经济增长率难以达到预期，更加重了马来西亚的经济压力。从马来西亚政府在处理东铁项目时的做法不难看出，政府当下最主要的做法就是削减成本、减轻国家债务压力，否则人民的生活将更加艰难，也会引发其他问题。在这样的背景下，中国若想要确保新隆高铁顺利拿下，在竞标过程中应该在保证自身利益不受损的前提下，将成本控制在新马两国政府可接受的范围内。中国高铁近年来已经取得了不俗的成绩，其建设的质量与速度已经获得世界多国的认可，可以说中国是比较有希望成功竞标新隆高铁的国家。

（三）皇京港

1. 项目现状

皇京港是马来西亚一项巨型综合发展计划，位于马六甲海峡中段，距离首都吉隆坡不到 150 千米。皇京港由三座人造岛及一座自然岛屿组成，占地 1366 亩，总投资额达 430 亿林吉特（约 143 亿新元），是国民阵线政府执政时所批准的项目，其规划和相关工程于 2016 年初展开，预计在 2025 年完工。[①] 皇京港建设的目标是成为东南亚最大的私人码头、可同时停泊四艘游轮的设施、预计每年可处理 800 万标准箱的码头、一座海上高科技园区以及自由贸易区。[②] 皇京港包含马六甲海峡的 4 个岛屿，总面积约 1500 英亩（约 607 公顷），其中 1 号和 2 号岛必须填海，3 号岛是天然岛班浪岛，4 号岛从海岸往大海延伸。这些岛屿的大小、构型和用途各不相同。1 号岛有游轮码头、零售娱乐设施和住宅区；2 号岛是高科技工业园及自由贸易区；3 号岛是深水港及海事高科技工业园；4 号岛有集装

① 皇京港欠款停工三个月　马国政府：官方没喊停 [EB/OL]（2018-11-09）. http://www.redants.sg/overview/story20181109-2119.

② 雄心勃勃皇京港正失去动力？ [EB/OL] . 联合早报，2019-10-08 .https://beltandroad.zaobao.com/beltandroad/news/story20191008-995368.

箱码头、散装货运码头和造船设施。①

皇京港于 2015 年获得了相关执照和批准，包括填海岛屿的永久产权以及 3 号岛深水港长达 99 年的租借权。皇京港作为“一带一路”早期推动项目之一，吸引了许多投资者。皇京港由马六甲当地普通承包商、劳工承包商和房地产发展商凯杰发展有限公司主导，预计成本 420 亿林吉特。② 除主要发展商外，马来西亚的首席部长公司也投资了皇京港项目。中国电建集团国际工程有限公司是其中最大的投资者，拥有 1 号、2 号和 3 号岛的权益。中国广东省和山东省的两省政府也参与了皇京港项目中，深圳市盐田港集团和山东日照港集团也拥有 1 号、2 号和 3 号岛的权益；广东省政府的国有企业如广州港集团和广东省交通集团则拥有 4 号岛的权益；另一个国际投资者是皇家加勒比国际邮轮，拥有 1 号岛的权益。

在政府层面，皇京港项目未能得到国家的政策和资金支持，也没有太多官联公司或重要商业人士和企业参与。尽管皇京港项目是纳吉执政时期力推的项目，但纳吉在任期间在马来西亚第 11 个五年计划（2016—2020 年）、第三份国家实体规划（2015—2025 年）和物流及贸易便利化大蓝图（2015—2020 年）等大型国家计划中均未提及皇京港项目。皇京港项目前期准备和工程进展较为顺利，但到 2018 年时问题逐渐显露。除 2018 年马来西亚经历政权更迭外，皇京港的经济效益能否达到预期也成为港口建设的一大阻碍。根据世界银行的一份报告，马来西亚现有的 8 个港口，若能开展扩建、加强联通、科学规划，到 2040 年前其运力需求仍然可以得到满足。当前马来西亚港口运力过剩，巴生港、丹绒柏勒巴斯港和槟城港等三大港口的吞吐量达全国吞吐量的 70%，集装箱运输增长已经趋于平稳。③ 目前马来西亚的港口已经能够满足海运需要，没有必要再修建新的港口。据报道，2018 年由于马方拖欠工程费，皇京港项目暂时搁置。2019 年 4 月，马六甲首席部长阿德里表示，虽然凯杰发展有限公司被联邦政府取消港口营运执照，但皇京港工程不受影响，仍可按计划进行。2020 年 6 月，

---

① 雄心勃勃皇京港正失去动力？ [EB/OL] . 联合早报，2019-10-08 .https://beltandroad.zaobao.com/beltandroad/news/story20191008-995368.

② 雄心勃勃皇京港正失去动力？ [EB/OL] . 联合早报，2019-10-08 .https://beltandroad.zaobao.com/beltandroad/news/story20191008-995368.

③ 雄心勃勃皇京港正失去动力？ [EB/OL] . 联合早报，2019-10-08 .https://beltandroad.zaobao.com/beltandroad/news/story20191008-995368.

皇京港1号岛的国际邮轮码头已经开始打桩工程，预计2020年9月竣工。[①]

2. 对策分析

皇京港项目是中国“一带一路”初期的推动项目之一，但和其他项目一样，在经历了马来西亚更换政府之后，项目迟迟不能继续进行，给合作带来了一定的阻碍。随着东铁项目的恢复，皇京港项目也逐渐得到了恢复，但目前进度仍然较为缓慢，发展形势不明朗、不乐观。根据目前的情况，中方可从以下几点着手。

（1）密切关注马来西亚政府的指示和相关政策，双方应保持密切的联系，表明中方仍然希望继续该工程项目的立场。

在皇京港项目建设初期，中国多个企业包括中国电建集团、深圳盐田港集团、山东日照集团等企业已经参与到项目的投资和建设中，若中途退出或终止合同，会给双方都带来利益损失。在皇京港项目仍然有一线生机的时候，中方企业可以与马来西亚政府相关部门保持密切的联系，了解相关政策的变化情况，时刻关注皇京港项目的动态。一旦有重启的可能，中方就可以重新投入到项目建设中。

（2）今后在投资港口基础设施项目的过程中，应当做好风险评估工作，避免投入后无回报。

国民阵线政府执政时期力推皇京港项目，希望通过建设综合性的皇京港，将其打造为集货运、物流、旅游、住宅于一体的大型项目，但皇京港或许都不能扮演好作为港口的最主要作用。马来西亚的三大港口巴生港、丹绒柏勒巴斯港和槟城港处理的货运吞吐量占马来西亚全部港口吞吐量的70%，马来西亚目前8个港口组成的港口网络能满足未来20年的需要。即便纳吉在担任总理的时候力挺皇京港项目，但在多个国家计划中，并未提及皇京港项目。这也表明皇京港项目可能只是一个美好的愿景，距离真正落地建设还有很长的一段距离。中国企业今后在投资交通基础设施项目，尤其是港口基础设施的时候，应该慎重考虑项目的前景问题，做好风险评估工作，切忌初期投入过多，让自己的利益受损。

（四）泛婆罗洲公路

泛婆罗洲公路是一条连接沙捞越、文莱和沙巴之间的高速公路，预计全长

① 徐宜美. 马来西亚基础设施市场情况分析[J]. 国际工程与劳务，2019（12）.

2239 千米，由马来西亚和文莱两国政府共同推进。建造泛婆罗洲公路的目的是将婆罗洲岛北部、马来西亚东部地区的沙巴、沙捞越两个州与文莱连接，改变沙捞越州无公路的历史。截至 2002 年，泛婆罗洲公路整个工程预计已经完成了 997.18 千米的高速路段建设，占高速路段总长的 95.2%。

2015 年 3 月，时任总理纳吉在民都鲁启动泛婆罗洲项目，从沙捞越州的伦乐延伸到沙巴的斗湖，该项目由双向 2 车道改建为双向 4 车道，同时修建 3 座大桥。泛婆罗洲公路项目沙捞越部分由沙捞越泛婆罗洲土著公司和北婆罗洲高速公路有限公司负责，沙巴部分由沙巴泛婆罗洲公司负责。沙巴州和沙捞越州的泛婆罗洲大道工程的施工成本将完全由联邦政府承担。沙捞越段的施工于 2015年开始，沙巴段的工程于 2016年开始，整个工程预计在 2023 年可全部完成。尽管在 2018 年第 14 届大选希望联盟上台后遇到了一些阻碍，工程依然在政府换届后得以顺利推进。①

马来西亚工程部指出，截至 2019 年年底，泛婆罗洲大道的 12 个配套工程已经完成了 22%，预计将在 2023 年 6 月完工，另外 3 个新增的配套工程也将在 2023 年年底前完工。马来西亚宣布将于 2020 年启动 AH150 泛婆罗洲公路的建设工作，AH150 路线可将泛婆罗洲公路和泛加里曼丹高速公路连接起来，招标计划预计在 2020 年 8 月开始。AH150 泛婆罗洲高速公路全长 40 千米，耗资约 1.447 亿美元。②

（五）机场扩建

马来西亚作为东南亚区域内重要的交通运输尤其是航空运输的重要枢纽，在当前国内外游客大幅增加的背景下，机场扩建工作也十分迫切。

作为马来西亚最主要的门户机场，吉隆坡国际机场在区域和世界上都有较大的影响力。吉隆坡国际机场作为东南亚地区重要的交通枢纽，其客流量也是与日俱增。前任马来西亚交通部部长表示，2006 年吉隆坡国际机场的旅客人次

① The Pan Borneo Highway: Connecting Msia's "Forgotten" States, The Rakyat Post, January, 20, 2020 [EB/OL] (2020-01-20). http://www.therakyatpost.com/2020/01/20/the-pan-borneo-highway-connecting-msias-forgotten-states/.

② 马来西亚跨婆罗洲公路公开招标，耗资 1.5 亿美元！ [EB/OL]（2020-02-10）. http://www.seetao.com/details/14885/zh.html.

只有4520万人次，到了2016年已增长接近一倍达到8900万人次。[①]2018年马来西亚政府宣布，有意在5年内于吉隆坡国际机场兴建第三座机场[②]，以缓解目前主航站楼和吉隆坡国际机场KLIA2的客流量和货物处理量饱和的问题。但目前仍无吉隆坡国际机场扩建的相关消息。

除了吉隆坡国际机场面临扩建外，位于槟城州的槟城国际机场也将迎来扩建，其扩建工作更是当前马来西亚机场扩建工作的重中之重。槟城国际机场每年可容纳客流650万人次，但最近两年年度客流量开始逼近1000万人次，槟城国际机场的扩建工作刻不容缓。马来西亚机场控股有限公司集团首席执行官阿兹米·纳祖丁（Raja Azmi Raja Nazuddin）表示，机场运营商已向当地承包商进行公开招标和资格审查，以便完成扩建的前期工作。[③]马来西亚前任财政部部长林冠英(Lim Guan Eng)表示，扩建机场的整个工程大约会耗资12亿林吉特。[④]2019年，马来西亚财政部已批准马来西亚机场公司展开槟城国际机场的扩建工作，建设计划预计在2020年左右可开始。[⑤]槟城国际机场预计于2024年建成使用，扩建后的机场可接待游客1200万人次，机场还将配备先进的机场服务设施，如自助登机和自助行李托运柜台、生物识别和面部识别功能、机场内部无缝连接系统等。[⑥]

斗湖国际机场坐落于沙巴州第二大城市斗湖，是沙巴东海岸的主要入境机场，于2001年投入使用，是通往国际知名旅游景点如仙本那岛的必经之路。沙巴副首长兼旅游、文化及环境部长拿督刘静芝（Liew Chin Jin）表示，斗湖国际

---

① 马来西亚政府计划2020年后扩建吉隆坡国际机场[EB/OL]（2017-08-24）. https://malaysia.ihouse.ifeng.com//news/2017_08_24-51184339_0.shtml.

② 政府计划在5年内KLIA建第3座机场[EB/OL]（2018-03-17）http://www.kwongwah.com.my/20180317/政府计划在5年内-KLIA建第3座机场/.

③ 马来西亚槟城国际机场扩建工程将于2020年初开始，现已公开招标[EB/OL].（2019-12-27）. http://www.seetao.com/details/12212/zh.html.

④ 槟城机场扩建　大马机场控股和联邦政府的挑战[EB/OL].The Edge Markets，2019-07-22. http://www.theedgemarkets.com/article/槟城机场扩建　大马机场控股和联邦政府的挑战.

⑤ 马来西亚机场公司获准扩建槟城机场[EB/OL]（2019-07-20）. https://new.qq.com/omn/20190720/20190720A03PY200.html?pc.

⑥ 马来西亚槟城国际机场扩建工程将于2020年初开始，现已公开招标[EB/OL].（2019-12-27）. http://www.seetao.com/details/12212/zh.html.

机场 2018 年接待游客 164 万人次，增长 19.7%，超出了其 140 万的最高游客接待量。刘静芝表示，斗湖国际机场的扩建工程对促进沙巴交通运输业、旅游业等领域的发展至关重要。[①]

参考文献

[1] Buku Dasar Pengangkutan Negara [EB/OL][2020-10-28] . http://dpn.mot.gov.my/bukuDPN.html.

[2] 唐元平 . 马来西亚经济社会地理 [M] . 北京：世界图书出版公司，2015.

[3] 郭继光 . 中国企业投资马来西亚铁路的机遇与挑战 [J] . 当代世界，2017（8）.

[4] Jadual 2.9 Bilangan Penumpang Bagi Perkhidmatan Pengangkutan Rel, 2019 [EB/OL][2020-10-28]. http://www.mot.gov.my/my/Statistik%20Rel/2019%204%20-%20SUKU%20IV%202019/Jadual%202.9%20Q4%202019.pdf.

[5] 商务部国际贸易经济合作研究院、中国驻马来西亚大使馆经济商务参赞处、商务部对外投资和经济合作司编 . 对外投资合作国别（地区）指南：马来西亚（2019） [EB/OL] [2020-10-28].http://www.mofcom.gov.cn/dl/gbdqzn/upload/malaixiya.pdf.

[6] 徐宜美 . 马来西亚基础设施市场情况分析 [J] . 国际工程与劳务，2019(12).

[7] “全球最大航空枢纽连接度指数”出炉　亚太机场排名靠前 [EB/OL] . 旅讯（2018-09-19）.http://www.travelweekly-china.com/70056.

[8] [马来西亚] 王建民 . 大吉隆坡公共交通的挑战 [M]// 马来西亚重新起航 . 民主行动党出版社，2018.

[9] 雄心勃勃皇京港正失去动力？ [EB/OL] . 联合早报（2019-01-08）.https://beltandroad.zaobao.com/beltandroad/news/story20191008-995368.

[10] [马来西亚] 陈泓缣 . 解放沙巴海运枢纽潜力 [M]// 马来西亚重新起航 . 民主行动党出版社，2018.

[11] 吉隆坡国际机场系统故障致数千旅客滞留 [EB/OL] . 新华网（2019-08-23）. http://www.xinhuanet.com/world/2019-08/23/c_1124913041.htm.

① 斗湖机场扩建工程料年底动工 [EB/OL] . 诗华日报，2019-03-05. http://news.seehua.com/?p=432900.

[12] Belanjawan 2020 [EB/OL] . http://www.kabinet.gov.my/bkpp/pdf/belanjawan/2020.pdf.

[13] 马六甲皇京港有新进展！ 48 亿美元，另一中马项目将吸引更多中资？ [EB/OL] . 看点快报（2019–06–18）. https://kuaibao.qq.com/s/20190618AZODA900?refer=spider.

[14] Tinjauan Ekonomi 2019 [EB/OL] . http://www.treasury.gov.my/pdf/ekonomi/2019/bab1.pdf.

[15] 公共交通政治经济学 [EB/OL] . 诗华日报（2017–10–14）.http://news.seehua.com/?p=312800.

[16] MAA：我国交通工具注册量超过 2818 万辆，人均 0.88 辆！ [EB/OL] . 汽车资讯网（2017–10–03）. https://paultan.org/cn/2017/10/03/maa–malaysian–vehicles–registration–figures/.

[17] [马来西亚] 王建民 . 大吉隆坡公共交通的挑战 [M] // 马来西亚重新起航 . 民主行动党出版社，2018.

[18] 马来西亚推动绿色物流发展　减少行业碳足迹 [EB/OL] . 碳道（2019–07–12）.http://www.ideacarbon.org/news_free/49543/?pc=pc.

[19] 国家交通政策　五大核心 · 控制污染噪音废气 [EB/OL] . 星洲网（2019–10–18). http://www.sinchew.com.my/content/content_2132938.html.

[20] 550 亿林吉特超级工程！中国交建马来西亚东海岸铁路工程开工 [EB/OL]（2017–08–09）. http://www.chinca.org/cica/info/66488.

[21] 陈戎轩 . 东海岸铁路重启：“希盟”时代中马基建合作的新变化（2019）[M]// 马来西亚蓝皮书：马来西亚发展报告（2019）. 北京：社会科学文献出版社，2019.

[22] 中国交建承建的大马东铁路规划全部获批，工程施工将随后展开 [EB/OL] . 见道网（2020–01–17）.http://www.seetao.com/details/13668/zh.html.

[23] Transport Ministry：ECRL is 15pct complete [EB/OL] . New Straits Times,（2020–02–13）. http://www.nst.com.my/news/nation/2020/02/565256/transport–ministry–ecrl–15pct–complete.

[24] 刘云 . 中、马在建项目双方博弈的应对之策 [J] . 产权导报，2018（10）.

[25] 新隆高铁项目展延两年　你不得不知的五大点 [EB/OL] . 红蚂蚁（2018–09–05）. http://www.redants.sg/overview/story20180905–1902.

[26] 新马双方同意展延新隆高铁项目最后期限 [EB/OL]（2020-05-31）. http://www.8world.com/news/greater-china/specialreport/covid-19-0/article/hsr-suspension-extended-1148326#cxrecs_s.

[27] 新加坡：新隆高铁项目若年底前无法启动，保留向马来西亚索赔权利 [EB/OL]. 新浪网（2020-06-20）.https://tech.sina.com.cn/roll/2020-06-20/doc-iirczymk8016581.shtml.

[28] 新隆高铁项目　那些你不得不知的事 [EB/OL]（2018-05-29）.http://www.8world.com/news/singapore/article/20180528-sg-hsr-all-you-need-1-247616.

[29] 料两年后动工　新隆高铁最快 2026 年通车 [EB/OL]. 联合早报，2016-07-20. http://www.zaobao.com.sg/news/singapore/story20160720-643284.

[30] 新隆高铁系统招标　得标者明年底揭晓 [EB/OL]. 联合早报，2017-12-21. https://beltandroad.zaobao.com/beltandroad/news/story20171221-820544.

[31] 马来西亚叫停新隆高铁 中国白忙了？ [EB/OL]. 在线导报，2018-05-28. http://www.dw.com/zh/ 马来西亚叫停新隆高铁 - 中国白忙了 /a-43971324.

[32] The Pan Borneo Highway: Connecting Msia's "Forgotten" States [EB/OL]. The Rakyat Post（2020-01-20）. http://www.therakyatpost.com/2020/01/20/the-pan-borneo-highway-connecting-msias-forgotten-states/.

[33] 马来西亚跨婆罗洲公路公开招标，耗资 1.5 亿美元！ [EB/OL]. 见道网（2020-02-10）. http://www.seetao.com/details/14885/zh.html.

[34] 皇京港欠款停工三个月　马国政府：官方没喊停 [EB/OL]. 红蚂蚁网（2018-11-09）.http://www.redants.sg/overview/story20181109-2119.

[35] 徐宜美. 马来西亚基础设施市场情况分析 [J]. 国际工程与劳务，2019（12）.

[36] 马来西亚政府计划 2020 年后扩建吉隆坡国际机场 [EB/OL]. 凤凰网房产（2017-08-24）. https://malaysia.ihouse.ifeng.com//news/2017_08_24-51184339_0.shtml.

[37] 政府计划在 5 年内 KLIA 建第 3 座机场 [EB/OL]. 光华网（2018-03-17）. http://www.kwongwah.com.my/20180317/ 政府计划在 5 年内 -KLIA 建第 3 座机场 /.

[38] 马来西亚槟城国际机场扩建工程将于 2020 年初开始，现已公开招标 [EB/OL]. 见道网（2019-12-27）.http://www.seetao.com/details/12212/zh.html.

[39] 槟城机场扩建　大马机场控股和联邦政府的挑战 [EB/OL] .The Edge

Markets（2019-07-22）.http://www.theedgemarkets.com/article/ 槟城机场扩建 大马机场控股和联邦政府的挑战 .

[40] 马来西亚机场公司获准扩建槟城机场 [EB/OL] . 腾讯网（2019-07-20）. https://new.qq.com/omn/20190720/20190720A03PY200.html?pc.

[41] 斗湖机场扩建工程料年底动工 [EB/OL] . 诗华日报（2019-03-05）.http://news.seehua.com/?p=432900.

第六章　马来西亚旅游业发展现状及展望

覃　娟*

摘要：本章从马来西亚旅游业的发展现状出发，在数据分析的基础上对其当前所面临的问题和挑战进行分析，提出刺激国内经济复苏、加强与周边国家的旅游合作以及坚持科学发展理念、促进旅游业的可持续发展等对策。

一、马来西亚旅游业发展现状

（一）总体概况

2019 年马来西亚入境游客数量和旅游收入的总体概况如表 6–1 所示。入境总人数为 2610 万人次，比上年同期增长 1%。旅游总收入为 861 亿林吉特，比上年同期增长 2.4%，游客人均消费 3300 林吉特，比上年同期增长 1.3%，游客每日支出约 446 林吉特，比上年同期减少 11%。游客在马来西亚境内平均逗留约 8 天，比上年同期增长约 1 天。

表 6–1　2019 年马来西亚入境游总体概况

	2019 年	变动幅度
入境总人数	2610 万人次	1%
旅游总收入	861 亿林吉特	2.4%
游客人均消费	3300 林吉特	1.3%
游客每日支出	446 林吉特	–11%
游客逗留时间	8 天	14%

资料来源：马来西亚旅游局，自行整理。

2019 年每月入境的游客数量如表 6–2 所示。全年各月的入境人数基本保持稳定，起伏不大。峰值出现在 6、7、8 三个月，这三个月也是传统的旅游旺季。

*覃娟，广西民族大学相思湖学院管理学院院长，副教授，研究方向：旅游经济与管理。

表 6-2　2019 年每月入境的游客数量统计表（单位：人次）

1 月	2 月	3 月	4 月	5 月	6 月
2195684	2165933	2334613	2159517	2098267	2400561
7 月	8 月	9 月	10 月	11 月	12 月
2415097	2342438	1997093	2031198	199315	191068

资料来源：马来西亚旅游局，自行整理。

2007—2019 年，每年入境游客的数量及游客消费收入如表 6-3 所示。2007 年至今，入境游客数量和游客消费收入整体呈上升趋势。由于受到席卷全球的金融危机影响，2008 年的入境人数和游客消费收入呈下行走势，但是从 2009 年开始缓慢复苏。从 2016 年开始，游客消费收入突破 800 亿林吉特，之后保持稳定的增长。

表 6-3　2007—2019 年入境游客数量和游客消费收入统计表

年份	游客数量（万人次）	游客消费收入（百亿林吉特）
2019	2610	861
2018	2583	841
2017	2595	821
2016	2676	821
2015	2572	691
2014	2744	720
2013	2572	654
2012	2503	606
2011	2471	583
2010	2458	565
2009	2365	534
2008	2205	496
2007	2097	534

资料来源：马来西亚旅游局，自行整理。

（二）国内游现状

2019 年 8 月 15 日，马来西亚旅游局与马来西亚统计局举行了联合新闻发布会，介绍了 2018 年国内旅游的现状。2018 年，马来西亚国内游客数量以两位数的速度增长，增速达到 10.9%。国内游客总数为 7820 万人次，而 2017 年为 7050 万人次。国内游客的总支出增加了 11.7%，消费总额达到 604 亿林吉特，2017 年为 541 亿林吉特。人均支出从 2017 年的 767 林吉特增加至 772 林吉特，增长了 0.7%。

游客购物活动支出占总支出的百分比最高，达 26.8%。其次是燃料支出（15.4%）、食品和饮料支出（13.9%）、探访家庭支出（13.7%）、住宿（13.0%）、交通运输（8.4%）、其他活动（4.9%）和支出旅行前 / 套票 / 入场费 / 票（3.9%）。

游客的平均住宿时间从 2017 年的 2.35 晚增加到 2018 年的 2.44 晚，增长了 3.8%。

接待国内游客最多的州是彭亨州，达 920 万人次，其次是柔佛（780 万人次）、霹雳（760 万人次）、雪兰莪（680 万人次）和森美兰（610 万人次）。

国内游客把亲戚或朋友提供的无偿住宿作为主要住宿选择，占比为 68.2%，其次是酒店（20.4%）、公寓（4.4%）、寄宿家庭或度假屋（3.0%）、小木屋（2.3%）和休息室（1.7%）。

国内旅游继续在促进马来西亚国民经济发展中发挥着重要作用。

（三）入境游及客源市场现状

旅游业是马来西亚最大的服务出口行业，连续多年来占服务业出口总额的 50% 以上，是马来西亚第 6 大支柱产业。入境旅游人数的持续、稳定增长成为保障马来西亚旅游业发展的重要因素。

马来西亚在 2018 年接待了 2583 万人次游客，跟上年同期相比下降了 0.4%。而旅游业收入增长了 2.4%，与 2017 年相比贡献了 841 亿林吉特。旅游业收入的增长是游客在马来西亚停留时间延长的结果（由于游客在马来西亚停留时间延长），特别是 2018 年游客的购物消费达到 281 亿林吉特，比 2017 年增长了 4.6%。

马来西亚的旅游业在 2019 年 1—5 月期间共接待 10954014 人次入境游客，而 2018 年同期为 10454447 人次，入境游客数量增长了 4.8%。

在所有入境游客中，来自东盟短途市场的游客有 7584128 名，保持领先地位，成为马来西亚国际游客的最大贡献者，占入境游客总量的 69.2%，与上年同期数据相比增加了 4.7%。增长的原因是印度尼西亚、新加坡和泰国等国入境游客数量的增加。

来自东亚（如韩国和日本）和南亚（如印度和巴基斯坦）的入境游客数量与 2018 年同期相比分别增长了 6.7% 和 11.0%。

西亚、非洲和法国、荷兰、西班牙、瑞典等几个欧洲国家直飞马来西亚的航班数量不足，导致这些国家和地区的入境游客人数和次数减少，从而使得远程市场入境游客数量仅占总数的 9.4%，比上年同期数据下降了 0.2%。

总体而言，东盟入境游客将继续以近70%的贡献率占据马来西亚游客入境份额，中型和长途市场分别占21%和9%的份额。与2018年上半年相比，短途、中途和长途市场的业绩分别增长了4.7%，7.1%和1.8%。

2019年上半年，前十名国际游客到访人数来自新加坡（5381566人次）、印度尼西亚（1857864人次）、中国（1558782人次）、泰国（990565人次）、文莱（627112人次）、印度（354486人次）、韩国（323952人次）、菲律宾（210974人次）、越南（200314人次）和日本（196561人次）。①

中国是马来西亚第三大旅游客源国，前来马来西亚的中国游客人数在2018年达到294万人次，相较于2017年的228万人次，增长了29%。目前，马来西亚针对中国旅游客源市场采取了一些措施，例如放宽了旅游签证要求，推出电子签证，这些措施旨在方便到马来西亚旅游的中国游客。

（四）旅游收入

马来西亚旅游业的快速稳定发展使其旅游收入也逐年增长，2019年第二季度，马来西亚国际游客数量达到1335万人次，较之上年同期增长了4.9%，获得旅游收入达41.69亿林吉特，较2018年同期增长6.8%。这一趋势体现了马来西亚目前作为购物目的地的形象。

吉隆坡在2012年和2013年，连续两年被全球新闻网CNN评为世界第四最佳购物城市。2015年伊斯兰会议组织根据万事达卡穆斯林旅行购物指数将马来西亚评为穆斯林第二大购物胜地。2016年Expedia UK平台将马来西亚评为世界第五大购物胜地。

2019年上半年，旅游业为马来西亚经济贡献了416.9亿林吉特，旅游人数达1335万人次。旅游业的人均消费也有所增长，增长了1.9%，达到3121林吉特。平均住宿时间（ALOS）从5.8晚上升到6.2晚。

表6-4　2018—2019年上半年游客数据

年份	2018年上半年	2019年上半年	增长性
游客数量	12730368人次	13354575人次	4.9%
旅游收入	390亿林吉特	416.9亿林吉特	6.8%
人均支出	3064.7林吉特	3121.6林吉特	1.9%
平均住宿ALOS	5.8晚	6.2晚	0.4晚

资料来源：马来西亚旅游局，自行整理。

① 数据来自马来西亚旅游局网站，http://www.tourism.gov.my.

按客源国划分，2019 年入境游客消费最高的五个国家分别是新加坡（115.6 亿林吉特）、中国（70.9 亿林吉特）、印度尼西亚（57.1 亿林吉特）、泰国（17 亿林吉特）和文莱（15.2 亿林吉特）。人均支出最高的前五个国家是沙特阿拉伯（11376.90）、英国（5241.5 林吉特）、加拿大（4593.1 林吉特）、中国（4546 林吉特）和美国（4537.90 林吉特）。平均居留时间最长的五个国家是沙特阿拉伯（10.5 晚）、法国（8.7 晚）、德国（8.3 晚）、荷兰（8.1 晚）和加拿大（7.7 晚）。

在旅游业方面，马来西亚政府通过积极促销、宣传本国的旅游景点和产品，来加大对中国、印度等国家的游客的吸引力。为了吸引中国游客，马来西亚时任总理马哈蒂尔在 2018 年提出，缩减中国游客签证程序以及费用。除此之外，手工艺品也是前来马来西亚的外国游客首选购买的物品。

二、马来西亚旅游业发展措施

（一）深化国际旅游合作

1. 与 VISA 达成战略合作伙伴关系

2020 年 3 月 11 日，马来西亚签证局与马来西亚旅游局建立了长期合作伙伴关系，以支持旅游业发展，推动入境旅游发展并促使马来西亚成为首选旅游目的地。

由于有利的汇率、产品质量和选择的多样性，马来西亚的购物游被认为是最受欢迎的旅游活动之一。根据马来西亚旅游局的数据显示，在过去四年中，购物占马来西亚游客支出的最大份额，占 2019 年 1 月至 9 月旅游业总收入（游客支出）的 35.2%，达到 233 亿林吉特。与 2018 年相比，增长了 14.4%。

Visa 在全球拥有超过 34 亿张卡，可利用 Visa 首选商人计划（VPM），给游客提供各种奖励和好处，包括为 Visa 卡持卡人提供餐饮、购物、家庭娱乐和医疗保健服务。此外，还可通过其数据分析功能为前来马来西亚的旅行者提供旅行中的参考建议，提升游客的旅游体验，来吸引更多游客入境，以推动和促进旅游业的发展。

2. 马来西亚旅游与卡塔尔航空合作

2020 年 2 月 23 日，马来西亚旅游局与卡塔尔航空携手开展旅游合作。卡塔尔作为一个穆斯林占多数的国家，与马来西亚拥有共同的文化纽带，这使得马来西亚成为深受卡塔尔游客喜爱的东南亚目的地之一。

中东被视为马来西亚的主要市场，该市场连续九年（2011 年至 2019 年）

被位于新加坡的全球领先的清真旅行社总部评为穆斯林旅行者的第一大目的地。2019 年，来自西亚的游客总人数为 309224 人次，其中在记录的卡塔尔游客有 4089 人次。

卡塔尔航空公司目前每周运营 21 班从吉隆坡飞往多哈的航班，4 班从槟城到多哈的航班，5 班从兰卡威到多哈的航班。这些航班加起来每周可容纳 9000 多名乘客。

3. 与亚太旅游协会（PATA）合作

2019 年 6 月，马来西亚旅游局与亚太旅游协会 PATA 合作探讨将冒险元素与旅游相结合，塑造冒险旅行业新兴景观。通过利用马来西亚的户外和冒险景点迎合不断增长的冒险旅游市场，同时坚持负责任的态度，进一步加强公共和私营部门组织之间的合作，规划、建设并促进冒险旅行业和旅游业的发展。

4. 与世界旅游平台 EXPEDIA 集团开展旅游合作

2019 年 8 月 20 日，马来西亚旅游局和世界旅游平台 Expedia Group 宣布了两项旅游合作，第一项合作是一项合作备忘录，旨在通过展示马来西亚独特的奇观、景点和文化来促进马来西亚成为一个出色的旅游目的地，并支持当地旅游业数字创新。第二项合作将使双方开始 Expedia Media Solutions 全球运动，以促进从澳大利亚、日本和美国到马来西亚的游客入境旅行。此次合作将马来西亚的旅游业与 Expedia Group 的全球网络中的数百万旅客联系起来。

（二）积极开展旅游宣传推介活动

1. 参加 2019 年中国国际旅游产业博览会

2019 年 8 月 30 日马来西亚时任旅游和文化部部长拿督 Mohamaddin Ketapi 率领一个由 29 个马来西亚组织组成的代表团参加在中国广州举行的 2019 年中国国际旅游产业博览会（CITIE 2019）。CITIE 是中国最大的综合性国际旅游展览会，此次展览会将有 60 个国家的 3000 多家参展商参加，可容纳参观人数达 50 万人。

拿督穆罕默德（Datuk Mohamaddin）在盛会开幕式上发表了主题演讲，并主持了马来西亚馆的开幕仪式。通过参与 CITIE，马来西亚旅游局一方面对本国的旅游资源进行推广宣传，另一方面也积极寻求吸引更多中国游客到马来西亚旅游的方法，以实现其 2019 年的旅游目标。马来西亚统计局数据显示，2018 年中国游客消费达 123 亿林吉特（估计为 190 亿人民币），占马来西亚的旅游业总收入的14%。

2. 参加吉达国际旅行和旅游展览会

2020年2月26日，马来西亚旅游局参加在沙特阿拉伯举行的2020年吉达国际旅行和旅游展览会（JTTX10），此次展览会面向中东旅游行业参与者宣传“2020年大马观光年”的系列活动，特别推介马来西亚激动人心的文化冒险、家庭友好型的旅游产品，以满足中东市场消费者的需求。

2019年，来自沙特阿拉伯的入境游客共计121444人次，沙特阿拉伯游客的平均住宿时间（ALOS）为10.8晚，人均消费为11555.40林吉特，在入境游客中处于首位。

（三）开展旅游文化活动

1. 2020大马观光年活动（Visit Truly Asia Malaysia Year 2020）

2020年大马观光年活动于2019年12月31日正式被推介，其目标是吸引国际游客到访，并带来1000亿林吉特（约合243亿美元）以上的收入。2020年是“马来西亚旅游年”，也是“中马文化旅游年”，生态旅游、文化旅游和艺术旅游是马来西亚政府的“主打招牌”。但是由于受到突如其来的新冠肺炎疫情影响，目前马来西亚政府已经宣布实施行动管制令，取消了许多旅游相关项目。

2. 马来西亚超级熟化活动（Mega Fam）

马来西亚超级熟化计划旨在推动2020年马来西亚旅游局（Visit Malaysia 2020）活动的推广，目的是实现3000万人次国际游客和1000亿林吉特的旅游收入的旅游目标。

该活动是在本地和外国航空公司、马来西亚酒店、州政府、旅游产品和购物中心的支持下组织的。通过该活动，参与者可以亲身体验马来西亚的众多景点、旅游目的地以及产品和服务，激发并鼓励他们撰写有关旅行的精彩故事，打造马来西亚作为休闲和商务旅游首选目的地形象。

在2018年，来自10个国家（地区）的80位嘉宾参加了7个马来西亚超级熟化活动。在国际出版物上发表了30篇专题文章，在在线媒体广播中发布了68部纪录片，共计取得了370万林吉特的商业价值。

（四）旅游产品开发

1. 海岛游

海岛游是马来西亚传统的旅游产品。马来西亚是热带天堂，海岸线绵延

4500多千米，拥有近900座岛屿。在为旅游业开发的岛屿中，有槟城、浮罗交怡、邦咯岛、刁曼岛、热浪岛和Perhentian群岛以及柔佛西海岸的小岛群岛。婆罗洲岛上沙巴和沙捞越的异国风情还提供了许多绝妙的岛屿出游体验，包括举世闻名的西巴丹岛潜水。

2.保健游

2020年被指定为“马来西亚保健旅行年”，以展示马来西亚作为世界一流的保健目的地。马来西亚在肿瘤学心脏病学和生育治疗方面拥有专业知识，在医疗保健领域也享有很高的国际声誉，在包括《医疗旅行杂志》（IMTJ）的“医疗旅行奖”在内的行业计划中一直得到认可，2018年吸引了120万医疗保健旅行者。

3.民俗文化游

婆罗洲拉帕扬海滩是长鼻猴和木偶的故乡，当地还有许多独特部落，例如Bajau部落。旅行者可以参观Kota Belud Dastar编织手工艺工作室，欣赏Irranun民间艺术品，并通过了解风俗和观看在特定节日的文艺表演来了解该族裔群体。

沙巴州是被联合国教科文组织列为世界遗产的京那巴鲁公园所在地，由于该种族有33种不同语言并由此产生的文化多样性为来自全国各地的游客提供了独特的民俗文化体验。

此外，马六甲的开斋节、丁加奴的海滩节、沙巴州的雨林世界音乐节和婆罗洲庆祝中国农历新年艺术节等马来西亚不同种族的许多开放日庆祝活动每年也吸引了大批游客前来观光游玩。

4.生态观鸟游

在马来西亚，有750多种鸟类和50多种地方性鸟类，沙巴和沙捞越有55个重要鸟类保护区（IBA）。

马来西亚旅游文化艺术部和马来西亚旅游局合作启动了马来西亚鸟类网站（www.birdsmalaysia.my）。该网站由马来西亚生态旅游保护协会（ECOMY）开发，是全世界鸟类爱好者的一个平台。该网站主要用于宣传生态旅游产品，尤其是“观鸟”套餐活动。生态观鸟游包括沙巴的“ Birding @ Tabin观鸟之旅”“ Mulu Sarawak的观鸟”和“彭亨州国家公园观鸟之旅”。

马来西亚自然协会（MNS）和当地观鸟行业专家的资料显示，观鸟套餐的平均价格为每人6500林吉特。到2020年年底，估计有5663名国际鸟类爱好者来马来西亚，这项观鸟活动的收入预计将达3680万林吉特。

生态观鸟游是旅游业产品中的新兴产品，能通过吸引高质量的游客而产生较高的旅游收入。

5. 马来西亚的传统服饰及特产

马来西亚传统服饰及特产可作为旅行者的旅行纪念品，这一类的旅游产品包括传统服饰 Baju Kebaya、白蜡制品、手工编织工艺品、太妃糖 Dodol、松吉 Songket、普阿昆布 Pua Kumbu、马来西亚蜡染 Malaysian Batik 等。

（五）航空措施

马来西亚航空、亚洲航空、萤火虫、马林多航空和马来西亚机场控股有限公司，纷纷利用其本地和国际媒体平台开展营销和促销活动。此外，政府还提供了 500 万林吉特的特别基金，称为 GAMELAN Malaysia，作为对旅游业参与者的财政支持。

为了改善航空连通性并吸引更多旅客前往马来西亚，马来西亚旅游局和马来西亚机场控股有限公司已与神鹰航空、阿拉伯航空和釜山航空等多家国际航空公司合作，推出了从主要国际目的地飞往马来西亚的新航线。

为了吸引更多游客前往马来西亚旅行，马来西亚旅游局还与多家国际航空公司合作以增加联通性。目前，马航为伦敦—吉隆坡航线提供服务，每周共有 14 班航班和 5166 个座位。通过联合国际发展旅游计划（JITDP），马来西亚旅游局也与阿提哈德航空（Atihad Airways）签署了一项协议，以增加前往马来西亚的航班班次。马来西亚旅游局也与其他航空公司包括 TUI、Kuoni 和英国航空进行讨论，进一步打造合作伙伴关系。

2019 年上半年，中国到马来西亚的游客人数共计 155 万人次，相比 2018 年同期的 146 万人次增长了 6.4%。目前，AirAsiaX 每日提供航班，Malindo Air 每周提供四班航班，从吉隆坡飞往成都，AirAsiaX 每周提供四班航班从吉隆坡到兰州。这些直航航班的开通将加强旅游促销力度，吸引更多来自中国的游客。

（六）旅游签证措施

入境马来西亚的签证类型分为贴纸签证、电子签证两种类型。贴纸签需要通过旅行社和相关机构办理，但电子签证办理很方便，这也是大部分游客出行马来西亚选择的签证方式。

马来西亚的电子签证可分为电子签证（Evisa）和入境凭证函（Entri）两种。主要差别在于单次停留时间、入境口岸限制条件以及签证费用。

表 6-5　马来西亚电子签证类型

电子签证类型	单次停留时间	入境口岸限制条件	签证费用
EVISA	30 天	无入境口岸限制	200 元
ENTRI	15 天	只能通过 6 个规定的口岸入境（见下）	160 元

资料来源：https://visamalaysia.org/.

从 2016 年 3 月，马来西亚政府为前来马来西亚的国际游客推出了电子签证计划，游客单次停留期间可延期两次，每次的延期时间为一年。游客只需填写一份在线申请，就可以获得进入马来西亚的电子签证。申请人在线填写申请表和必要的信息后，使用网上信用卡完成支付，之后会通过电子邮件收到签证。

马来西亚电子签证适用于中国、印度、斯里兰卡、尼泊尔、缅甸、孟加拉国、不丹、塞尔维亚、巴基斯坦和黑山的游客。但所有签证申请都是由马来西亚政府审查的。

2020 年是马来西亚的旅游年，为了吸引更多的中国游客前去马来西亚旅游，马来西亚政府将最新的一次电子签证延期到 2020 年 12 月 31 日。

三、马来西亚旅游业发展面临的问题和挑战

（一）旅游安全问题

1. 总体概况

马来西亚是一个位于东南亚的国家，部分位于亚洲大陆的半岛上，部分位于婆罗洲岛的北三分之一。马来西亚西侧与泰国接壤，通过堤道和桥梁与新加坡相连，在南海和马六甲海峡有海岸线，东部（婆罗洲）与文莱和印度尼西亚接壤。与邻近的其他国家（如新加坡）相比，出行马来西亚观光游玩的价格更为合理，受到世界各国游客的青睐和喜爱。马来西亚是一个相对安全的国家，有着安全国家的美誉。暴力犯罪率很低，游客遭到抢劫、绑架或袭击的概率较小，但抢劫和袭击的事件也曾发生过，因此游客出行时仍应保持警惕。

马来西亚官方宗教为伊斯兰教，在当地旅行的时候，要特别注意尊重当地的风俗习惯、传统和文化，因此游客应该穿着端庄，注意自己的行为举止。

2. 国内交通风险

在马来西亚旅行，搭乘出租车时，由于有些出租车没有计价器，因此在上

车前一定要与司机协商好价格。如果游客需要在深夜用车，最好通过给出租车服务公司打电话的方式约车，而不是直接在街上伸手拦车，因为有可能存在被敲诈的风险。马来西亚半岛的道路状况基本良好，但在东马来西亚，道路状况很差，特别是在夜间道路沿线有可能存在发生车祸和事故的风险。

3. 扒窃风险

贵重物品要妥善存放，要时刻保持警惕，保管好随身携带的物品。

4. 自然灾害风险

马来西亚的雨季从每年 10 月持续到次年 2 月，由于暴雨，可能会出现洪水和山体滑坡，在海洋海岸线附近可能会遭受海啸。

5. 恐怖主义风险

在沙巴东海岸，特别是在靠近菲律宾南部苏禄群岛的岛屿上，恐怖袭击的风险较高。在过去几年中，菲律宾南部的绑架案件有所增加。

建议去马来西亚旅游时购买旅游保险，因为它不仅会承担医疗问题的费用，还会承担贵重物品的盗窃和丢失的费用。

（二）国际突发事件（新冠肺炎疫情）的冲击

旅游业为 370 多万马来西亚人提供了就业机会和商机，是该国经济发展最大的贡献者之一，旅游业占国内生产总值（GDP）的 15.3%。当该产业受到影响时，该国的经济也被直接影响。

在新冠肺炎疫情的冲击下，2020 年 1 月 11 日至 2020 年 3 月 16 日，马来西亚总共取消了 170084 个酒店客房预订，这导致收入损失了 68190364 林吉特，与马来西亚旅游业相关的住宿、交通、购物、食品和饮料以及组织商务活动等部门的损失也超过 90 亿林吉特。

表 6–6　2020 年第一季度马来西亚各州酒店取消客房统计表

排名	州	取消的客房数量（间）	客房取消带来的损失（林吉特）
1	吉隆坡	55050	23021301
2	沙巴	32392	11550605
3	槟城	17753	8908000
4	雪兰莪	22929	7212048
5	森美兰	13534	6690500
6	柔佛	18455	5636470
7	吉打	3239	3291500
8	霹雳州	2403	1022289

续表

排名	州	取消的客房数量（间）	客房取消带来的损失（林吉特）
9	马六甲	4074	690499
10	彭亨	180	144628
11	沙劳越	76	22525
合计		170085	68190364

资料来源：马来西亚饭店协会，自行整理。

由于50%的马来西亚入境游客来自新加坡和中国，新冠肺炎疫情的爆发导致许多旅游团取消，直接导致到马来西亚旅游的游客人数大幅下降。

为了抗击新冠肺炎疫情，马来西亚总理宣布了行动限制令（MCO），MCO期间的禁令将进一步收缩马来西亚的旅游业，因此，出台有效的政策来帮助旅游业参与者势在必行。

（三）人文旅游景点较为单一

马来西亚半岛属于热带雨林气候，马来西亚的自然资源十分丰富，位于东马来西亚的沙巴州和沙捞越州开发了许多自然旅游景点，吸引了大量来自全世界的游客。出于对自然环境的保护，马来西亚政府积极推动人文旅游景点的开发，这些人文旅游景点以伊斯兰教文化为主，包括国家清真寺、大教堂等，但是这些旅游景点以国家历史景点为主，相对单一，且个别景区景点的环境较差。此外，地标性建筑物以石油双塔摩天大楼为主，除云顶高原的云顶赌场外，近年来，全国境内开辟的新景点和新的娱乐设施也较少。

（四）东南亚旅游市场竞争激烈

虽然东南亚地区旅游资源丰富，但由于东南亚各国间地理位置相近，同处亚洲文化圈，自然旅游资源和人文旅游资源存在一定的相似性。随着旅游业的发展，东南亚各国之间的旅游竞争日益激烈。如泰国每年会吸引近800万中国游客，这对马来西亚吸引客源有很大的竞争威胁。同时，随着新加坡、印度尼西亚等周边国家纷纷对中国游客进一步加大免签、落地签的优惠力度，马来西亚同周边国家在旅游客源方面的竞争越来越激烈。

我国是马来西亚最大的客源国之一，华人游客主要是通过航空和船舶的交通方式入境马来西亚，旅游目的以商务会议和休闲度假为主。相较于新马泰（SMT）东南亚旅游圈的另外两个国家新加坡和泰国而言，中新、中泰开通的航线及航空运力远高于中马。中马之间增开航线，现有航线增开航班，有条件的城市增开包机，都将有利于进一步提升马来西亚旅游业的发展。

四、马来西亚旅游业发展展望

（一）刺激国内经济复苏

旅游业是马来西亚经济的重要贡献者，几乎占 GDP 的 14.9%，为国内提供将近 340 万个就业机会。到马来西亚旅游相对来说比较便宜，住宿和交通的质量也较高，这使得每年都吸引大批游客到来。

推动马来西亚旅游业增长的另一个因素是马来西亚政府一直致力于瞄准来自高收入群体的全球精英。马来西亚眼、国际时尚街、日落海滩、邮轮购物廊等旅游项目的开发，不断推动着马来西亚旅游业的快速发展。

为了更好地为旅游业提供帮助支持，马来西亚专门设立了旅游警察局，向国际游客提供有关马来西亚法律、习俗和文化的相关信息。然而，该国的政治和金融不稳定局势是马来西亚旅游业发展的主要制约因素。

在当前新冠肺炎疫情影响下，马来西亚旅游业遭受严重打击。为此，马来西亚政府颁布了一系列刺激马来西亚旅游业发展的计划，为受疫情严重影响的利益相关者，特别是旅游业的利益相关者提供支持和帮助。

表 6–7　马来西亚政府颁布了一系列刺激马来西亚旅游业发展计划

序号	措施
1	高达 1 亿林吉特的 HRDF 配套拨款，用于资助来自旅游业和其他受影响行业的 40000 名员工。
2	旅游相关行业每月电费可享受 15% 的折扣。
3	与旅游有关的企业免于向人力资源开发基金（HRDF）付款。
4	经批准的与旅游相关的培训产生的费用可双重抵税。
5	在 2020 年 3 月至 2020 年 8 月期间，酒店免交 6% 的服务税。
6	与旅游有关的公司推迟每月的所得税分期付款。
7	马来西亚机场控股有限公司（MAHB）将为机场处所的租金以及飞机的着陆和停车费用提供补贴。

资料来源：马来西亚财政部，自行整理。

税收优惠、贷款重组和推迟偿还银行贷款等措施将有助于缓解马来西亚旅游业参与者的现金流。为了控制不断上升的失业率，政府推行了一项工资补贴计划，为每个留用雇员每月提供600林吉特的补贴，最长为期三个月。截至2020年5月17日，政府已批准12.8万名雇员的申请（马来西亚财政部）。

此外，旅游前线还分别获得600林吉特和500林吉特的一次性付款，以控制他们日收入的大幅下降。马来西亚颁布的一系列刺激马来西亚旅游业发展计划还考虑到了就业损失和就业不足问题，为那些被迫休无薪假期的人每月提供600林吉特的财政援助，最长期限为6个月。除此之外，月薪低于4000林吉特的失业工人也被允许向社会保障组织（SOCSO）下属的雇员保险系统（EIS）申领。

鉴于这些激励措施，VM 2020（大马观光年2020）目前正转向国内旅游业，以控制国际游客数量的急剧下降。为了促进国内旅游业，政府推出了多项措施，例如对国内旅游业给予最高1000林吉特的个人所得税减免，以及为国内航班、铁路旅行和酒店住宿提供每人价值高达100林吉特的数字代金券。

希望通过实施这一系列刺激马来西亚旅游业发展计划将有助于旅游业在这一充满挑战的时期维持下去。

（二）加强与周边国家的旅游合作

由于新冠肺炎疫情对旅游业带来的冲击和影响，马来西亚需要加强与周边国家的旅游合作。马来西亚作为东盟成员国，可积极探索在中国—东盟自贸区以及“一带一路”倡议的框架范围内，加强与中国及东盟各国之间的区域旅游合作，与周边国家及主要客源国形成互联互通、互惠互利的利益共同体，重振马来西亚经济、旅游及文化教育等多方面的发展。

（三）坚持科学发展理念，促进旅游业可持续发展

在自然景观方面，马来西亚与新加坡、泰国、印度尼西亚等邻国一样拥有海滩、岛屿和热带雨林等自然景观。可贵的是在多年的旅游业发展中，马来西亚政府坚持生态旅游的发展理念，没有一味追求扩张速度与规模，其中值得一提的是东马来西亚的沙巴州、沙捞越州的红树林、长鼻猴等生态景观经过多年经营依然能够保持较好的原生态景象。倘若马来西亚能继续坚持科学发展理念，促进和推动旅游业的发展，马来西亚将会成为深受全球游客欢迎的旅游目的地。

参考文献

[1] 马来西亚旅游局，http://www.tourism.gov.my.

[2]孙大英,罗虹,李伟山.马来西亚旅华市场及发展策略研究[J].东南亚纵横，2013(06).

[3] 罗正琴.马来西亚旅游发展的对策分析[J].旅游纵览（下半月），2016(09).

[4] 刘庆.中国与东盟旅游服务贸易竞争力测评与提升路径[J].经济问题，2019(11).

[5] 马来西亚饭店协会，http://www.hotels.org.my.

[6] 马来西亚财政部，http://www.treasury.gov.my.

[7] 世界银行，http://www.shihang.org.

第七章　马来西亚数字经济发展及中马合作报告

周章贵*

摘要：发展数字经济是马来西亚重要的国家战略，也是中马经贸合作的核心领域。马来西亚在电子商务、数字银行、电子支付、快递物流、网约车和数字基础设施领域上发展迅猛。马来西亚数字经济发展具有自身特点，包括通过总体规划统筹和设立统一执行机构牵头推进数字经济，推动“数字税”征收政策保障政府财政收入，积极对接中国数字龙头企业提供平台技术保障。中马数字经济合作成效显著，尤其在与阿里巴巴 eWTP、华为、中国建行在电商平台、数字基础设施、数字支付等领域的合作可圈可点，但也存在合作业态单一发展失衡、传统产业数字化转型壁垒和投资不足、数据安全与隐私保护不足、法律法规滞后等问题，应进一步构建针对传统制造业企业的数字化转型合作，搭建符合新业态和满足市场需求的数字化平台，实施多项举措全面促进数字型人才和数字化能力建设，完善数字经济监管推动数字化治理体系建设。

一、马来西亚数字经济发展背景

（一）数字经济发展的基本概念

“数字经济”（Digital Economy）并非新概念。早在 20 世纪 90 年代中期，美国经济学家唐·塔普斯科特就在其著作中提及。[①]20 世纪 90 年代是数字技术发展的高潮，随着曼纽尔·卡斯特的《信息时代：经济、社会与文化》、尼葛洛庞帝的《数字化生存》等著作的出版和畅销，数字经济理念在全世界流行开来。

G20 杭州峰会发布的《二十国集团数字经济发展与合作倡议》对数字经济

---

*周章贵，国际安保行为守则协会观察员、浙江大学非传统安全与和平发展研究中心兼职研究员、塔里木大学特聘教授，管理学博士。主要研究领域包括数字经济、能源环境安全、跨界水冲突等非传统安全问题。

① 唐·泰普斯科特. 数字经济蓝图：电子商务时代的财富创造 [M]. 大连：东北财经大学出版社，2003.

的定义是：数字经济是以使用数字化的知识和信息作为关键生产要素、以现代信息网络作为重要载体、以信息通信技术的有效使用作为效率提升和经济结构优化的重要推动力的一系列经济活动。[①]

随着先进的网络技术的普及应用，传统意义上的时间和空间观念受到挑战，商业机构和企业组织正设法整合与顾客、供应商、合作伙伴在数据、信息系统、工作流程和工作实务等方面的业务，而其各自又要符合不同的标准、协议、传统、需求、激励和工作流程。

数字经济具有快捷性、高渗透性、自我膨胀性、边际效益递增性、外部经济性、可持续性、直接性等基本特征。在快捷性方面，互联网突破了传统的国家、地区界限，它们被网络连为一体，同时互联网还突破时间约束，使人们的信息传输、经济往来可以在更小的时间跨度上进行。数字经济以接近于实时的速度收集、处理和应用信息，其节奏被大大加快了。在高渗透性方面，迅速发展的信息技术、网络技术，具有极高的渗透性功能，使得信息服务业迅速地向第一、第二产业扩张，使三大产业之间的界限模糊，出现了第一、第二和第三产业相互融合的趋势。[②]数字经济的价值等于网络节点数的平方，将随着网络用户的增加而呈指数形式增长。在数字经济中，在人们的心理反应和行为惯性的影响下，在一定条件下，任一方优势或劣势一旦出现并达到一定程度，就会导致其程度的不断加剧并强化，出现“强者更强，弱者更弱”的“赢家通吃”的垄断局面。边际效益递增性方面主要表现为数字经济边际成本递减，而数字经济具有累积增值性。数字经济在很大程度上能有效避免因传统工业生产对有形资源、能源的过度消耗，而导致的环境污染、生态恶化等危害，实现了社会经济的可持续发展。由于网络的发展，经济组织结构趋向扁平化，处于网络两端的生产者与消费者可直接联系，而降低了传统中间商存在的必要性，从而大大降低了交易成本，提高了经济效益。

数字经济的本质在于信息化。信息化是由计算机与互联网等生产工具的革命所引起的工业经济转向信息经济的一种社会经济过程。具体说来，信息化包括信息技术的产业化、传统产业的信息化、基础设施的信息化、生活方式的信

① 左晓栋．G20“数字经济倡议”与网络安全[J]. 微型机与应用，2016（18）：1–2.

② 荀阳波．大数据的计算机信息处理技术应用与实践[J]. 数字化用户，2018（15）：125.

息化等内容。信息产业化与产业信息化，即信息的生产和应用两大方面分别是其中的关键。信息生产要求发展一系列高新信息技术及产业，既涉及微电子产品、通信器材和设施、计算机软硬件、网络设备的制造等领域，又涉及信息和数据的采集、处理、存储等领域；信息技术在经济领域的应用主要表现在用信息技术改造和提升农业、工业、服务业等传统产业上。①

（二）全球数字经济发展趋势

信息网络技术加快创新，以数字化的知识和信息作为关键生产要素的全球数字经济蓬勃发展，新技术、新业态、新模式层出不穷，成为“后疫情时代”，“后国际金融危机”时代全球经济复苏的新引擎。当前，数字化的知识和信息成为新的关键生产要素，数字经济与实体经济深度融合并进一步提升，平台化、共享化引领经济发展新趋势，加速实现基础设施的数字化、网络化、智能化升级，数字智慧城市成为当前城市规划、建设和管理的重心，同时数字经济推动社会治理体系的数字化程度不断深化。

习近平主席在给 2019 年中国国际数字经济博览会的贺信中指出：“当今世界，科技革命和产业变革日新月异，数字经济蓬勃发展，深刻改变着人类生产生活方式，对各国经济社会发展、全球治理体系、人类文明进程影响深远。”②其中的一个重要方面，就是信息技术和人类生产生活交汇融合，推动数字经济不断发展突破。

2020 年 6 月 12 日，国务院总理李克强在给 2020 年中国—东盟数字经济合作年开幕式的贺信中表示：“中国和东盟是友好近邻，互为重要合作伙伴。当前数字经济发展日新月异，正在深刻重塑世界经济和人类社会面貌……面对新冠肺炎疫情冲击，数字经济对于恢复各国经济社会发展、创造更多就业机会、增进民生福祉具有更加清晰的重要意义。希望中国和东盟以数字经济合作年为契机，抓住新一轮科技革命和产业变革机遇，发挥互补优势，聚焦合作共赢，在智慧城市、人工智能、大数据等产业领域培育更多新的合作增长点，为双方经济社会发展打造更加强大的新动能，为本地区持久稳定与繁荣的实现注入新

① 辜胜阻．用信息化推动工业化的战略选择 [J]. 经济界，2001（3）：38-39.

② 新华社．习近平向 2019 中国国际数字经济博览会致贺信 [EB/OL]（2019-10-11）. http://www.xinhuanet.com/politics/leaders/2019-10/11/c_1125091565.htm.

活力。”[1]

我国领导人关于数字经济的相关论述反映了当前数字经济正成为全球经济发展的动力。全球数字经济展现出自身明显的发展趋势。

一是速度是数字经济时代的关键竞争要素。随着消费者的需求不断变化和竞争对手不断出现，产品与服务的更新周期越来越快。这要求企业以最快的速度对市场做出反应、以最快的速度制定新的战略并加以实施、以最快的速度对战略进行调整。

二是数字经济时代跨企业合作成为必然。对速度的要求倒逼企业必须通过合作进行资源整合和发挥自己的核心优势。规模经济、新产品研发等需要巨额资金投入的项目所具有的风险也迫使企业必须以合作的方式来分担成本，甚至与竞争对手进行合作，形成合作与竞争并存的关系。

三是数字经济时代推动企业价值链重构。在信息技术快速发展的冲击之下，许多行业出现了大的断层，许多中间环节面临消失的危险，他们被迫提供新的、更大的价值；许多企业进入价值链的其他环节（上游或下游）；制造业向服务业转型或在价值链中重新定位（如从品牌制造商转为 OEM 制造商）等，企业主动或被动地利用数字化手段以应对价值链重构。

四是数字经济时代使得大规模量身定制变为现实。传统经济中，商品或服务的多样性 (richness) 与到达的范围 (reach) 是一对矛盾。但数字技术的发展改变了这一切。企业能够以极低的成本收集、分析不同客户的资料和需求，利用灵活、柔性的生产系统分别进行有针对性的定制生产。

我国正在积极推进经济转型发展，进一步改革开放，加强与周边国家以及“一带一路”沿线国家开展全方位合作。尤其在 2020 年新冠肺炎疫情蔓延导致全球经济下滑，以及中美贸易冲突和战略竞争持续背景下，发展数字经济是我国促进经济转型的重要方面。随着 2020 年两会的落幕，自 2017 年开始，数字经济被连续第四年写入《政府工作报告》中（包括 2018 年的数字中国），本次的《政府工作报告》显示，要继续出台支持政策，全面推进“互联网 +”，打造数字经济新优势。互联网的普及和通信技术的不断发展让数字经济在近年来扶摇而上，占 GDP 的比重持续上升。据统计，在 2018 年，我国数字经济规模达到了

① 新华社 . 李克强向 2020 中国—东盟数字经济合作年开幕式致贺信 [EB/OL]（2020-06-12）. http://www.xinhuanet.com/politics/leaders/2020-06/12/c_1126108141.htm.

31.3 万亿元，占 GDP 的比重达到了 34.8%，从业人员约有 2 亿人，而对 GDP 增长的贡献率更是达到了 67.9%，超过了部分发达国家。[①] 由此可见，数字经济已经当之无愧地成为驱动我国经济增长的关键力量。

打造数字丝绸之路也成为“一带一路”新的内容。随着中美贸易冲突加剧，与“一带一路”沿线国家尤其是与我国周边国家加强开展经贸合作共同推进数字经济发展有助于自身利益和睦邻友好，也有助于维护地区稳定。中马两国各自在数字经济领域的战略规划较早，随着数字化网络技术的发展，中马在电子商务、电子支付等数字经济领域的合作已取得有目共睹的成效。

（三）马来西亚数字经济发展进程

20 世纪 80 年代中后期，马来西亚对经济实施了一系列改革和调整，此后其经济保持高速增长。1991 年年初，马来西亚又进一步制定了名为《2020 年宏愿（1991—2020 年）》的跨世纪发展战略。“2020 年宏愿”的最终目标是要在 2020 年把马来西亚建设成一个发达的工业化国家。该“宏愿”提出，在 1991—2020 年，每 10 年使国内生产总值翻一番，即 2020 年的国内生产总值是 1990 年的 8 倍，年均增长率须达 7%。如果人口增长率保持 2.5% 的水平，届时，马来西亚人均收入将达 1 万美元，等于 1990 年的 4 倍。[②]

为实现 2020 年宏愿，马来西亚决定加快产业结构的调整，实现经济增长方式的转变。为此，马来西亚采取了一系列的政策措施。发展数字经济是一系列经济发展战略调整的内容之一。

马来西亚数字经济发展局 (MDEC) 成立于 1996 年，是马来西亚政府对当时新概念“数字经济”的回应。当前，全球数字经济估值 3 万亿美元，MDEC 继续发挥其组织和领导马来西亚数字经济前进的作用。自 1996 年成立以来，MDEC 在马来西亚的公共和私营部门推动了数字化的重大应用和产业转型。

马来西亚的 GDP 显示了其成为发达国家的巨大潜力。英国金融分析机构 HIS Global Insight 表示，在 2016—2020 年，马来西亚经济平均增速将达 5.2%；人均收入也将从 2015 年的 1 万美元增长到 2025 年的 2.1 万美元，马来西亚将

---

① 新华社 . 我国数字经济规模达 31.3 万亿元　占 GDP 比重达 34.8% [EB/OL]（2019-05-06）.http://www.xinhuanet.com/fortune/2019-05/06/c_1124458252.htm.

② 新浪网 . 马来西亚提出“2020 宏愿”[EB/OL]（2010-08-18）.http://www.sina.cn/news/system/2010/08/18/010997528.shtml.

于2020年如期实现高收入国家的目标。

根据国际货币基金组织（IMF）统计数据，2018年马来西亚基于购买力的人均GDP可以达到3万美元，世界排名第50名，处于发达国家的水平。到2023年，人均GDP将达到4万美元，全世界排名前44名。马来西亚成为下一个发达国家似乎势不可当。

马来政府积极推动消费与投资，把私营经济作为国家经济增长的新支柱。受益于国内需求和出口强劲，马来西亚经济在2017年上半年增长5.7%，私人消费和私人投资都有较好表现。电子商业渗透率达到50%，仅次于新加坡，排名东南亚第二位。

近年全球市场对电子产品的需求持续增长，同时国际原物料价格上涨，2017年马来西亚出口产业全年增长了19%，也是2005年以来增长幅度最高的一年。

从马来西亚经济转型进程来看，2010年，马来西亚推出经济转型计划（ETP），涉及国家十二大关键经济领域，还提出总值1380亿美元的131项“切入点计划”（EPP），预计到2020年将创造330万个新的就业机会。如今，马来西亚经济转型初具成效，服务业占GDP比重超过50%，内需取代外需拉动经济增长，经济对石油和天然气收入的依赖已从2009年的41%降低至14%。2017年，马来西亚又提出“2050国家转型计划”（TN50）。工业4.0被纳入马来西亚经济转型的蓝图。2018年，马来西亚政府将提供2.45亿林吉特的财政预算来升级智能制造设施。数字经济也是当前马来西亚大力发展的方向之一。

随着世界迅速进入第四次工业革命，MDEC正全力以赴引领马来西亚的数字经济向前发展，通过加速制定政策、协调机构、吸引人才等手段推进数字经济生态系统发展，增加数字经济对马来西亚国内生产总值的贡献，进一步催化和推动数字举措商业化，为国家推进繁荣和可持续的数字经济，多样性和包容性服务。

根据马来西亚数字经济蓝图，从1996年规划的多媒体超级走廊完成之始，到2020年，整个马来西亚将转型成为一个大型信息走廊，届时将拥有12座“数字城市”，与全球的信息高速公路连接，同时吸引约500家的国际性多媒体公司在马经营、发展及研发。

为吸引外资，马来西亚政府为多媒体超级走廊制定了多达10项优惠政策，其中包括“可自由在全球集资借贷”“可免除长达10年的营利税”等。已经有谷歌、Facebook、苹果、华为、三星、芒果卫视、普华永道、中国电信等企业纷纷进驻。

根据联合国贸发会议（UNCTAD）公布的《全球B2C电子商务指数2019》报告，马来西亚的全球排名为第34位，在东南亚国家中位列新加坡之后，表明该国发展电子商务的网络基础较好，同时在电子钱包和快递物流领域发力。

二、马来西亚数字经济发展现状

（一）电子商务蓬勃发展

马来西亚在数字银行领域对标新加坡，同时具有积极对接中国数字经济发展的“中国”元素。数字经济业务的发展首先表现在电子商务领域的迅猛发展势头。

2010年之后的七年间可参考的统计数据表明，电商行业在不断促进着马来西亚GDP增值，从2010年的377亿林吉特（约合89.98亿美元）增至2017年的858亿林吉特（约合204.77亿美元），年均增长率为12.5%。目前，马来西亚电商GMV的增长仍保持强劲势头。这得益于智能手机的高普及率，该国约有2500万互联网活跃用户，占总人口的79%。贸易和消费者事务部报告显示，马来西亚有近50%的人口在网上购物。美国咨询公司Kearney预计，到2020年电子商务GMV将占马来西亚GDP的6.4%，相当于约1140亿林吉特（约合272亿美元）。

马来西亚电子商务企业希望在2020年的财政预算中获得额外的激励措施，以支持政府财政收入在2020年实现20.8%的增长，达到1700亿林吉特（约合405.73亿美元）。然而，马来西亚的电商渗透率（在线零售占社会零售总额之比）仍不足2%，而美、日、韩等发展成熟的市场已超过10%。实际上，与中国和美国等数字经济大国相比，马来西亚电商业虽处于起步阶段，但未来增长空间很大。

（二）数字银行快步建设

根据马来西亚媒体报道，马来西亚正准备迎接数字银行的到来。据悉，马央行发布了《数字银行许可框架征求意见稿》，征求意见稿要求数字银行运营在最初3~5年内，资产门槛最多不超过约4.84亿美元。在此阶段，持牌银行将在资本充足率、流动性、压力测试和公开披露要求方面受到简化的监管要求。

目前，马来西亚央行正致力于发布数字银行的监管指导方针。马来西亚公众可在 2020 年 2 月前向央行提交书面反馈，届时央行将提供更多有关资格和准入标准的细节。

2019 年 10 月 25 日，马来西亚首家数字银行——中国建设银行纳闽分行在马来西亚纳闽国际商业金融中心举行开业仪式。该分行获得了马来西亚首块数字银行牌照和中国建设银行在东南亚首张人民币清算行牌照。随着马来西亚数字银行在业务范围领域的拓展，相信中国相关银行和金融企业将有更多的机会参与到马来西亚数字银行的建设中。

（三）电子支付推动无现金化

为了加快社会大众和商家政府转型普遍使用电子钱包，马来西亚政府在 2020 年财政预算案中拨款 4.5 亿林吉特（约 7.6 亿元人民币）向人民派发“数码红包”，年满 18 岁和年收入低于 10 万林吉特者都可以通过 3 个电子钱包平台，即 Boost、Touch’n Go eWallet 和 GrabPay，兑换 30 林吉特（约 50.8 元人民币）数码红包。

马来西亚电子商务总会会长拿督翁俊杰认为马来西亚政府此举已经慢了半拍。他指出，商家注重收款方式的稳定以及交易安全，但因为政府缺乏更多主动性政策和有效推广，商家没有信心使用电子钱包系统去收款。同时，“网速不好就会影响电子商务的操作。当别人都在谈论新科技，马来西亚才开始推动电子商务和电子钱包，在这一点上比其他国家落后许多”。

（四）快递物流成为数字经济供应链重要一环

马来西亚及东南亚物流行业正处于扩张状态，预计未来 2018—2023 年复合年增长率将分别超过相应 GDP 的增长率，进一步提升至 9.2%、8.9%，在未来 4~5 年内仍具备较好的发展前景。

然而，根据世界银行发布的“2018 年物流绩效指数”，马来西亚物流绩效在全球 167 个国家中排名 41 位，相当于 79.9 分，在东南亚范围内居于新加坡、泰国和越南之后，物流信息的溯源与跟踪能力、及时送达率是该国物流能力的短板。

目前，马来西亚快递物流市场极度分散，没有主导参与者，竞争激烈。为了支持本国电子商务增长，马来西亚邮政推出了两个主要计划：一是“Pos Laju SendParcel”在线运输平台，客户可以享受到最优惠价格或免费收货服务，不必再手动填写运输或邮寄单；二是“Pos Rider”送货外包服务，让拥有小型货车的马来西亚公民可以在城市担任送货代理是来增加收入。

（五）网约车已成为马来西亚共享经济标识

近期，Grab 正式在马来西亚巴生谷启动为期六个月的按需摩的试点服务。摩托车在东南亚，尤其是印度尼西亚、马来西亚等国家，是一种非常常见和流行的交通出行方式。此前，马来西亚的摩托车骑手经常在道路上面临交通事故等状况。对此，Grab 将尽最大努力来提高此项服务的安全标准，包括为驾驶员提供安全培训和实际骑行评估。

该计划于 2020 年 1 月 3 日起开始施行，其目的是评估在马来西亚当地摩托车叫车的可行性和文化适应性。之前有过类似服务的国家有印度尼西亚、越南和泰国。

Grab 的区域竞争对手 Gojek 已经于 2020 年 1 月开始在马来西亚推广这项服务。在扩大到马来西亚其他地区之前，Gojek 也有在巴生谷启动其试点服务的可能性。

（六）数字基础设施进一步推升未来发展前景

马来西亚政府力推 5G 网络部署，重金鼓励应用开发的丰富生态系统。马来西亚通信及多媒体部部长哥宾星发布了部门政绩，该部过去一年主要聚焦国家 5G 发展、提升数码经济。

对于 2020 年的 5G 发展，政府批准了 500 万林吉特（约 847 万元）作为 5G 生态系统开发奖励，鼓励更多数码应用试点项目。预计马来西亚的 5G 商业部署将于 2020 年第三季度开始落实。

此外，中国企业也加快了与马来西亚在 5G 领域的相关合作。2020 年 1 月 8 日，Maxis 与华为在深圳华为总部签署谅解备忘录，计划在吉隆坡开展 TechCity 项目，共同推出 4G 和 5G 解决方案，为用户提供极致的个性化体验，并在 5G 网络设计、部署和运营效率方面实施创新。此外，双方还将成立 5G 创新实验室，为各行各业开发新的 5G 应用案例并推动 5G 商用。

三、马来西亚发展数字经济的主要举措

（一）新冠肺炎疫情期间出台数字化转型激励政策

就数字经济总体而言，马来西亚政府从基础设施、电子支付到财政拨款担

保各方面支持数字经济发展。马来西亚时任财政部部长林冠英(Lim Guan Eng)之前援引马来西亚统计局报告表示，数字经济对该国国内生产总值（GDP）的贡献率将从目前的18.5%提高至2022年的21%。根据马来西亚提高电子钱包和数字支付利用率的措施(e-TunaiRakyat计划)，政府将拨款4.5亿林吉特以鼓励消费者使用数字支付方式。为了促进数字经济的发展，从现在至2023年，马来西亚政府将拨出216亿林吉特（约合52亿美元）发展国家光纤化和连接计划（NFCP)，提升其水平，并扩大数码马来西亚（Digital Malaysia）的基础建设规模。另外，政府在五年内拨款37亿林吉特（约合9亿美元）鼓励中小型企业，以数字化其业务流程。马来西亚政府还有一项价值60亿林吉特的担保计划，以鼓励公司之间的自动化、数字化和工业4.0技术的使用，具体包括人工智能，大数据分析和机器人技术。

受新冠肺炎疫情和全球经济恐慌情绪的影响，马来西亚的线下经济发展基本停滞，而在数字经济领域尤其是电子商务却因此受到被困在家的民众的青睐。在疫情的形势下，越来越多的消费者开始通过网购满足自身的日常消费需求。东南亚电子商务公司Lazada表示，他们看到新加坡在经历了短暂的恐慌性购买之后呈现的“空前的消费需求”，并预计其他地区也将呈现类似的增长态势。

新冠肺炎疫情在马来西亚爆发后，马来西亚的电商交易得以受益，不少网购平台业绩提升了10%~200%。据马来西亚《南洋商报》报道，“宅经济”异军突起，食品、美容、保健品以及日常用品等网购销售量均有上升趋势，尤其是防疫用品如口罩、消毒液、洗手液、消毒纸巾等，交易量激增200%~500%。

2020年1月以来，新冠肺炎疫情以席卷之姿迅速在世界各地蔓延，引发全球性的公共卫生安全危机。在此场危机中，马来西亚亦受挫折，也在一定程度上影响了马来西亚数字经济的发展。同时，2月末，马来西亚再次遭遇政坛动荡，希盟联盟政府倒台，穆希丁政府随之上台。虽然新政府的经济发展措施仍不明朗，但在当前全球经济不稳定的形势下，马来西亚预计将大概率延续上届政府政策，继续扶植数字经济产业的发展，其前景依然可期。

严峻的新冠肺炎疫情形势，以及由疫情引发的全球金融市场恐慌直接影响了马来西亚的经济发展，社会上下各经济部门都受到了一定的影响。不过，在这种形势下，电子商务却“异军突起”，抵消了部分由疫情和经济危机带来的负面影响。

马来西亚数字经济发展局（MDEC）认为，随着马来西亚新冠肺炎疫情的扩大，电子商务业可为国家做出贡献，特别是在促进经济发展方面。2月，作为过渡总理的马哈蒂尔宣布实行总值200亿林吉特的经济振兴配套措施，拨款2000万林吉特（约3214万元人民币）给MDEC。这项拨款旨在加强政府在2018年年末实施的“本地电子商务计划”（PEDAS），用于将更多社区互联网中心升级为电子商务枢纽，提高电商平台上的马来西亚卖家的销售能力。自该计划推动以来，全国已有12个电子商务枢纽。

当前，马来西亚全国有12个枢纽，其中包括丹绒马林（霹雳）、丹绒吉灵（马六甲）、瓜拉尼浪（吉打）、浮罗山背（槟城）、瓜拉古楼（霹雳）、双溪哥央（彭亨）、利丰港和巴莪（柔佛）、高岛（森美兰）和峇玲珑（雪兰莪）。MDEC表示，他们将妥善利用该笔拨款，对社区互联网中心进行升级，并于之后提供培训，促使社区企业家在网上销售其产品，扩展到新的市场领域。预计该机构之后将为数字和高技能领域相关的短期课程提供5000万林吉特（约8035万元人民币）的拨款支持，将会有10万名企业家受益。

不少企业蜂拥咨询打造线上交易平台的技术服务事宜，开始尝试在线上交易领域开疆扩土。此外，已拥有电子商务的企业，要进一步提升相关技术水平与服务水平，为疫情期中和疫情期后预期出现的涌潮性线上交易做好准备。马来西亚电子商务公会会长翁俊杰表示，即便是疫情没有来袭的从前，网购也早已经开始逐步取代传统的消费模式，只是新冠肺炎疫情加速了发展的步伐，“这是很自然的，因为大家都不敢外出了，自然就在网上消费，添购日常用品”。

（二）重视信息通信基础设施投入和建设

马来西亚政府积极推动信息通信基础设施方面的投入和建设，根据联合国发布的《2019年数字经济报告》统计，2010—2016年，马来西亚信息通信技术（ICT）产业附加值占全国GDP的比例分别为9.8%、8.9%、8.8%、9.2%、9.4%、10.0%、10.2%。而在就业方面，2010-2017年马来西亚信息通信技术（ICT）产业占全国就业比例分别为5.6%、5.6%、5.3%、5.0%、5.0%、4.9%、4.9%、4.9%。①

得益于对ICT基础设施的投入与重视，到2014年，马来西亚GDP增长了64%，成为金融危机后经济增长最快的国家之一，并创造了10万个就业机会。2016年，数字经济的GDP占比高达17%，对全球数字经济发展具有示范作用，

① UNCTAD.Digital Economy Report 2019[EB/OL]（2019-09-04）. https://unctad.org/en/PublicationsLibrary/der2019_en.pdf.

这得益于马来政府 ICT 政策的积极引导。东盟国际数据公司（IDC）马来西亚 Future Scapes 报告显示，国内每个行业将受到数字化产品、营运及关系驱动而增长，到 2021 年，数字经济将占马来西亚 GDP 至少 20% 的比重。

根据联合国贸发会议（UNCTAD）近期公布的《全球 B2C 电子商务指数 2019》报告，马来西亚的全球排名为第 34 位，在东南亚国家中位列新加坡之后，表明该国发展电子商务的网络基础较好，同时还在电子钱包和快递物流领域发力。另外，该国在数字银行领域也在对标新加坡。

全球分析软件公司费埃哲（FICO）近期展开了一项消费者数字银行调研。结果显示，马来西亚消费者比美国和加拿大的消费者更愿意用智能手机开立银行账户。数据表明，23% 的马来西亚人喜欢用手机开立银行账户，而美国和加拿大的这一比例则分别为 18% 和 16%。该项研究显示，数字化开户在马来西亚正迅速成为常态，78% 的消费者表示他们会在网上开立某种金融账户。在这类群体中，有 65% 的人会考虑开立日常交易账户，45% 的人会考虑开立信用卡账户，28% 的人会考虑开立个人贷款账户。25~34 岁的年轻人是这一潮流的引领者，其中 76% 的人表示他们会在网上开设银行账户。在 45~55 岁年龄段的消费者中，这一比例降到了 49%，但有趣的是，在 55 岁以上的人群中，这一比例又回升到了 61%。调查发现，很大一部分马来西亚人认为自己应该能够通过互联网或手机完成开户的各个环节。在开户所需的身份检查流程中，78% 的马来西亚人认为可以提供扫描文档或自拍来验证身份，46% 的受访者愿意提供居住证明；40% 愿意提供生物识别特征，如指纹扫描等。总体调研结果显示，无法提供全程数字化开户体验的金融机构可能会失去 40% 以上的新业务。①

（三）鼓励电商平台国际化多元性发展

马来西亚电子商务行业近年来快速增长并发展迅猛，主要集中在几大电商平台。与中国电商市场发展态势不同的是，马来西亚发展较好的电商平台中既包括大马本土平台，也包括美国、中国等电商平台，更具国际化和多元性。

来赞达马来西亚（Lazada Malaysia）是马来西亚电子商务领导者，并在印度尼西亚、菲律宾、新加坡、泰国和越南运营本地化网站。来赞达是一个销售自己产品的网上百货公司和零售商市场。该网站每月拥有 3030 万名访客。

---

① FICO 调研．马来西亚居民比美国和加拿大居民更愿意用智能手机开户 [EB/OL]（2020–05–29）．http://www.fico.com/identity.

11 街马来西亚（11street Malaysia）创建于 2014 年，是马来西亚移动通信集团 Celcom Axiata 和韩国 11street 网站拥有者 SK Planet 共同成立的一家合资企业。11street 最大的竞争对手是 Lazada，该网站每月拥有 1020 万名访客。

Lelong.my 是由马来西亚公司 Interbase Resources Sdn Bhd 经营的一个电子商务网站。起初，1998 年，Lelong.my 由勒隆作为一个拍卖网站成立，之后发展成为一个普通的网上市场。该网站每月拥有 620 万访客。

Shopee 马来西亚（Shopee Malaysia）是马来西亚主要的移动、多元化网上商店，也提供定期的网络购物体验。Shopee 是东南亚的一个领先电子商务平台，并在新加坡、菲律宾、泰国、印度尼西亚、越南和中国台湾地区运营。网站每月拥有 275 万名访客。

Zalora 马来西亚（Zalora Malaysia）是马来西亚最受欢迎的电子商务网站之一，每月拥有 245 万名访客。Zalora 是东南亚最大、发展最快的电子商务网站，专营时装。Zalora 由 Rocket Internet 于 2012 年创建。

Hermo 是马来西亚电子商务商店，也是马来西亚美容和化妆品网上零售的领导者。Hermo MY 是一家从柔佛州新山运营的马来西亚公司，自 2012 年起直接通过其市场进行销售。该网站每月拥有 165 万名访客。

eBay 马来西亚（eBay Malaysia）是由美国电子商务巨头 eBay 在马来西亚建立的本土化网站，网站每月拥有 120 万名访客。eBay 马来西亚已经扩大到企业对消费者的产品和特殊交易，以及销售各种产品类别的领域。

Fave 是一家专门经营优惠券的电子商务网站。网站提供各种餐厅、美容、健身、工作室、酒店、休闲娱乐和专业服务的优惠券服务。在收购马来西亚 Groupon 之后，Fave 由马来西亚 Kfit 运营。该网站每月拥有 120 万名访客。

EZBuy 马来西亚（EZBuy Malaysia）是马来西亚十大电子商务网站之一。EZbuy 是一个主要涉及服装、美容、运动、汽车和电子产品的在线购物平台。网站专注于韩国、中国台湾地区和美国的产品，并在整个场地推广价格合理的产品。EZbuy 也在新加坡、泰国和印度尼西亚运营。网站每月拥有 105 万名访客。

Qoo10 马来西亚（Qoo10 Malaysia）是马来西亚顶尖电子商务网站。Qoo10 是一个针对女性和时尚的在线市场，拥有大量韩国产品。在收购韩国网站 Gmarket 之后，它与 eBay 合资运营。Qoo10 在 2012 年更名为现在的名称，主要市场是新加坡和日本，并开始将业务扩展至其他亚洲国家。该网站每月拥有 90

万名访客。①

四、马来西亚数字经济发展特征

（一）强调总体规划并设立执行机构统筹推进

马来西亚数字经济发展的首要特点就是由国家支持，政府统领，出台顶层发展战略，推进各项配套政策，并成立专门机构牵头推动国家数字经济发展与合作。为改善社会经济发展状况，马来西亚政府近年来致力于推进“数字马来西亚总体规划”，以使该国在2020年迈入高收入国家行列，并成为在信息通信技术领域领先的亚洲国家之一。2019年10月出台的《2030年共享繁荣愿景》是马来西亚希盟联盟政府有关推动经济长期发展的纲领性文件，明确了未来的经济建设工作目标和政策，显示出本国建设数字基础设施、力争成为东南亚一流数字经济强国的决心。中国已经连续3年成为马来西亚最大的投资国，马来西亚在“一带一路”、中美贸易战、华为5G、东铁项目等议题上已经做出了选择。2020年3月，马来西亚现任总理穆希丁宣布了一项总额达580亿美元的经济刺激计划，以缓解新冠肺炎疫情对个人和企业，尤其是对中小型企业造成的负面影响。

马来西亚数字经济发展局（MDEC）自成立以来一直作为国家支持下的发展机构牵头推动数字经济活动，在对外合作、政策协调、项目推动等方面体现高效率态势，并频频派遣代表人员赴中国各数字企业推介马来西亚相关政策及项目并洽谈合作，使中马数字经济合作在近5年有了瞩目的发展成果。在马来西亚新政府因新冠肺炎疫情推动经济刺激计划的背景下，马来西亚通信和多媒体部（KKMM）和马来西亚数字经济发展局（MDEC）将向马来西亚人民提供总值1.38亿美元的免费互联网服务，并额外投入9200万美元，加大网络覆盖范围和能力，以保持并提升电信网络的稳定性和高质量，助力数字经济领域的发展。此外，MDEC将为创意产业和电商产业的中小企业提供1.15亿美元扶持，以加速这两个领域的增长。在个人方面，12万名出租车和网约车司机将获得115美

① 马来西亚最受欢迎的十个电子商务网站 [EB/OL][2020-10-28]. http://www.kguowai.com/news/805.html.

元一次性援助，以缓解他们已经遭受严重影响的经济状况。[①]

（二）推动征收“数字税”政策以保障政府财政收入

马来西亚在“数字税”方面积极对标新加坡，是继新加坡之后第二个希望推行该全新税种的东盟国家。在 2019 年年度预算规划中即提出了引入“数字税”这个全新的税收项目。该税种主要是为了在数字行业的国际企业和本土企业间打造一个公平的竞争环境。过往跨国数字企业的利润往往是在其公司的所在国进行统计，马来西亚认为这会使国家失去潜在的税收。因数字税的前景将在未来数年一片明朗，所以马来西亚政府引入这一税种将有助于增加政府收入。2019 年 4 月，马来西亚众议院通过 2019 年服务税（修订）法案，决定自 2020 年 1 月 1 日起，对年销售额超过 50 万林吉特（约合人民币 85 万元）的外国数字服务供应商收取 6% 的数字税。根据该条例草案，违规者可被定罪，最高可罚款 5 万林吉特或 3 年有期徒刑，或可能遭受双重处罚。该条例同样适用于非马来西亚国籍的外国数字供应商。

2019 年 8 月 20 日，马来西亚皇家海关总署发布《数字服务税指南》（以下简称《指南》）。《指南》旨在帮助纳税人了解马来西亚对外国服务提供商（FSP）提供的数字服务所征收的服务税。《指南》的主要内容总结如下：“数字服务”是通过信息技术这一媒介提供的服务，服务提供商很少或没有人为干预。这些服务包括以下项目的供应（所列清单并不详尽完整）：①软件、应用程序和视频游戏（例如，在线许可和移动应用程序）；②音乐、电子书和电影（例如，直播流服务和基于订阅的媒体和 / 或会员制服务）；③广告和在线平台（例如，无形媒体平台上的在线广告空间）；④搜索引擎和社交网络；⑤数据库和存储（例如，存储网站和在线数据仓库）；⑥基于互联网的电信；⑦在线培训（例如，电子学习、网络研讨会和在线课程）；⑧其他（例如订阅在线资源）。如果无须使用信息技术便能获得上述服务，以及需要使用人为干预的电子邮件来提供上述服务，那么，此类服务将不被视为数字服务。FSP 是代表海外服务提供商进行交易并以其名义开具发票或其他文件的在线平台。数字服务的规定适用于企业对企业（B2B）和企业对消费者（B2C）的交易。对于那些已经接受外国注册人（FRP）提供的数字服务并已经缴纳服务税的企业而言，在进口这些应税

---

① 走出去导航网 . 马来西亚将在疫情恢复计划中积极建设数字基础设施 [EB/OL]（2020-04-24）. https://baijiahao.baidu.com/s?id=1664835617664113486.

服务时将豁免马来西亚的服务税。“消费者”包括特指的和特殊领域的企业和个人。

尽管这项税收对于政府来说好处多多，但也有一些专家和企业家担心，数字税可能会对科技公司和电子商务企业的发展造成负面的影响。有评论称，新增的税收费用将会增加所有在线商品和服务供应商的成本。鉴于数字经济在未来几年将持续增长，预计 2021 年东南亚在线购物市场将创造 648 亿美元的收入。彭博社的最近一份报告也指出，马来西亚在线零售总额占全球总额的 2.7%，显示出该国在线市场巨大的发展潜力。① 数字经济为马来西亚带来了巨大的经济增长机遇，尤其是现今政府还面临巨额债务。预判有关数字税及数字产业发展规划将进一步得到优化和推进。

（三）对接依靠中国数字龙头企业提供平台技术保障

近年来马来西亚数字经济战略与产业发展具有明显的“中国”色彩，依赖中资龙头企业平台和技术优势，搭乘中国数字经济这艘大船为推进助力。中国通过电子商务与信息安全技术等方面与马来西亚合作成为进一步推进搭建与东盟国家间数字经济合作的重要桥梁。据日经亚洲评论（Nikkei Asian Review）报道，2020 年马来西亚电子商务产值占 GDP 的比重将从 2015 年的 12.8% 提升到 20.8%。电子商务是马来西亚政府的重点经济政策之一，包括推动数字自由贸易区、降低关税障碍、简化监管法规、支持中小型企业进行线上买卖等策略，扮演着关键的角色。

2016 年阿里巴巴时任董事会主席马云提出 eWTP 构想，旨在搭建一个公平无障碍、以数字交易为基础的世界贸易平台。随后马来西亚的自由贸易区就是一个具有一切贸易基础设施的 e-Hub，旨在让小企业与年轻人参与全球贸易。规划建设的马来西亚数字自由贸易区包括在吉隆坡国际机场的仓储与物流中心，计划 2020 年完工，面积为 2.4 万平方米，由马来西亚机场控股和阿里巴巴全资子公司 Cainiao Smart Logistics Network 共同开发，马来西亚政府出资 8350 万林吉特。完工后的自由贸易区可减少通关时间并加快货柜码头程序。现行第一期数字自由贸易区已成功吸引 1972 家中小企业进驻，超过政府 1500 家的目标，至 2025 年，将把中小企业商品出口额提升 2 倍至 380 亿美元，创造 6 万个就业

① 马来西亚或将推行数字税 [EB/OL]（2018-10-18）. http://www.lieyunwang.com/archives/448226.

机会，处理总价值 650 亿美元的商品。[①]

中国与马来西亚还在电子付款与资讯安全技术上取得合作。阿里巴巴旗下的蚂蚁金融与马来西亚 2 家银行合作开发当地的支付宝服务，当地银行将成为阿里巴巴电子货币系统交易的结算银行。2020 年 2 月 3 日，中国建设银行（马来西亚）有限公司、中国建设银行纳闽分行与多家马来西亚当地企业签署数字银行合作备忘录，商定建立联盟，协助马来西亚建设数字银行强国，助力马来西亚经济和社会发展。签署协议的马方企业包括马来西亚进出口银行、宝腾汽车、马中关丹产业园等。马来西亚对华特使、马中商务理事会主席陈国伟指出，相信中马两国在数字银行方面的合作，将进一步推动两国在“一带一路”倡议下的发展合作。

关于马来西亚政府的信息安全问题则与华为积极合作。马来西亚国家安全局将与华为成立一个联合委员会，研究识别威胁信息安全因素的技术标准和战略。不仅如此，华为还与马来西亚政府合作开发了影音和脸部分析系统，能够追踪和分析影像中的移动目标，使执法人员能够发现异常行为并先发制人。华为与马来西亚的高速宽频项目合作已久，未来华为还将在马来西亚推出开放合作平台 OpenLab，马方旨在利用华为的信息技术解决数字经济领域棘手的信息安全问题。

2020 年 2 月 3 日，在马来西亚企业发展部部长斯里礼端尤索夫、马来西亚中小企业机构（SME Corp. Malaysia，该国企业家开发合作部下设的中央协调部门）首席执行官诺阿兹米、华为技术（马来西亚）有限公司首席执行官袁明的见证下，中国华为公司与马来西亚中小企业机构再次签署合作备忘录，依靠数字技术支持该国实现跨国网络安全、中小企业发展，帮助中小企业拓展海外市场。[②]

五、中国—马来西亚数字经济合作及建议

（一）中马数字经济合作成效

马来西亚电商发展空间大、数字基础设施建设的商机多，加之该国营商环

① 群策环球．马来西亚借力中国冲数字经济实现高收入梦 [EB/OL]（2018-05-31）．http://www.sohu.com/a/233596095_100102455.

② 东南亚联合课题组．马拉西亚数字经济月报（2020 年 2 月）[EB/OL]（2020-02-25）．http://www.gjjmxh.com/gjjmxh/Article/ShowArticle.asp?ArticleID=3412.

境排名在东南亚仅次于新加坡，是中资电信企业、通信设备提供商、跨境电商平台和商家、第三方跨境支付机构、快递物流企业在“数字丝绸之路”框架下开展投资与贸易较好的目的国。

回顾中马数字经济合作，势头迅猛且成果斐然。马来西亚积极与中国开展数字经济领域合作，出台一系列激励政策措施，包括新设“中资特别通道”，为中资企业提供更大投资便利。2019 年 10 月，马来西亚时任财政部部长在 2020 年度财政预算案中宣布开通“中资特别通道”。凡通过该渠道进入马来西亚的中国投资项目，最快可在一个月内获得批准。

“中资特别通道”的目标是在 2020 年吸引总额为 45 亿林吉特的（约 76.5 亿人民币），具有高价值、高科技和高影响力的中资企业落地。吉隆坡投资促进局（InvestKL）首席执行官阿兹米·祖基菲利表示，截至目前，该局已经收到大量的投资意向咨询，其中有一些有成为投资项目的可能。

吉隆坡投资促进局将关注以下目标投资领域：消费型技术、智能技术、可再生能源、医药科技、医疗设配、电子电气 、机械工程、农业科技、汽车工业、化工和航天航空领域。当前，中马数字经济合作有以下几个成效突出的案例：

1. eWTP：阿里巴巴与马来西亚电商合作

马来西亚是除中国以外的首个 eWTP 落地共建国家。自 2017 年马来西亚与阿里巴巴达成 eWTP 共建协议的两年来，马来西亚政府、企业界、阿里巴巴以及东南亚地区各方在推进贸易、物流、智慧城市、移动支付、人才培训、企业数字管理的普惠化与可持续发展方面多头并进，eWTP 让马来西亚的小企业和年轻创业者能够享受与大型跨国企业同等便利的网上贸易优惠政策。

马来西亚时任总理马哈蒂尔在 2018 年到访阿里巴巴杭州总部时，充分肯定了 eWTP 对于马来西亚的重要意义，认为在阿里巴巴的帮助下，马来西亚有望回归超级多媒体计划正轨。在 eWTP 倡议下，马来西亚数字自由贸易区（DFTZ）在吉隆坡全面启用运营，该项目使得一些贸易便利化措施得以实施，eWTP 位于吉隆坡机场的中国境外首个超级物流枢纽（eHub）也正式奠基。凭借菜鸟全球智能物流骨干网，2018 年马来西亚中小企业节省 3000 万小时通关时间，99.9% 的线上申报包裹实现秒级通关。

马来西亚数字经济发展局（MEDC）首席运营官黄婉冰（Dato Wan Peng）认为，随着越来越多的马来西亚公司开始通过自由贸易区出口，参与者将了解参与这一举措的价值，受益企业数量只增不减。据了解，阿里巴巴在马来西亚数字自由贸易区（DFTZ）的物流园已进入施工阶段，预计2020年可投资使用。

天猫国际数据显示，马来西亚商品在销往中国的“一带一路”沿线国家中为商品出口数量增长最快的国家之一，在2018年7月的马来西亚周系列活动中，阿里巴巴线上线下多平台同步推出推广活动，集中展示马来西亚百大品牌和近千款商品，马来西亚燕窝、榴梿、黑虎虾等商品备受中国年轻人的喜爱。阿里巴巴举办的市场对接活动，为马来西亚中小企业量身打造出不同的出口方案。得益于阿里巴巴eWTP海外仓，在2019年的年货节期间不少跨境卖家收获颇丰。在东南亚最大的电商平台Lazada上，马来西亚海外仓的销售日均增长了将近10倍。

2. 数字流媒体：腾讯视频出海马来西亚

2020年2月29日，中国腾讯视频海外版WeTV正式官宣，腾讯视频已在泰国、印度尼西亚、越南、印度和马来西亚等多个国家和地区落地，为东南亚观众带来丰富多彩的视频内容节目。[①] 此前，在2019年6月，腾讯视频率先在泰国推出了视频流媒体服务WeTV，以拓展东南亚市场。这也是腾讯首次在海外市场推出该服务。WeTV主要输出来自腾讯企鹅影视的泰国配音的中文原创内容，以及与当地合作伙伴创建的内容。落地泰国的决定可视为腾讯视频向东南亚市场进军的试点，以检验市场对于WeTV的反应和接受度。在泰国获得认可后，腾讯视频宣布向其他东南亚市场进军，与爱奇艺等早期出海的中国视频公司展开正面的“竞争”。

目前，中国流媒体正在加速出海步伐，成为各视频网站新的发展趋势。过去，中国电视内容主要是内容出口导向，以输出电视剧和综艺节目为主；如今，内容成为平台在新市场获取用户的关键卖点。在这个转变过程中，拥有6亿多人口的东南亚市场成了中国流媒体们竞相争夺的第一目的地。由于国内视频行业VIP付费市场天花板临近，需要国际市场作为新的增长点，而东南亚市场具有审美相近、消费习惯相近、经济发展水平较高的优势。以马来西亚为例，2018年马来西亚人均GDP接近1.12万美元，高于同期中国大陆人均GDP 9800美元，这个数字介于中国沿海一二线城市之间。这意味着马来西亚民众有足够的支付能力用于文化消费。

---

① 动漫经济学．腾讯视频海外版官宣，进军东南亚五国市场[EB/OL]（2020-03-06）．https://baijiahao.baidu.com/s?id=1660345289328151002&wfr=spider&for=pc.

3．数字基础设施：马来西亚与华为合作

自 2018 年以来，在美国的“围追堵截”下，华为 5G 科技在全球发展遇到了一定的阻碍。世界范围内关于是否允许华为参与当地 5G 网络建设的话题仍然在欧美国家内部争论不断，有些国家也持观望态度。不过，在此环境下，马来西亚一如既往地为华为发声，并计划与华为展开密切的 5G 合作。

2019 年 10 月，马来西亚已经与华为签订了 5G 发展合同。即便在此之后诺基亚也向马来西亚抛出过橄榄枝，但并未得到任何回应。在马来西亚新 5G 展会上，华为再度受邀参展。① 有了华为 5G 技术的助力，马来西亚表示有希望在 2020 年第三季度推出 5G 商业服务，将成为东南亚最早一批推出 5G 网络的国家，由此可以看出马来西亚对华为的信任。马来西亚通信部部长表示，对马来西亚经济发展来说，发展 5G 技术是当务之急，因为这项技术有能力提振国家经济。目前，政府已鉴定 9 个 5G 技术重点领域，这包括农业、教育、娱乐、保健、制造、石油及天然气、智能城市、智能交通及旅游。马来西亚经济研究院（MIER）的研究表明，马来西亚应该增加通信基础设施方面的投资，以达到高收入国家的目标。目前，通信委已要求经济研究院评估 5G 技术对马来西亚的影响。

2020 年 2 月 18 日，马来西亚通信部部长在接受采访时表示，尽管该国对外界的担忧有所了解，但未来马来西亚仍将按照自己制定的安全标准来选择 5G 合作伙伴，不会拒绝与某一家特定公司做生意。② 也就是说，马来西亚坚持为华为“开绿灯”。此外，该报道还指出，马来西亚预计将在 2020 年 4 月开展 5G 频谱招标，其中总金额达到了 52.2 亿美元。

（二）中马数字经济合作存在的问题

当前，我国数字经济蓬勃发展，互联网、大数据、人工智能等快速融入生产生活，新业态、新模式快速涌现。在数字经济快速发展的同时，中马数字经济合作也面临着不少问题和挑战。

1. 中马数字经济合作业态单一发展失衡

当前，中马数字经济发展的业态不均衡，主要呈现出三、二、一产逆向渗

---

① 疫情加速马来西亚零售电商取代传统购物模式 [EB/OL]（2020–03–19）. http://www.shitonghk.com/mobile/news/huaren/2020-03-19/10384.html.

② 东南亚数字经济联合课题组 . 马来西亚数字经济月报（2020 年 3 月）[EB/OL]（2020–03–20）. http://www.gjjmxh.com/gjjmxh/Article/ShowArticle.asp?ArticleID=3639.

透趋势，第三产业数字经济发展较为超前，第一、第二产业数字经济则相对滞后。另外，中马两国在数字经济领域都面临着区域不均衡问题。2016 年广东、江苏、浙江数字经济规模均突破 2 万亿元，三省数字经济总量占全国数字经济总量三分之一，在规模、占比、增速等方面均引领全国发展。[①] 而马来西亚数字经济主要集中在大吉隆坡区域。此外，消费生产不均衡。资本大量涌入数字经济生活服务领域，比如在线教育、在线医疗等领域，但数字经济生产领域技术和资源投入仍然不足，距离创新、设计、生产制造等核心环节的实质性变革与发达国家还有较大差距。在电子商务方面，马来西亚的电商渗透率（在线零售占社会零售总额的比重）仍不足 2%，而美、日、韩等成熟市场已超过 10%。

与中国相比，马来西亚电商业处于起步阶段，虽然未来增长空间很大，但也存在着合作不平衡的问题。在电子支付方面，首先，对于微信、支付宝等外国支付企业来说，他们面临着当地基础建设不完善的难题。在获取境外第三方支付牌照后，基础设施不足的难题便凸显了出来。马来西亚部分当地银行无法提供系统接口，或者有些地方数据网络落后，甚至下载仅几十兆大小的 App 都需要耗费漫长的时间。此外，如何推动各大银行间的技术改造，以达到银行间互联互通的效果，改造 POS 机以支持二维码支付等都是各大电子钱包服务商亟待解决的问题。其次，充值渠道也存在着不少问题，马来西亚银行卡的渗透率在 70%~80%，信用卡则不到 30%。且其城市化程度较低，711 等连锁便利店未能普遍覆盖，因此线下便利店的充值也存在着问题。为了解决此类问题，支付宝提供了充值二维码服务，以方便代充人员帮助用户充值。当前，马来西亚的智能手机渗透率高达 80%，而信用卡及第三方支付普及率却比较低，这给了发展移动支付市场较大的想象空间。在这一片支付蓝海中，马来西亚的各大支付企业仍处于竞争与合作并行的状态，竞争并未达至焦灼状态，初创电子支付企业仍有较大的增长空间。

2. 中马传统产业数字化转型壁垒和投资不足

当前数字经济还处于较为初级阶段，而初级阶段除了电子商务、电子支付和平台建设外，最主要的形势是传统产业的数字化转型。数字技术与实体经济加速融合应用，无论是中方企业还是马方企业面临的市场竞争局面都将更加复

① 中商情报网 . 2016 年全国数字经济总量占 GDP 总量 30.61%[EB/OL]（2017-04-21）. https://baijiahao.baidu.com/s?id=1565303566070574&wfr=spider&for=pc.

杂，以前仅重视价格、质量等方面，现在还要重视渠道、方式、手段。但传统产业利用数字技术动力不足，信息化投入大、投资专用性强、转换成本高，追加信息化投资周期长、见效慢，试错成本和试错风险超出企业承受能力，数字技术从投入到产生正向经济收益需要经过约 3~10 年。同时，行业标准缺失或不统一，无标准或多标准现象并存，严重制约企业实践步伐，此外，企业外部服务体系发展滞后，支撑能力缺失。传统产业数字化创新还面临人才极度缺乏的不利环境。数字化人才不仅包括 IT 工程师、数据科学家、数据分析师、AI 算法工程师、产品经理等传统意义上的技术精英，还要将商业应用及行业的专业人才融合进来，形成跨行业跨平台的复合型人才体系，才可能真正将数字化落地到实体行业中去，解决行业实际问题，贡献实际商业价值。

3. 数据安全与隐私保护面临着严重的挑战

数据安全与个人隐私保护问题与中马数字经济领域合作中跨境数据自由流动密切相关。随着中马数字经济合作领域壮大，安全威胁、高危漏洞、网络攻击的出现也愈加频繁，基础设施受到严重的威胁，金融等领域更是如此。跨境数据自由流动是全球数字贸易得以发展的重要保障，而数据本地化限制了数据自由流动。随着数字经济的兴起，各国加强了数据本地化相关法律与政策的制定和实施，目的是保护国家和个人的数据安全和隐私，同时方便数据的收集、传输和管理。数据存储本地化是数字贸易保护主义最初的表现形式，要求数据存储在来源国境内的服务器上，而比本地储存更进一步的是要求数据的存储和处理均实现本地化。欧盟于 2016 年颁布了《一般数据保护条例》(GDPR)，尽管该条例允许将数据专注于数据与隐私保护的各类监管措施，但在一定程度上抑制了中马数字经济尤其是数字贸易的发展。欧盟认为数据具有国家主权属性，十分重视对数据流动和隐私的保护。2016 年，美欧就数据传输达成了“‘隐私盾’协议”(EUUS Privacy Shield)，该协议将为跨大西洋两岸数据传输中的个人隐私保护提供新的规范。

每年各种网络犯罪、攻击对全球经济造成的损失高达 4000 亿美元。中马数字经济合作发展也必然面临前所未有的网络安全挑战。在数字安全方面，马来西亚有 23% 的消费者使用了可用于传播盗版电视节目和视频内容的电视盒。同时，有 50% 的马来西亚网络用户选择访问流媒体盗版网站或种子站点来获取优质网络内容并以此来逃避订阅费用的支出。盗版的畅行也是阻碍在线媒体行业在马来西亚发展壮大的因素之一。

4. 法律法规滞后于数字经济实践

当前，中马两国在数字经济领域相关法律法规建设还不完善，数字经济发展仍受到传统监管思路和落后监管手段的制约。数字经济产生了大量新的民事权利主体与客体，数据、个人信息和数字货币等网络虚拟财产催生了新型权利的需求。尤其在数字经济合作过程中，中马两国对数据和网络虚拟财产的保护在相关合作文本及各自法律中只做出了指引性规定而无实际规范内容，并未对数据权和数据参与分配机制做出明确规定。数字经济领域如共享单车、网约车等业态倡导的“共享经济”模式模糊了所有权的边界，智能合约等也给传统合同法规则带来挑战。此外，人工智能、区块链等新技术亦深刻影响着经济活动的组织方式、实现方式，应对此做出怎样的法律回应亦成为各界关注焦点。为了进一步促进中马在数字经济领域的合作共赢，保障数字经济平稳快速发展，政策法规方面的制度建设十分重要，需要顶层设计和统筹考虑，针对具体问题分类施策。数据作为数字经济的重要生产要素，随着产业发展，会出现一定程度上的“数据洪灾泛滥”现象，这给相关监管工作带来了极大挑战。例如，在数据产权方面，数据该为谁所有？由谁管？怎么管？怎么用？所有者、拥有者、使用者和管理者之间的权责应如何划定？

（三）推进数字经济合作的对策建议

数字经济的变革正在改变人类的生活现状，也促进了社会的发展。世界各国都面临着数字经济时代新的发展机遇和挑战，中马数字经济合作是近年来重要的经贸合作领域，不论是在双边合作还是区域合作方面都有亮点，对中马两国来说都是互利共赢。不论从前还是往后，中马在推进数字经济合作中还有提升空间，两国需要审时度势，正视在双方合作过程中存在的问题，推动两国更好且可持续合作。

1. 要进一步构建针对传统制造业企业的数字化转型合作

当前中马两国都面临传统产业转型升级的问题。马来西亚的传统制造业、锡矿业、汽车业等行业面临发展困境，而中国也受到了经济结构调整的压力。双方共同合作发展数字经济符合双方利益。当前，数字经济的发展阶段还处于较初级的阶段，中马两国都需要对传统制造业企业进行数字化转型改造，使数字化转型与不断变化的数字经济直接相关，因为在数字经济环境下，基于技术的支持，个人、企业乃至整个社会之间都实现了实时互联。中国中小型制造业企业在过去几十年的发展中增长迅猛，对数字化的需求越来越旺盛，随着公司规模的不断扩展，他们对 IT&OT 的需求也越来越多，特别是在新技术的驱动下，中小企业的数字化转型需求同样势不可当。中国发展模式和数字经济转型经验可以为马来西亚提供供给配合，同时马来西亚作为重要的数字产业需求市场和东南亚辐射通道，是中国数字经济发展与海外对接的重要机遇。中马两国要从国家顶层合作的战略维度开展对接，推进双边政策协调、机构机制协调，为传统产业数字化转型创造条件，为后续数字经济合作创造强大动能。①

2. 要积极搭建符合新业态和满足市场需求的数字化平台

中马两国数字经济发展与合作涉及整个产业的数字化变革，如何构建产业数字化平台，以满足中马两国数字经济合作中不断变化的用户需求，需要从以下三个方面着手。

一是应用新技术力量。以大数据、云计算、人工智能、物联网等新兴信息技术应用为重要手段，进行商业模式和产品服务升级，实现智能化、平台化、品牌化发展；二是从线下到线上。以新兴信息技术应用为基础，推动产业活动由线下到线上的转型，实现产业上下游在线上的无缝衔接、配合联动，及时响应动态市场需求，获取竞争优势；三是共同搭建产业互联网平台。产业互联网从整个产业链角度出发进行资源整合和价值链优化，从而降低整个产业的运营成本，提高整个产业的运营质量与效率，并通过新的产业生态来创造新的体验和社会价值。②

3. 多举措全面提高数字型人才和数字化能力建设

在全球数字经济进入加速创新和深度融合的时代背景下，我国经济的数字化转型迈入了从需求端向供给端扩展的新阶段，数字经济的发展重心从消费领域向生产领域转移，与消费领域数字化转型主要依靠海量互联网用户的“人口红利”相比，生产领域的数字化转型将更加依赖“人才红利”。

一是要强化数字人才教育。深化教育改革，建立健全高等院校、中等职业学校学科专业动态调整机制，加快推进面向数字经济的新工科建设，积极发展

① 沪琛品牌营销策划 . 传统制造业如何数字化转型？ [EB/OL]（2019-04-17）. https://mini.eastday.com/a/190417103432235.html.

② 葛新红，王玉荣 . 一文读懂产业互联网——产业互联网的发展背景、定义及相关概念 [EB/OL]（2018-08-29）. http://www.sohu.com/a/281575889_100250002.

数字领域新兴专业，促进计算机科学、数据分析与其他专业学科间的交叉融合，扩大互联网、物联网、大数据、云计算、人工智能等数字人才培养规模。

二是要加强数字技能培训。大规模开展职业技能培训，创新培训方式，探索职业培训包模式。实施国家职业资格目录，做好有关人才资格的认证工作。面向新增长劳动力、失业人员等群体，扩大大数据分析、软件编程、工业软件、数据安全等数字技能培训规模。

三是要创新人才培养培训。加强教育与培训信息化基础设施和数字教育资源建设，提升教育、培训机构网络运行能力，促进教育、培训数据资源共享。开发全网络学习培训方案，实现从课程设计、课程开发、教学过程到教学评估全流程网络化。①

4. 完善数字经济监管，推动数字化治理体系建设

随着数字经济的快速发展，制度规范落后于市场发展的弊端不断凸显，数字技术使实体经济深度融合，市场运行更加复杂。中马两国在各自数字经济领域一些不正当竞争行为屡有显现，在双边数字经济合作中出现的网络诈骗、传销、非法集资等网络犯罪行为迅速蔓延，侵犯隐私现象层出不穷。双方政府在未来应建立更明确的监管体系，适应数字技术和传统产业的跨界融合发展，明确平台应该承担哪些责任、承担多大责任，厘清政企治理权责，保障数字经济平稳运行。

针对我国数字经济发展给政府市场监管治理带来的新挑战，我国需要尽快建立适应数字经济发展的市场监管治理手段和模式，更好地促进国家治理能力和现代治理体系建设。一是强化引导类政策，创新政策支持方式，建立数字经济企业保险基金，降低企业“试错、容错”风险；二是积极应对结构性失业风险，完善传统企业退出指导机制，健全企业退出保障体系，引导企业妥善处理好退出后的员工安置和补偿工作，建立健全失业保险、社会救助与就业的联动机制，完善“互联网 +”灵活就业的工资保险制度；三是建立系统性风险防范机制，建立风险监测、预警、处置体系，及时发现潜在风险，科学划分风险等级，强化无风险控制能力。

① 教育部办公厅 . 教育部办公厅关于印发《2019 年教育信息化和网络安全工作要点》的通知（教技厅〔2019〕2 号）[EB/OL]（2019-03-01）. http://www.gov.cn/xinwen/2019-03/13/content_5373399.htm.

随着 eWTP、数字经济自由贸易区、电子支付、数字银行进一步兴起，中国包括阿里巴巴、腾讯、华为、中国建设银行等在内的数字化企业在数字经济合作中的深入推进，未来中马数字经济的发展必将对社会生活产生更为持续、深远的影响。通过中马数字经济合作，中国依靠马来西亚获得更广泛的东南亚市场，而马来西亚借引进中资龙头企业技术和资本优势，必将推动智慧城市、物联网等新领域的发展。

参考文献

[1] 唐·泰普斯科特， 塔普斯科特， Tapscott，等 . 数字经济蓝图：电子商务时代的财富创造 [M]. 大连：东北财经大学出版社，2003.

[2]左晓栋 . G20“数字经济倡议”与网络安全[J]. 微型机与应用，2016(18): 1–2.

[3] 苟阳波 . 大数据的计算机信息处理技术应用与实践 [J]. 数字化用户，2018 (015)：125.

[4] 辜胜阻 . 用信息化推动工业化的战略选择 [J]. 经济界，2001(03)：38–39.

[5]UNCTAD.Digital Economy Report 2019[EB/OL].UNCTAD(2019–09–04).https://unctad.org/en/PublicationsLibrary/der2019_en.pdf.

[6] 东南亚联合课题组 . 马来西亚数字经济月报（2020 年 2 月）[EB/OL](2020–02–25). http://www.gjjmxh.com/gjjmxh/Article/ShowArticle.asp?ArticleID=3412.

[7] 教育部办公厅 . 教育部办公厅关于印发《2019 年教育信息化和网络安全工作要点》的通知（教技厅〔2019〕2 号）[EB/OL](2019–03–01). http://www.gov.cn/xinwen/2019–03/13/content_5373399.htm.

第八章　马来西亚五大经济区发展现状与展望

云 倩　李舒婷　林仙仙*

摘要：本章全面介绍依斯干达开发区、北部经济走廊、东海岸经济区、沙巴发展走廊、沙捞越再生能源走廊等马来西亚五大经济区的基本情况及产业发展现状，结合最新的发展形势分析马来西亚五大经济区的发展机遇，对马来西亚五大经济区未来的发展规划和前景进行展望。

马来西亚第五任总理阿都拉·巴达威在第 9 个五年发展规划中相继提出了 5 个区域性经济发展计划，由此在 2006—2008 年，马来西亚五大经济区开始规划建设。经过十几年的发展，马来西亚五大经济区取得了良好的发展成效，产业集聚效应不断显现。基于马来西亚五大经济区拥有中国与东盟深化合作、对外经济伙伴关系不断深化、短期经济复苏计划、支持经济发展的政策力度逐步加大等发展机遇，未来马来西亚五大经济区将朝着全方位、高质量的方向发展。

一、马来西亚五大经济区基本情况

马来西亚五大经济区包括依斯干达开发区（IM）、北部经济走廊（NCER）、东海岸经济区（ECER）、沙巴发展走廊（SDC）和沙捞越再生能源走廊（SCORE），基本涵盖了西马来西亚半岛大部分区域以及东马来西亚的两个州。

* 云倩，广西社会科学院东南亚研究所，高级经济师；李舒婷，广西民族大学，2017 级马来语专业学生；林仙仙，广西民族大学，2018 级马来语专业学生。

表 8-1 马来西亚五大经济区基本情况表

名称	地理位置	基本情况	发展计划	成立时间
依斯干达开发区	位于马来西亚柔佛州的南部	总人口约为 268 万人，规划面积为 4749 平方千米，涵盖居銮、哥打丁宜、新山、古来和笨珍等地区	在 2016—2021 年内将其建设成为马来西亚新的经济增长区	2006 年
北部经济走廊	位于马来西亚半岛北部	占地面积 1.8 万平方千米，涵盖人口达 650 万人，重点发展农业、制造业、旅游业和物流服务四个产业	加速马来半岛北部经济增长、开发具有竞争力的商机和落实政府批准的各项工程	2007 年
东海岸经济区	位于马来西亚东部海岸	占地面积 6.6 万平方千米，人口总数达 430 万人，主要产业为制造业、油气和石油化工产业、旅游业和农业	以可持续的方式减少区域社会经济差距、消除贫困、改善收入和财富分配方式	2007 年
沙巴发展走廊	位于马来西亚沙巴州	沙巴州是世界第三大棕榈油生产地，拥有丰富的自然资源，以旅游业、制造业、农业和物流业为支柱产业	通过加速经济增长来提高人民生活质量，并促进区域发展平衡以及缩小城乡差距	2008 年
沙捞越再生能源走廊	位于马来西亚沙捞越州西北部	马来西亚第二大经济走廊，总面积达 10 万平方千米，人口总数达 60 万人。拥有超过 1000 千米的海岸线，森林面积达 800 万公顷，有 500 万公顷的耕地和适宜农业发展的土地，自然资源和能源丰富	加快婆罗洲的经济发展，提高沙捞越地区人民的生活水平	2008 年

（一）依斯干达开发区概况

作为马来西亚国内首个经济特区，依斯干达开发区（原名 Iskandar Development Region，简称 IDR，现也被称为 Iskandar Malaysia，简称 IM）自 2006 年 11 月 8 日开建之日起，便吸引了无数来自马来西亚国内外投资者的目光。依斯干达开发区坐落于南马来西亚宝地柔佛州境内，2019 年 2 月经时任马来西亚总理马哈蒂尔批准其占地面积扩大一倍至 4749 平方千米，其中包括两个新区居銮（KLuang）和哥打丁宜（Kota Tinggi），以及新山和笨珍 (Pontian) 等地，成为马来西亚当之无愧的最大的经济特区。截至 2017 年年末，全区人口总数约 268 万人，人口密度高达 978 人每平方千米；民族组成方面，华人是依斯干达开发区人口数量第二高的族群，仅次于马来族。

依斯干达开发区自然景色优美，拥有独特的旅游观光资源。除此之外，便利发达的交通网络遍布全区，公路直通马来西亚各地、泰国南部及新加坡；士乃机场开通国际国内航线，亚洲航空、飞萤航空等多家航空公司入驻，大大促进了依斯干达开发区旅游业及物流业的飞速发展。依斯干达开发区依托毗邻新加坡得天独厚的地理优势，以及当地良好的商业基础和高素质劳动力等优势，同新加坡、印度尼西亚巴淡岛的经济开发区一同构建具有经济互补性的增长三角区，成功吸引大批投资者的目光，成为东南亚最具潜力的商业中心之一。

（二）北部经济走廊概况

北部经济走廊（Northern Corridor Economic Region，简称 NCER）又称北马经济走廊，位于马来半岛北部，旨在加速北部区域经济的发展。北部经济走廊成立于 2007 年，占地面积约为 1.8 万平方千米，涵盖人口达 650 万人，共覆盖玻璃市、吉打、槟城及北霹雳地区。北部经济走廊着重于三大经济领域，即农业、制造业及旅游和物流服务业的转型和扩大，其建设计划拟从 2007 年至 2025 年分阶段进行，由政府主导，森那美集团（Sime Darby Group）为总执行单位，并成立北部走廊执行委员会（NCIA）负责项目的制定、法令及执行策略的草拟。

北部经济走廊具有广阔的市场发展潜力，自启动建设以来便吸引了马来西亚国内外投资商的目光。为推动北部经济走廊的建设，马来西亚政府采取了多项措施，如为鼓励农耕地合并管理和发展人力资源提供补助金，为研究与开发新产品设立风险基金以及在特定领域引进外国知识工人等。该地区 40 年的半导体产业发展经验以及槟城港口的优越地理位置也为该地区吸引了不少投资。同时，北部经济走廊所处区域还是马来西亚的农业重地，良好的农业生产基础也为该地区成为马来西亚新粮食特区提供了优越的条件。

（三）东海岸经济区概况

马来西亚东海岸经济区（East Coast Economic Region，简称 ECER）坐落于马来西亚半岛东海岸沿岸，是马来西亚半岛三大经济走廊之一。东海岸经济区始建于 2007 年，占地面积达 6.6 万平方千米，约占马来西亚半岛总面积的 51%，包括吉兰丹州、登嘉楼州、彭亨州及柔佛州丰盛港县四个地区，正迅速发展成为马来西亚充满特色、活力和竞争力的投资胜地。东海岸经济区拥有极具潜力的人口市场，全区人口总数 430 万人，约占全国人口总数的 15%。东海岸经济区项目由实力强劲的马来西亚国家石油公司与私营上市企业种植园集团（IOI Group）负责总体规划，并成立东海岸经济区发展委员会（The East Coast

Economic Region Development Council）负责规划执行。历届政府均对东海岸经济区项目投以极大的关注，不仅第五任总理阿都拉·巴达威特拨60亿林吉特公共投资计划用于支持东海岸经济区的建设和发展，第六任总理纳吉布·敦·拉扎克也将其纳入“政府转型计划”，更将其与马来西亚—中国关丹产业园区（Malaysia-China Kuantan Industrial Park）相结合，以进一步实现优势互补和产业优化。

马来西亚东海岸经济区拥有丰富的自然资源，包括广阔的土地、丰富的矿产、古老的热带雨林，以及风景优美的海滩和岛屿，吸引马来西亚国内外无数旅游爱好者及投资者的目光。除此之外，面向中国南海的优势地理位置、训练有素的人力资本、政府的大力支持和具有吸引力的优惠政策，使得东海岸经济区成为沟通马来西亚和东盟（ASEAN）及亚太市场发展的天然通道。

（四）沙巴发展走廊概况（SDC）

沙巴发展走廊（The Sabah Development Corridor，简称SDC），位于东马来西亚的沙巴州，旨在通过加速经济增长来提高人民生活质量，并促进区域发展平衡以及缩小城乡差距。沙巴发展走廊建于2008年，占地面积约为7.4万平方千米，人口总数约为380万人；在民族组成方面，沙巴共有30多个民族，包括卡达山族、杜顺族、姆律族等少数民族，这一独特的资源也是沙巴州吸引投资商的优势条件之一，规划以哥打基纳巴卢为主要增长极，并交由政府专门成立的沙巴经济发展投资局（SETIA）负责。

沙巴发展走廊拥有丰富的自然资源和优美的人文风光，如著名的丹浓谷自然保护区等。除此之外，依托马来西亚第二大繁忙国际机场的优势，便捷的交通也为沙巴发展走廊的发展提供了良好的条件；依托沙巴为全球第三大棕榈油生产地，沙巴发展走廊的发展具备丰富的能源资源优势。多元的民族文化遗产、特有的生物族群多样性也是未来沙巴发展走廊发展的优势之一。同时，沙巴现行的农村城市“一县一品”计划、农村城市概念也大大加快了沙巴发展走廊的发展进程。马来西亚当局颁布的沙巴航空自由化政策，航空申请程序不断简化，为沙巴发展走廊的发展注入了新的动力。①

① “风下之乡”的沙巴发展走廊计划[EBIOL]（2016-02-13）. http://www.malaysiaeconomy.net/id_232321/d32vaa441dq11/2016-02-13/37108.html.

（五）沙捞越再生能源走廊概况（SCORE）

沙捞越再生能源走廊（Sarawak Corridor of Renewable Energy，简称 SCORE），位于东马来西亚沙捞越州西北部，是马来西亚第二大经济走廊，旨在加快婆罗洲经济发展，提高地区人民生活水平。沙捞越再生能源走廊启动于 2008 年，计划于 2030 年完工，占地面积约 7.1 万平方千米，人口总数达 60 万人，共涵盖了沙捞越州中部地区，包括民都鲁、加帛、诗巫、沐胶及泗里街。该走廊的发展事务由政府成立的区域走廊发展机构（RECODA）负责。在民族组成方面，沙捞越有 27 个民族，主要为伊班族，占沙捞越州人口总数的 30.3%；其次是马来族和华族，分别占人口总数 24.5% 和 24.1%。

沙捞越再生能源走廊拥有丰富的能源资源，依托巴贡水电站是东南亚大型水电站之一的优势，为沙捞越再生能源走廊的发展提供了充足的电力资源。沙捞越再生能源走廊拥有 800 万公顷的森林、500 万公顷的土地和适宜农业发展的土地，为其发展提供了丰富的土地资源和森林资源。除此之外，该走廊还拥有丰富的能源资源，如石油、煤炭和液化天然气等。同时，多彩的民族文化、优美的自然风光、潮湿的热带雨林、动植物的多样性也是沙捞越再生能源走廊区别于其他走廊的独特优势。

二、马来西亚五大经济区的产业发展情况

（一）依斯干达开发区产业发展情况

秉持因地制宜的发展理念，依斯干达开发区提出综合发展计划（Comprehensive Development Plan，简称 CDP），充分发挥各区域优势并发展各地特色产业。依据规划，依斯干达开发区依据全区各地不同的地理位置和优先发展中心侧重点等因素，将全区划分为五个旗舰区。其中，旗舰 A 区坐落于首府新山，依托毗邻新加坡的战略优势优先发展金融行业，金融新区、中央商务区、金海湾河滨城市以及新柔长堤先后落户于此；作为旗舰 B 区所在地，依城正发展成为柔佛的新行政中心、医疗中心和教育中心，除此之外，豪华的别墅群也使得依城成为新兴度假胜地，马来西亚森林城市、Sunway Iskandar 大型国际项目也先后落户于此，成功为依斯干达开发区树立优良的国际环境形象；旗舰 C 区位于柔佛西部，主要包括丹戎帕拉帕斯港口（PTP）以及新马第二通道项目的发展；柔佛西部为旗舰 D 区，以工业与科技为基础产业，兼顾以自由贸

易为主的未来发展需求，主要项目包括巴西古当港口（Pasir Gudang Port）、巴西古当工业区以及丹戎朗刹港口等；旗舰 E 区涵盖士乃和士古来两地，凭借士乃国际机场等主要项目，大力发展运输及物流等产业。

2006 年至 2019 年上半年，依斯干达开发区累计吸引投资 3020.9 亿林吉特，预计到 2025 年有望超过 3830 亿林吉特的目标投资总额，其中外国资本投资占比高达 39%，主要来源自中国和新加坡。但中新两国的投资侧重点呈现出明显差异：中方投资者致力于房地产行业，新加坡投资者则更多地聚焦在基建设施和物流制造等方面。

（二）北部经济走廊产业发展情况

北部经济走廊的三大主导产业是农业、制造业及旅游和物流服务业。

在农业方面，秉承着致力于将北部经济走廊发展为马来西亚新粮食特区的目标，北部经济走廊大力发展农业，并在该地区建立了较为完整的农业产业服务体系，同时成立了北部经济走廊生物科技中心，以便私营企业能享受到完善的基础设施。此外，为助推该区农业的进一步发展，投资霹雳机构（Invest Perak）还与马来亚面粉公司进行合作，联合投资 11 亿林吉特设立农业食品制造厂。

在制造业方面，依托北部经济走廊 40 年的半导体产业经验的优势，近年来，马来西亚政府加快第三次工业规划（The Third Industrial Master Plan）在北部经济走廊的落实，促使其制造业发展取得了长足性的突破，吸引了许多马来西亚国内外的投资商，如英特尔、First Solar、英飞凌科技、富士电气等厂商先后进驻吉打居林高科技园区；WD Media、Osram Opto Semiconductor、惠普等进驻槟城。电子与电机产业实现了由策略性向高附加值领域如硅设计、自动化设计、材料与包装设计及供应链管理的转型，在乌达拉生物技术中心设立了马来西亚第一个本土 LED 认证和测试中心，在霹雳州太平甘文丁设立了 LED 制造厂，在霹雳华都牙也 Bemban 工业区设立油漆制造厂等。同时，北部经济走廊执行局还与公、私、学术教育三大部门合作设立了工程科技共同研究（CREST），以促进走廊电子电机产业的研发。此外，为推动制造业的发展，北部经济走廊特区还于 2017 年推出了 NCER 2.0 计划，重点发展包括吉打橡胶城、吉打科技与科学园区、甘文丁集合城市、朱宾谷工业园区等在内的项目。

除兰卡威、巴东勿剎、瓜拉康萨尔、武吉加裕希淡等传统旅游资源为北部经济走廊吸引了来自国内外的大量游客外，在旅游业方面，北部经济走廊总体实现了向大规模商业化发展的转变，先后开发了包括太平、柏隆—天猛莪森林保护区等在内的新兴旅游胜地。此外，槟城国际机场、兰卡威机场、海港等便捷的交通设施，也大大推动了北部经济走廊旅游业的发展。

在物流服务业方面，近年来依托着巴特沃思物流中心、以北海为主要航运物流门户的优势，北部经济走廊的物流业快速发展，不仅先后兴建了槟威二桥、槟城中央车站综合航站楼等基础设施，并拓宽了宜力—日里大道和通向港口、机场等多个地区的公共道路。

除了三大主导产业，北部经济走廊在其他领域也取得了一定的进展，如先后开发了生物科技工业、石油与天然气境外设施等领域，并扩大现有的机场、港口、道路及铁路的基础设施。截至 2017 年年底，北部经济走廊累计吸引投资 890 亿林吉特，创造了 11.5 万个就业机会，其中主要投资产业为制造业。

（三）东海岸经济区产业发展情况

东海岸经济区拥有较为完善先进的产业集群及相应配套的产业园区，主要集中在制造业、油气石化工业、复合农业等方面。

在制造业方面，制造业在东海岸经济区产业链中拥有不容忽视的重要地位，极具国际竞争力，实现在传统制造与通信行业的重大突破。近年来，东海岸经济区秉持知识创新和生产力价值创造的理念核心，制造业集群从传统经济领域转向更具附加价值的经济活动领域，在汽车和数码科技、生物技术和医疗设备、可再生能源、食品、饮料和清真产品等领域积极推进，诞生了科底生物聚合物产业园（KBP）、彭亨科技园（PTP）、甘孟清真园、马来西亚—中关丹产业园区（一期、二期与三期）和北根—柏拉姆汽车工业园（PAP）等一系列产业园区，以全方位推进东海岸经济区制造业的蓬勃发展。

在油气石化工业方面，马来西亚石油天然气行业龙头企业——马来西亚国家石油公司负责全面跟进东海岸经济区的石油天然气及石化工业发展，先后在登嘉楼州设立居茶综合石化工业区（KIPC）和格宾综合石化工业区（GIPC），并将两处工业区纳入马来西亚石油综合石化工业区重点发展计划。

在农业方面，新型农业突破传统农业模式，成为长期以来东海岸经济区的主要经济活动。近年来该地区新型农业取得了重大突破，引入了大规模农务企业，引进了创新理念和技术，实现了产量及农产品价值的双重飞跃。在东海岸经济区的农业产业园集群呈现出传统农业领域向新型农业领域的演变趋势，如巴西马清真园（PMHP）、关丹鱼类产品加工业园（KFPP）等。

除此之外，东海岸经济区在战略性基建方面也取得了重大进展，预计将在东马来西亚建设 14 个工业园，另预计 Kertih、Kemaman、Kuantan 和 Tok Bali 等 4 个港口将投入使用，实行全方位、多角度网络覆盖。东海岸经济区计划建成的运输系统拥有如此之高的交通连接性以及移动性，也将大大提高投资项目在生产过程中供应链方面的效率。作为东海岸经济区中方承包的重大项目，东海岸铁路项目自筹备建阶段便备受关注。该线路为东海岸经济区区域发展的核心交通干道，连接着马来西亚 5 个州和多个重点城市，将连通关丹、巴生两大港口，项目设计全长 640 千米，设计时速为客运 160 千米、货运 80 千米，建成后将有利于推动马来半岛东西海岸协调发展，带动沿线地区商业、物流、贸易和旅游业发展，并对马来西亚实现海铁联运、提升物流运输能力具有重要意义。但由于受到马来西亚第 13 届大选及前任政府贪污丑闻等影响，东海岸铁路项目命运多舛，曾一度被叫停中断。中马双方积极沟通和协商，并在造价及施工线路方面进行相关调整后，最终于 2019 年 4 月达成初步协议，重启东海岸铁路项目。

据东海岸经济区发展理事会（ECERDC）数据显示，2019 年上半年东海岸经济区（ECER）取得涵盖 36 个项目的 70 亿林吉特投资承诺，其中外来直接投资占 73%，将进一步带动马来西亚国内投资。该区在吸引投资方面保持良好势头，将在 2025 年累积实现 700 亿林吉特的目标。①

（四）沙巴发展走廊产业发展情况

沙巴经济发展投资局依据现阶段的发展状况，推出了沙巴发展走廊大蓝图 2.0 的计划。在过去的 12 年间，沙巴发展走廊利用其优越的地理位置、丰富的资源、文化和生物多样性的优势，挖掘沙巴经济潜力，以农业、旅游业、物流服务业及制造业为发展主轴，大力发展沙巴发展走廊，取得了显著的成绩。沙巴发展走廊发展计划分为以下三个阶段：第一阶段（2008—2010 年），主要以提升基础设施建设和促进下游产业增长为目标；第二阶段（2011—2015 年），着重推动新兴产业增长；第三阶段（2016—2025 年），致力于将沙巴打造成亚

① Azanis Shahila Aman. ECER secure RM7 bil committed investments this year[EB/OL][2020-10-28]. http://www.nst.com.my/business/2019/11/540518/ecer-secure-rm7-bil-committed-investments-year.

洲资源型制造业以及全球公司和知识型劳动力支持的外国投资首选地。

沙巴当局充分利用沙巴特有的生物族群多样性以及著名的丹农谷自然保护区开展热带雨林和海洋动植物的研究与保护。除此之外，依托泛婆罗洲大道（Pan—Borneo highway）工程、沙巴亚庇国际机场成为马来西亚国内第二繁忙机场的优势，大大刺激了沙巴发展走廊的发展。同时，沙巴经济走廊还积极与中国企业开展合作，并于2018年4月签署了谅解备忘录，在该地区兴建纸浆厂。政府的推动也为沙巴发展走廊带来了更多经济效益，包括提升Sepangar Bay货柜码头的基建、亚庇机场设施的完善、沙巴国际会展中心的落成、航空自由化政策的实施等举措，全方位地推动沙巴经济走廊的蓬勃发展。不仅如此，京那巴鲁黄金海岸海滨、沙巴农基工业园、沙巴石油与天然气工业园、综合畜牧中心、海洋综合区及拿笃棕油工业综合区的先后建成与发展，也助推着沙巴经济走廊向拥有丰富基础设施、全球公司和知识型劳动力支持的外国投资首选地的目标迈进。

2008年至2018年，沙巴发展走廊共吸引了1650亿林吉特的投资，出口货物3550万吨，同时沙巴州与马来西亚全国的经济发展差距也大幅缩减，如由2011年3.2%的差距降至2015年的1.1%。

（五）沙捞越再生能源走廊产业发展情况

基于沙捞越再生能源走廊丰富的水力、煤炭与天然瓦斯等能源资源，马来西亚政府提出了可再生能源计划，将再生能源计划从原先的7万平方千米扩展至10万平方千米面积，并以水产养殖、铝业、玻璃行业、石油工业、钢铁工业、海洋工程业、畜牧业、木材业、棕榈油工业及旅游业为重点发展产业，大力发展沙捞越再生能源走廊经济。

在制造业方面，沙捞越再生能源走廊取得了重大的进展。压制金属业是沙捞越再生能源走廊的主导产业之一，以从事铝冶炼制造业为主的马来西亚齐力工业集团(Press Metal)还是沙捞越再生能源走廊的重要投资厂商，自Samalaju工业园区Bhd冶炼厂建成后，每年生产32万多吨的铝锭。中国铝业与马来西亚GIIG控股有限公司合作在沙捞越经济走廊建设年产能33万吨的电解铝厂。多晶硅产业也对走廊的发展起了至关重要的作用，随着德山株式会社（Tokuyama Corp）企业在Samalaju工业园区的落户，多晶硅产业每年最大的产量能达到20000吨。同时，区域走廊发展局（RECODE）拨款45亿林吉特用于提升公路与供水基础设施，巴贡（Bakun）水电站和穆仑（Murum）水电站相继投产、巴勒 Baleh 水电站将于 2026 年建成完工、Samalaju 工业园燃气电厂与巴南大坝也将启动兴建等，为该地区能源密集型制造业项目提供了充足的能源供应。

在石油工业方面，依托沙捞越石油储量约占马来西亚石油总量 29% 的优势，目前已有三家马来西亚液化天然气公司及 Shell MDS 厂房（生产汽油、煤油、馏分燃料油及润滑剂）在民都鲁地区落户，推动民都鲁成为本区域的石油化学枢纽。

截至 2019 年 6 月底，沙捞越再生能源走廊共吸引了 22 项投资计划，公共及私人投资总额达 799.71 亿林吉特，主要投资产业为能源与重工业，主要投资力量为中国和阿拉伯国家。

三、马来西亚五大经济区的发展机遇

（一）中国与东盟深化合作带来的发展机遇

1．中国—东盟自由贸易区升级版带来的新发展机遇

2019 年 10 月，中国—东盟自贸区升级《议定书》全面生效。中国—东盟自由贸易区升级版的核心内容在于进一步提高投资贸易自由化与便利化的水平，这对于加强中国和马来西亚之间的双边贸易、吸引中国对马投资、加快马来西亚新经济区的发展带来了良好的机遇。一方面，升级版的中国—东盟自由贸易区有利于提升中国和马来西亚之间的贸易水平，改变原先双方间简单的互补性货物贸易结构，从而推动行业分工，构建产业链，增加附加价值。另一方面，升级版的中国—东盟自由贸易区有利于提升双方投资与服务领域的开放水平，按照“负面清单”和“准入前国民待遇”原则谈判开放安排，有效地推动双方投资与服务的发展。

2．中国与东盟已形成深度融合的产业链

中国推进“一带一路”走深走实给马来西亚经济区发展带来新机遇，中国已成为东盟区域内中间品的主要供应商，中国为大量东盟企业提供原料、技术、零配件和设备的支持。同时，近年来大量中国企业赴东盟国家投资设厂，对中国产业链进行扩展和延伸，这些企业已经与中国企业形成了深度融合的产业链。马来西亚可借助中国与东盟已形成深度融合的产业链的契机，不断强化合作关系和开拓新的合作领域，形成优势互补、共同受益、共同发展的全新对外开放格局，促进自身经济的飞速发展。

（二）对外经济伙伴关系不断深化

1. 全面与进步跨太平洋伙伴关系协定（CPTPP）的签署

2018 年 3 月 8 日，日本、加拿大、澳大利亚、新西兰、马来西亚、新加坡、越南、文莱、墨西哥、智利及秘鲁等 11 个国家在智利圣地亚哥共同签署了全面与进步跨太平洋伙伴关系协定（Comprehensive and Progressive Agreement for Trans-Pacific Partnership, 简称 CPTPP）。同年 12 月 30 日，该协定正式生效。相较于此前提出的跨太平洋伙伴关系协议（Trans—Pacific Partnership Agreement，简称 TPP），该协议更有利于推动马来西亚实现贸易自由化，进一步拓宽了马来西亚的国际贸易市场，为五大经济区的发展带来良好的营商环境和机遇；同时，在这一协定下，马来西亚棕榈油、橡胶、电子产品和海产品等产业的发展与出口还将受益，这也将进一步助推马来西亚五大经济区的发展。

2. 区域全面经济伙伴关系协议（RCEP）即将达成

区域全面经济伙伴关系协定（RCEP）是东亚地区规模最大、成员最多、影响最为深远的自由贸易谈判，涵盖了包括东盟十国与中国、日本、韩国、印度、澳大利亚、新西兰等共 16 个国家，其目标在于达成一个现代、全面、高质量和互惠的经济伙伴协定。从 2012 年开始至 2019 年 11 月，区域全面经济伙伴关系协议（RCEP）除印度外的 15 个成员方结束全部文本谈判。截至 2020 年 6 月 23 日，RCEP 已举行 3 次领导人会议、10 次部长级会间会，成立了相关的工作组，在货物贸易、服务贸易、经济技术合作、投资、知识产权、法律与机制、竞争政策等领域已经取得了很大的进展。

RCEP 谈判的目的在于创造和完善投资环境，RCEP 一旦完成，将在促进地区繁荣发展与和平稳定，促进全球经济复苏等方面做出杰出的贡献，对马来西亚经济发展将会产生以下影响：首先，将有利于五大经济区吸引外资，在很大程度上促进区域内各方间进出口贸易的发展，也会进一步吸引外资前来马来西亚进行投资；其次，可以帮助提升马来西亚经济区之间的贸易关系，在经济上形成规模效益和竞争效应。

（三）马来西亚已制订与实施短期经济复苏计划

2020 年春，新冠肺炎病毒在全球范围内肆虐，马来西亚经济遭受重大打击，马来西亚五大经济走廊不可避免地受到较大影响。为应对新冠肺炎疫情影响，马来西亚政府已制订实施一系列的经济计划以振兴国民经济。2020 年 3 月、

4 月，马来西亚总理穆希丁·亚辛先后提出经济刺激计划（Economic Stimulus Package），总价值达 2600 亿林吉特，旨在为医疗保健者提供困难时补贴以及为中小企业提供一次性现金援助和小型信用贷款。2020 年 6 月 5 日，穆希丁总理提出价值高达 350 亿林吉特（约计 82 亿美元）的国家复兴计划（National Economic Recovery Plan），其中政府直接财政拨款达 100 亿林吉特。该计划包括 40 余项举措，以进一步在疫情冲击后加快国民经济复苏。随后，马来西亚政府再度计划拨款 12 亿林吉特（2.813 亿美元）作为国家刺激基金（National Stimulation Fund），以此为本地风投市场引入国际投资者的资金，支持本地企业的数字化。该项资金中 6 亿林吉特将来自政府拨款，另外 6 亿林吉特将来自马来西亚国内外投资者。①

上述经济计划实施后，马来西亚国民经济状况将得到大幅度改善。预计马来西亚失业人口数量将减少 22 万，外国投资资本将大幅度回流，马来西亚国内市场也将进一步得到稳定。

（四）马来西亚政府支持经济发展的政策力度逐步加大

近年来，随着马来西亚政府支持经济发展的政策力度不断加大，五大经济区依据本区域的产业状况与自然条件，制定不同的发展策略及产业群聚政策，并以租税、土地、印花税及各种优惠政策，吸引本国及外国的投资者，实现跨越式的发展。

在国家政策层面，2016 年，马来西亚政府提出了“2050 国家转型计划”（TN50），以规划马来西亚 2020—2050 年的发展前景。此外，马来西亚还积极与中国开展“一带一路”框架下的经贸合作以及国际产能合作。这些政策的施行不仅为五大经济区的发展提供了稳定的市场和营商环境，也将刺激五大经济区的发展，朝着更高的目标迈进。不仅如此，为集中火力促进五大经济区的投资，2019 年 10 月，马来西亚财政部部长林冠英还宣布政府将拨款 11 亿林吉特，其中北部经济走廊共获得 5000 万林吉特的拨款，用于发展朱宾谷工业园；东海岸经济区发展理事会获得拨款 6950 万林吉特，用于关丹港口相关项目的建设；依斯干达开发区获得 4200 万林吉特的拨款，这笔拨款将作为纱玉河集中式污水

---

① Amir Yusof. PM Muhyiddin unveils RM35 bilion package to regenerate Malaysia's economy[EB/OL][2020-10-28]. http://www.channelnewsasia.com/news/asia/covid-19-malaysia-35-billion-regenerate-economy-muhyiddin-12807846.

处理厂工程的资金；沙捞越经济发展走廊获得 5500 万林吉特的拨款，用于发展萨玛拉度工业园区的基础建设；沙巴发展走廊也将获得 2000 万林吉特的拨款，这笔拨款后期将投入到沙巴农务工业区的建设中。

在马来西亚五大经济区层面，马来西亚政府推出了多项措施和政策，以促进五大经济区的发展。2015 年，马来西亚政府宣布第 11 大马计划，以平衡五大经济区的发展。2017 年，为了刺激经济，马来西亚政府批准扩大沙巴发展走廊（SDC）计划，总价值达 11 亿林吉特。同年，沙巴州政府还提出了达 41 亿林吉特的财政预算案，其中 13.3 亿林吉特的预算拨款给沙巴的基建和交通发展，2.28 亿林吉特的拨款用于振兴旅游业，以促进沙巴发展走廊的蓬勃式发展。2018 年，为支持沙捞越再生能源走廊继续向前迈进，沙捞越州政府推出了数项政策，包括推行数码经济政策、设立沙捞越发展银行及收购巴贡水坝、拨款 45 亿林吉特等举措。此外，马来西亚还逐步加大鼓励外资政策力度，并提出凡投资该地区的公司，均可申请 5—10 年免缴所得税或 5 年内合格资本支出全额补贴的政策。同时，在优惠政策方面，马来西亚还颁布了如根据每项投资的具体情况定制奖励优惠政策、豁免投资项目所需的印花税、为投资项目前五年内符合资本支出的企业提供投资补贴等多项措施，为五大经济区的繁荣发展提供了良好的发展条件。

四、马来西亚五大经济区的发展前景展望

未来五大经济区还将以促进区域在社会与经济面平衡发展，进一步推动自由贸易、促进投资以扩增经济动能，达到 2020 年跻身已开发国家的愿景为目标，继续推动五大经济区朝着全方位、高质量的方向发展。

（一）依斯干达开发区发展前景

依斯干达开发区近年来总体态势良好，政府制定 2005—2025 年未来增长方案，大力发展依斯干达六大支柱产业，即制造、金融、旅游、物流、医疗保健和教育。依托优越的地理位置优势，采取一系列措施鼓励外来投资引进并大力开发海内外市场，同时大力推动产业集群多样化发展；制定创新型国家人才政策，吸引来自海内外的高端素质人才。未来有望突破 2025 年 3830 亿林吉特的投资总额目标。

（二）北部经济走廊发展前景

北部经济走廊以在2025年成为世界级的经济区域为目标，着重发展北部经济走廊制造业、旅游业、农业及物流业等四大产业，并以朱宾谷、吉打橡胶城、吉打科学园区、大干文丁计划为新的经济增长点，大力发展北部走廊经济，为北部经济走廊注入新的发展动力。在发展经济的同时，北部经济走廊还积极倡导社会发展、社区基础建设以及保护环境的理念，以期实现将北部经济走廊打造成马来西亚国内外工作、学习、定居的世界性经济区的目标。现阶段北部经济走廊已经迈入繁荣发展时期，预期在2025年转变为经济规模达3000亿林吉特的世界级经济区，并为服务业、生物工业、农业等产业提供16万个工作岗位。

（三）东海岸经济区发展前景

自进入大蓝图2.0（2018—2025年）阶段以来，东海岸经济区成功迈入发展黄金时段。政府方面已经出台一系列的优惠政策，其中包括为公司所投资项目前5年内符合资格的资本支出提供100%的投资补贴、豁免投资项目所需的土地或建筑购买或租赁的印花税、提供灵活的外籍专才雇用机制、促进人力资本培训等，以鼓励海内外企业来此投资发展。未来东海岸铁路及彭亨关丹港等国际大型项目的建成或发展，势必将吸引大批量的海外投资，进一步解决东海岸经济区人口就业问题，增加更多优质的国际合作机会，同时为未来全面深化中马“一带一路”合作项目提供宝贵的经验。除此之外，东海岸经济区预计在2025年前后实现为以生产力为驱动力的高附加值经济体转型，大力发展人工智能、生物医疗、可再生能源开发等新兴行业，以实现以高平台、多角度、多合作为特点的产业转型预期。

（四）沙巴发展走廊发展前景

2016—2025年，沙巴发展走廊将进入扩展期，该阶段马来西亚政府将以旅游业、制造业、农业和物流业四大产业为发展重点，促进沙巴发展走廊的飞跃式发展。为此，政府也出台了一系列举措，积极处理长久的社会财富不均等问题，持续提升生活质量与公共服务转递系统，从而让沙巴发展走廊计划达到预设的打造世界级优越的商务、投资和休闲中心的目标；积极建设不分种族、语言和宗教，共创繁荣和谐社会；广泛使用高科技以提升日常生活质量，提供高回报就业机会，供本地和国外人才就业，将建设成为亚洲最舒适生活环境的五大远景规划到沙巴发展走廊的蓝图中。同时，政府还将依托现有的优势，大力发展旅游业，致力于在 2025 年将沙巴打造成为世界上最宜居的地方之一。预计将在 2025 年前后实现沙巴发展走廊地区生产总值（GDP）增长四倍，达到 632 亿林吉特，失业率降至 3.5%，创造 90 万个就业岗位，并建成拥有丰富基础设施、全球公司和知识型劳动力支持的外国投资首选地的目标。

（五）沙捞越再生能源走廊发展前景

依据规划，2021—2030 年，沙捞越再生能源走廊将进入收尾阶段，并朝着加快婆罗洲的经济发展，提高地区人民生活水平的目标不断迈进。该阶段将以铝业、玻璃行业、石油工业、海洋工程业、木材业、棕榈油工业及旅游业为重点发展产业，致力于实现沙捞越再生能源走廊全方位、多点开花的发展，届时萨马拉度（Samalaju）将建成重工业及能源密集型中心，穆卡（Mukah）将成为智慧城市及服务和科研中心，丹绒玛尼（Tanjung Manis）将建成清真中心，巴南（Baram）地区将建成棕榈油、木材及旅游中心，都惱（Tunoh）将成为以棕榈油、木材、农业及旅游业为中心的地区。

参考文献

[1] 田原．从马来西亚东海岸铁路项目看高质量共建 [N]. 经济日报，2019-08-14(16).

[2] 马来西亚经济与商业环境风险分析报告 [J]. 国际融资，2018(02)：64-67.

[3] 赵江林．中国与马来西亚经济发展战略对接研究 [J]. 亚太经济，2018(01)：27-33，145.

[4] 和佳．“一带一路”写入马来西亚年度经济报告　助力“2020 宏愿”[N]. 21 世纪经济报道，2017-11-06(10).

[5] 殷畅．产业经济园区对中国—东盟命运共同体建设的影响 [D]. 南宁：广西民族大学，2016.

第九章 新冠肺炎疫情对马来西亚经济的影响及应对举措

赵 丹*

摘要：2020 年 1 月底，马来西亚发现首例新冠肺炎病例，随后疫情暴发，并在 3—4 月出现“感染高峰”。疫情对马来西亚的国民健康和经济发展造成了严重影响。马来西亚政府在新冠肺炎疫情暴发后，采取了“行动管制令”等一系列防控措施，有效控制了疫情的进一步发展，并推出若干刺激经济措施，对疫情期间国民经济的恢复与发展起了重要作用。

一、新冠肺炎疫情在马来西亚的蔓延及应对

（一）新冠肺炎疫情在马来西亚的蔓延及发展

新冠肺炎疫情在马来西亚的蔓延与发展始于 2020 年 1 月底。2020 年 1 月 25 日，马来西亚确诊了 3 例新冠肺炎病例，成为第一个出现新冠肺炎病例的东南亚国家。2 月 3 日，首位马来西亚公民确诊感染新冠肺炎，5 日，马来西亚出现首个本土感染病例，其后病例呈个位数缓慢增长。2 月 27 日至 3 月 1 日，在吉隆坡大城堡清真寺举行的一场传教活动引起第二波疫情暴发，该集会共有 16000 名参与者，其中有 14500 名为马来西亚公民，其余的是来自文莱、新加坡、印度尼西亚、泰国等国公民。此外，据媒体报道，此次集会还有约 2000 名非法移民的罗兴亚难民参与。但由于他们是非法移民，因此，政府难以追踪这些出席者，导致大部分难民不能及时接受新冠病毒肺炎检测。据马来西亚卫生部统计，截至 3 月 17 日，马来西亚约有六成的确诊病例与此集会有关联。而截至 6 月 7 日，全马境内与此次集会有关的确诊人数已达到 3375 人，大城堡清真寺集会人群成为马来西亚最大的感染群。截至 7 月 3 日，马来西亚共累计出现 8648 例新冠肺

*赵丹，广西民族大学东南亚语言文化学院马来语专业教师，马来亚大学马来研究学院博士在读。

炎确诊病例，其中8446例已康复出院，121例死亡。

从时间分布来看，2020年1月25日至3月中旬，马来西亚累计确诊病例持续呈个位数缓慢增长；3月15日至4月15日，马来西亚累计确诊病例呈较快增长趋势，日均增长超过100例；4月15日后因“行动管制令”的效应，增速逐渐放缓；至5月底开斋节前后日均增长50例左右。但随着开斋节人口流动加剧，确诊病例出现短暂反弹，甚至于6月4日出现单日最高增长277例现象。但随后确诊病例保持走低至日均个位数。

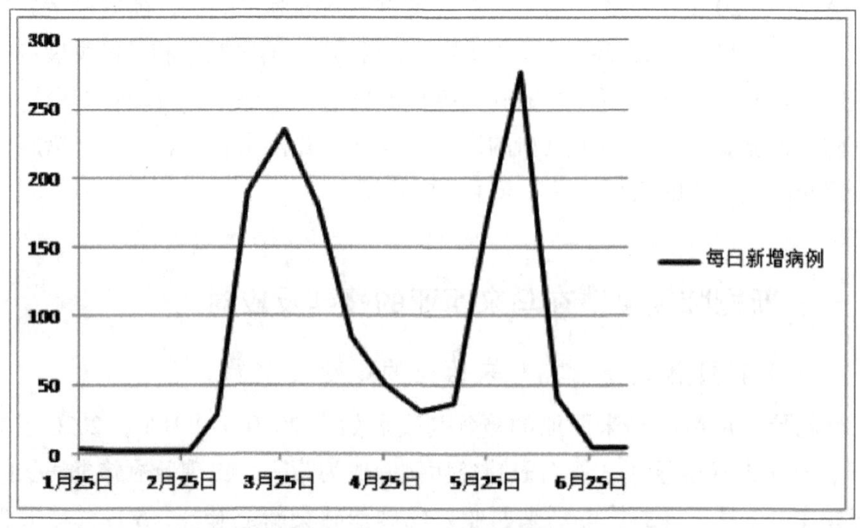

图9-1 马来西亚新冠肺炎每日新增确诊病例[①]

从现有确诊病例的时间分布来看，自2020年1月25日起，马来西亚现有确诊病例呈先慢后快的增长趋势，至4月5日达到最高点2596例，随后逐渐波动下降至100例以下。

① 图表资料来源：《当今大马》新闻实验室，https://newslab.malaysiakini.com/covid-19/zh.

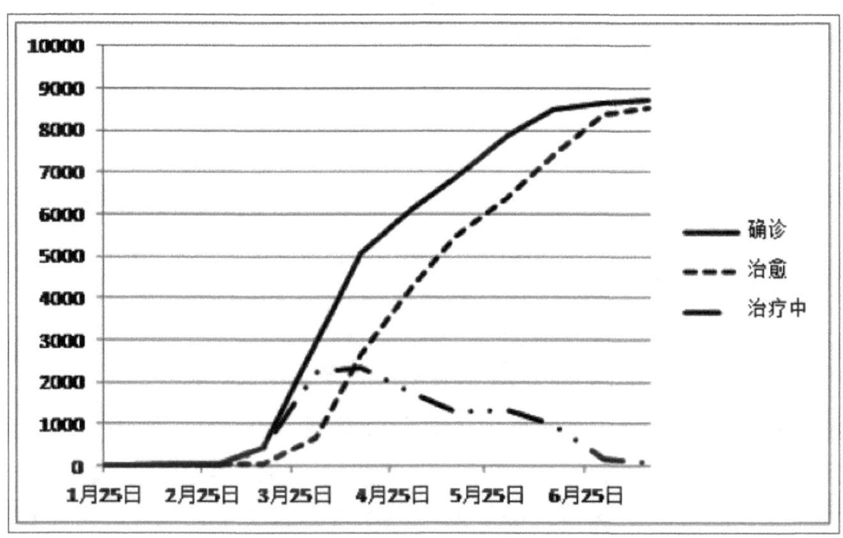

图 9-2 马来西亚新冠肺炎累积确诊、治愈病例数 ①

从地域分布来看，马来西亚累计确诊病例和死亡病例呈现以雪隆（雪兰莪、吉隆坡）及周边地区为核心，国际或国内人口流动枢纽及周边地区为次核心，向外辐射递减的趋势。具体表现为吉隆坡、雪兰莪及其周边地区如布城、森美兰等地确诊病例及死亡病例最多，占全国一半以上；柔佛新山作为马来西亚与新加坡的人口流动枢纽，沙巴亚庇、沙捞越古晋作为西马与东马的人口流动枢纽，也出现了较高的确诊病例和死亡病例；其他州属的病例数依次递减。

表 9-1 马来西亚新冠肺炎确诊、死亡病例分布 ②

州属 / 地区	确诊	死亡
吉隆坡	2437	18
雪兰莪	2051	24
森美兰	1025	8
柔佛	692	20
沙捞越	571	17
沙巴	375	7
彭亨	365	7

① 图表资料来源：http://covid-19.livephotos123.com/zh-cn.

② 图表资料来源：马来西亚卫生部新冠肺炎专页 .http://covid-19.moh.gov.my/.

续表

州属 / 地区	确诊	死亡
霹雳	258	6
马六甲	256	5
吉兰丹	157	3
槟城	121	1
登嘉楼	111	1
布城	97	1
吉打	97	1
玻璃市	18	2
纳闽	17	0

（二）马来西亚当局对新冠肺炎疫情的应对措施

随着新冠肺炎疫情在马来西亚的蔓延及发展，2020 年 3 月 16 日，马来西亚总理穆希丁（Muhyiddin Yassin）通过电视发表讲话，宣布马来西亚联邦政府依据根据《1988 年疾病控制法令》及《1967 年警察法令》，将于 3 月 18 日至 31 日实施“行动管制令”。“行动管制令”在生效期间的主要内容包括 6 项条规，涉及国民经济各行业发展、人员流动等方面，具体如下：

专栏 1　2019 年新型冠状病毒病马来西亚行动管制令主要内容

1. 禁止民众群聚或出席涉及宗教、体育、社交及文化的大型活动；除超市、巴刹、杂货店和出售日常用品的便利店之外，所有宗教场所及商店都须关闭；所有在清真寺内举行的活动都需暂停，包括周五祈祷活动。
2. 禁止马来西亚公民出国；刚从海外回国的公民，需进行身体检查，并自行隔离 14 天。
3. 禁止所有外国游客和访客入境马来西亚。
4. 关闭所有幼儿园、政府及私人学校，包括日间学校、寄宿学校、国际学校、宗教学校及其他中小学与大学预科班学院。
5. 关闭全国所有政府、私人高等学府及技术培训学院。
6. 关闭政府与私人界单位，除了提供各种重要服务的单位，包括水、电、能源、通讯、邮寄、交通、水域、石油、天然气、燃料、广播、金融、银行、卫生、药局、消拯局、监狱、港口、机场、安全、国防、清洁、杂货及食物供应单位。

此外，马来西亚政府根据新冠病毒的蔓延风险程度，将全国各县区划分为绿区、黄区和红区；将一些成为新冠肺炎疫情“高发风险区”的地区划分为红区，并实施“加强行动管制令”，“加强行动管制令”内容包括居民不允许离开住处，非居民及访客不允许进入；所有商业活动必须暂停，日常饮食由社会福利局提供；只开放医疗机构等。随后，3 月 25 日，马来西亚政府宣布第一次延长“行动管制令”至 4 月 14 日；4 月 10 日，宣布第二次延长“行动管制令”至 4 月 28 日；4 月 23 日，宣布第三次延长“行动管制令”至 5 月 12 日；5 月 10 日，宣布第四次延长“行动管制令”至 6 月 9 日结束。

马来西亚总检察署于 3 月 18 日颁布联邦宪报并进行具体规范，如对违反“行动管制令”人员采取的执法措施；违反“管制令”者一旦被定罪，将罚款不超过 1000 林吉特或监禁不超过 6 个月，或两者兼施，并公布了 2020 年防范以及抑制传染病条例（疫区内措施），对“行动管制令”加以细化和补充。

专栏 2　2020 年防范以及抑制传染病条例（疫区内措施）主要内容
1. 业主若能事先获得总监文书批准，任何非提供基本服务的处所也可营业，而总监也可开出任何协助控制国内新冠肺炎疫情而应当的其他条件。 2. 根据条例规定，任何人不得从任何疫区迁移至他处，除非该者需执行公务、根据第五条列迁移、购买，供应或递送食物或日用品、为获医疗服务等理由，以及因特定原因获总监批准。 3. 不论是宗教、运动、休闲、社交或文化理由，没有人可聚集或设计在任何疫区的集会，但许出席葬礼，条件是出席人数必须低于最低限度。没有人可从一疫区迁移至另一个疫区，除非事先获得警方文书批准。 4. 从国外回马的公民或永久居民通过入境处前需经健康检测并遵守获授权官员的指令。 5. 提供基本服务的处所皆可营业，条件是必须限定职员和访客数量，任何涉及食品供应链或提供 Drive–thru、外带和快递餐饮服务的处所也可营业，唯受限于总监列出的条件和其他应当的条件。其中，基本服务的范畴包括银行和金融、电力和能源、消拯局、港口业务、码头和机场服务，包括装载、提货运输、货物装卸、仓储或商品交易、邮寄、监狱、燃料和润滑油生产、蒸馏、库存、供应和分配、健康和医疗、固体废料管理和公共卫生、下水道、无线电通信，包括广播和电视、通信、海陆空交通、水、电子商务、国防与安全、野生动物、移民、关税、酒店和住宿以及任何部长认为对卫生或公共安全有需要或关键的服务或职业。 6. 民众务必提供授权官员所要求的传染病防疫相关的资料。 7. 任何法人团体违法时，当时管理该团体的主任、经理、秘书或类同官员可被个别或与团体一同被提控，除非可证明是在不知情、不获同意和放纵下违法，或已采取任何合力措施，同时努力防范不当行为的发生。

马来西亚政府实行的“行动管制令”是依据新冠肺炎疫情的蔓延及发展情况而灵活调整的。2020 年 3 月 30 日，国防部高级部长依斯迈·沙比利（Ismail Sabri Yaakob）宣布，第二阶段更严格的“行动管制令”将从 4 月 1 日起落实，“行动管制令”内容包括：①私家车只能在上午 6 点至晚上 10 点间在路上行驶，包括德士和电召车服务；非紧急情况下，私家车只能有司机 1 人。②运送必需品的车辆则受鼓励在上午 7 点至晚上 7 点间行驶。③公交系统营运时间为上午 6 点至 10 点及下午 5 点至晚上 10 点。④售卖日常用品的商店开放时间为上午 8 点至晚上 8 点，包括超市和巴刹。⑤饮食、外卖和加油站营运时间为上午 8 点至晚上 8 点。⑥公共及私人场所不允许社交休闲活动，除根据专家建议需进行治疗的自闭症群体和残障人士可获通融，但不允许以群体方式进行。4 月 23 日，总理穆希丁在第三阶段延长“行动管制令”时宣布：随着马来西亚国内新冠肺炎确诊病例逐渐下降，政府决定放宽两项管制，即允许滞留在校园的大学生回乡，以及滞留在家乡或其他地方的人士可返回自己的家里居住。而马来西亚卫生部在 4 月 29 日颁布第 4 阶段“行动管制令”时宣布：由于疫情进一步放缓，“行动管制令”将放宽规定，即采购者外出时，允许一名家人陪同；在向警方申请书面批准文件的情况下可以外出超过 10 千米之处。

随着疫情进一步缓和，总理穆希丁于 5 月 1 日宣布根据马来西亚国内疫情的总体情况，将正在执行中的“行动管制令”改为“有条件行动管制令”，允许大部分的行业在严格遵守标准作业程序的情况下复工，并启动大部分社会经济贸易活动；出行方面也逐步放宽条例，允许 4 人（限家庭成员）共乘一车外出；虽解除了 10 千米范围内的行动限制，但跨州行动依然严禁。另外，包括涉及人群聚集和肢体接触的商业、聚集活动仍然被禁止并设置各项限制条件。

专栏 3 有条件行动管制令下被禁止或限制的领域

1. 休闲娱乐：电影院、卡拉 OK、主题乐园、街头表演。
2. 任何节庆活动、游行和聚会：宗教游行、祈祷活动、节日欢庆等。
3. 会议和展览：职业展、婚纱展、旅游优惠或展览、促销嘉年华等群聚展览。
4. 教育：学校运动、课外活动、任何学校聚会或多于 10 人的庆典。
5. 运动：涉及观众观看的运动比赛、所有室内运动。
6. 社交运动：任何婚庆活动。
7. 交通：邮轮。
8. 餐饮业：斋戒月市集、开斋节市集。
9. 舍工宿舍：不可接受访客、运动和群聚。
10. 机械维修 / 施工工地：不可超过 10 人作业。
11. 服饰业：不可试穿。
12. 洗衣店：仅限自助洗衣店可营业，不能现场折衣服。
13. 任何讲座、演讲、面对面进行的工作坊和训练。
14. 农业认证活动。
15. 理发院和美容院。
16. 金融业：不可在金融机构或公共场所以外，进行销售和营销活动。
17. 森林业：森林业生态旅游、森林业练习活动。
18. 采矿与采石：考试和实习。
19. 农业：会客日、BBL 销售日、产品展销会、讲座会、农业机构毕业典礼、拍卖会。
20. 渔业：休闲钓鱼活动、海洋公园中心、展览馆和水族馆。
21. 创意艺术：摄影业、涉及公众的活动、音乐会、节目或棚内摄影。
22. 文化艺术：涉及开发商与参观者互动的展览。
23. 旅游与酒店：禁止使用酒店公共设施，如教堂、健身房、Spa、桑拿、泳池、会议室、自助餐厅等。

在“有条件行动管制令”于6月9日结束之后，总理穆希丁宣布，从6月10日起至8月31日，进入“复原行动管制令”时期，逐步开放所有经济领域，其他领域在遵守防疫措施的前提下恢复运作。“复原式行动管制令”的内容主要包括：①从6月10日开始，除实施“加强版行动管制令”而被封锁的地区外，政府将全面允许跨州出行。②企业必须在防疫措施的前提下，几乎所有商务活动都将被允许分阶段重新开放，如6月10日允许美容美发服务企业开业、6月15日允许早市和夜市开业、6月17日允许博彩投注站重开、7月1日允许幼稚园开课等。③从6月10日开始，允许国内旅游业复业，但仍不允许跨国出游。④运动和休闲中心重开，允许开放无须涉及身体接触的运动，如保龄球、射箭、射击、骑自行车、羽毛球和皮划艇等；但比赛和涉及身体接触的团队运动仍不允许，如篮球、足球、游泳和曲棍球等；此外，允许游泳池重开，但仅限游泳训练，不能涉及触碰身体。⑤6月24日中学五、六年级学生开课，学校其他年级、学习机构将分阶段开学。⑥多数社会和宗教活动可恢复进行，包括参观博物馆、室内巡游、休闲垂钓活动和摄影等，但群体活动、聚会和涉及人群的社交活动，如门户开放、流水席等仍被禁止。⑦从6月10日起，从海外回国的马来西亚公民，若对新冠病毒检测结果呈阴性，则无须被送到检疫中心，可以直接在家进行14天的自我隔离。但是，如足底按摩中心、主题公园、夜总会、酒吧、娱乐中心、卡拉OK中心等娱乐性产业仍不可恢复营业。另外，如果在“复原式行动管制令”期间病例激增，政府将在特定的地区强化管制令。

除了实施“行动管制令”外，马来西亚政府和有关当局也积极采取其他措施，防止新冠肺炎疫情的蔓延与发展，具体如下。

专栏 4 马来西亚政府和有关当局应对新冠肺炎疫情的各项措施梳理

1. 最高元首发表谕令，规范民众行为

2020 年 1 月 26 日，马来西亚最高元首苏丹阿卜杜拉及元首夫人东姑·阿兹占阿·米娜发表文告，谕令国民紧守实施并遵循有关单位的防疫指示，及重视自身的健康与安全。1 月 28 日，最高元首苏丹阿卜杜拉谕令全国清真寺举办祈祷会，祈求上苍庇佑国家和人民免于疾病侵袭，同时祈愿受灾地区的诊疗与防疫工作能够顺利完成。

2. 严格出入境检疫、防疫措施，减少疫情传入风险

2020 年 1 月 20 日，马来西亚吉隆坡国际机场卫生局发表声明，所有搭乘国际航班进入马来西亚的旅客在入境时，都必须经过体温检测，一旦检测出体温过高或发热征兆，将会被带入卫生检疫中心进一步检测；其他马来西亚关口也提升警惕，除体温检测外，也要求中国公民在入境前提供健康资讯及进行额外检查程序。1 月 24 日，亚航和马印航空宣布停飞来往马来西亚与武汉的班机。1 月 27 日，沙捞越政府规定所有入境沙捞越的人士申报过去 14 天的旅游史，并暂停引入中国人到境内工作。同时，时任财政部部长林冠英表示财政部将全力配合卫生部的防疫工作，并特别拨款卫生部以购置更多体温探测仪。各关卡开始获中央政府及州政府拨款购置体温检测器。1 月 29 日，沙捞越灾难管理委员会提醒曾在华人农历新年期间到访中国的学生与工作者，返国后应在家自我隔离 14 天。1 月 30 日，沙巴州政府宣布停飞所有往返中国的航班，直到疫情好转为止，并在其后扩大禁令，禁止所有在 14 天内曾到过中国的人，包括马来西亚人入境沙巴州，沙巴州子民除外。另外，马来西亚政府也决定加强对中国游客的筛检程序，增设特别通道予入境马来西亚的中国公民，但暂不停飞来往中马两国的航班。2 月 6 日，时任副总理旺·阿兹莎（Wan Azizah Wan Ismail）称马来西亚将在主要入境处增设探热扫描仪，加强对入境人士的监控。2 月 7 日，旺阿兹莎表示将探讨是否限制新加坡公民入境。2 月 10 日，沙捞越州副总理兼沙捞越灾难管理委员会宣布为应对新加坡政府提升疾病警报至橙色级别，近期曾前往新加坡者返沙后须进行居家隔离 14 天，即日起生效。2 月 28 日，马来西亚外交部发出旅游警告，促请马来西亚公民在不必要的情况下，避免前往韩国、日本、意大利及伊朗。3 月 16 日，总理穆希丁宣行动管制令期间禁止所有外籍人士入境马来西亚，也禁止所有国民出境。所有从外国返马的公民都必须进行健康检查，并自主进行 14 天的居家隔离。4 月 3 日起，规定所有从外国返马的马来西亚公民将被强制送往隔离中心进行 14 天隔离。

3. 建立与完善检测与治疗中心，控制疫情发展

1 月 5 日，马来西亚卫生部辖下的全国危机准备及应对中心开始运作，并安排 57 家医院提供新型冠状病毒的筛查服务，其中 26 家政府医院负责收治新型冠状病毒的确认及疑似病患。此外，卫生部也将针对所有的疑似病例加速检测结果，扩大新冠肺炎的检测设施，除了现有的 18 所国家医药研究所和全国公共卫生实验室，4 所州公共卫生实验室和 12 所政府医院也将交由私人实验室进行检测。马来西亚卫生部也在沙登农业博览馆内设置临时医院，以容纳更多病人。

4. 安排撤侨与撤回非主要官员，保证海外公民安全

马来西亚驻北京大使馆在 1 月 27 日正式成立应急小组，与现处于中国的马来西亚公民保持联系并处理对华撤侨与撤回非主要官员事务。2 月 4 日，由亚洲航空执飞，从武汉撤侨 107 人，其中包括马来西亚公民 88 人和非马来西亚公民 19 人。2 月 26 日，第二次从武汉撤侨 66 人，包括马来西亚公民 46 人和非公民亲属 20 人。3 月 22 日，从伊朗德黑兰撤侨 55 人，包括马来西亚公民 46 人、印度尼西亚公民 8 人和新加坡公民 1 人。

二、新冠肺炎疫情对马来西亚经济的影响

（一）对宏观经济的影响

在新冠肺炎疫情期间马来西亚政府为防控疫情推行的“行动管制令”对马来西亚宏观经济造成较大的负面影响。据马来西亚国家银行统计[①]，马来西亚2020年第一季度国内生产总值的增长率大幅放缓至0.7%，其中，矿业（-20%）、农业（-8.7%）、建筑业（-7.9%）等领域均陷入萎缩，仅服务业（3.1%）和制造业（1.5%）有微幅增长。而据经济指标网站Trading Econimics统计[②]，新冠肺炎疫情影响和“行动管制令”的实施对劳动力市场造成了巨大冲击：3—5月的失业率分别高达3.9%、5%和5.3%，均超过2010年6月的3.6%，接连创下十年来最高纪录；3月失业人数为610500人，4月失业人数为782700人，5月失业人数为829600人，并预计马来西亚2020年全年平均失业率将高达5.5%。

世界银行公布的《马来西亚经济监测之生存风暴》显示，受新冠肺炎疫情等国内外因素影响，马来西亚的总投资额在2020年第1季度萎缩了4.6%，同时是连续第5个季度呈萎缩趋势，突出了私人投资和公共投资方面都存在弱点。此外，马来西亚的商品和服务出口连续3个季度下跌了7.1%；私人消费方面则从2019年第4季度的8.1%下跌至6.7%。这些都反映了新冠肺炎疫情和“行动管制令”的实施对零售、旅行、休闲和娱乐消费以及耐用品等行业的重大影响。因此，世界银行预测在亚太主要经济体中，马来西亚2020年会经历最为严重的经济收缩，国内生产总值将下降3.1%。

丰隆投资银行研究员和联昌国际投资银行研究员一致预测2020年马来西亚经济增长率将下降6%。分析员称本次新冠肺炎疫情引发的马来西亚经济衰退比2008年全球金融危机时期更糟糕，与1997年亚洲金融危机引发的经济衰退程度相差不远。丰隆投资银行研究员还预测2020年马来西亚经济增长仍有进一步下行风险，主要因素包括：“行动管制令”可能再延长、“行动管制令”过后复苏缓慢以及全球经济环境疲软等。联昌国际投资银行研究员指出，目前受疫情冲击最大的领域是博彩、航空、机场、酒店、零售、工业、汽车、工业投资信托、建筑以及制造业等；受影响较小领域则是通信、公共事业、种植、橡

① 资料来源：马来西亚国家银行网站.http://www.bnm.gov.my/index.php?ch=en_press&pg=en_press&ac=5053.

② 资料来源：https://tradingeconomics.com/malaysia/unemployment-rate.

胶手套制造、食品及饮料等。马来西亚雇主联合会执行董事三苏丁（Shamsuddin Bardan）在接受采访时称，新冠肺炎疫情和“行动管制令”的实施带来的影响正逐步显现，虽然在政府的援助下很多中小企业经营者勉强能应付前期“行动管制令”实施带来的影响，但目前政府的援助属于短期性政策，而“行动管制令”再度延长导致经济活动受限和营收受创仍然持续，至少会有 50% 的中小企业难以承担运营成本和雇员薪水而选择结束经营，失业问题将会接踵而至。“行动管制令”结束后的失业率可能将达到 13%，即 200 万人将失业。另外，马来西亚经济研究院也在 3 月底预测，如果“行动管制令”延长两个月，马来西亚将有超过 240 万人失业，从而使整体劳动人口失业率飙升至 23%。

（二）对产业的影响

马来西亚各经济产业在新冠肺炎疫情，特别是马来西亚政府为防控疫情而推行的“行动管制令”的影响下受到较大打击。其中，马来西亚的旅游业、酒店业、航空运输业等服务产业是受新冠肺炎疫情冲击最大的经济产业。旅游业是马来西亚国内生产总值最大贡献者之一，仅次于制造业和原产业，2019 年旅游业产值达 861.4 亿林吉特，约占国内生产总值的 6%。根据马来西亚旅游、艺术及文化部信息透露：受新冠肺炎疫情影响，马来西亚旅游及文化产业受到严重冲击，随着国家和各州边境的关闭，2020 年上半年已亏损 450 亿林吉特；其中，310 亿林吉特来自国际旅游领域，140 亿林吉特来自本地旅游领域；而马来西亚全国酒店至 5 月份已有超过 800 家倒闭。另外，根据马来西亚统计局统计[①]，2020 年马来西亚就业人数为 1493 万人，同比下降了 1%，受影响最大的则是酒店、餐饮、艺术、娱乐等服务业；其中，旅游业、酒店业裁员人数最多，截至 3 月已裁员约 5000 人。沙捞越旅游、艺术、文化部部长阿都卡林（Abdul Karim）也在受访时透露：2 月份开始，新冠肺炎疫情导致沙捞越旅游业严重受挫，预计入境人次和来自旅游业的收入将比预期少一半以上；而相关产业需 1 年至 1 年半的时间才能恢复。此外，马来西亚航空运输也由于受疫情影响，航空需求暴跌而陷入危机。其中，马来西亚航空公司一度停飞了 75% 的航线，并在其公司文告中称如果要恢复至正常水平至少需要 12~18 个月；而亚洲航空公司第一季度财报显示出现了 8.3 亿林吉特亏损。马来西亚航空委员会也将 2020

① 资料来源：马来西亚统计局网站，http://www.dosm.gov.my/v1/.

年马来西亚民航客运量预期下调至5430万至5600万人次，同比降幅为48.7%至50.3%，创2009年以来的最低水平。据马来西亚国内贸易及消费者事务部的统计，非基础服务行业如服装、鞋和化妆品零售等也受到新冠肺炎疫情的较大冲击，但药店、销售生活必需品的零售商受影响较小。

由于新冠肺炎疫情及国内经济环境不景气等因素影响，据马来西亚统计局发布的数据，截至2020年5月，马来西亚工业生产指数下挫22.1%，其中制造业萎缩幅度最大为23.2%；矿业和电力业则分别下降22.2%和10.2%；5月制造业指数跌势主要源于非金属矿物产品、基本金属和金属制品（–45.1%），运输设备和其他制造业（–38.5%）以及石油、化工、树胶和塑料制品（–24.3%）；制造业采购经理指数也连续8个月萎缩，下滑至48.8点，低于长期平均线。另外，根据马来西亚统计局统计，截至2020年3月马来西亚制造业已裁员近3000人。另外，受新冠肺炎疫情影响，特别是“行动管制令”对农产品采购、运输、加工、销售、出口等各环节的限制，马来西亚的农业受到重大冲击，大量蔬菜、水果、花卉滞销，并因缺乏储运条件被迫销毁。尽管如此，受新冠肺炎疫情影响，全球橡胶手套的需求量急剧且持续增长。马来西亚的橡胶手套产业逆势增长；马来西亚农业与农基产业部预测，马来西亚2020年橡胶手套出口量预计达2250亿只，同比增长32.4%；出口额约为200亿林吉特，同比增长15.6%。在相关产业的带动发展下，马来西亚第一季的制造业生产值仍有1.5%的微幅增长。

（三）对进出口的影响

马来西亚国际贸易和工业部的数据显示，受新冠肺炎疫情影响，2020年4月，马来西亚出现了自1997年亚洲金融危机后首次月度贸易逆差。其中出口额减少23.8%至649.2亿林吉特，进口额减少8%至684.2亿林吉特，总贸易额为1333.4亿林吉特，比2019年同期减少16.4%。从贸易对象而言，受疫情影响较大的国家包括对新加坡、泰国、印度、美国、日本、越南和沙特阿拉伯等；从产业而言，受疫情影响较大的出口产业包括电子和电器产品、金属、机械、器材和零件、石油产品、光学和科学设备等制成品。此外，受全球需求的下滑及新冠肺炎疫情对经济的负面影响，马来西亚棕榈油出口大幅萎缩，出口价格也暴跌约25%至2318林吉特/吨。

三、马来西亚的经济应对措施和成效

（一）主要措施

1. 下调银行利率，实施宽松货币政策

为应对新冠肺炎疫情给马来西亚国内经济带来的严重打击，马来西亚国家银行在 2020 年 1 月、3 月、5 月、7 月连续 4 次宣布降息；隔夜政策利率从 1 月的 3% 降至 7 月 1.75%。这创下马来西亚自 2008 年金融风暴时期以来的最低银行利率 2% 的纪录。

为了缓解新冠肺炎疫情对中小企业和特定产业的冲击，马来西亚政府对相关企业、产业实施了货币政策的倾斜。其中，在 4 月 6 日公布的"中小型企业附加关怀配套"中，国民储蓄银行总值 5 亿林吉特的微型贷款计划的利率，从原本的 2% 下调至 0%；创业集团商业基金贷款利率下调至 0%；旅游基金为中小型旅游企业提供低利率最低 5 万林吉特，最高 1000 万林吉特的软贷款。

此外，马来西亚政府还通过减税降费，提升外汇储备的金融杠杆手段来应对新冠肺炎疫情所带来的冲击，内容包括：①对注入的固定资产投资额 3 亿 ~5 亿林吉特制造业领域的新投资豁免税务 10 年，固定资产投资额超过 5 亿林吉特的免税 15 年。②6 月 1 日起原棕油出口税将从原本的 4.5% 下调至 0%。③7 月 1 日至 2021 年 6 月 30 日，减少及豁免旅游税、住宿税与所得税等各类税务，涉及旅行社、酒店与民宿经营者和航空公司等旅游业者。④6 月 15 日至 12 月 31 日，境内组装车完全免除销售税，进口车免除五成销售税。⑤民众购买个人防护装备及检测冠病的费用可免税。此外，马来西亚国家银行宣布，截至 4 月 30 日，马来西亚增加国际外汇储备至 1025 亿美元，以提升国家应对外部冲击的能力；马来西亚股票交易所也修改上市条例，让股票持有人可以通过电子方式认购附加股、行使债券转换及参与股息再投资计划，以激活新冠肺炎疫情影响下的金融市场。

2. 出台系列援助、振兴经济配套方案

为应对新冠肺炎疫情对马来西亚经济造成的影响，马来西亚政府出台了一系列振兴经济配套方案。2020 年 2 月 27 日，过渡总理马哈蒂尔（Mahathir bin Mohamad）公布了总值 200 亿林吉特的 2020 年经济振兴配套，以帮助遭受新冠肺炎疫情冲击的相关行业及民众。有关配套涵盖 三大策略，即解决新冠肺炎疫情的影响、催化以民为本的增长以及鼓励高新技术的投资。

专栏 5　马来西亚 2020 年经济振兴配套主要内容
1. 从 2020 年 4 月至 9 月，受影响的旅游业公司允许延迟每月的所得税分期付款，以及重新检修其 2020 年利润估算以确定每月所得税分期付款而不受罚款。 2. 从 2020 年 4 月至 9 月，酒店、旅行社、航空公司、购物中心、会议和展览中心可获每月电费临时折扣高达 15%。 3. 从 2020 年 4 月至 9 月，酒店和旅游公司免交人力资源发展基金。 4. 从 2020 年 3 月至 8 月，酒店免征服务税。 5. 国家银行将提供 20 亿林吉特的特别援助担保便利，主要用于中小企业营运资金融资，利率为 3.75%。 6. 国家储蓄银行将拨出 2 亿林吉特的微型贷款便利，利率为 4%。 7. 出租车司机、旅游巴士和导游，以及注册的拉车业者可获 600 林吉特的一次性援助金。 8. 医生和医护人员每月可获 400 林吉特的特别津贴，移民局和其他相关人员每月 200 林吉特特别津贴。 9. 就业保险计划可申索培训费从 4000 林吉特增至 6000 林吉特，再加每日培训津贴 30 林吉特。 10. 国内旅游开销可获个人所得税减免高达 1000 林吉特。 11. 马来西亚人民可获每人 100 林吉特的国内旅游数码券，供国内班机、火车和注册酒店住宿。 12. 从 2020 年 4 月 1 日至 12 月 31 日，雇员可选择最低公积金缴纳率调降 4%，从 11% 降至 7%。 13. 原定于 2020 年 5 月发放的 200 林吉特生活援助金提早于 2020 年 3 月发放。 14. 生活援助金受惠者可于 2020 年 5 月获得额外 100 林吉特汇入户头，以及 50 林吉特电子现金。 15. 国家银行将提供 10 亿林吉特的农业食品基金，以鼓励食品生产活动，利率为 3.75%。 16. 政府将提供每人 1000 林吉特的奖掖予 1 万名本地企业家，以通过电商平台出售他们的产品。 17. 政府将拨出 5 亿林吉特与私人投资者共创投资基金，以至少 1∶3 的比例分配，设立 20 亿林吉特总额供早期阶段和早期发展的投资。 18. 马来西亚证券监督委员会将豁免领先企业家加速平台（LEAP）和创业板（ACE），以及市值低于 5 亿林吉特公司在主板的上市费，为期 1 年。 19. 国家银行将提供 3 亿林吉特的中小企业自动化与数码化便利。 20. 政府将批准加速资本津贴供机械和设备包括信息及通信技术的开销，为期 2 年。 21. 政府将提供商店翻新费最高 30 万林吉特的税收减免。 22. 从 2020 年 4 月 1 日起，进口和本地购买用于港务的机械和设备可免进口和销售税，为期 3 年。

3 月 23 日，马来西亚总理穆希丁宣布四大应急措施，减轻人民的经济负担，包括：①马来西亚公积金局 (KWSP) 准备 400 亿林吉特，让 55 岁以下的公积金局会员可提取第 2 户头的存款使用，但限制每个月最多提取 500 林吉特，长达 12 个月。i–Lestari 提款措施的申请将从 4 月 1 日起开放，预计将有 1200 万名公积金局会员受惠，而提款数额预计将达到 400 亿林吉特。②政府提供 5 亿林吉特附加拨款给卫生部，购买医疗用具以防控疫情，包括如呼吸器及加护病房用品、个人防护用品（PPE）给政府医院职员，还有提供给化验室用于检验冠病病毒。另外，政府再拨款 1 亿林吉特，以聘请 2000 名合约制医疗员工，尤其是护士。③为各州提供 1.3 亿万林吉特的拨款，来应付州内疫情，此拨款可提供给受影响的小贩和小商。④ PTPTN 贷款的暂停偿还期延长到 6 个月，措施即时生效至 9 月 30 日。每月收入低于 4000 林吉特的家庭，将能获得 1600 林吉特的援助。

3 月 27 日，穆希丁公布总值 2500 亿林吉特的“关怀人民振兴经济配套”。其中，1280 亿林吉特用于援助人民福利、1000 亿林吉特用于援助企业、20 亿林吉特用于巩固马来西亚经济。具体内容包括：① 21 岁以上、月入 2000 林吉特或以下的单身人士将可获得一次性 800 林吉特援助金；21 岁以上、月收入介于 2000 林吉特至 4000 林吉特的单身人士，也能获得 500 林吉特的援助；每月收入介于 4000 林吉特至 8000 林吉特的家庭，则会获得 1000 林吉特的援助。②私人企业员工、垦殖民、农夫、渔民和小商家等在 M40 和以下的群体，将能获得总数为 100 亿林吉特的援助金。③政府发放给医生、护士及医护人员的 400 林吉特特别津贴，将从 4 月 1 日起，提高至每月 600 林吉特，直到新冠肺炎疫情结束。④军人、警察、关税局、移民局、民防人员及涉及在行动管制令期间执勤的志愿警卫队（RELA），从 4 月 1 日起，也将获得 200 林吉特的特别津贴，直到新冠肺炎疫情结束。

4 月 6 日，穆希丁宣布额外增加 100 亿林吉特的经济振兴配套附加拨款，推行“中小型企业附加关怀配套”，以保住现有三分之二中小型企业员工的工作，政府预计将有 480 万名员工可以从这项计划中受惠。“中小型企业关怀配套政策”内容包括：①中小型企业获雇员薪金补贴。在该配套的雇员补贴计划下，凡本地雇员人数超过 200 人的企业，所雇佣的每一名月薪在 4000 林吉特或以下的雇员，该企业可获得 600 林吉特的补贴，为期 3 个月。在相同条件之下，雇员人数介于 76~200 人的企业，可获得 800 林吉特的补贴；雇员人数在 75 人以下的企业，可获得 1200 林吉特的补贴。不过，只有在 2020 年 1 月 1 日前已向公司委员会、相关地方单位及社险机构注册的企业，才符合申请资格，且接受这项补贴的公司必须保留所雇员工至少6个月，即3个月的获得补贴期及补贴期后的3个月。②微型企业“特别关怀奖励”。在该配套的“特别关怀奖励”计划下，政府将为马来西亚国内大约70万家符合资格的微型企业，提供3000林吉特的特别关怀奖励，总值21亿林吉特。穆希丁指出，这项计划的宗旨是协助微型企业应对冠病疫情所引起的经济冲击，条件是希望申请这项计划的微型企业必须向内陆税收局注册。

6月5日，穆希丁再次宣布了包含40项措施共350亿林吉特的《经济复苏计划》（PENJANA），希望能够重新提高投资者、商人及人民的信心，以促进国家经济。《经济复苏计划》建立在三个主要核心之上，包括帮助民众增权益能、促进商业及刺激经济。这项涵盖40项措施共涉及350亿林吉特的计划中，其中100亿林吉特直接由政府注入。

专栏6　马来西亚《经济复苏计划》的主要内容

1. 电子钱包：政府将从2020年7月开始在公民电子钱包账户中存入50林吉特，提供50林吉特的折扣券（baucardiskaun）和现金回扣（cashback）。
2. 汽车业：6月15日开始至12月31日，本地装配汽车享有100%销售税减免；整装进口汽车50%销售税减免。
3. 在社会福利局注册的残障人士及单亲母亲，将获得一次性300林吉特援助金。
4. 即使不是《就业保险计划》的缴纳者，失业者也可享有高达4000林吉特的培训津贴。
5. 拨款2.25亿林吉特实施多项金融计划和便利，以复苏国家的创意工业。
6.2020年第三季度推出5亿林吉特的关怀债券。

旅游业领域：

7.10亿林吉特的旅游融资计划协助旅游业。
8.2020年7月1日至2021年6月30日，全面豁免旅游税。
9.2020年4月1日至9月30日的应缴税，可获有延付期限3个月（2020年10月1日至12月31日）。
10. 2020年9月1日至2021年6月30日，延长豁免住宿服务税。

就业领域：

11. 扩大50亿林吉特的工资补贴计划，每家公司最多200名员工可享有3个月，每月600林吉特补贴。
12. 政府推出15亿林吉特的聘用员工奖掖计划（聘用失业者及青年）：6个月内聘用40岁以下的人士，每位员工补贴800林吉特；聘用40岁以上的失业者和残疾人士，每月补贴1000林吉特。

续表

专栏 6 马来西亚《经济复苏计划》的主要内容
13. 聘用毕业生为学徒的雇主将获奖励 600 林吉特。 税务减免领域: 14. 2020 年 7 月 1 日至 2021 年 12 月 31 日成立的中小型企业，首 3 个报税年，每年享有高达 2 万林吉特所得税回扣。 15. 豁免并购文件印花税，限于 2020 年 7 月 1 日至 2021 年 6 月 30 日期间完成的交易。 16. 购置防护设备和检测的开销可扣税。 17. 迟缴税罚款减免。 18. 延长营业场所的装修期限。 19. 加速资本补贴和高达 30% 的特别扣税优惠期限将延长。 20. 将海外制造设施移回国内，可享有高达 100% 投资税务补贴，为期 5 年。 21. 外国公司在制造领域新投资 3 亿林吉特至 5 亿林吉特不动产，可享有长达 10 年的 0% 税率；投资额 5 亿林吉特以上，可享有长达 15 年 0% 税率。 农业领域: 22.7 月 1 日至 12 月 31 日，完全豁免原棕油、天然棕油和棕仁油的出口税。 23. 在农业食品基金下提供 3.5 亿万林吉特贷款。 24. 城市农业从事者每人将获得 500 林吉特援助，一个社区可获得 5 万林吉特。 25. 提供奖金给训练人力加入农业及种植业的先锋公司。 延续或延长的原有措施: 26. 加码 5000 万林吉特的 B40 群体健康检查计划（PeKaB40）。 27. 拨款 7.5 亿万林吉特鼓励人们使用无现金交易，电子钱包用户将获得 50 林吉特的现金，这个举措将透过电子经济复苏计划（ePenjana）落实。 28. 加码 5000 万林吉特予马来西亚投资发展局（MIDA），协助推广市场与促销活动。 29. 继续减租起码 30% 的业主，将会继续获得税务减免。 30. 与电信公司合作，提供免费获得 1 GB 的上网数据，有效时间介于早上 8 时至傍晚 6 时，以便人们可在家进行线上教育与视讯会议，直至 12 月 31 日。 31.7 月 1 日起，延长城市转型中心（UTC）的营运时间，以方便民众办理政府机构的事务。 32. 继续推广购买国货运动，包括鼓励大型的市场标签国产货，以及在电商平台设立马来西亚品牌的频道。

（二）成效

马来西亚政府所制定一系列经济应对措施，对马来西亚国民经济的恢复与发展起了初步成效。穆希丁在 6 月 5 日宣布《经济复苏计划》时曾透露，过去已经落实的经济配套成功保住了240万人的工作，减轻了1100万人的经济负担，同时给予30万家企业支持。而政府还将追加50亿林吉特的拨款，让受惠者增至300万人。另外，随着新冠肺炎疫情的缓和“行动管制令”在6月9日结束，马来西亚境内旅游快速回暖，与2019年相比客房的总体预订量环比增长190%，“行管令”结束后一个月内客房预订总量的93%都来自该国国内旅游；国内旅游已成为马来西亚旅游行业乃至经济复苏的主要动力之一。因此，世界银行预测，尽管马来西亚2020年经济会出现负增长，但在第四季度有望复苏，并在2021年恢复更平稳的增长势头。

四、总结

2020年1月25日起，在马来西亚出现的新冠肺炎疫情对马来西亚的国民经济一度造成严重冲击，但在马来西亚政府有效实施“行动管制令”、《振兴经济配套方案》等系列举措下，疫情得到了有效控制，经济也开始逐渐恢复。

参考文献

[1] 马来西亚统计局网站 .[EB/OL] (2020-06-30). http://www.dosm.gov.my/.

[2] 中国商务部网 . [EB/OL](2020-06-30). http://www.mofcom.gov.cn/.

[3] 当今大马 . [EB/OL] (2020-07-03). http://www.malaysiakini.com/zh.

[4] 星洲日报 . [EB/OL] (2020-07-03). http://www.sinchew.com.my/.

[5] 中国报 . [EB/OL] (2020-07-03). http://www.chinapress.com.my/.

[6] 诗华日报 . [EB/OL].(2020-07-03). http://news.seehua.com/.

[7] 马来西亚东方日报 . [EB/OL] (2020-07-03). http://www.orientaldaily.com.my/.

[8] 联合早报 . [EB/OL] (2020-07-03). http://www.zaobao.com/.

[9] 维基百科 . [EB/OL]. 维基百科（2020-06-30）. https://zh.wikipedia.org/wiki/2019冠状病毒马来西亚疫情 .

Ⅲ 中马合作

第十章 马来西亚不同政府时期的马中关系发展

潘永强*

摘要：马中关系是马来西亚最重要的双边关系。1990 年至 2015 年，马中关系有长达 25 年的飞跃成长，在外交和经济合作上关系稳健、友善和良好，中国成为马来西亚最大的贸易伙伴，中国的“软实力”也在马来西亚社会中提升。可是随着 2013 年后马来西亚政党竞争日益激烈，政局步入民主转型的关键阶段，马中关系出现了波动与变化。本章着重讨论希望联盟执政前后，在中国投资议题和对华关系上的政治经济效应，为马中关系长久健康发展提供有益思考。

前言

马来西亚是东盟国家中最早与中国建交的国家，但 1974 年建交后双边往来仅维持在官方层次，民间交往颇受阻隔，直到 1991 年中国与东南亚关系实现正常化，马中关系随着进入正常化交往阶段。2000 年前后，马中双边关系开始稳步发展，两国政府在外交、经贸、投资以及文化交流上展开合作，加上高层频繁互访，最终建立全面战略伙伴关系。

马中两国政治稳定，有利于双边关系的交流合作。不过，马来西亚 2018 年大选出现了建国以来第一次政党轮替，长期执政的国民阵线（National Front,

*潘永强，男，马来西亚人，博士，马来西亚南方大学通识教育中心主任。研究方向为政党政治、社会运动、马来西亚政治发展、当代中国政治。

国阵）首次败选，由四个政党组成的希望联盟（Pakatan Harapan，希盟）赢得选举。曾经担任总理长达22年的马哈蒂尔领导希盟取得选战胜利后，再度出任总理。但是马来西亚的政治转型在短期内带来了国内外政策和人事上的调整，在对外关系方面也冲击到马中关系，导致两国关系出现建交以来罕见的长达一年的调整期。

马中关系是马来西亚最重要的双边关系。本章首先从马来西亚外交政策的四大支柱出发，梳理马中关系的演变过程，强调两国关系既受国际形势影响，也深受国内政治和政府领导人的偏好所左右。接着具体分析了纳吉布政府、希盟政府、穆希丁政府时期的马中关系。最后是结论，认为中国宜谨慎因应政治转型期国家的政局波动，以免中国因素成为当地政治交锋议题。

一、马来西亚外交政策的四个同心圆

马来西亚的外交政策受几个因素所决定：一是地缘政治因素，二是宗教与族群关系，三是英殖民地背景，四是作为发展中国家的地位，五是受政府领导人的偏好与思想所左右。马来西亚的外交政策可以根据上述因素，由内至外形成四个同心圆。

第一环是由地理位置所决定。在地缘政治因素上，马来西亚外交首先重视的是东南亚的关系，特别是新加坡与印度尼西亚，同时积极参与东盟组织和相关的建制。

第二环是宗教上的伊斯兰教因素，马来西亚人口以穆斯林居多，在外交上就与伊斯兰合作组织（OIC）和中东区域有较紧密联系，伊斯兰世界的议题会牵动国内的宗教与族群政治。

第三环是前英国殖民地的渊源，因此与西方维持传统上的历史关系，特别是在安全防务和经贸投资等事务上，与英联邦组织 (Commonwealth) 也保持联系。

第四环是社会经济和政治定位上，马来西亚在外交上积极参与不结盟运动，在国际上为发展中国家发声，这也表现了它在大国阵营之间维持独立自主的姿态。

在独立初期，马来西亚外交路线偏向西方世界，从1970年开始，马来西亚的外交政策逐步转向，更重视区域主义，包括在东盟的框架内倡议“和平、自由、中立区”的概念（Zone of Peace, Freedom and Neutrality）。马来西亚在1974年成为首个与中国建交的东盟国家，也顺利加入不结盟运动，试图在冷战时代降低亲西方色彩。

1981年马哈蒂尔执政后，马来西亚外交上进一步重视区域主义和发展中国家，包括强化与东盟、东亚和南南国家的合作。马哈蒂尔在外交上充满创意和能动性，他执政期间提出了一连串倡议，包括向东学习、南南合作、东亚经济论坛（EAEC），呼应亚洲价值观等主张，并在国际议题上批评西方大国的不平等行为，扮演发展中国家代言人的角色。在苏联解体后，马来西亚是最早与苏联加盟共和国发展双边关系的东南亚国家之一，特别是与哈萨克斯坦和乌兹别克斯坦最为密切。

但同时，马来西亚外交政策容易受到决策核心者偏好和特质所主导，尤其是具有强烈战略意识的领导人，如第二任总理拉萨（Abdul Razak）和第四任、第七任总理马哈蒂尔，两人在外交倡议和个人风格上，都为国家外交政策带来深远影响。尤其是马哈蒂尔在1981—2003年出任总理的22年，在外交上为马来西亚树立了中等强国的地位。

2003年，马哈蒂尔退位后出任总理的阿卜都拉（Abdullah Badawi, 2004—2009）和纳吉布 (Najib Razak, 2009—2018)，虽然在宏观框架上依然维持马来西亚的外交主张，但在不同程度上做出微调。例如，阿卜都拉在任期内就修复了与新加坡和西方的关系。[①] 到了纳吉布时期，他试图在大国之间游走，既争取到美国时任总统奥巴马来马访问，也与北京进一步加强关系。

二、纳吉布政府时期的中马关系

马来西亚向来对外资持开放态度，但中国向来不是马来西亚最大的外来投资来源国。虽然目前中国是马来西亚最大的贸易伙伴，但在外国直接投资来源中，2016年中资仅占4.68%，远低于荷兰、新加坡、美国和日本的占比。根据马来西亚国家银行和统计局的数据，近年来，中国的投资额急速增加，从2009年的7.9亿林吉特，增长到2016年的63.6亿林吉特。

2012年以前，中国在马来西亚的投资数额不多，多集中在矿产、房地产和交通领域。2001年和2004年，华为和中兴分别赴马投资，2008年奇瑞汽车（Chery）在马来西亚设厂。不过，当时中资企业在东南亚最大的投资对象是新

① Kuik Cheng Chwee. Malaysia’s China Policy under Abdullah: More Continuity than Change? in Bridget Welsh and James U.H. Chin eds[M]//Awakening: The Abdullah Badawi Years in Malaysia. Kuala Lumpur: SIRD, 2013: 590-608.

加坡，其后是印度尼西亚、泰国和越南，对马来西亚的投资份额与兴趣都不大。直到 2015 年中资收购埃德拉环球能源（Edra Global Energy Bhd），加上 2016 年纳吉布访华与中方签订 14 项经济合作备忘录后，马来西亚社会才掀起关注中资的热潮。但从数据来看，2008 年中资占马来西亚外商直接投资（net FDI）的比重只有 0.8%，可是到了 2016 年却暴增至 14.4%。中国在马来西亚的投资是跨领域的，包括制造业，而且早在“一带一路”倡议前就已经开始。中资企业在制造业的投资数额，从 2010 年的 6 亿林吉特，增加到 2016 年的 48 亿林吉特，首度成为该领域的最大外资来源。①

另一个容易引起混淆的是，中国企业来马来西亚不只涉及外来直接投资，也包括提供贷款，以及承接工程，尤其是后者并不是投资者。资料显示，三种形式的“中资”都存在。以东海岸铁路项目（ECRL）为例，它由中国进出口银行 (Exim Bank) 提供 85% 的优惠贷款（soft loan），其余 15% 通过发行债券来融资。② 同样的是，沙巴天然气运输管道（TSGP）工程，也是由中国进出口银行提供 45.3 亿林吉特的优惠贷款来进行的，并由马来西亚政府担保。

2015 年起，马中在一些重要基建项目开始加快合作。2015 年 11 月，中国广核集团宣布以 98.3 亿万林吉特，收购埃德拉环球能源。同年 12 月，中铁和马来西亚依海控股合作收购位于吉隆坡黄金地带的“大马城”项目 60% 股权，以上两个资产原为 1MDB 所有。2016 年 8 月，青岛鲁海丰集团与马来西亚渔业局达成合作意向，在吉打州建设北方渔业国际港和产业园。同年 9 月，中国电力建设与马来西亚凯杰公司签订协议，共同开发马六甲皇京港深水码头。

此外，连接新加坡和吉隆坡之间的马新高铁，中国也积极争取。中国房地产开发商如碧桂园、富力、绿地等企业，也在南部的柔佛州开发大型房地产项目，柔佛州苏丹还参与碧桂园填海造地的“森林城市”计划。浙江民营企业吉利收购马来西亚国产车宝腾 (Proton) 的股权。

---

① Tham Siew Yean. Chinese Investment in Malaysia: Five Years into BR[J]I. Perspective, ISEAS-Yusof Ishak Institute, 2018-02-27.

② Kana G, Kaur G. The Real Economics of ECRL[N].Starbizweek, 2017-08-12.

表 10-2 涉及中国投资的部分重大项目

项目	背景	投资额度
马中关丹产业园	大马财团包括 IJM 置地有限公司、森那美、彭亨经济发展机构、彭亨州政府秘书署，中国财团则由广西北部湾国际港务集团、钦州投资发展公司组成	80 亿至 100 亿林吉特
关丹港	东海岸第一座可供船舶全年进出的港口。关丹港口财团是由大马 IJM 集团与中国广西北部湾国际港务集团共同拥有	马来西亚政府 10 亿林吉特，关丹港口财团 30 亿林吉特
厦门大学马来西亚分校	中国首个走向海外设立分校的重点大学	第一阶段建设耗资 8 亿林吉特
山东恒源炼油厂	收购大马蚬壳炼油厂 100% 股权	1 亿 3260 万
旗滨玻璃	漳州旗滨玻璃全资子公司，坐落在芙蓉，建设多元化高级玻璃生产线	10 亿林吉特
吉打综合农渔产业园	中国鲁海丰集团投资，成为中国与印度洋之间最主要的远洋渔船集散国际渔港	20 亿林吉特
柔佛岱银大马纺织	已完成两期投资项目，计划投资第 3 期	4 亿美元
森林城市	由碧桂园联合柔佛州政府控股公司共同开发，位于 4 座人工岛上	20 年内投资 1000 亿美元
马六甲皇京港	中国电力建设与马来西亚凯杰公司合资，占地 1366 英亩，由 3 个人造岛和 1 个自然岛屿组成	计划总投资额 800 亿林吉特
马六甲信义玻璃	位于马六甲野新，马六甲 15 年来最大投资案	20 亿林吉特
印象马六甲	结合印象马六甲和印象城两大项目，占地 100 亩	印象马六甲投资 3 亿林吉特，印象城投资 20 亿林吉特
马来西亚城	由中铁和马来西亚依海控股合作，开发吉隆坡市中心的商业与交通综合项目。2017 年 3 月合约取消，在 2019 年 12 月重启	90 亿林吉特
东海岸铁路	双轨铁路，从吉隆坡横跨马来半岛，连接登嘉楼州	550 亿林吉特

续表

项目	背景	投资额度
呇眼拿督港口	建设输油管连接霹雳呇眼拿督与吉兰丹的巴卓 (Bachok)	计划中
菜鸟网络	购入吉隆坡国际机场航空城 60 亩土地，与大马机场控股 (MAHB) 成立公司，发展物流中心	
富力、绿地房地产项目	中国开发商在柔佛州投资房地产项目	
吉利汽车	收购国产车普腾 49.9%股权，委任中国人出任宝腾首席执行员	
埃德拉环球能源	中国广核集团收购原属 1MDB 持有的资产	98 亿林吉特

资料来源：作者整理。

三、希望联盟执政后的中马关系

2018 年 5 月，在马来西亚的第 14 届大选中，长期执政的国民阵线败选，由四个政党组成的希望联盟赢得选举，组成新政府。曾经担任总理长达 22 年的马哈蒂尔从原执政阵营的巫统脱党出走，领导希盟取得选战胜利，再度出任总理。在经历 61 年来第一次的政党轮替，意味着马来西亚内部的政治经济政策将出现局部的调整，除修正国阵时代的治理模式，也部分反映在对外关系的变化上。[①]马中关系被视为马来西亚最重要的双边关系，在希望联盟上台后也受到冲击，而出现长达一年的调整阶段。其中关键要点，是希望联盟政府欲清理纳吉时期过度向中国倾斜的政策，包括重新检讨中资的角色，以及纳吉布与中国签订的多个有争议性的合作项目，被认为是新政府试图“去纳吉布化”的行动。希盟认为，若不清理纳吉布与北京遗留下来的政经利益纠葛，就无法开展新政府的马中关系，两国关系于是经历了调整与过渡。

希望联盟政府上台后，马来西亚宏观的外交政策框架既有延续也有局部的变迁。在延续方面，吉隆坡继续强调面向东亚和伊斯兰国家的传统关系，但同时重回马哈蒂尔首度担任总理时期的方针，即在大国强权之间保持中立，在中美之间则确保自主和对冲空间，期望在国际上恢复中等强国的积极角色。按此方针，希望联盟政府亦局部修正国阵时期的对华政策，最主要焦点是调整纳吉

① Francis Loh, Anil Netto, eds. Regime Change in Malaysia：GE14 and the end of UMNO-BN’s 60-Year Rule[M].Kuala Lumpur：Aliran and SIRD, 2018.

布主政时与中国合作的部分项目，同时建构战略与经贸分离的原则，试图塑造政党轮替后的新型马中关系。

马来西亚政府也在4月12日宣布重启东海岸铁路项目，但合同金额减少32.8%，由667.8亿林吉特减至440亿林吉特，规划长度则减少约7%（由688千米降至640千米），站点减少4个（由24个降至20个），每千米铁路的建造成本，则由此前约人民币1.54亿元，降至约人民币1.11亿元。马哈蒂尔表示，此后该项目将根据工程进度付款，同时建成后的营运成本也由两国共同承担。中国与马来西亚除了在东海岸铁路项目工程上重新协商，也同意取消两项东马输油气管工程。东海岸铁路项目最后的工程费用比马来西亚原来的底线还是来得高，但双方同意各退一步，签署他的协议配套。双方达成共识后，即扫除了希望联盟上台后两国关系的阴霾，代表着马中关系顺利度过了马来西亚政党轮替后的过渡时期，重回正轨迈入新阶段。

首先，马来西亚务实地认识到中国带来的商业利益。中国在全球经济体系中的地位日益重要，区域内的国家如果把中国置于对立面，并无好处，因此发展与中国的经贸合作才有利于国家利益。马哈蒂尔宣称，如果被迫选边站，宁可选择富裕的中国，而不是不可预测的美国，就表达了这种认识。[①] 但是，这并不表示希望联盟政府会基于经济利益而靠拢中国，而是会选择经贸和战略相分离的原则。

在经济、投资和技术合作上，马来西亚会努力扩大与中国的互动，但不放弃在战略、安全和防务议题上的维持平衡甚至遏制的策略，同时避免亲中立场而在国内政治上招致民族主义者的攻击。但是，要兼顾战略安全与经济互动，要做到真正的分离并不容易，因此马来西亚的首要策略是不能表现出亲美姿态，并在战略与安全议题上，适度地平衡中国在区域上的角色，这需要依赖成熟的外交操作能力。

其次，希望联盟政府的各党派过去几年虽对中资有不少评议，执政后则逐步建立对待中国投资的新共识或大原则。马来西亚作为开放的经济体，没有拒绝中资的理由，事实上中资在全球寻找投资机会，有利于各国经济成长。与此

---

① 敦马：若被迫选边，中美贸易战宁站边中国 [N]. 星洲日报（马来西亚）2019-03-09.

同时，希盟政府对来马的中国投资，也会采取一定程度的评估、监管和选择。[①] 概括而言，即对有利的商机积极开放，对投资风险进行有效管理。在此基础上，希望联盟执政时有意强化对中资的项目审核和风险管理，并有所选择，包括根据产业政策需要，吸收有利于技术升级和创造就业的投资，避免森林城市这类大型土地开发争议重演。当时的财政部部长林冠英说，马来西亚欢迎来自中国高科技产业和创新服务业的投资，包括在人工智能、先进材料、机器人和云计算上的发展向中国学习。[②] 马来西亚当局表示，仍会接受华为的设备。如果希望联盟继续执政，依据其政策取向及公民社会的压力，对中资在国安、环保、劳务、原材料、政治游说等层面的监管，以及对涉及中资的策略性并购和收购，相信会做出更谨慎的风险管理。

从 2016 年至 2019 年上半年，马来西亚国内政治变化导致马中关系震荡，政党轮替后两国关系还面对重建与修复的需要。这个过程对两国的经济与社会互动会产生什么影响？表面上来看，2019 年两国贸易额持续成长，达到 1250 亿美元，比上一年度增长 14.4%。[③]2019 年全年，中国是马来西亚第三大国际游客来源地，约 311 万人次。[④]2016—2019 年，中国仍然是马来西亚最大的制造业外国投资来源国。不过，2019 年中国在制造业的投资虽然达 153 亿林吉特，但比 2018 年已有所下降，前一年度的投资额是 197 亿林吉特。[⑤]

马中关系的长期发展，有利于两国相互的利益，其基本格局不会发生改变，但受马来西亚国内政治和政党轮替的影响，在短期内的确受到冲击，由于外交关系上的波动，又反过来影响马来西亚国民对中国的观感，产生连锁反应。在希望联盟执政的 22 个月内，马来西亚外交政策的总体架构并未改变，仍然延续其外交政策的四个同心圆框架：地缘政治因素、宗教与族群关系、西方传统背景以及发展中国家定位，但马中关系长达一年的过渡与调整，其实受到国际与

① Wan Saiful Wan Jan. Malaysia’s Priority is to Manage, not Stop, China’s Investments[J]. Perspective, ISEAS-Yusof Ishak Institute, 2017-07-03.

② Malaysia woos more high tech investments from China[N]. New Straits Times, 2019-08-08.

③ InvestKL expects RM5b investment from China[N]. The Malaysian Reserve, 2019-01-20.

④ Malaysia saw more tourists coming to Malaysia in 2019[N].The Star, 2020-05-27.

⑤ Malaysia Investment Performance Report 2019[N]. Malaysian Investment Development Authority：30.

国内因素的两重影响。无论如何，马哈蒂尔无意改变马中关系长期以来稳定和友好的现状，总体上没有改变马中关系的框架，仅做出局部的利益调整。

外交是内政的延伸，这个国际关系的重要观点是希望联盟时期马中关系的最好写照。国内政治的因素，是政党轮替后马中关系有所波动的关键背景。在纳吉布政府后期，马中关系表面上大幅跃进，官方与民间(主要是华人社会)都态度火热亲切，可是也透露出不少政商利益关系，如各种权力掮客游走牟利。这种双边互动既不健康成熟也不符战略高度，缺乏较深层的价值取向，反而打击了外交声望与形象。马哈蒂尔在2018年重新上台，就他个人的外交意志而言，仍然有意对国际事务和发展中国家的角色施展影响，更想借助马来西亚民主转型后的气象，试图恢复马来西亚的中等强国(middle power)姿态。因此，他在重建马中关系时，就尝试与中国构建一个平等互惠、相互尊重的新型关系，避免在中美两大强国之间做出倾斜。以马来西亚原国防部副部长刘镇东的说法，马来西亚力图扮演积极的中间派（activist neutrality），与各国加强外交和合作。

可是希望联盟的短暂执政终究在外交上建树有限，但重新稳定马中关系，两国对原有的合作项目达成谅解与共识，也算是重要的外交政绩。虽然希望联盟于2020年2月意外结束执政，令马来西亚政治转型走向不明确的方向，不过马中关系既有的格局在短期内不会改变，但马哈蒂尔的中等强国宏愿，则尚待时日才能实现。

四、穆希丁政府时期的马中关系

2020年2月，马来西亚发生历时7天的政党斗争风潮，61年来首次政党轮替后上台的希望联盟政府，执政仅22个月即告垮台，总理马哈蒂尔随之下台，原在希望联盟政府担任内政部部长的马哈蒂尔的亲信穆希丁（Muhyiddin Yassin），选择脱离希望联盟，与前执政党巫统等党派组织新政府，成功出任第八任总理。穆希丁仓促上台后，重点放在内政事务，同时穷于稳定新政府的合法性，加上新冠肺炎疫情带来的冲击，外交和对华关系短期内并非其工作重点。事实上，穆希丁从政生涯中，甚少涉及外交事务，除了20世纪70年代末期在中央政府任职时，曾短暂担任外交部政务副部长外，其余政治公职都没有涉及外交、国防、战略等工作，也甚少对国际事务发表看法。他的政治生涯，主要涉及地方治理、内政事务，另一部分则是党务。

穆希丁上台后对中国的态度，在政府合作上基本保持良好的交往关系。在应对新冠肺炎疫情期间，马来西亚颁布了限制行动的管制令，在此期间马来西亚接受中国派出的医疗支援团队，为公共卫生部门提供专业咨询，分享中国的抗疫经验。在涉华人事方面，穆希丁在2020年4月委任沙拉越州民进党主席兼国会议员张庆信出任对华特使，并且兼任马中商务理事会主席，取代之前的民主行动党主席陈国伟。自国阵政府设立对华特使一职后，首位特使是马华公会前总会长黄家定，2018年政党轮替后由行动党主席出任，都是由华人社会主流的政党出掌。在穆希丁政府内，马华公会是加盟政党，原本预料理应取回此职，最后却由沙拉越州的政党领袖担任。这一方面是犒劳沙拉越州领袖，另一方面则意味着在穆希丁政府眼中，对华特使的角色象征意义多于实际外交功能。

从外交路线上而言，穆希丁向来低调，也不是他关注的重心，基本上他会在对美、对华方面维持关系稳定，避免冲突和波动，同时突出马来西亚在东南亚和伊斯兰世界的重要影响。穆希丁对美国的立场，一直以来都是依循马来西亚政府的路线，没有表达明显的个人主张，这跟他长期专注于内政事务，不擅于国际事务的思考有关。但他应该不至于有马哈蒂尔那样的反美、反西方的情结，也没有马哈蒂尔向来强烈的亲日取向。

2020年2月穆希丁与马哈蒂尔决裂，投向反对党，进而取得出任第八任总理的机遇，不惜终结自己参与建立的希望联盟政权。一般认为，穆希丁只是政治过渡时期的总理，任期不会长久。除了年龄因素和身体健康，更重要的是穆希丁所组织的政府将会受制于其他两大政党——巫统与伊斯兰党。他领导的土著团结党亦处于分裂状态，无法以小党之力驾驭其他势力，因此在外交和对华关系上，相信不会有重大的建树。

五、结语

国内的政治发展和政局变化，往往会影响对外关系。多年来，马来西亚与中国的关系之所以长期平稳发展，其中一个原因是马来西亚政局素来稳定，虽有定期的议会选举，但从未出现过政党轮替，长期由国民阵线执政。但在2013年后，马来西亚政治转型的进程加快，政党政治的竞争日趋激烈，国民阵线政府面对权力危机，加上中国因素在当时意外地卷入了马来西亚国内政治，并一度成为议论焦点，朝野围绕中资、中国移民、中国政经利益而展开交锋。2018年马来西亚大选后，首度出现政党轮替，长期与中国友好的国民阵线和纳吉布，均告下台，反而是选前质疑某些中资项目合理性的马哈蒂尔上台，历时一年才完成新旧政权在马中关系上的过渡期。

马来西亚处于民主转型的初期阶段，未来一段时间政局仍将充满变动和反复。马中关系在吸取经验后应该更加谨慎和低调。另外，中国在面对处于政治转型与不稳定阶段的友邦国家时，必须更为务实与透明，广泛接触各国内部不同的政治阵营，才能减少信息不对称和误判。中国的外交人员和智库学者，也需要加强对东南亚各国的国别研究，确切掌握各国真实的政情发展。

2013年后中国提出“一带一路”倡议，设立亚洲基础设施投资银行，也积极在国际组织中发挥更大作用。在西方对中国崛起有所疑虑之际，中国在外交动作上转趋积极，逐渐产生外交效应。自“一带一路”倡议提出后，中资开始较大规模地参与马来西亚的投资活动，不可避免地影响了所在国的各方政治经济利益。因此，本来长期稳定的马中关系，在马来西亚内部面对政局波动，以及中国外交战略重大调整之际，受这两股政经因素的变化的挤压和夹击，才在近年浮现非常态的争议，但最终通过对话获得解决。

马中关系有相互依存的需要，而且跟中国与其他大国外交不同，不像中美、中日和中俄关系那样，马中两国之间没有难以解决的核心矛盾，也没有历史遗留的沉重包袱。尽管在国际形势变化、马来西亚国内政局波动，以及中国外交战略的调整下，或局部会受到影响，但多属微观层次的议题，在宏观层面上，当前双边的政治、经济、军事、文化、教育等范畴的交流合作仍可以在既有的框架和机制下继续展开。

马来西亚作为一个中型国家，在外交政策上向来有务实和弹性的传统，但未来几年马来西亚仍处于政治转型和政府经常更替的阶段，外交事务不是政府重点，而且在马哈蒂尔之后，在高层政治中热衷外交与国际议题的领袖不多。不过，当前在中美贸易战和科技战的形势下，未来影响马中关系的主要因素，将是中国国际地位提高后，马来西亚如何面对中国崛起后的国际形势。马来西亚其中的选项之一是包括要求美国在东南亚发挥更大的角色，以平衡中国的势力；另一个选项则是强化与日本的关系，以在外交和经贸上扮演对冲的作用。但是，马来西亚政府亦力求避免在中美之间做出选择。对马来西亚而言，最理想的状态是不需要做选择，但如果中美与国际形势日益尖锐，基于国家利益考虑，马来西亚可能会在两强之间略为向中国倾斜。

参考文献

[1] 潘永强 . 中资争议反映精英分歧 [N]. 当今大马（马来西亚），2017-01-24.

[2] 潘永强 . 未巩固的民主：马来西亚 2018 年选举 [M]. 华社研究中心，2018.

[3] 潘永强 . 马哈蒂尔访华后的马中关系 [N]. 联合早报（新加坡），2019-05-08.

[4] 余佩桦，谢雯雯，张艺欧 . 马来西亚总理特使：中马最大项目东海岸铁路如何重回正轨 [N].(2019-5-12) 财新网 .

[5] 郑永年 . 通往大国之路：中国与世界秩序的重塑 [M]. 北京：东方出版社，2011：82.

[6] 刘镇东 . 中美战略竞争时期的马中关系［N］. 东方日报（马来西亚），2019-6-19.

[7]Bhavan Jaipragas. Chinese by Nature Are Very Good Business People: Malaysian Prime Minister Mahathir Mohamad's Exclusive Interview in full[N].South China Morning Post8 Mar, 2019.

[8]Cheng-Chwee Kuik.The Essence of Hedging : Malaysia and Singapore's Response to a Rising China[J]. Contemporary Southeast Asia, 2008(Vol.30, No.2):159-158.

[9]Cheng-Chwee Kuik . Malaysia's China Policy under Abdullah: More Continuity than Change? in Bridget Welsh and James U.H. Chin eds [N]. Awakening, The Abdullah Badawi Years in Malaysia.Kuala Lumpur: SIRD, 2013:590-608.

[10]Cheng-Chwee Kuik.Making Sense of Malaysia's China Policy: Asymmetry, Proximity, and Elite's Domestic Authority[J].The Chinese Journal of International Politics,2013(Vol.6)4:429 - 467.

[11]Cheng-Chwee Kuik and Chin Tong Liew. Decoding the Mahathir Doctrine[EB/OL].(2018-08-20)lowyinstitute.org.

[12]Francis Loh and Anil Netto eds.Regime Change in Malaysia: GE14 and the end of UMNO-BN's 60-Year Rule[N].Kuala Lumpur.Aliran and SIRD, 2018.

[13]Institut Rakyat. Impact of China's Investments in Malaysia: A Review of

Current Policies and Expected Outcome, [M].Kuala Lumpur:Institut Rakyat,2017.

[14]Jennifer Pak.Will China's Rise Shape Malaysian Chinese Community? [N].BBC News, 30 December 2011.

[15]Kana, G. and Kaur, G.The Real Economics of ECRL[N]. Starbizweek,12 August 2017.

[16]MIDA.Malaysia Investment Performance Report 2019[M].Kuala Lumpur: Malaysian Investment Development Authority, 2020.

[17]Muhammad Danial Azman.Mahathir Doctrine: Avoiding conflicts in the South China Sea, [N].New Straits Times, 1 May 2019.

[18]R.S. Milne and Diane K. Mauzy.Politics and Government in Malaysia[N].Kuala Lumpur: Federal Publications, 1978:297.

[19]Tang Siew Mun et al.The State of Southeast Asia: 2020, Singapore:ISEAS-Yusof Ishak Institute[M]. 2020.

[20]Tham Siew Yean.Chinese Investment in Malaysia: Five Years into BRI[J]. Perspective, Singapore:ISEAS-YusofIshak Institute, 27 February, 2018.

[21]Wan Saiful Wan Jan.Malaysia's Priority is to Manage, not Stop, China's Investments[J]. Perspective,Singapore:ISEAS-YusofIshak Institute, 3 July 2017.

第十一章　中马“两国双园”联动发展研究

吴其艳*

摘要：中马“两国双园”是中马两国共同开创的跨国产业合作新模式，成为实践“一带一路”倡议、助力中马经贸合作的标志性项目。自创建以来，“双园”基础设施配套体系基本形成，产业合作加快推进，部分重点项目相继投产，合作机制日益完善，为中马全面战略伙伴关系的发展做出了积极贡献。但是，中马“两国双园”联动发展仍然存在一些突出问题，亟须采取有力措施加以解决。本章回顾了“两国双园”联动发展的历程，通过实地走访调查、查阅文献资料等概括了中马“两国双园”联动发展的成效、合作现状及存在的问题；最后从国际和国内、国家和地方以及“双园”发展本身分析制约其联动发展原因，并就如何深化“双园”产业合作、创新和完善发展机制、联络机制、加快产业链构建以及消除政治隔阂、加强双方人才流通及人文合作等提出具体的对策及建议。

一、引言

“两国双园”（Two Countries, Twin Parks）是中马政府间合作项目，即在中国广西壮族自治区钦州市和马来西亚彭亨州关丹市，分别建立“中马钦州产业园区”与“马中关丹产业园区”。两个园区已分别于2012年4月和2013年2月开园兴建。2014年11月，中国国家主席习近平在APEC会议期间会见马来西亚时任总理纳吉布时提出，要“将钦州、关丹产业园区打造成中马投资合作旗舰项目和中国—东盟合作示范区”。“两国双园”开创了中马两国政府跨国产业合作新模式。中马两国创建的“两国双园”模式，较之传统的国际产业园间合作模式不同，“两国双园”更强调两国互相投资、共同招商，协调解决园

*吴其艳，广西民族大学相思湖学院外国语学院副院长、讲师，泰国国家发展与管理学院博士在读。

区开发中遇到的困难，建立在两国密切的战略合作伙伴关系之上。园区将依托独特的港口优势，服务马来西亚东海岸经济特区、面向中国沿海、辐射东南亚，努力建设成为马来西亚对外开放的东部门户、高水平的现代制造业集群和物流基地；面向中国、东盟及世界的区域性商贸、物流及加工配送中心，进而构筑中马经贸合作战略发展新平台。目前，两个园区规划编制基本完成，基础设施建设进展顺利，产业项目逐步入驻，互动发展有效推进。但是，中马“两国双园”互动发展仍然存在一些突出问题，亟须采取有力措施加以解决。

二、中马“两国双园”的联动发展及主要成效

为统筹推进中马“两国双园”开发建设，中马两国政府强化顶层设计，专门组建了由中国商务部和马来西亚国际贸易和工业部牵头、“双园”所在的两国地方政府参与的中马“两国双园”联合合作理事会，完善司局级的联络机制，定期开展会晤协商，探讨“双园”开发建设重大事项。2014 年 2 月、2015 年 1 月、2016 年 3 月和 2019 年 6 月，中马“两国双园”联合合作理事会第一至第四次会议先后举行，历次理事会会议研究讨论“两国双园”发展的关键性问题和面临的重点任务，就切实解决好“两国双园”当前面临的重点任务、争取两国政策资金向“双园”倾斜等事宜达成了共识。中马“两国双园”联动发展经历了“七年五步走”，经过 7 年的发展建设，园区基础设施配套体系基本形成，产城项目加速入驻，部分产业项目相继实现投产，国际合作机制日益完善。园区产业新城框架初步形成，产业聚焦效应正在显现[①]。

（一）中马“两国双园”的联动发展过程

1.“两国双园”共建模式的激活

2011 年 4 月 28 日，正在马来西亚进行国事访问的中国时任国务院总理温家宝出席中国—马来西亚经贸投资合作论坛并发表主旨演讲，提议建设广西中马钦州产业园区。2011 年 10 月 21 日，第八届中国—东盟博览会开幕式当天，两国高层协同运筹推动，中马两国总理共同见证了两国政府签署中马钦州产业园区合作会谈纪要，中马两国正式签署共建中马钦州产业园区项目协议，并且为园区揭牌。2012 年 4 月 1 日，中马两国总理共同出席中马钦州产业园区开园仪式。2012 年 6 月，中国商务部与马来西亚贸工部签署两国政府关于马中关丹

① 《中马钦州产业园区开发建设报告》，中马钦州产业园区管委会，2020 年 3 月 6 日。

产业园合作的协定。2013 年 2 月，中马两国高层领导在马来西亚关丹共同主持了马中关丹产业园区开园仪式。2013 年 7 月 15 日，中马双方在吉隆坡签订《中马钦州产业园区开发有限公司中外合作投资合同》《马中关丹产业园区中外合资公司协议》《中马钦州产业园区开发合作协议》等文件，正式激活“两国双园”模式。

2. “两国双园”协调共建机制的初步形成

2013 年 10 月，中马两国领导人达成共识，将把钦州、关丹产业园区打造成为两国投资合作的旗舰项目，带动两国产业集群式发展。为建立中马“两国双园”联合协调机构，高效推动“两国双园”开发建设，更好地服务和支持“双园”的发展，两国政府建立了“两国双园”联合合作理事会，定期举行工作会议，截至 2020 年共举办了四次联合合作理事会会议，以联合招商，研究政策协同，及时解决“两国双园”开发建设中遇到的问题。

2014 年 2 月 25 日，在中马建交 40 周年之际，中国—马来西亚钦州产业园区和马来西亚—中国关丹产业园区联合合作理事会（以下简称中马“两国双园”联合合作理事会）第一次会议在北京举行。会议审议通过了“两国双园”联合理事会架构和工作方案，联合理事会的成立标志着中马“两国双园”协调共建机制初步形成。在两国领导人的关心和直接推动下，经过双方的共同努力，中马“两国双园”建设开局良好，如钦州园区建立了开发机制，基础设施加快推进。

3. “两国双园”合作机制不断完善

2015 年 1 月 20 日，中马“两国双园”联合合作理事会第二次会议在吉隆坡举行。中马双方回顾并高度评价“两国双园”建设取得的阶段性成果，并就园区下一步发展交换了意见。在两国领导人的直接关心和共同推动下，“两国双园”开发建设的各项工作稳步推进，并初见成效。双方就中国—东盟自由贸易区升级版谈判、东盟经济一体化等问题达成一致意见。会议的举行标志着“两国双园”合作机制不断完善，必将加快两个园区互动并进、联合开发的步伐。“两国双园”基础设施具备的基础条件开始进入加速推进、提升发展的新阶段。

4. 联合共建中马合作旗舰项目和中国—东盟合作示范区

2016 年 3 月 28 日，中马“两国双园”联合合作理事会第三次会议在钦州市举行。中马双方表示，加快落实中马将把“两国双园”建设成中马合作旗舰项目和中国—东盟合作示范区。“两国双园”从构想到实践，从“一园”率先启动到“两园”互动发展，展现出了蓬勃发展的潜力和前景。

5. 中马达成携手共建“两国双园”2.0 升级版的共识

中马“两国双园”联合合作理事会第四次会议于 2019 年 6 月 14 日在吉隆坡举行，双方讨论了中马钦州产业园区和马中关丹产业园区的发展情况，一致同意在促进“两国双园”发展方面加强合作。共同建设“两国双园”2.0 升级版。中马两国政府高度重视“两国双园”开发建设，双方表示要积极落实两国领导人对园区建设的要求，坚定合作开发信心，充分发挥合作理事会的统筹协调作用，突出园区产业特色，完善配套基础设施，创新管理体制机制，营造良好发展环境，加快项目入园和重大项目建设，着力解决园区存在的重大问题，高起点、高标准建设园区。

（二）中马“两国双园”的联动发展成效

中马“两国双园”的建设在两国领导人的积极倡议、大力推动下，各部委积极响应配合，园区全面贯彻落实，为中马钦州产业园区和马中关丹产业园区的招商引资、资金筹集、园区建设、宣传推介等提供了切实保障，为中马“两国双园”互动发展奠定了稳固基础，合作投资建设加快推进。

1. 园区开发范围迅速拓展

七年来，在双方合资公司的努力下，园区的港口码头、水电路网等配套设施基本建成。中马钦州产业园区总投资近 200 亿元，规划总面积 55 平方千米，于 2015 年年底实现了“三年打基础”的目标任务，启动区 7.87 平方千米“七通一平一绿”等基础设施全面建成。截至 2020 年 6 月园区完成征地搬迁总面积达 23 平方千米。同时，金鼓江区域综合整治 15 平方千米基础设施项目已开工建设，由中国交建以“投资人 +EPC”模式实施“片区开发”，总投资 137 亿元。根据 2020—2021 年征地和开发计划，园区开发范围将逐步延伸至 30 平方千米，达到园区规划面积 55 平方千米的 50% 以上，为重大项目的进驻创造了条件[①]。马中关丹产业园区规划面积 12 平方千米，分三期建设。一期占地面积约 6.07 平方千米开发建设基本完成，正在启动二期约 5.93 平方千米的开发建设。园区功能分区包括产业区、物流区、配套区（居住区、综合服务中心）。

① 《中国—马来西亚钦州产业园区简介》，中马钦州产业园区工管委办公室，2019 年 1 月 31 日。

2. 产业项目加速入驻，重大项目实现突破

中马“两国双园”主动服务中马合作大局，以推动两国产能合作为导向，重点推动生物医药、电子信息、装备制造、新能源、新材料和东盟传统优势产业项目落户园区。截至 2020 年 6 月，中马钦州产业园区注册企业有 640 多家，正在推进的重点项目逾 150 项，总投资超过 1000 亿元。其中产业项目投资 66 项，总投资 478 亿元，占项目总投资的 51.6%，鑫德利光电（一期）、凯利数码（一期）、慧宝源生物医药、科艺新能源（一期）、中动科技、天昊生物、由你造 3D 打印等 10 多个具有规模和发展前景的高科技项目相继实现投产。重大项目布局实现突破，总投资 100 亿元的广西泰嘉 7.5 代超薄玻璃基板生产线、总投资 50 亿中盟新能源产业园、总投资 35 亿元的中核国际冷链产业基地项目、总投资 20 亿元的川桂国际产能合作产业园、总投资 5 亿元的中国台湾地区中小企业集散区、总投资 1.5 亿元的马来西亚中小企业集聚区等一批战略性新兴产业项目落户并相继开工建设。传统优势产业方面，港清油脂项目正常生产，燕窝产业发展方面，目前已有 11 家中外企业入驻，马来西亚首批毛燕已经正式入园区生产，2019 年马来西亚 150 千克毛燕运抵园区燕窝加工贸易基地，成为全球首批出口至中国的毛燕，园区累计进口毛燕 650 千克，净燕超过 300 千克。此外，园区计划与马来西亚合作方协商共建清真产业园，布局新能源汽车、电子信息、跨境电商等新兴产业项目[①]。

表 11-1 中国—马来西亚钦州产业园区项目情况

产业项目类型	项目数量（个）	总投资额（亿元）	代表性项目
产业平台项目	12	132.2	中国—东盟信息港跨境数据中心等
城市配套项目	16	80.18	中国—马来西亚产业园区孔雀湾公园等
重点产业项目	24	703.04	广西泰嘉超薄玻璃基板深加工项目等
其他项目	98	10.70	中国台湾地区中小企业集散区等

资料来源：根据中国—马来西亚钦州产业园区管理委员会数据制作。

① 《中马“两国双园”合作模式及开发建设情况介绍》，中马钦州产业园区管委会，2020 年 6 月 10 日。

表 11-2　中国—马来西亚钦州产业园区重点产业项目建设情况

产业项目类型	项目数量（个）	总投资额（亿元）	代表性项目
重大电子信息产业	1	100	广西泰嘉超薄玻璃基板深加工
国际产能合作	1	24	川桂国际产能合作园
高端装备及智能制造产业	10	276.7	稀土高铁铝合金电缆研发生产
医药医疗健康产业	7	28.25	中国—东盟植物药天然药研究与产业化基地
互联网及新一代信息技术产业	10	15.3	中国—东盟商务信息服务平台、亚太创教空间
新能源与节能环保产业	5	56.6	光电产业园、天然气分布式能源
传统优势产业	6	35.35	钦州中马粮油加工、燕窝加工园、港清油脂
公共及配套设施产业	23	122.9	中马科技园、加工贸易园、中马广场、电子信息产业园、智慧物联产业园

资料来源：根据中国—马来西亚钦州产业园区管理委员会数据制作。

在中马钦州产业园区加快推进园区建设、深化国际合作、不断提质增效的同时，马中关丹产业园区也亮出“成绩单”。马中关丹产业园区分三期发展，开发各项工作已取得重要进展，配套基础设施逐步完善，园区入口立交桥、水、电、外围 4 千米环路等一期基础设施以及招商服务中心均已投入使用。入园项目初具规模，关丹产业园区的目标行业涉及高端和高科技产业，以及重工业，包括节能及环保技术、替代及可再生能源、高端设备制造和先进材料制造。目前已签约项目 13 个，协议总投资超 300 亿林吉特，全部运营后有望实现工业年产值超过 500 亿林吉特，为关丹港年增超 3000 万吨的吞吐量。其中，联合钢铁（大马）有限公司年产 350 万吨钢铁项目全面投产，浦林成山（山东）轮胎有限公司年产 1200 万套汽车轮胎和 260 万套大型车用轮胎项目、广西仲礼企业集团公司年产 20 万吨日用陶瓷项目等其他项目陆续开工建设或加紧准备。关丹港建设运营顺利推进，首个深水泊位实现试运营，港口年吞吐能力从原来的 26 万吨提升至 3900 万吨。[①] 新的深水码头成为马来西亚东海岸的一大转运枢纽和转运中

① 吴建军 . 马中关丹产业园建设的经验及启示 [J]. 浙江经济，2019（7）：58–59.

心[①]。广西北部湾国际港务集团的“港—产—园”联动发展模式在该园区取得初步成效，形成了港口、产业和园区联动发展格局。河北普鑫纸业有限公司年产11.5万吨纸浆及4.5万吨再生塑料颗粒项目以及一批有意向入园的生物制药、精细化工、钢厂下游企业投资者正在积极展开前期工作，其他铝加工、轮胎，以及新能源汽车等项目也在加速建设之中。

（三）产业链建设显成效

港青油脂项目公司于2015年4月建成投产，目前设备装置产能加工日精炼棕榈油1000吨、日分提毛棕榈油1000吨、日精炼调和油（菜籽油、花生油、大豆油）1000吨、日加工植物油料5000吨，初步形成集产品的采购、生产、加工与销售为一体的发展格局。自2018年3月广西钦州港作为进口毛燕指定口岸通过验收以来，中马钦州产业园区大力推动燕窝跨国产业链建设，打造燕窝加工贸易基地。目前，燕窝加工基地标准厂房和查验平台已经建设完成。该基地全部建成后，与已投入使用的国家燕窝及营养保健食品检测重点实验室一起，成为我国首个集毛燕进口、检测、加工、交易、研发、检验等功能于一体的燕窝全产业链。截至2020年6月，已有11家中外企业入驻，合计年加工能力超150吨。目前，中马“两国双园”在汽车、清真食品、数码信息及电子、燕窝等产业的上下游完整产业链正在形成。

三、中马“两国双园”联动发展存在的突出问题及原因

（一）园区发展腹地经济发展水平较低，依托的城市产业基础弱

中马“两国双园”所处的钦州市和关丹市经济发展水平较低，区域经济辐射能力弱，与其他区域市场联系不够紧密。“两园”所在的钦州港和关丹港目前不能充分发挥其面向东盟的独特地理位置优势，两个港口周边交通基础设施不够完善。钦州港开通的内外航线24条，主要国际航线需经香港中转，国际航运成本大，而关丹港尚在改造建设中，虽然首个深水泊位已经试运营，港口年吞吐能力也已经大幅提升，但跟马来西亚其他港口相比吞吐量差距巨大，不足以发挥两个港口在区位战中的战略枢纽作用。此外，“两国双园”所依托的城市钦州市和关丹市产业基础薄弱，产业结构呈低度化发展，处在工业产值低、

① 中马携手共建“两国双园”升级版[N]. 广西日报，2019-06-28.

产业技术能力低和国际竞争力低的发展阶段，传统服务业比重大于金融、通信等现代服务，产业处于产业链的底端，产品层次低，高端产品缺乏。关丹产业园区所在关丹市经济则严重依赖旅游业和石油工业发展。

（二）中马两国体制差异导致“两国双园”建设进度不均衡

中马两国国情和政治经济体制的差异，导致“两国双园”建设呈现出“一紧一松、一快一慢”的现象，即中方紧、马方松，钦州园快、关丹园慢的现象，不均衡、不协调的问题比较突出。中马钦州产业园区全力推进的项目，中国中央政府和广西壮族自治区政府在资金、项目、土地等方面给予了大量支持。中国中央政府2013—2020年连续7年给予钦州产业园区财力补助，总额达54亿元，广西地方政府每年给予不少于2亿元的配套和补助资金支持园区的建设发展[①]。但是，马来西亚的园区开发模式与中国不同，马中关丹产业园区是纯商业化建设，政府在园区基础设施建设和相关政策方面支持力度不大。在关丹产业园区正式启动以后，尝试赋予园区作为国家级开发区的特殊地位，马来西亚政府投入园区配套基础设施建设资金约15亿林吉特（约24亿元人民币），园区建设资金匮乏，基础设施建设缓慢。总投资80亿元人民币、年产量约350万吨的H型现代钢铁项目几乎将园区一期用地6.07平方千米使用完，整个园区可开发使用土地仅剩2300多亩，其他一些意愿到关丹园区投资的企业受到建设用地不足的限制。[②]

（三）中马两国国情及体制差异导致园区现有的发展机制不合理

中马两国国情和政治经济体制的差异，导致“两国双园”开发建设模式差异较大，发展机制不合理。一方面，中马钦州产业园区在现行管理体制中存在诸多弊端，制约着园区的发展。在管理体制中，主要体现在园区机构设置由党委、政府、企业三位一体，投资开发总公司为国有独资公司，园区开发模式还是以传统的土地经营为主，不利于将园区建设成以资本为导向、去行政化的园区开发体系[③]，现有的人事管理体制也不利于管委会因建设发展需要扩招人员。另一

---

① 《中马“两国双园”合作模式及开发建设情况介绍》，中马钦州产业园区管委会，2020年6月10日。

② 李世泽，程文豪，甘日栋．中马两国双园互动发展亟待新突破[J]. 广西经济，2017（2）：30–33.

③ 黄建英．中马钦州产业园竞争力优势分析——中马钦州产业园竞争力研究之二[J]. 广西经济，2015（2）：44.

方面，马来西亚的园区开发模式与中国不同，马中关丹产业园区是纯商业化建设，政府在园区基础设施建设和相关政策方面支持力度不大，园区建设资金匮乏，建设用地不足，基础设施建设缓慢。

（四）"两国双园"产能合作不够紧密，产能合作滞后

"两国双园"是两国分别在对方国家投资、合作建设国家级产业园区的一种新的合作模式，能很好地促进两国产能合作。但是，由于中马两国均属发展中国家，特别是广西在科技、制造业等方面较为落后，与马来西亚处于相同的发展阶段，产业基础和产业结构相似，并不像中国—新加坡苏州园区那样，发达国家向欠发达国家输出产能。目前，进驻中马钦州产业园区的多数企业并不是马方投资的企业，很多都是本地企业换个"马甲"进驻。进驻马中关丹产业园区的企业也并不是中方有实力的大企业。实际上，中马"两国双园"合作仅限于联合招商方面，产能合作相对滞后。尽管目前钦州港—关丹港开通了集装箱国际班轮航线，直航后航运时间由原来的10天缩短至3~4天，但是由于货运量少，直航班轮每个月仅有两趟，这也表明产能合作还远远不够。

（五）沟通联络及服务机制不完善，难以推动两园联动开发及建设

在合作过程中仍存在体制机制障碍，导致中马"两国双园"联动开发建设面临诸多掣肘。马中关丹产业园区至今尚未成立承担统筹推进园区基础设施建设，提供项目入园咨询、项目落地选址、日常事务等的管理服务机构，园区项目推进较为困难。同时，由于缺乏日常沟通联络机制，对中马钦州产业园区开发建设情况以及政策、资源、环境市场等信息了解掌握不多，导致双方在投资、贸易、科技等领域的合作难以深化。此外，经贸合作联络机制缺失，广西尚未在马来西亚设立经贸联络处，对推动两个园区建设发展造成诸多困扰。

（六）产业布局不对等、产能合作不深入使得双园产业链建设进展迟缓

中马"两国双园"虽然在园区基础配套设施建设、项目入驻及联合协调机制建设方面取得了阶段性的进展，相继实现了部分重大项目布局突破，入园项目初具规模，但总体上看，中马两国传统产业链没有构建，跨国产业链和服务链尚未真正形成。传统产业链方面，"双园"虽在燕窝产业、橡胶产业、清真项目、港清油脂项目等相继投产并初具规模，但是由于受地方经济发展水平、

两国产业合作规划、两园产业联动发展机制的制约，双方企业没有建立良好的价值链、空间链。“双园”地处经济发展水平较低较弱的地区，区域经济辐射能力弱，当地消费水平偏低，导致燕窝、清真食品等产业不得不舍近求远，产品需往经济发展水平较快较好和消费水平更高的国家和地区销售，这也增加了企业的运输成本，供需链没有形成。另外，跨国产业链构建难，目前中马钦州产业园主要以燕窝、清真食品、生物医药、高新电子、新能源等产业集聚为主，马中关丹产业园则以钢铁、轮胎、造纸、橡胶、陶瓷等产业集聚，双方产业布局不对等、产能合作不够深入，导致跨国产业链构建困难重重，双方没有形成补链强链格局。此外，“双园”目前在交通基础设施建设、港口建设、互联互通方面发展不均衡，沟通协调机制建设，教育、人文交流、人才流动领域合作相对滞后，园区人才进驻慢，这也是制约双方产业无法形成共商共建、高效互补局面的重要因素，传统产业链及跨国产业链进展缓慢的原因。

（七）中马两国政府政治互信不够，制约中马“两国双园”联动发展

受国际、国内各种因素影响和干扰，中马“两国双园”在互联互通联动发展方面受阻。2018 年 5 月，时年 92 岁高龄的马哈蒂尔重新执掌马来西亚政权。马哈蒂尔早在其上台之前就公开表示将重新考虑纳吉布政府与中国签订的一系列经贸合作项目，包括东海岸铁路计划以及两条油气运输管道项目，工程总价约为 220 亿美元。马来西亚新政府重新商定、取消中马经贸合作项目的主要原因有两点：一是新政府认为之前中国与马来西亚签订的经贸合作项目大多都由中方提供贷款来进行开发与建设，这使得马来西亚背负了高额的国债。并且，马来西亚东海岸三省的总人口为 460 万人左右，仅占马来西亚总人口的 14.5%，这使得造价为 136 亿美元的东海岸铁路计划完全不具备经济效益，花费高额的费用建造一条传统铁路加之后期的人员、运行、维护费用，大大超出了马来西亚的承受范围。此外，在如此庞大的工程建设过程中，土地征收、设备采购等环节容易成为滋生贪污腐败的温床。二是在进行经贸合作过程中，马来西亚政府欢迎投资者带来资金、技术、管理等方面的先进经验，但必须雇佣马来西亚当地的人员进行建设，使得马来西亚从中获得就业岗位等福利。而中马两国的经贸投资项目，大多由中国的中国交建、中国铁建等企业承包建设，项目所需技术人才以及劳工也多为中国人，马来西亚方面担心中方带来的劳动力

涌入会直接挤压当地劳动力的生存空间，当政者担心大规模的华人群体集聚会影响马来西亚各族群的平衡[①]。此外，马来西亚地处东南亚以及扼守马六甲海峡这一地缘战略要冲，加之自身长期实行“左右逢源”的外交策略，使得马来西亚的地缘环境稳定性受到美国、日本、澳大利亚等国家角力的干扰。大国利益的博弈无形中给中马两国政府“两国双园”的国际战略、国家级项目合作蒙上阴影。

（八）中马两国地方发展水平的差异性限制了“双园”的产业联动发展

马来西亚面积近33万平方千米，人口3238万。中马两国虽然在产业结构和资源禀赋上具备一定优势，但不能忽视的是中马两国都是发展中国家，国家整体经济发展水平偏低，地区内基础设施建设水平参差不齐和部分主导产业相近。中马“两国双园”的开发建设需要大量的政策和资金的支持，但从资金来源上看，马来西亚目前很难满足如此巨额的支出。如截至目前，中马钦州产业园区累计投资已经超1000亿元，且七年来中央、地方财政上的补助总额超70亿元，但是马中关丹产业园累计投资总额仅约300亿元，不足中马钦州产业园的三分之一。马方经济发展模式以引进外资为主，国家和地方扶持力度不大，直接导致了双园很难实现统一步调和共同发展。加之双园所在地经济处于低水平发展阶段，支撑国民经济的主导产业均集中在资源开发和初级产品加工领域，缺少对资源深加工、高端装备制造业等产业的布局，一定程度上限制了中马“两国双园”的产业联动发展。

（九）中马两国文化认同的多元性影响两国经济的深入交流与合作

中马两国之间存在着明显的区域性多元文化差异。这些区域在风俗习惯、思维方式和外交理念上存在着显著的差异，导致两国在经济合作过程中出现了文化交流的碰撞与冲突，一定程度上影响了两国经济的深入交流与合作。因此，中马两国进行合作必然要秉承“经贸合作，文化先行”原则，优先发展文化产业，在文化融合的基础上展开国家的产业联动发展。但是两国经济发展制度的不同、经济开发模式的差异，直接导致了文化产品消费市场发展水平不均，同时现阶

① 《中马“两国双园”合作模式及开发建设情况介绍》，中马钦州产业园区管委会，2020年6月10日。

段中国的文化产业发展也仍显落后，不能满足对方文化市场需求，“经贸合作，文化先行”在实践中存在一定的难度。根据中国人民大学发布的“中国省市文化产业发展指数”综合指数，中国具有文化输出区位优势的地区文化产业整体实力不足，没有形成立足周边、辐射东盟国家的特色文化。[①] 因此，中国仍要继续加强与马来西亚的文化交流，在形成文化认同的基础上促进与马来西亚经济的深入交流与合作。

（十）人才流通机制不完善及人文交流不够深入严重制约双园的建设与发展

中马“两国双园”坚持先进的技术导向，大力发展高端装备与智能制造、生物技术、互联网新一代信息技术、新能源与节能环保等战略性新兴产业以及现代服务业的发展目标决定着双园对高素质人才有着巨大的需求。而双园所在的区域人才总数量较少，文化程度偏低，如广西平均人才素质水平远低于长三角和珠三角地区，加上当地人才培养机制和人才引进机制的不完善，难以吸引高素质人才。“两国双园”既是经贸合作载体，也是科教文卫等方面合作的重要契机。目前，“两国双园”在科技创新、人才培养、文化交流等方面尚未实质性起步，双方在合作上存在对对方情况了解不充分、多样化合作平台缺乏、缺少国际化人才等问题。各层次人才的缺乏严重了制约双园的各方面建设与发展。

四、中马“两国双园”联动发展的对策建议

针对“两国双园”区域发展不协调、产能合作不够紧密、产业链建设迟缓、联动合作发展机制不完善、科教文化领域发展空白等问题，应立足园区长远发展，结合园区建设实际，坚持问题导向，创新思维，勇于突破，大处着眼，小处着手，不断加强和推进双园的国际合作和国际化程度。

（一）进一步加强“两国双园”合作的深度和广度

“两国双园”合作模式已经成为中马经济贸易合作的标志性工程，对两国经贸关系发展具有十分重要的带动作用和示范意义。因此，建议在中马两国经

① 郝大江．海南自由贸易港建设下我国与东盟国家产业联动发展研究 [J]. 商业经济，2020（2）：70–71.

贸合作五年计划中重点对“两国双园”合作框架予以强化，进一步推动两国政策向园区倾斜、资源向园区集聚、项目向园区布局，更好地服务中马经贸合作大局，带动两国经贸关系提升。

1. 拓展互动发展领域

一是加强国际产能合作。围绕构建跨国产业链和服务链，推动中马钦州产业园区和马中关丹产业园区在重大产业布局、重大科技攻关、战略性新兴产业培育、现代服务业发展等方面互动合作，建设国际产能合作示范区。

二是加强商贸流通合作。支持中马“两国双园”开展跨境电子商务合作，在中马钦州产业园区开展跨境电子商务试点，通过跨境电商合作促进中马两国经贸关系升级。建立常态化物流合作机制，中马“两国双园”分别建设保税港区，凡是在两个园区内的企业，其货物的进出口和原材料以及机器设备的进口都可以集中入驻保税区，享受保税区优惠政策。

三是加强金融服务合作。争取两国中央银行支持，探索中马“两国双园”之间点对点国际金融开放与合作，实施人民币跨境业务便利化措施。推动两国政府通过基础设施补助、银行贴息等多种方式加大对入园项目的资金支持力度。

四是加强人文交流合作。共同建设国际协同创新基地、人才培训基地，积极开展高等教育、职业教育和医疗服务项目的研究与合作，将中马“两国双园”建设成为人文交流先行示范区。

2. 打造互动发展平台

一是打造政府沟通合作平台。设立中马“两国双园”协调发展工作组，推动建立国家领导人层面一年一度会谈机制、国家部委一年两次会商机制、省市层面一年多次会商制以及园区层面会商工作日常化。将各层面的会谈会商工作制度化、常态化，使中马“两国双园”各项工作无缝对接，最大限度发挥“两国双园”互动发展的独特优势。

二是打造企业交流合作平台。创办中马“两国双园”企业家峰会，打造企业家交流合作平台。建立企业间互通互动的信息平台，加强资金、人才、信息和技术等生产要素的整合，推动中方企业与马来西亚大型企业开展合作，企业“走出去”和“引进来”并重，推进产业深度合作。

三是打造民间组织合作平台。充分发挥研究会、协会、学会、联谊会、同乡会、促进会、商会、发展援助机构及私人基金会等民间组织的推动作用，在中马“两国双园”框架内开展社会调查、科学研究和交流、经济发展、信息服务等方面活动，形成多层次、宽领域交流合作的新格局。

3. 创新互动发展机制

一是创新管理服务机制。推进中马“两国双园”政策协同创新，在土地供应、财政税收、联合招商、“两国一检”、跨国金融服务等方面，为落户企业提供更大的便利和服务支持。建立公共服务、企业协作等专业化服务平台，协助园区企业申请各类认证和优惠政策，策划和组织园区各类增值服务活动。

二是创新联合招商机制。积极引进专业化招商人才和团队，鼓励两国相关企业到对方园区投资办厂。策划年度联合招商活动，支持两个园区每年各组织举行 1 次以上大型联合招商活动。引导和支持相关行业协会和重点企业参与招商活动，推进分行业、分领域、分区域招商，实现招商互动互助。

三是创新人才流动机制。建立中马“两国双园”长效的人才合作机制，定期或不定期派人员到对方园区学习，或者双方互聘管理人员，推动人才交流互动，实现人才资源共有共享。探索中马“两国双园”劳工国际合作新模式，双方园区成立国际劳务派遣公司，为双方互派劳务工人提供便利。

（二）进一步强化和提升“两国双园”合作机制

中马“两国双园”是国际经贸合作的创新性安排。经过这些年的努力，中马双方已经构建了“‘两国双园’联合合作理事会—两省州合作框架—双园更紧密工作安排—合资公司投资开发”的多层次合作架构。中马双方多次沟通，建议进一步完善“两国双园”合作架构，充实理事成员单位，设立常设协调秘书处。围绕重点合作领域，积极筹备成立中马“两国双园”国际产能合作、投资贸易便利化、教育科技合作、基础设施建设等专责推进小组，探索建立司局级合作沟通机制。马来西亚新政府成立后，经过一年来的磨合，中马两国政治互信增加，经贸合作渐趋热络，当务之急是加强和完善中马“两国双园”协调机制，就双方需要协调的事项进行研究，落实好两国领导人达成事项，围绕重点领域和重点项目，推动“两国双园”同步建设和互动发展。依托“两国双园”合作架构，推进中马两国产能合作，是“两国双园”的主要使命。目前，马来西亚企业在钦州产业园区落地的项目，包括“马来西亚创新城”、燕窝加工贸易基地等项目。目前还在加快推进清真食品、棕榈油和橡胶深加工等项目合作，启动建设马来西亚中小企业集聚区。经过多年联合推介，关丹产业园区正在引起更多中国企业关注，除了钢铁、化工、铝加工、陶瓷等项目，通过中方伙伴积极引导，未来将会积极布局新能源汽车、电子信息、跨境电商等新兴产业项目。①

（1）鉴于“两国双园”合作已经进入到新的发展阶段，建议参照中国和新加坡推进两国园区合作的做法，将“两国双园”联合协调理事会从副部长级提升至副总理或部长级，以进一步增强资源整合和政策协同能力。

（2）鉴于“两国双园”合作已经从产业领域逐步拓展到科技、教育和文化领域，并尝试在吉隆坡、马六甲等地设立新的专业合作园区，建议增加联合协调理事会的成员单位，将两国相关的重要经贸合作和科技、教育、文化等部门纳入联合协调理事会合作架构中。

（3）鉴于产业投资、金融合作、投资和贸易政策创新、科技教育合作、物流和服务贸易等日益重要，建议“两国双园”联合协调理事会设立专责对策小组，由两国政府主管部门共同负责，建立司局级对接机制，研究出具体可行的方案和计划予以落实。

（4）鉴于“两国双园”沟通协调事项日益增多，建议成立“两国双园”联合协调理事会秘书处，负责日常工作的对接与重点工作跟进，组织两国智库发展政策协同研究，确保重要工作可以有效落实。

（三）依托“两国双园”建设国际产业合作示范区

中马两国资源、市场和产业具有很强的互补性，建议把两国产业合作作为双边经贸合作的重中之重，依托“两国双园”推进重点领域的产业合作，建设国际产业合作示范区。包括共同开展两国产业合作规划，引导两国优势产业率先在“双园”布局，构建跨国的产业链和服务链；支持两国重点企业参与“两国双园”开发建设，引导中国高新技术产业优先在马来西亚布局和转移科技成果，推动马来西亚棕榈油、橡胶、清真、农产品等传统产业和新技术产业利用中国市场实现发展；拓展两国产业合作区域和范围，在推动关丹产业园区开发建设的基础上，探索在吉隆坡（科技创新）、马六甲（清真产业）、槟城（信息产业）等地建设新的科技创新和产业合作基地；探索设立两国政府产业发展引导基金，推动企业上市融资，帮助两国中小企业实现增长。

① 高朴．做大做强中马“两国双园” 建设陆海新通道重要节点 [N]. 钦州日报，2019-06-05（01）.

（四）推动建设“两国双园”跨国自由贸易区试验区

为了推动“两国双园”互动发展，两国政府均研究出台了相应的支持政策。2019 年 8 月，中国中央政府批复设立中国（广西）自由贸易试验区，涵盖南宁、钦州港和崇左三个片区，其中钦州港片区包括中马钦州产业园区 16.05 平方千米。“两国双园”不仅是产业合作平台，也是投资贸易政策创新的有效载体。围绕推动中国—东盟自由贸易试验区“升级版”建设，中国和东盟国家已经签署相关文件，但如何推动中国—东盟经贸合作方式的提升，如何推动从一般贸易到服务贸易发展，如何实现投资便利化和贸易自由化安排，如何推动跨境电子商务的落地和发展，如何推进港口和物流合作，如何建立高效便捷的争端解决机制，还需要在国际经贸实践中进行探索和突破。建议在双方不断完善的联合协调发展机制基础上利用业已形成的中马“两国双园”联合协调机制，以“双园”发展为轴，积极开展产业投资和贸易政策协同创新研究，尝试建设中马“两国双园”跨国自由贸易试验区，作为中国—东盟自由贸易试验区“升级版”的试验田，以此带动中国—东盟关系的提升和发展。如果可以依托“两国双园”建立跨国自由贸易试验区，将是世界上第一个由主权国家共同建设的国际化自由贸易试点特区，有助于推动双方在投资便利化、贸易自由化、服务贸易发展、跨境电子商务合作、金融开放等领域先行先试。这不仅对于服务中马两国双边开放合作具有重要意义，对于中国—东盟自由贸易试验区“升级版”建设也将发挥重要的示范和引领作用。

（五）依托“两国双园”推进“点对点”金融开放创新试点工作

在中马两国经贸合作关系不断深化的背景下，相应地推动双边金融开放合作显得越来越重要。近年来，中国积极推动金融领域的开放合作和政策创新，已经出台广西、云南沿边金融改革政策，并已取得积极成绩。中马两国金融体系互补性很强，马来西亚参与中国“一带一路”倡议，积极构建东盟国家和亚欧经贸合作运营中心，必须更加重视金融的支撑和推动作用。人民币国际化是大势所趋，马来西亚同中国的贸易额超过 1200 亿美元，金融国际化程度高，法制健全，具有承载人民币国际化的良好基础。建议利用“两国双园”合作框架，探索构建由两国中央银行监管、指定商业银行参与、以服务两国经贸合作为目的、实施总量额度控制的人民币国际化试点体系、中马率先建立人民币国际化有序推进的金融服务合作体系，更好地服务中马两国经济贸易快速发展。

（六）充分利用中马两国资源禀赋及产业互补性加快双园产业链的建设

中马钦州产业园区规划围绕装备制造、电子信息、食品加工、材料与新材料、生物技术、现代服务业这六大重点产业进行产业布局，打造产业链，形成产业集群，塑造相应的产业特色。马中关丹产业园则以现代钢铁、汽车装配、棕榈油加工、石油化工、清真食品等传统优势产业，金融保险、现代物流、科技研发、展览展示等现代服务业以及电子电器、信息通信、环保产业等新兴战略性产业共三大重点产业为发展方向。“两国双园”所规划的重点产业方向具有极强的关联性和互补性。通过充分利用中国与马来西亚资源禀赋及产品的品质、特性不同形成专业化分工，积极发展产业内贸易来避免劳动密集型产业的竞争，增进“两国双园”产业互补，将出口竞争转化为双方合作，积极打造和延伸“两国双园”产业链。

1. 石油化工产业链

中马钦州产业园区可以充分利用园区南部的钦州石化工业园，延长石化产业链，如乙烯、丙烯等石化产品，以及如润滑剂、合成橡胶、塑料、化肥、医药品等下游行业，形成广西沿海石化产业集群。石油化工同样是马中关丹产业园的重点产业方向之一，关丹市北约 25 千米处的关丹港口市工业区有众多石油企业，在东海岸经济特区的总体规划中被鉴定为特区的综合工业和物流枢纽。

2. 汽车产业链

中马钦州产业园临近钦州保税港区，钦州保税港区作为整车进口口岸及西部地区唯一的整车进出口通道，享受钦州保税港区保税、退税、免税等特殊优惠政策。中马钦州产业园区可以利用得天独厚的港区条件，重点发展汽车关键零部件制造，提高系统化、专业化和集成化制造水平，不断壮大和发展产业园区的汽车制造业。汽车装配作为马来西亚的传统优势产业，也是马中关丹园区的重点发展产业。中马钦州产业园区计划重点引进马来西亚宝腾汽车整车厂商，加快形成整车制造产能，以期成为全国有较大影响力的新整车生产基地。

3. 农副产品及食品加工业产业链

钦州拥有丰富的物产资源，中马钦州产业园区可以将当地盛产的农产品以及海洋产品等为原料发展大豆粮油加工业以及食品加工业，以外向型食品加工为发展方向，以食品精深加工项目为载体，通过延长产业链，在高端休闲食品、绿色有机食品、方便食品、功能食品等领域积极发展食品加工中小企业群，形成具有热带、亚热带特色的农副产品加工基地。另外，可利用钦州的农产品甘蔗，加快制糖工业的技术改造和综合利用，鼓励和引导企业加强高产糖料基地建设，提高蔗糖加工深度和综合利用，循环经济水平，延伸产业链，提高附加值，形成品牌规模效应，提高糖业的综合效益。马来西亚是全球主要的棕榈油生产国之一，其油棕的产量已经占世界产量的50%以上。近年来马来西亚致力于发展成为清真食品的市场贸易和技术研发中心，具备在国际具有影响力的清真食品国际认证机构——马来西亚的伊斯兰发展署；因此马中关丹产业园区也可利用其特产资源，发展棕榈油、燕窝和清真食品的加工等产业。

4. 多媒体电子信息产业

电子信息产业是研制和生产电子设备及各种电子元件、器件、仪器、仪表的工业，是军民结合型工业，由广播电视设备、通信导航设备、雷达设备、电子计算机、电子元器件、电子仪器仪表和其他电子专用设备等生产行业组成。马来西亚推广的“多媒体超级走廊”(MSC)通过发展资讯通信工艺的人力资源，加强该领域的本土化及提升网上商贸活动，目前已取得一定成果，其通信线路为大容量光纤电缆，可与亚洲国家、美国以及欧洲发达国家相连，其电脑及基础设施均为世界一流。中马双方可通过“两国双园”这一平台开展合作，发挥各自优势，互惠互利。中马钦州产业园区可承接马来西亚信息媒体产业转移，借鉴马来西亚“多媒体超级走廊”计划的成功经验，重点发展多媒体、电子信息、云计算等相关产业。中马产业园想要打造成为信息智慧走廊，亟须加强研发创新，完善智能终端、集成电路和平板显示、物联网等产业链。①

（七）消除政治隔阂、淡化合作中的政治色彩

中马“两国双园”发展模式是在双方国家领导人的运筹帷幄，地方各级政府和部门及企业的大力配合下得以顺利开园建设的国际产业合作项目，受两国国情及政治经济体制因素的影响在园区建设布局及决策上不免存在不同声音。早在国民阵线政府时期，关丹园在政府护航下获得较多便利，也招致不少批评，例如，有人认为大规模引入中资会侵占马来人的就业机会、损害马来人的权益等。新形势下，关丹产业园区不妨做些改变，在园区周边、建筑工地等场所，

① 《“两国双园”企业互动机制设计_CAFTA进程下的广西北部湾经济区产业集群发展之财政金融政策研究：以“两国双园”融资规划设计为例》，2020年7月12日。

应避免大量出现单一的中文标语和条幅等，给马来族群造成“海外飞地”的错误观感；在宣传上要侧重强调园区发展能给当地带来多少经济效益与工作岗位，拉近与当地民众的距离[①]，引导当地民众上下一心投身到园区的经济建设当中，共同谋求发展，这是复合两国人民利益和愿望。

（八）加大对当地社会法律的了解与调研

自双园合作模式建立以来，许多中资企业通过产业园落地马来西亚，由于对当地法律法规知识的缺乏，在建设与运营过程中面临着较大的阻碍。2018年5月，关丹产业园区首个入园项目“联合钢铁”被举报涉嫌“偷水”，马来西亚国家水务委员会调查后发现“联合钢铁”以两条水管非法接驳供水，违反了马来西亚2006年水务工业服务法令第123（1）条文规定。“联合钢铁”代表律师此后声明，“偷水”的指责纯属误会，只因文件处理的混淆导致。关丹国会议员傅芝雅则表示，误会的产生是因为当局没有严格执行申请水供的条例，并认为“联合钢铁”应该开放给新政府参观，以了解工厂运作、安全问题，并确保该厂聘请的本地员工获得应得的福利。负责关丹园管理开发的怡保置地公司应对入园企业和员工进行当地法规与文化习俗的普及和培训，中资企业也需聘请当地政府、智库专业人员担任顾问，邀请关丹市、彭亨州议员和相关部门工作人员入园了解情况，进行园区和企业发展规划与进程的介绍，听取指导建议，消除误会，避免分歧。园区中资企业同时可以参加邻近马来村镇的文化或节庆活动，效仿当地企业到马来西亚员工家造访、节庆时派发礼品等。因此，深入了解当地社会法律，解读相关配套政策对于园区管理人员及入驻的企业来说都尤为重要。

（九）加强两国间人文交流

在中马“两国双园”合作框架乃至中马经济项目的合作中，人文交流、民间互信始终是确保项目平稳顺利发展的基础。中马双方一直重视文化方面友好互动交流。为了促进两市经贸文化交流，钦州市与关丹市结为国际友好城市，商定轮流举办“两市双日”文化交流活动，增进两市人民的友谊。自2016年起，

① 廖博闻，林德顺．中马“两国双园”会“降温”吗[J]. 中国周边，2018（19）：34–35.

“钦州日”活动在关丹市举行。次年，钦州当地则举行 “关丹日”活动。[①]

在“一带一路”倡议以及关丹产业园区等相关项目在马来西亚宣传、落地的过程中，华人族群明显表现出更积极的姿态。相比之下马来族、印度族对“一带一路”倡议与中马合作项目的知晓度、参与度都不高，这体现了中马两国间特别是中国与非华族群的社会文化人文交流有待提高。目前，“两国双园”合作的资讯大多只刊登在当地华文或英文媒体上，出现负面信息时才会登上马来文媒体，因此产业园应在相对中立客观的马来西亚媒体上进行公关及资讯传播，继而树立其造福当地、服务民众的良好形象，也需加大针对当地政府人员与民众的开放，多举行介绍活动。2018 年 6 月 7 日，关丹产业园首次开放现场就职面试，吸引当地数千名青年前来应聘，人满为患的照片在网上流传，也让此前批评关丹园禁止马来西亚公民入内的言论不攻自破，继而得到当地群众欢迎。目前，产业园和相关企业的开放活动较少，相关的接待和介绍服务还不周全，仍然不能满足当地民众与政府议员的“好奇心”与“猜测”，甚至引发当地民众对中方人员的误解和冲突。因此，关丹产业园区以及两国政府在推动民间的文化交流与互信方面，还有很多可操作的空间，让当地民众对中国与中资项目有更正面的了解。

（十）看长远抓机遇借势发展

中马“两国双园”的开发建设背景相近，民情相同，园区所在地理位置区位优势相似，但在国家各经济区发展中均处于初步发展阶段，当地经济水平滞后，产业基础薄弱、人才缺乏，“两国双园”的发展如何变弱为强、变旧为新、变贫穷为富裕、变落后为先进等考验国家层面宏观布局的同时也让地方政府在探索地方经济特色发展道路上面临具体挑战。“两国双园”作为当代中马两国最为重要的国家战略之一，中马钦州产业园区方面，地方政府系统理解“一带一路”倡议的政策形成背景非常重要。园区的布局及规划其实是国家在西部地区继西部大开发计划之后国家区域发展策略的延续，自西部大开发计划实施以来，园区所在的西部地区发展相比东部沿海地区仍然存在巨大差距，没有达到预期目的。西部地区欠发达的状态并不仅仅是单纯的经济议题，还伴随着就业、发展模式不可持续、区域发展不平衡、管理模式僵化、民族问题等更深层次的

① 钦州市商务局，《“一带一路”双城记：钦州关丹携手搭建互联互通交融发展的友谊之桥》，2019 年 5 月 20 日。

社会问题。中国政府在2008年出台的救市政策，成功避免了因世界金融危机影响而产生的经济衰退，但也给中国经济发展埋下了潜在的巨大隐患。为了保证经济可持续发展，中国政府必须考虑做出结构性的改变，寻求新的市场空间来消弭过度生产造成的困境。中国政府需要构建新的政策方案来解决西部地区的经济发展问题[①]。

中马钦州产业园区领导对于“一带一路”倡议以及政策方向转变有着准确的把握，在基层工作的策略和措施上体现了国际化视野和超前意识。中马钦州产业园区实际上超前布局了一个“走出去”的项目，也是“一带一路”的实现方式、破题行动方案之一。中国开放趋势“以引进外资为主”变为“既引进外资、也走出去投资”以及“一带一路”企业走出去。“一带一路”的参与者，不仅仅是中国的国有企业，更有市场上众多的国内外民营企业、金融资本。“一带一路”的发展模式，不仅仅是传统的大项目工程“硬”基础设施，更要重视法律制度和政策等“软”基础设施。[②]

从国内经济发展的转变，中马“两国双园”需要立足北部湾湾区、东海岸经济区经济发展的新机遇，并借助长江三角区、泛珠三角区、依斯干达经济特区等在港口、物流、贸易流、信息流、资金流方面积极引资，调集各方面资源，搭建合作桥梁，善于借势发展，推动园区发展模式从工业集中区型（1.0）逐步走向跨国自由贸易区型（4.0）。

结语

随着中马“两国双园”开发建设迈入新的阶段，中马 “两国双园”建设定位更加清晰，“两国双园”建设必将能服务中马双方战略规划。充分利用中方的“一带一路”倡议与马方的“经济转型计划”相互契合的优势，围绕政策沟通、设施联通、贸易畅通、资金融通、民心相通，进一步开展协调与合作，共同打造国际产能合作示范区。围绕两国产业规划和产业优势，以两个园区为载体开展产能合作与互动，实现双方禀赋、资金优势、市场潜力的有效对接和优势互补，将“两国双园”建设成为中马合作旗舰项目和中国—东盟合作示范区，进一步推动两园建设创新发展，启动和推进“两国双园”在科技、教育及人文

---

① 安邦智库 ANBOUND：《一带一路政策形成》，政府大数据信息库，2019年8月。

② 安邦智库 ANBOUND：《中国战略环境报告（2035）》，政府大数据信息库，2020年3月31日。

交流中的合作。双方的联合协调合作机制也将不断完善，切实解决园区建设发展中遇到的新问题、大问题，为企业入园及双方的深度产能合作提供“一站式”优质服务。“两国双园”可相互分享借鉴建设管理先进经验，在产业链协作、资源开发、市场开拓、港口互通、海关特殊监管等方面加强合作，互利互惠，互动发展，成为两国企业合作开发、互利共赢的新桥梁与新纽带。

参考文献

[1]《中马钦州产业园区开发建设报告》，中马钦州产业园区管委会，2020 年 3 月 6 日。

[2]《中国—马来西亚钦州产业园区简介》，中马钦州产业园区工管委办公室，2019 年 1 月 31 日。

[3]《中马“两国双园”合作模式及开发建设情况介绍》，中马钦州产业园区管委会，2020 年 6 月 10 日。

[4] 吴建军 . 马中关丹产业园建设的经验及启示 [J]. 浙江经济，2019（07）：58–59.

[5] 中马携手共建“两国双园”升级版 [N]. 广西日报，2019–06–28.

[6]《中马“两国双园”合作模式及开发建设情况介绍》，中马钦州产业园区管委会，2020 年 6 月 10 日。

[7] 李世泽，程文豪，甘日栋 . 中马两国双园互动发展亟待新突破 [J]. 广西经济，2017（02）：30–33.

[8] 黄建英 . 中马钦州产业园竞争力优势分析——中马钦州产业园竞争力研究之二 [J]. 广西经济，2015(2)： 44.

[9]《中马“两国双园”合作模式及开发建设情况介绍》，中马钦州产业园区管委会，2020 年 6 月 10 日。

[10] 郝大江 . 海南自由贸易港建设下我国与东盟国家产业联动发展研究 [J]. 商业经济，2020（2）：70–71.

[11] 高朴 . 做大做强中马“两国双园”建设陆海新通道重要节点 [N]. 钦州日报，2019–06–05（001）.

[12] 廖博闻，林德顺 . 中马“两国双园”会“降温”吗 [J]. 中国周边，2018（19）：34–35.

[13]《“一带一路”双城记 ‖ 钦州关丹携手搭建互联互通交融发展的友谊之桥》，钦州市商务局，2019 年 05 月 20 日。

[14] 安邦智库 ANBOUND：《一带一路政策形成》，政府大数据信息库，2019 年 8 月。

[15] 安邦智库 ANBOUND：《中国战略环境报告（2035）》，政府大数据信息库，2020 年 3 月 31 日。

[16] 李世泽 . 中马“两国双园”：互动发展正当时 [J]. 广西经济，2017（04）：57–58.

[17] 周艳，钟昌标 . 大湾区“三群”联动协调发展的 [J]. 经济体制改革，2020（2）：46–52.

Ⅳ　附录

第十二章　马来西亚大事记（2019 年 1—12 月）

黄柯荣　冯昌文*

1 月 5 日　马来西亚开始实行燃油浮动报价机制，每周五公布新油价。

1 月 18 日　马来西亚多元重工业遭中国金星重工业索赔 8.69 亿元人民币。

1 月 28 日　马来西亚对华特使兼马中商务理事会主席陈国伟率马来西亚代表团赴中马钦州产业园区考察，以探讨深化中马“两国双园”的合作机制，促进中马两国的贸易往来。

1 月 30 日　马来西亚国际贸易和工业部部长雷京指出，在区域全面经济伙伴关系协定（RCEP）谈判中，超过一半的章节已经定稿。

1 月 31 日　丘光耀博士被任命为马中商务理事会首席执行官。

2 月 11 日　马来西亚总理办公厅宣布成立经济行动理事会，以针对本国的经济与财政事务及人民福祉，进行研究及拟定政策。

2 月 11 日　马来西亚国内贸易及消费者事务部部长赛夫丁表示，推行欧Ⅳ标准汽油的计划展延至 2020 年。

2 月 27 日　马来西亚副总理旺·阿兹莎与文莱苏丹举行会晤，商谈有利于两国经济和贸易的新提案。

3 月 1 日　马来西亚皇家关税局拟对烟酒在进口前征税，“先付后退”杜绝

---

*黄柯荣，广西民族大学东盟学院政治学研究生；冯昌文，广西民族大学马来语专业本科生。

走私。

3月8日 马来西亚政府在日本发行总值约73亿林吉特的10年期武士债券。

3月14日 郭鹤年蝉联《福布斯》马来西亚富豪榜冠军。

3月18日 马来西亚国家新闻社与马来西亚中国企业家联合会签署合作协议，携手助力中马友好和两国经贸合作。

3月19日 马来西亚总理马哈蒂尔宣布，马来西亚中小企业公司税将在年内减至17%。

3月23日 墨菲石油公司（Murphy）宣布，脱售马来西亚总值21.3亿美元油气资产给泰国公司，随后退出马来西亚市场。

3月25日 马来西亚正在研究P2P能源交易和可再生能源证书。

4月8日 马来西亚财政部提呈《2019年离境税法案》，法案阐明任何人士从马来西亚机场乘飞机离开马来西亚国境都必须缴付出境税。

4月9日 马来西亚全国企业家及中小型企业发展理事会（NESDC）首次会议决定采取8大措施，以促进中小企业的国内生产总值（GDP）增长。

4月12日 马来西亚机场运营协议延长35年。

4月12日 马来西亚铁路私人有限公司（MRL）和中国交通建设股份有限公司达成协议，重启东铁项目，建造成本缩减32.8%。

4月15日 马来西亚第二家廉价航空公司——大马连城航空将于两年内投入运营。

4月16日 阿里巴巴商学院正式在马来西亚招生。

4月18日 马来西亚推出升级版旅游配套优惠以吸引中国游客。

4月22日 中国江西省与马来西亚沙巴州签署缔结友好省州关系意向书。

4月25日 马来西亚和中国签署谅解备忘录，中国拟议在5年内（2019—2023年）向马来西亚购买额外190万吨棕榈油，预计价值达45.6亿林吉特。

4月25日 马中商务理事会与中国—亚洲经济发展协会签署战略合作备忘录，以促进马中商务理事会与该会的长期合作关系，提升马中两国经贸交流。

4月26日 马来西亚G3 Global与两家中国企业展开战略合作，将在马来西亚设立首座人工智能产业园。

4月27日 马来西亚总理马哈蒂尔出席第二届“一带一路”国际合作高峰论坛圆桌峰会，探讨“一带一路”的发展，加深马来西亚与各国的互联互通。

4月30日 马来西亚最大棕榈油业者联邦土地发展局正式宣布进军中国榴

裢市场。

5月1日 马来西亚停征8个月原棕榈油出口税。

5月2日 马来西亚将与中资企业合作建100万间经济适用房。

5月6日 马来西亚证券监督委员会（SC）推出2019年企业治理监督报告，以鼓励更多上市公司采用符合企业治理的规则。

5月7日 马来西亚国家银行货币政策委员会（MPC）宣布，将隔夜政策利率（OPR）从原有的3.25%下调至3%。

5月10日 马来西亚总理马哈蒂尔提出“2030年共同繁荣愿景”。

5月14日 马来西亚政府预计将于2020年1月开始对外国数字内容提供者征收6%服务税。

5月14日 中资企业收购日本松下马来西亚光伏业务。

5月17日 亚洲开发银行（ADB）总裁中尾武彦与马来西亚总理马哈蒂尔会面，商讨如何支持马来西亚在水源、城市交通及可再生能源方面的发展。

5月21日 根据世界大型企业联合会与尼尔森合作的全球消费者信心调查，马来西亚在全球消费者信心指数（CCI）排名第六位。

5月23日 索尼手机退出马来西亚市场。

5月24日 阿里云牵手马来西亚科技公司在马来西亚打造智能交通管理系统。

5月25日 马来西亚财政部宣布由中国公司承建的两项天然气输送管计划确认停止工程合作。

5月29日 瑞士洛桑管理学院（IMD）世界竞争力中心公布的《2019年世界竞争力报告》显示，马来西亚在世界最具竞争力国家中连续两年排名第22位。

5月29日 美国将马来西亚列入货币操纵观察名单。

5月31日 马哈蒂尔在东京“亚洲未来”会议上提议以黄金为基础为东亚地区创造一种新的“特殊货币”，取代现有的美元交易体制。

6月5日 阿里巴巴集团宣布，马来西亚猫山王榴梿将首次以冷冻带壳形式正式出口中国，中国消费者可以通过线上及线下门店购买。

6月17日 马来西亚绿盛世与中国电建集团签署2项合作协议，联手竞标马来西亚基建工程项目及共同发展位于莎阿南的Eco Business Park 5 (EBPV) 第2期。

6月21日 马来西亚总理马哈蒂尔表示，政府将简化经商程序、法规和规章，以方便外国人在马投资。

6月24日 马来西亚跃升全球第七大巧克力生产国。

6月25日 马来西亚财政部部长林冠英保证政府2020年不会征收新税种。

6月27日 马来西亚和韩国启动双边自由贸易协定谈判。

6月28日 马来西亚“贸易与工业顾问理事会”（TIAC）成立。

6月30日 马来西亚政府同意拥屋计划（HOC）优惠政策延长半年，购房者继续豁免印花税。

6月30日 马来西亚财政部部长林冠英访问中国。

7月1日 马来西亚财政部部长分别会晤中国交建和中国铁建的领导，谈论及交流他们在马来西亚的大型投资项目。

7月1日 马来西亚经济事务部部长阿兹敏指出，耗资450亿林吉特的4000个发展计划将在2019年推出。

7月2日 马来西亚国家石油公司与沙特阿拉伯石油公司的联营公司炼油和石化本月将重启原油蒸馏项目试验。

7月2日 中马两国财政部共同探讨马来西亚欲在中国发行熊猫债券一事。

7月3日 “商汤科技”将在马来西亚建人工智能产业园。

7月4日 中国南京与马来西亚纳闽特区签署“一带一路”数字金融战略合作协议。

7月4日 因多国暴发猪瘟，马来西亚禁止猪肉出口以满足内需。

7月5日 马来西亚圈定槟城国际机场、梳邦机场和巴生港口为2019年数字自由贸易区（DFTZ）的新地点。

7月6日 马来西亚财政部部长林冠英率代表团访问深圳证券交易所。

7月8日 马来西亚经济行动理事会决定将建筑准证的审批期限从390天减至90天。

7月11日 马来西亚的ESG评分在大幅上升至2.70点，在亚太区市场排名第3位。

7月11日 马来西亚出台2030年国家企业家政策，以打造有利的企业家生态系统。

7月12日 英国愿意与国库控股有限公司合作发展马来西亚的新国产车项目，以帮助马来西亚实现其碳排放量目标。

7月12日 马来西亚政府将采取多项措施帮助青年就业，包括提供工作招聘网站 Jobs Malaysia。

7 月 15 日　马来西亚财政部部长林冠英透露，马中将设立股票交易所互联互动平台。

7 月 16 日　马来西亚和印度尼西亚将向世界贸易组织提交反欧盟棕油规定的申诉。

7 月 18 日　国际信贷评级机构惠誉（Fitch）维持大马的长期外币债务发行人评级维持在“A-”，评级展望为“稳定”。

7 月 21 日　马来西亚内政部宣布将放宽中国和印度游客落地签政策。

7 月 22 日　马来西亚经济事务部已批准 200 万林吉特拨款予霹雳州政府，用于建设邦咯岛免税岛。

7 月 25 日　云顶大马与美国福克斯相关公司及华特迪士尼在庭外达成和解，同时双方签署重新调整的协议备忘录，前者可在云顶高原户外主题乐园采用福克斯的部分知识产权。

7 月 25 日　马来西亚在 2019 年全球创新指数（GII）中的排行保持第 35 名。

7 月 26 日　大马铁道衔接公司（MRL）将与中国进出口银行签署一项减少东海岸铁路（东铁）项目的贷款利息成本的补充协议。

7 月 27 日　继出口冷冻带壳猫山王榴梿和 MD2 黄梨之后，马来西亚正与中国洽谈菠萝蜜的出口事宜。

7 月 29 日　U Mobile 和中国科技巨头腾讯签署谅解备忘录，探讨潜在的策略合作，通过腾讯云端技术来支援该公司发展智能科技和服务。

7 月 29 日　“一带一路”中国—马来西亚人文交流与经济合作论坛在吉隆坡举行。

7 月 29 日　马来西亚经济研究院（MIER）响应政府的“2030 年共享繁荣愿景”，与多个国内外企业和机构签订谅解备忘录，开启自身的转型之路。

7 月 30 日　马来西亚产业部原部长郭素沁访问印度，宣传马来西亚棕榈油和橡胶产品。

7 月 31 日　大马银行（AMBANK）将拨出 1 亿林吉特，拓展中小型企业数码平台发展的资金，以加强其中小型企业业务，并带来更多的营利贡献。

8 月 8 日　马来西亚财政部部长林冠英出席 2019 马来西亚—中国“一带一路”经济合作论坛，并指出马来西亚计划建立一个由财政部牵头的“特别渠道”，以推动更多来自中国的投资。

8月8日 马来西亚的洗衣店、布料店、理发店和金匠店将在2019—2021年分阶段终止雇用外劳以优先给予本地人就业机会。

8月10日 印度尼西亚总统佐科访问马来西亚，与马来西亚总理马哈蒂尔商讨东盟汽车计划、棕榈油工业合作等议题。

8月18日 马来西亚国家高等教育基金局继续推动存款配对援助，鼓励更多来自B40低收入层的父母参与教育储蓄计划。

8月19日 马来西亚政府计划通过向大道特许经营公司发行债券，收购15条高速公路，共计430亿林吉特。

8月21日 马来西亚国家银行（BNM）放宽10亿林吉特可负担房屋基金申请条件，以进一步协助低收入首购族购置房屋。

8月27日 马来西亚总理马哈蒂尔访问越南，两国首脑同意利用东盟的力量发展经济，及解决该区域及世界面临的问题。

8月28日 大众银行、峇都加湾、吉隆甲洞、IHH医疗保健集团、齐力工业与合成统一等6家马来西亚上市公司入选福布斯亚太区200强。

8月30日 马来西亚政府宣布下调机场税（PSC）。

8月30日 马来西亚交通部决定豁免转运54类货物进口许可证。

9月4日 马来西亚企业家发展部部长达图·斯里莫哈末礼端率团出席APEC部长级会议。

9月5日 马来西亚原产业部部长郭素沁接见中国数家企业代表，洽谈开拓马来西亚原产品在中国的市场。

9月8日 马来西亚国会下议院副议长倪可敏率团到访中国义乌，鼓励马来西亚优质产品前往义乌进口商品城展出。

9月10日 2019年中马企业合作对接会在吉隆坡举办。

9月10日 马来西亚政府再拨款5000万林吉特用于华商中小型企业微型贷款。

9月12日 马来西亚国家银行货币政策委员会宣布将隔夜政策利率（OPR）维持在此前的3%水平。

9月14日 马来西亚总理马哈蒂尔召开内阁特别会议，根据“2030共享繁荣愿景”，商讨国家长期经济政策方针。

9月17日 马来西亚政府决定不再发放购电协议特许经营权给传统的燃煤及天然气发电厂，但会为新能源运营者，如太阳能光伏业者，发放太阳能购买协议。

9月20日 马来西亚国际贸易与工业部部长达乐·雷京出席中国—马来西亚跨境电商产品嘉年华。

9月21日 中国—马来西亚产能与投资合作论坛在中国广西南宁举行。

9月22日 马华总会会长魏家祥出席第四届中国—东盟商会领袖高峰论坛，并发表题为“共建一带一路，共绘合作愿景”的演讲。

9月27日 富时·罗素（FTSE Russell）宣布，继续将马来西亚债券市场保留在观察名单内。

9月30日 马来西亚经济事务部长率代表团出席在莫斯科举行的马来西亚—俄罗斯经济、科学、技术及文化合作联合委员会（ESTC）首次会议。

10月2日 美国宣布禁止进口马来西亚手套制造商WRP亚太公司所生产的手套。

10月2日 马来西亚将出口所有种类的棕榈油副产品到巴基斯坦。

10月3日 明讯（Maxis）及华为科技（马来西亚）签署一项在马来西亚提供5G服务网络的协议。

10月7日 马来亚银行（MAYBANK）再次被月度金融杂志《全球金融》（Global Finance）评为马来西亚最安全的银行。

10月7日 马来西亚交通部正通过马来西亚航空委员会（Mavcom）来起草《国家机场战略计划》。

10月16日 马来亚银行有限公司与柬埔寨国家银行签署谅解备忘录，促进两国在跨境支付及汇款上的合作。

10月23日 马来西亚财政部部长林冠英出席世界银行发展委员会部长级会议并发表演讲。

10月25日 马来西亚在世界银行的全球经商简易度排名中，上升3个名次，排名第12位。

10月26日 马来西亚总理马哈蒂尔访问土库曼斯坦，双方就经济领域，尤其是石油与天然气开采方面的合作进行商讨。

11月6日 马来西亚加入《马德里协议》。

11月8日 马来西亚国家银行宣布将法定储备金率（SRR）从3.5%下调至3%，以保持国内金融体系的充足流行性。

11月10日 马来西亚政府将在柔佛州设立新的经济走廊，带动州内发展及刺激地方经济活动。

11 月 11 日 马来西亚“一带一路”委员会与中国广东省佛山市进出口商会结成友好协会，携手推动马来西亚和佛山市质检的经贸合作。

11 月 12 日 马来西亚桂商总会与中国广西农业农村厅就清真认证服务达成合作。

11 月 18 日 马来西亚中小企业银行将拨出 10 亿林吉特为本地承包商提供贷款，以完成东海岸铁路的 40% 土木建筑工程项目。

11 月 20 日 马来西亚东海岸经济特区（ECER）取得涵盖 36 个项目的 70 亿林吉特投资承诺，预料将创造 5700 个工作机会。

11 月 28 日 马来西亚总理马哈蒂尔和韩国总统文在寅举行双边会议，讨论韩国放宽其对马来西亚商品中出现的生育三烯酚（维生素 E）进口条例事宜。

12 月 6 日 马来西亚亚洲航空公司进军娱乐事业，扩大非机票业务。

12 月 13 日 马来西亚皇家关税局公布最新关税架构，出口税将在 2020 年重启，并且棕油出口将被征收 5% 的关税。

12 月 17 日 马来西亚国会上议院通过 2020 年财政预算案，批准拨出 2970 亿林吉特为 2020 年的开销。

12 月 19 日 在获得马来西亚航空委员会的个案豁免权和日本国土交通省反垄断豁免权后，马来西亚航空和日本航空将在 2020 年启动联合业务。

12 月 25 日 马来西亚证交所 2019 年有 30 家新股上市，是 2006 年以来的最高水平。

12 月 26 日 马来西亚国际贸易与工业部表示，马来西亚已经连续 5 年对从中国、日本、韩国和越南进口的冷扎铁或非合金钢卷征收反倾销税。

12 月 30 日 马来西亚将于 2020 年 1 月 1 日起向在网上购买的海外服务征税 6%。

第十三章 马来西亚经济社会统计数据

黄贵森 莫 凡*

一、社会数据

（一）人口

马来西亚位于东南亚，是君主立宪制联邦国家，由分布在马来西亚半岛和婆罗洲上的13个州和3个联邦直辖区府构成。面积329847平方千米。2018年马来西亚人口3238万，其中，男性约有1672万，女性约有1566万，80%集中在马来西亚半岛。人口位居前5位的州是雪兰莪州、沙巴州、柔佛州、沙捞越州和霹雳州。

表13-1 2018年马来西亚各州及联邦直辖区人口分布

所在州属	人口数量（万人）	所在州属	人口数量（万人）
柔佛	374.2	霹雳	250.5
沙捞越	279.2	雪兰莪	647.2
沙巴	389.9	森美兰	113.0
彭亨	166.6	登嘉楼	123.0
吉兰丹	185.7	吉打	216.4
槟城	176.7	马六甲	92.2
玻璃市	25.4	吉隆坡	179.5
纳闽	9.9	布城	9.0

资料来源：马来西亚统计局。

表13-2 2018年马来西亚人口年龄结构

	人口数量（万人）	占比（%）
0~14岁	770.51	23.80
15~64岁	2257.61	69.72
65岁以上	209.89	6.48

资料来源：马来西亚统计局。

* 黄贵森，广西民族大学相思湖学院学校办公室主任，讲师；莫凡，广西民族大学相思湖学院，讲师。

表 13-3　2013—2018 年马来西亚总人口

年份	总人口（千人）
2013	29900
2014	30709
2015	31186
2016	31634
2017	32023
2018	32382

资料来源：马来西亚统计局。

（二）民族

马来西亚是一个多民族的国家，全国有 32 个民族。马来西亚半岛以马来人、华人、印度人三大民族为主；沙捞越以达雅克人、马来人、华人为主；沙巴以卡达山人、华人、马来人为主。2018 年，马来西亚全国人口总数约 3238 万人，马来人约占 61.9%，华人约占 20.6%，印度人约占 6.2%，其他种族约占 1.0%，非马来西亚公民约占 10.3%。

（三）学校

截至 2017 年年底，马来西亚共有公立小学 7901 所，公立中学 2586 所。2018 年教育经费预算为 616 亿林吉特。其中：马来西亚全国共有 1307 所华小，63 所华文独立中学。

截至 2018 年年底，马来西亚有 20 所公立大学，10 所外国大学分校，600 多所私立大学、学院等。

（四）交通

1. 公路。马来西亚公路总长约为 21.7 万千米。

2. 铁路。2017 年，马来西亚铁路共运载旅客 359.6 万人次，货物 562.3 万吨。

3. 空运。马来西亚共有 8 个国际机场，即吉隆坡国际机场、槟城国际机场、兰卡威国际机场、亚庇国际机场、古晋国际机场、马六甲国际机场（无国内航线）、柔佛士乃国际机场和瓜拉登嘉楼苏丹马穆德机场。2017 年空运旅客 9910 万人次，同比增长 8.1%。中国前往马来西亚有多条航线可供选择，航空公司包括中国国际航空、马来西亚航空、中国南方航空、东方航空、厦门航空、深圳航空及香港国泰航空，每周定期往返于中国北京、上海、广州、厦门、昆明、香港、澳门与马来西亚吉隆坡、槟城、兰卡威及哥打基纳巴卢之间。作为亚洲地区最大的廉价航空公司之一，亚航近年来陆续开通了多条前往中国主要旅游城市的航线，包括广州、桂林、海口、杭州、深圳、成都、香港和澳门等，往返吉隆坡和北京的直航也于 2012 年正式开通。

4. 水运。2017 年，马来西亚海运总运量为 5.45 亿吨。2015 年 11 月，中国和马来西亚建立港口联盟关系。2017 年港口联盟成员从 16 个增至 21 个。目前成员涵盖大连港、太仓港、上海港、宁波舟山港、福州港、厦门港、广州港、深圳港、北部湾港、海口港、京唐港、天津港等 12 个中方港口以及巴生港、民都鲁港、柔佛港、关丹港、马六甲港、槟城港、甘马挽港、沙巴港和古晋港等 9 个马方港口。

（五）通信

1. 电话。截至 2017 年年底，马来西亚住宅固定电话用户数为 657.8 万户，移动电话用户数达到 4233.9 万户。

2. 互联网。截至 2018 年，马来西亚宽带互联网用户 378 万户。2019 年 5 月，马来西亚网速为 68.5Mbps，略高于全球平均网速 59.6 Mbps。在马来西亚通信及多媒体委员会于 2018 年 10 月推行强制性定价（MSAP）计划后，马来西亚高速宽频配套的价格平均降低了 49%，其中 30 Mbps 配套的价格介于 79~89 林吉特。

3. 邮政。根据马来西亚统计局数据，截至 2017 年，马来西亚共有 1028 个邮政局，全部完成电脑化运营，包括 227 个小型邮政所和 694 个邮政局。2017 年马来西亚国内邮寄包裹数量为 7.38 亿件，国际包裹数量为 2964.6 万件。此外，马来西亚还设有 24 小时自动服务终端（POS24），方便居民使用。

（六）电力

马来西亚的电力由公共能源公司（占 98%，包括国家能源公司和州立能源公司）和独立的私人发电厂（占 2%）提供，2016 年发电量约 1560.0 亿千瓦·时，其中，燃气机组占 43.5%、燃煤机组占 42.5%、水电机组占 13%、柴油机组占 0.4%。

（七）劳动力供应

2018 年马来西亚劳动力人口约为 1532.5 万人，服务业、制造业劳动力人口增幅较大，其中主要是销售行业、住宿和餐饮行业。马来西亚劳动力人口参与率由 2017 年的 68.0% 增至 2018 年的 68.4%，2018 年失业率为 3.4%，与 2017

年持平。外劳为 201.5 万人。

（八）劳动力价格

2017 年，马来西亚平均月工资为 2880 林吉特，最低月工资为 2160 林吉特。马来西亚雇主协会（Malaysian Employers Fedaration）工资调查数据显示，管理人员平均工资增长 5.5%，非管理人员平均工资增长 5.4%。2012 年 5 月，马来西亚政府公布最低薪金制政策，除了女佣、园丁等家庭工人，最低薪金制涵盖国内所有经济领域的员工。2019 年 1 月起，全马最低薪金标准为 1100 林吉特。

表 13-4　2017—2018 东盟最低工资标准

国家	2017 年最低工资（美元 / 月）	2018 年最低工资（美元 / 月）
越南	114.29~166.13	122.27~176.31
菲律宾	140.26~295.53	147.76~178.94
泰国	285.39~294.90	293~313.39
马来西亚	233.83~254.16	233.83~254.16
柬埔寨	153	170
印度尼西亚	99.80~250.35	109.20~274.40
老挝	108	144
缅甸	81	108

二、宏观经济

（一）主要经济数据

2004 年以来，马来西亚经济保持平稳增长。2015 年，马来西亚政府公布第十一个马来西亚计划（Eleventh Malaysian Plan，2016—2020），主题是“以人为本的增长”，拟通过提高生产力、创新领域、扩大中产阶级人口、发展技能教育培训、发展绿色科技、投资有竞争力的城市等六大策略出发，增加国民收入，提升人民生活水平和培养具备先进国思维的国民。

1. 国内生产总值（GDP）

2018 年，马来西亚 GDP 为 12298 亿林吉特（按 2010 年不变价格计算），同比增长 4.7%，人均 GDP 约为 37974 林吉特。

表 13-5 2013—2018 年马来西亚宏观经济数据

年份	GDP（亿林吉特）	经济增长率（%）	人均 GDP（林吉特）
2013	9551	4.7	31942
2014	10125	6.0	33088
2015	10628	5.0	34064
2016	11079	4.2	34994
2017	11736	5.9	36618
2018	12298	4.7	37974

资料来源：马来西亚国家银行。

2. 产业结构

2017 年马来西亚农业、采矿业、制造业、建筑业和服务业在 GDP 中所占比例分别是 8.2%、8.4%、23.0%、4.6% 和 54.4%。

表 13-6 2017 年马来西亚主要产业结构

	产值（亿林吉特）	GDP 占比（%）	同比增长（%）
农业	958.9	8.2	7.2
采矿业	986.0	8.4	1.1
制造业	2699.7	23.0	6.0
建筑业	534.4	4.6	6.7
服务业	6387.5	54.4	6.2

2018 年马来西亚农业、采矿业、制造业、建筑业和服务业在 GDP 中所占比例分别是 7.8%、7.9%、23.0%、4.5% 和 55.5%。

表 13-7 2018 年马来西亚主要产业结构

	产值（亿林吉特）	GDP 占比（%）	同比增长（%）
农业	955.8	7.8	–0.4
采矿业	969.7	7.9	–1.5
制造业	2833.4	23.0	5.0
建筑业	558.4	4.5	4.2
服务业	6830.8	55.5	6.8

资料来源：马来西亚国家银行。

3. 投资与消费

2017 年马来西亚投资发展局在制造、服务和第一产业领域共计批准投资总额为 2006 亿林吉特；消费总额为 9130.7 亿林吉特，其中，私人消费总额 7486.2 亿林吉特，公共消费总额为 1644.5 亿林吉特。

2018 年马来西亚投资发展局在制造、服务和第一产业领域共计批准投资总额为 2017 亿林吉特；消费总额为 9812.0 亿林吉特，其中私人消费总额为 8092.6 亿林吉特，公共消费总额为 1719.4 亿林吉特。

（1）生活支出。根据《2016 年家庭收入调查》，2016 年马来西亚每个家庭每月平均总开销约为 4033 林吉特，相比 2014 年增长 12.7%。

表 13–8 2016 年马来西亚家庭开销类别和占比

开销内容	占比（%）
食物和软饮料的花费	18.0
烟酒花费	2.4
服装、鞋类花费	3.4
住房、水电、燃气等花费	24.0
家具及房屋维修花费	4.2
医疗费	1.9
交通费	13.7
通信费	5.0
文化休闲	5.0
教育费用	1.3
在外用餐住宿费用	13.4
其他花费	7.7

（2）物价水平。马来西亚央行数据显示，2018 年消费者价格指数增长 1.0%。马来西亚城市、郊区和乡村的基本生活品价格水平有一定差别，而且零售店、商场和超级市场的价格也不一致。

表 13–9 吉隆坡超级市场部分食品参考价格（2018 年 5 月 19 日）

商品名称	单位	价格（林吉特）	商品名称	单位	价格（林吉特）
鸡肉	千克	12.90	牛肉	千克	59.90
香蕉	千克	6.29	木瓜	千克	10.99
西瓜	千克	2.69	鲳鱼	千克	20.00
圆白菜	千克	7.99	姜	千克	15.69
土豆	千克	3.99	洋葱	千克	3.99
本地大米	10 千克	51.90	进口大米	10 千克	119.90
鸡蛋	10 只	5.29	橙汁	1 升	8.61
食用油	5 千克	59.95	辣椒酱	500 克	16.74
牛奶	1 升	7.79	面粉	千克	1.35

资料来源：中国驻马来西亚大使馆经商处。

4. 国家预算收支

2018 年马来西亚财政收入为 2323 亿林吉特，财政支出为 286.3 亿林吉特，财政赤字为 553 亿林吉特。

5. 外汇储备

截至 2018 年年底，马来西亚外汇储备为 1014 亿美元。

6. 外债余额

截至 2018 年年底，马来西亚外债规模为 9249 亿林吉特（相当于 2210 亿美元），占当年 GDP 的 64.7%，同比增长 4.5%。其中，短期外债 4053 亿林吉特，中长期外债为 5196 亿林吉特。外债偿债率为 11.2%。

7. 通货膨胀率

2018 年马来西亚通货膨胀率为 1%。

8. 全国失业率

2018 年马来西亚全国失业率为 3.3%。

9. 主权信用评级

截至 2017 年 12 月 6 日，国际评级机构标普对马来西亚主权信用评级为“A–”，展望为稳定。截至 2018 年 2 月 20 日，国际评级机构穆迪对马来西亚主权信用评级为“A3”，展望为稳定。截至 2018 年 5 月 11 日，国际评级机构惠誉对马来西亚主权信用评级为“A–”，展望为稳定。

10. 对外贸易

2018 年马来西亚对外贸易总额为 1.876 万亿林吉特，同比增长 5.9%，其中，出口额为 9980.1 亿林吉特，同比增长 6.7%；进口额为 8777.4 亿林吉特，同比增长 4.9%；贸易顺差为 1202.7 亿林吉特，同比增长 22.1%，自 1998 年以来连续 21 年实现贸易顺差。

表 13–10　2014—2018 年马来西亚货物进出口总额

年份	出口（百万林吉特）	进口（百万林吉特）
2014	765417	682937
2015	777355	685778
2016	786964	698819
2017	934927	836422
2018	998010	877740

资料来源：马来西亚统计局。

11. 主要贸易伙伴

马来西亚国际贸易与工业部统计显示，2018 年，马来西亚出口市场前五名分别是新加坡、中国、美国、中国香港和日本；进口来源地前五名分别是中国、新加坡、美国、日本和中国台湾。中国连续第 10 年成为马来西亚最大的贸易伙伴。2018 年，马中贸易增长 8.1%，占马来西亚贸易总额的 16.7%。东盟依然是马来西亚的重要贸易伙伴。2018 年，马来西亚与东盟国家的贸易额为 5092 亿林吉特，同比增长 4.7%，占马来西亚贸易总额的 27.1%。

12. 贸易结构

2017 年，马来西亚前五大类出口产品分别是电子电器、石油产品、化学及化工产品、棕油及其制品和液化天然气；前五大类进口产品分别是电子电器、化学及化工产品、机械设备及零部件、石油产品和金属制品。

表 13-11　2017—2018 年马来西亚主要出口产品　（单位：亿林吉特）

产品	2017 年	2018 年
总额	9353.9	9980.1
电子电器	3430.0	3808.0
石油产品	719.9	765.0
化学及化工产品	685.8	577.0
棕油及棕油制品	538.5	447.0
液化天然气	404.6	401.0
机械设备及零部件	402.1	406.0
金属制品	380.0	447.0
光学及科学设备	324.2	363.0
原油	279.7	367.0
橡胶产品	263.1	262.0

资料来源：马来西亚国际贸易与工业部。

表 13-12　2017—2018 年马来西亚主要出口市场　（单位：亿林吉特）

市场	2017 年	2018 年
总额	9353.9	9980.1
新加坡	1355.9	1391.0
中国	1261.5	1389.0
美国	886.9	907.0
日本	748.9	691.0
泰国	505.3	568.0
中国香港	477.1	746.0
印度	345.5	363.0
澳大利亚	324.0	335.0
韩国	285.9	337.0

资料来源：马来西亚国际贸易与工业部。

表 13–13 2017—2018 年马来西亚主要进口产品 （单位：亿林吉特）

产品	2017 年	2018 年
总额	8381.4	8777.4
电子电器	2529.1	2616.0
化学及化工产品	798.8	827.0
机械设备及零部件	785.9	736.0
石油产品	755.2	826.0
金属制品	436.4	461.0
交通设备	429.4	452.0
钢铁产品	273.5	310.0
光学及科学设备	248.4	233.0
加工食品	207.2	200.0

资料来源：马来西亚国际贸易与工业部。

表 13–14 2017—2018 年马来西亚主要进口来源地 （单位：亿林吉特）

市场	2017 年	2018 年
总额	8381.4	8777.4
中国	1645.0	1749.0
新加坡	927.2	1029.0
美国	693.2	649.0
日本	636.1	635.0
中国台湾	547.5	634.0
泰国	481.6	486.0
印度尼西亚	378.5	403.0
韩国	364.4	389.0
印度	268.9	265.0
德国	262.6	264.0

资料来源：马来西亚国际贸易与工业部。

13. 外商直接投资

表 13–15 2014—2018 年马来西亚外商直接投资

年份	外商直接投资（百万美元）
2014	10875
2015	10180
2016	11290
2017	9296
2018	8072

资料来源：马来西亚统计局。

（二）产业发展状况

1. 农业

2018 年，马来西亚农业产值为 955.5 亿林吉特，同比下降 0.4%，占 GDP 的 7.8%。马来西亚农产品以经济作物为主，主要有棕榈油、橡胶、可可、稻米、胡椒、烟草、菠萝、茶叶等。马来西亚棕榈油委员会数据显示，2017 年，马来西亚油棕种植面积为 581 万公顷，同比增长 1.3%；原棕油产量为 1992 万吨，同比增长 15%。截至 2016 年年底，棕油储量为 166.7 万吨，同比减少 36.7%。马来西亚棕油产量和出口量都仅次于印度尼西亚，为世界第二大生产国和出口国。马来西亚橡胶委员会数据显示，2017 年天然橡胶产量为 74 万吨，进口量为 109.5 万吨，其中 40.3% 来自泰国；出口 119.4 万吨，其中 73.3% 出口到中国。

2. 采矿业

2018 年，马来西亚采矿业产值为 969.7 亿林吉特，同比下降 1.5%，占 GDP 的 7.9%。马来西亚采矿业以开采石油、天然气为主。2015 年，马来西亚日产原油 69.3 万桶，出口额达 261 亿林吉特；全年天然气开采量 682 亿立方米，液化天然气出口 2510 万吨，占天然气出口的 95%，主要出口到日本、韩国和中国台湾。马来西亚的石油和天然气行业管理及开采主要掌握在马来西亚国家石油公司（PETRONAS）手中，2017 年该公司在《财富》杂志世界 500 强企业中排名 184 位，全年营业收入 494.8 亿美元，实现利润 40.9 亿美元。

3. 制造业

2018 年，马来西亚制造业产值为 2833.4 亿林吉特，同比增长 5.0%，占 GDP 的 23.0%。制造业是马来西亚国民经济发展的主要动力之一，主要产业部门包括电子、石油、机械、钢铁、化工及汽车制造等行业。

4. 汽车行业

马来西亚汽车自供率接近百分之百，属于汽车自供国家。2015 年马来西亚汽车普及率达 404.9 辆 / 千人，该水平在东盟仅次于文莱，汽车普及率有进一步扩大的余地。

表 13–16　2015 年马来西亚汽车行业主要指标

汽车产量	65 万辆
新车销售	66.7 万辆
汽车自供率	97.5%
汽车普及率	404.9 辆 / 千人

据 DSL 对供应商的首次调查显示，列入贸易数据库的马来西亚汽车供应商约 226 家。

表 13–17 2016 年马来西亚不同车型销量份额

车型	份额（%）
乘用车（三厢、两厢）	69.4
多功能车（SUV、MPV、中大型厢式车）	23.3
皮卡	4.5
其他商用车（中大型卡车）	2.9

表 13–18 2016 年马来西亚汽车供应商销售份额

供应商	份额（%）
本田	15.8
宝腾	12.5
丰田	11.0
日产	7.0
马自达	2.2
五十铃	2.2
梅赛德斯奔驰	2.1
其他	11.6

5. 建筑业

2018 年，马来西亚建筑业产值为 558.4 亿林吉特，同比增长 4.2%，占 GDP 的 4.5%。

6. 服务业

2018 年，马来西亚服务业产值为 6830.8 亿林吉特，同比增长 6.8%，占 GDP 的 55.5%。服务业是马来西亚经济中最大的产业部门，吸收就业人数占马来西亚雇用员工总数的 60.3%。其中，旅游业是服务业的重要部门之一。2018 年，马来西亚吸引游客 2583 万人次，主要来自新加坡（1061.5 万人次）、印度尼西亚（327.7 万人次）、中国（294.4 万人次）、泰国（191.4 万人次）、文莱（138.2 万人次）和韩国（61.7 万人次）。

表 13-19　2014—2018 年马来西亚入境游客

年份	入境游客（千人）
2014	27437
2015	25721
2016	26757
2017	25948
2018	25832

资料来源：马来西亚统计局。

在编写本附录的过程中，我们参阅了中国外交部、中国海关，马来西亚国家发展银行、贸工部、统计局等政府部门，东盟秘书处等专业机构的公开信息，以及《对外投资合作国别（地区）指南之马来西亚篇》《中国—东盟统计年鉴2019》中的部分数据，特此说明并致谢意。